Latinoamérica
su civilización y su cultura

Third Edition

Eugenio Chang-Rodríguez
City University of New York—Queens College

THOMSON
✳ ™
HEINLE

Australia Canada Mexico Singapore Spain United Kingdom United States

THOMSON

HEINLE ™

Latinoamérica: su civilización y su cultura
Third Edition
Eugenio Chang-Rodríguez

Editorial Director: *Wendy Nelson*
Publisher: *Vincent P. Duggan*
Developmental Editor: *Helen Richardson*
Senior Production Services Coordinator: *Esther Marshall*
Production Editor: Lisa Cutler
Marketing Development Director: *Stephen Frail*
Associate Marketing Development Director: *Kristen Murphy-LoJacono*
Manufacturing Coordinator: *Judith Caldwell*
Composition: *GEX Publishing Services*
Cover Photographer: *Jonathan Stark*
Cover Designer: *Jeff Cosloy*
Printer: *R.R. Donnelley*

Printed in the United States of America
5 6 7 8 9 10   06 05 04 03

For more information contact Heinle, 25 Thomson Place, Boston, MA 02210 USA,
or you can visit our Internet site at http://www.heinle.com

For permission to use material from this text or product contact us:
Tel   1-800-730-2214
Fax   1-800-730-2215
Web   www.thomsonrights.com

ISBN: 0-8384-0325-5

Library of Congress Catalog Card Number: 99-28571

Índice de materias

15 La personalidad histórica de las Antillas · 255

16 Del americanismo al universalismo literario · 283

Preface

Latinoamérica: su civilización y su cultura, Third Edition, is the result of my many years of teaching courses on Latin American civilization at American universities. In the process of revising the second edition, it has been more difficult to exclude than to include parts of the complex world of culture and the different phases of historical experience. My approach in preparing this third edition has been to add to the previous edition new important aspects of Latin American culture and the most up-to-date information available. The revision gives greater importance to meaningful events, their causes and effects than to the bare historical facts, places, dates, and names. These significant episodes, appropriately perceived, help us to categorize them according to their substantive similarities.

Most chapters have been rewritten with a diachronic focus to present the march of those events with the greatest human significance. After all, history and the character of the people exert a reciprocal influence on each other. Historical experience leaves an indelible mark on human conduct and in a certain sense contributes to shaping its future. Yet, although diachronic analysis is predominant in this book, the synchronic approach is also present.

This revised edition is intended primarily for students of Latin American civilization. It can be used as a reader in the fourth semester of Spanish and beyond and in courses in Spanish conversation and composition. New features of the third edition include an initial timeline in all the chapters except in the second and the last one, a text-specific web site, country profiles in the chapters with a geographic focus, vocabulario autóctono y nuevo sections in each chapter opener to highlight important terms, end-of-chapter comprehension and expansion questions, and several sections on the XVI to the XIX centuries Hispanic explorations and colonization of the territories now under United States sovereignty, which set the background for the new sections on the Latino literary production and accomplishments. I have revised the chapter summaries to highlight the most important cultural facts, events, conflicts, problems, and contributions. Bibliographies and films and video recommendations have been thoroughly revised in order to put to the disposal of the students the latest research and audiovisual materials available.

Each chapter is also accompanied by revised and expanded footnotes. My aim was to gloss words that are not typical of an intermediate college course or whose meaning could not be inferred. To determine whether the student was likely to have encountered a specific term in his or her previous study of the language, my *Frequency Dictionary of Spanish Words* was used as a guide. Most of the first 1500 words of this dictionary were not glossed. Whenever possible, footnotes are explained in Spanish rather than English. Reading and translating are two different mental performances and encouraging the first implies discouraging the second.

The book begins with a chapter on the various names for Latin America and the problem of its unity, that is, of its condition as a *pueblo-continente,* in the sense that the Peruvian writer Antenor Orrego (1892–1960) gave to this term in *El pueblo-continente,* where he applied it to the continental peoples of China, India, the United States, Canada, Australia, Russia, and Latin America, countries with a defined psychological and geopolitical profile. On this real or ideal unity rests all analysis of Latin American civilization, to such a degree that if this premise were discarded, it would be futile to discuss and examine Latin American civilization as such.

Chapter 2 takes up briefly the geographic aspect in its double import: physical and human (physical characteristics and their impact on human beings). The fundamental interest is to present the theater of events and the scene of the experiences that have enriched Latin American culture in the course of the centuries. In Chapter 3 the most influential pre-Columbian characteristics are reviewed, whose historical legacy constitutes the cultural foundation of their present-day descendants.

Chapter 4 describes the explorations and the conquest of the New World and the far-reaching nature of the transformation of the conqueror and the conquered, the colonizer and the colonized, the native and the immigrant. The two following chapters deal with the colonial period and its cultural legacy. Symbiosis and syncretism are two by-products of the cultural fusion that took place from the 16th to the 19th centuries. Chapter 7 reviews the intellectual achievements of those three centuries of deculturation, acculturation, and assimilation.

Chapter 8 takes up the political emancipation, which clearly was inconclusive as a revolution, although it is officially known as the Revolution for Independence. Because the emancipation obtained failed to bring structural changes in the economy, society, and culture of this continental nation, it has been appropriately called the "first independence." Bearing this thesis in mind, Chapters 9 to 15 attempt to explain the struggle in the new states to assure political autonomy, to complete the unfinished work of the first revolution for their independence. They sum up the efforts to overcome dependency and economic, literary, artistic, and educational underdevelopment. Chapters 16 to 19 take up the literary and artistic currents, dwelling on the most crucial and original moments. The last chapter is a miscellany; it deals with the recent interpretative approaches to the challenges now facing Latin American culture and civilization. It also deals with the African and Asian presence, as well as feminism, the changing role of the Church, and the Latino community in the United States.

One of the aims of writing this book has been to show the unity of Latin American culture, notwithstanding its varied contours. As the different components of the general culture are not to be found evenly distributed in all the countries nor in the various regions, the incautious observer is likely to confuse the part with the whole and see plurality where there is homogeneity *sui generis*. Not a few are disoriented by the perceived regional differences in this apparently heterogeneous continent. After reading the book, the student will be aware that Argentina and Mexico, Uruguay and Peru have more in common than is readily accepted by those who are misled by superficial manifestations. Latin American culture could be compared to a rainbow in which some colors are perceived brighter than others. The present work will have fulfilled its objective if its readers come to perceive Latin American civilization as a unified ray of light, made up of all the colors of the spectrum.

By giving the synthesis of my reflections on Latin American culture and civilization, I hope to contribute to clearing away false perceptions of this part of the world, fed for centuries by fables, mirages of the imagination, prejudices, myths, frustrations, simple-mindedness, generalizations and the black and white legends which have contributed to the apocryphal history of a purported failure. Only the lenses of despair can drive the pessimist to believe that Latin America is in fact the land of a permanent tomorrow. On the other hand, Latin American problems and their phantoms have engendered, since the arrival of Columbus, a torrent of hyperbole. The *Diary* and the letters of Columbus, for example, reveal astonishment mixed with a veiled interest in justifying the imperialist adventure. In his euphoria, the Admiral calls islets islands and the islands continents; he calls brooks rivers and inlets ports; he calls hills mountains and ponds lakes. What Columbus writes in his jubilation emanates more from a charmed mind than a mad one. So another history of the area began to be written, with an admixture of astonishment and propaganda, of justification, resentments and fears, because many have tried, like Columbus, to apply European categories and concepts to New World realities.

If this book, written during pauses in my periodic trips through the continent, in the library, in the university office and at home, after decades of living in Latin America and tens of visits to study its multiple horizons, contributes to demythologizing its history and to showing old and new facets of its reality, then it will have achieved a great part of the purposes which motivated its writing.

I wish to conclude this Preface by expressing my appreciation to all the people who have helped me during the preparation of this book and its revisions, especially my wife Raquel Chang-Rodríguez, Elizabeth Lantz, Janet Dracksdorf, Carlos Thorne, Gabriella de Beer, Martín Poblete, Nilo de Cárdenas, Miguel Maticorena Estrada, and Harry F. Langhorne. My thanks go to Susana D. Castillo, San Diego State University, and Klaus Müller-Bergh, University of Illinois at Chicago, who read the revised manuscript for the second edition with special dedication, and to Beatrix Mellauner and the conscientious reviewers of the revised manuscript for the third edition, Joseph Feustle of the University of Toledo, Barbara González-Pino of the University of Texas at San Antonio, and Carmen-Benito Vessels of the University of Maryland at College Park, who made valuable suggestions that were incorporated in the final version. I also would like to express my gratitude to Helen Alejandra Richardson and Wendy Nelson, Esther Marshall and Lisa Cutler, of Heinle & Heinle, for their assistance and support during the preparation and production of this revised third edition. My special thanks to the Bolivian writer Pedro Shimose, long-time resident in Madrid, for his careful review of the page proofs.

Eugenio Chang-Rodríguez

Mapa de América Latina

Unidad del mundo latinoamericano

http://latinoamerica.heinle.com

Vocabulario autóctono y nuevo

- Iberoamérica
- Hispanoamérica
- Indoamérica

- Eurindia
- mestizo
- indigenista

1.1 LA CUESTIÓN DEL NOMBRE

Al hablar de la América Latina inmediatamente surge la cuestión del nombre y después se presenta el problema de su unidad. ¿Cómo debe llamarse a ese gran continente que muchos denominan América Latina?

Se ha dicho que el Hemisferio Occidental es el continente de las equivocaciones.[1] Como sabemos, el Nuevo Mundo fue «descubierto» y nombrado por equívocos,[2] y hoy se siguen equivocando muchos de los que tratan de interpretar su realidad. Cuando los europeos buscaban un camino al Asia, erraron al creer que habían llegado al Lejano Oriente y nombraron «Indias» a estas tierras. Más tarde, para corregir el error, al nombre equivocado se le añadió el adjetivo «occidental», que también puede considerarse equivocado. Así se las llamó Indias Occidentales, en plural, para distinguirlas de la India en singular, es decir, de la India Oriental. Sus aborígenes hasta hoy reciben el nombre de indios.

---

[1] *equivocaciones* mistakes
[2] *equívocos* (related to *equivocarse*, to err) errors

1492 Período precolombino

1492–presente Período poscolombino

1492–1542 Exploraciones y conquista

1542–1810 Período colonial

1810–1824 Guerras por independenicia

1824 presente Independencia

•••

s. VII a.C. Babilonia

s. IV a.C. Platón y Aristótles

1476–1516 Reyes católicos

1588 Derrota de la Armada Invencible

1810 Apogeo de Napoleón

1825 Independencia de Brasil

Después, también erróneamente, a las tierras visitadas por Colón se las llamó *América*, en honor de Américo Vespucio, navegante italiano que fue uno de los primeros en identificarlas como parte de un Nuevo Mundo. Por varios siglos, universalmente se ha errado al identificar la palabra «América» con sólo una porción del continente. En los siglos XVI y XVII América era principalmente el nuevo mundo ocupado por los españoles y portugueses. En la Península Ibérica, desde el siglo XVI hasta el siglo pasado, cuando se decía «América» se quería significar en realidad las tierras hispánicas del Hemisferio Occidental. En este siglo el término «América» se identifica universalmente con los Estados Unidos, y así continuamos equivocándonos.

Los nombres más usados en castellano para denominar a la región que se extiende desde el Río Bravo hasta la Patagonia son: *América Latina, **Iberoamérica**, **Hispanoamérica**, **Indoamérica**, Sudamérica* y ***Eurindia***. En este libro usamos alternadamente las diversas denominaciones[3] aunque algunas son erróneas. Veamos por qué.

América Latina, denominación inventada por los imperialistas franceses del siglo XIX, hoy universalizada y escrita a menudo *Latinoamérica,* tiene el defecto de excluir las muchas contribuciones no latinas. Se ha observado que el nombre *Iberoamérica* es incorrecto porque excluye a Haití y Surinam. Hay quienes objetan al término *Hispanoamérica* porque no tiene debidamente en cuenta a la inmensa mayoría indígena, de herencia africana y de las otras razas que hoy forman un pueblo predominantemente **mestizo**, indoamericano; otros afirman que es precisamente el legado cultural hispano lo que en último análisis unifica los elementos heterogéneos de la realidad mestiza. El término *Sudamérica,* usado por los argentinos desde el Congreso de Tucumán (1816), es demasiado estrecho para tan inmensa área. *Eurindia,* apelativo[4] usado por el escritor argentino Ricardo Rojas (1882–1957), no fue muy aceptado por diversas razones. En cambio, *Indoamérica* es defendido principalmente por los apristas[5] del Perú y en general por los **indigenistas**[6] del resto del continente. Es quizá el nombre defendido más coherente y apasionadamente por sugerir reivindicación[7] y optimismo al abarcar a indígenas, españoles, portugueses, personas de herencia africana, mestizos y demás etnias. Indoamérica en realidad no da exclusividad ni prioridad a lo indígena porque el

---

[3] *denominaciones*   nombres
[4] *apelativo*   nombre
[5] *Apristas* son los miembros o defensores del APRA (Alianza Popular Revolucionaria Americana), partido político fundado por V. R. Haya de la Torre (1895–1979) en Perú, en 1924. El partido aprista persigue la creación de los Estados Unidos de Latinoamérica, entre otras cosas.
[6] *Indigenistas* son los artistas y escritores que toman al indio de carne y hueso como centro de su producción artística. «Indigenista» a menudo tiene la connotación de defensor del indio.
[7] *reivindicación*   reclamación

prefijo «Indo» se deriva aquí no de «indio» sino de «Indias», el nombre usado por más tiempo, desde 1492 hasta el siglo XVIII. Quienes prefieren Indoamérica lo hacen para incluir a todos. Tratan de abarcar las diversas contribuciones culturales: precolombinas[8] simbolizadas por el prefijo «Indo» y las poscolombinas, representadas por la parte «América» del término. Indoamérica, entendida así, sería una denominación más universal y abarcadora, aunque, después de todo, como sabemos tanto en cuestiones culturales como lingüísticas, no siempre se impone la lógica sino el uso y la costumbre.

1.2 EL PROBLEMA DE LA UNIDAD

A menudo se ha insistido en la hipótesis de la existencia de varias Américas Latinas. Claro, aquí no nos ocuparemos de quienes se interesan en que haya varias Américas Latinas reales o ficticias porque sus argumentos sólo justifican el lema de *Divide et impera*.[9] Pero no todas éstas son personas comprometidas[10] política o económicamente. Muchos creen, con sinceridad o ingenuidad, que no hay una sola América Latina sino varias; otros, un poco exagerados, sostienen que hay tantas como hay países.

Como dentro de su diversidad emerge una unidad cultural pronunciada en Latinoamérica, quienes defendemos esa unidad lo hacemos basándonos principalmente en razones históricas, políticas, económicas, sociológicas, lingüísticas y sicológicas.

1.3 RAZONES HISTÓRICAS

El vínculo histórico en Latinoamérica es como el cordón umbilical[11] que une cronológicamente a sus veinte países. La historia de estos pueblos puede dividirse con criterio pedagógico en dos importantes períodos: el precolombino y el poscolombino. El primero se extiende de diferentes maneras, según las diversas definiciones del término historia, desde varios miles de años antes de Jesucristo hasta la llegada de Cristóbal Colón al Hemisferio Occidental en 1492. El período poscolombino puede dividirse en cuatro importantes épocas de diversa duración según el país. Juzgando a Latinoamérica en forma global y con un criterio didáctico, las etapas poscolombinas tienen las siguientes duraciones: (1) Conquista y Colonización (1492–1542), (2) Colonia o Coloniaje (1542–1810), (3) Lucha por la independencia política (1810–24), y (4) Vida políticamente independiente (1824 hasta el presente).

---

[8] *precolombinas* de antes de 1492; *poscolombinos* de después de 1492
[9] *Divide et impera*   «Divide and rule»
[10] *comprometidas*   committed
[11] *El vínculo…umbilical.* The historical link is like an umbilical cord.

Se notará que en la primera etapa poscolombina no hemos incluido el «descubrimiento» porque, desde el punto de vista estrictamente historiográfico, es difícil defender la tesis de que hubo tal cosa. Hablando científicamente es difícil denominar así al desembarco de Colón en la isla de San Salvador hasta que no se expliquen satisfactoriamente las preguntas ¿Quién descubrió a quién? y ¿Fue verdaderamente Colón el primer europeo que viajó al continente occidental? Por esta y otras razones, nosotros hemos escogido llamar a esta etapa de la historia latinoamericana «Conquista y Colonización» porque en 1492 se inicia el período de las exploraciones, conquista y colonización del Nuevo Mundo.

La Colonia[12] abarca aproximadamente tres siglos en la mayor parte de Latinoamérica: desde el año más importante de las Leyes de Indias[13] hasta el año de la proclamación de autonomía por los cabildos abiertos.[14] Aunque la lucha por la independencia verdaderamente empezó en el siglo XVIII, los historiadores inician esta etapa en el año de 1810, cuando los cabildos abiertos comenzaron la revolución independentista. El período termina con la capitulación del ejército español en Sudamérica en 1824. La vida política independiente comienza teóricamente a partir de 1824 y se extiende hasta nuestros días. Pero no todos se independizaron en ese año. Haití lo hizo en 1804, el Brasil en 1822, y Cuba no lo pudo hacer sino hasta 1898. Aun con esas excepciones, el acontecer histórico es indudablemente un común denominador de los diversos países latinoamericanos.

1.4 RAZONES POLÍTICAS

Desde el punto de vista político, oficialmente todos los países latinoamericanos tienen la forma de gobierno republicano. Hoy día sus pueblos, con la excepción del puertorriqueño, forman veinte repúblicas políticamente independientes. Su turbulenta historia es uniforme en la adhesión verbal de sus políticos al sistema republicano y a la democracia. De los cuatro experimentos monárquicos, sólo el del Brasil no terminó con la muerte violenta del monarca. En Haití, Dessalines fue asesinado en 1806 y catorce años más tarde su sucesor, Christophe, se suicidó. En México hubo dos tentativas monarquistas: Iturbide fue fusilado en 1824 y Maximiliano en 1867. Sólo don Pedro, expulsado del Brasil en 1889, pudo morir en su pobre cama parisina dos años después.

---

12 *Colonia* colonial period under Spain
13 *The Laws of The Indies* were the most important legal documents governing the Spanish possessions and the treatment of the Indians in America.
14 El cabildo abierto del mundo hispánico tiene otro origen, composición y función que el *town meeting* de Nueva Inglaterra, aunque de un modo general es su equivalente.

La causa monárquica nunca ha sido popular en Latinoamérica. Los pueblos y caudillos[15] latinoamericanos se parecen en su ardiente dedicación a la causa republicana. En el futuro podrán establecerse nuevos sistemas económicos y se podrá reorganizar su sociedad pacífica o violentamente, pero Latinoamérica seguirá siendo oficialmente republicana. Esta forma de gobierno está firmemente establecida.

1.5 RAZONES ECONÓMICAS

La producción de recursos naturales y la economía en general varía de región en región, según la latitud, la altitud y la geografía. En términos generales, puede decirse que los veinte países todavía son principalmente productores de materias primas,[16] no obstante los programas de industrialización en Argentina, México, Brasil, Chile y Colombia. Se acostumbra a decir que toda la región está económicamente «en desarrollo» (eufemismo para «subdesarrollada»), porque su promedio de ingreso[17] anual per cápita es de unos 2,000 dólares, menos de la décima parte que en los Estados Unidos. Con todo, todavía es válida la frase «El latinoamericano es un mendigo[18] sentado en un banco de oro». Se ilustra con ella, con un poco de exageración, la situación del latinoamericano medio,[19] que tiene un ingreso anual tan bajo aunque vive en un continente potencialmente muy rico. Por supuesto, las cifras[20] a veces engañan si uno no las analiza correctamente.[21] Probablemente es más exacto decir que, con la excepción de Argentina, Uruguay, Cuba y Puerto Rico, los demás países hispanoamericanos tienen una población compuesta de una pequeña minoría de gente sumamente rica e indiferente a las necesidades de su patria y una vasta mayoría de paupérrimos resueltos hoy a mejorar su suerte lo más pronto posible.

El rápido retorno a la economía de mercado y la privatización de los años 90 ha favorecido a la clase pudiente pero ha afectado al bienestar de la mayoría de la población, ha empobrecido los servicios públicos y ha incrementado las tensiones interraciales, desencadenando la fuerte protesta de los sectores laborales. El aumento del producto bruto a un promedio de 4 por ciento al año ha sido engañoso: mientras que ha aumentado

---

[15] *Caudillo* is the typical political leader of the Hispanic world. He is a charismatic political boss followed blindly and with loyalty from the time he emerges with a common cause until he becomes a tyrant or a benevolent dictator. His popularity is based more on the force of his personality, his courage and oratory than on his ideology.

[16] *materias primas*   raw materials

[17] *promedio de ingreso*   average income.

[18] *mendigo*   beggar

[19] *medio*   average

[20] *cifras*   figures

[21] The United Nations Economic Commission for Latin America publishes periodically a revised and updated version of its *Statistical Yearbook for Latin America*.

el ingreso per cápita también ha aumentado el costo de vida, pese al relativo control de la inflación, dejando en manos de la clase media y pobre un ingreso real inferior al que tenían hace dos décadas.

No cabe duda de que Indoamérica enfrenta una de las crisis más importantes de los pueblos en desarrollo. Debido a la gran presión del constante aumento de la población, es más o menos universal la creencia en la industrialización y la redistribución de las riquezas. Para muchos, las necesidades urgentes deben satisfacerse a corto plazo, aunque sea sacrificando temporalmente algunos derechos civiles. Los campesinos y los trabajadores urbanos sienten fuertemente el deseo de modificar la estructura económica de sus países, sea como sea, a fin de conseguir hoy, en pocos años, lo que no han podido obtener en varios siglos. El clamor general es por más pan, mejor vivienda,[22] más escuelas y mejor transporte. La gente no desea seguir esperando ese distante «mañana» de la respuesta tradicional. El latinoamericano medio quiere para él y para sus hijos un mejor nivel de vida[23] tan pronto como sea posible. Está cansado de oír promesas que no se cumplen. Esta fuerte inclinación al cambio inmediato, al mejoramiento, es un nuevo elemento que tienen en común muchos latinoamericanos de las diversas latitudes: desde Cuba hasta el Perú, desde México hasta la Argentina.

1.6 RAZONES SOCIALES

El panorama sociológico de la región es múltiple y sin embargo, la característica de su multiplicidad asemeja unas naciones a otras. La mayor parte de la población es de origen ibérico, es decir con mucha o poca sangre española o portuguesa. En algunos países, como en México, Guatemala, Ecuador, Perú y Bolivia, la mayoría de los habitantes son de origen indígena. La herencia indígena, sea sanguínea o sicológica, es la constante de todos los pueblos. Si por influencia indígena se entiende también el influjo[24] de la exuberante naturaleza americana, las naciones con abrumadora[25] mayoría de población de herencia europea o africana—Uruguay, Haití, por ejemplo—también pertenecen a la comunidad indoamericana. Al cuadro sociológico de base ibero-indígena hay que añadir otros elementos étnicos que también cambian de región en región. En las repúblicas del Río de la Plata y en el Brasil viven millones de *hispanoamericanos* descendientes de inmigrantes italianos; en el sur de Brasil y de Chile, como en gran número de países vecinos, hay centenares de miles de *latinoamericanos* de procedencia alemana.[26] En menor cantidad viven en

---

[22] *vivienda*   housing
[23] *nivel de vida*   living standard
[24] *influjo*   influencia
[25] *abrumadora*   overwhelming
[26] *procedencia alemana*   German origen

diversos rincones de Iberoamérica *indoamericanos* de ascendencia francesa, inglesa, judía, árabe, eslava, japonesa, irlandesa[27] y china. Los *mestizos*—producto de la mezcla de dos o más razas—viven en todas estas repúblicas, constituyendo a veces la mayoría de la población. Colombia y Venezuela, por ejemplo, son países de población mestiza.

1.7 RAZONES LINGÜÍSTICAS

El panorama lingüístico es también bastante importante en la unidad indoamericana. El idioma es indudablemente una de las fuerzas unificadoras más poderosas. Pocas áreas geográficas del mundo tienen tanta unidad lingüística. En Hispanoamérica propiamente dicha—es decir en la parte del Nuevo Mundo donde se tiene el castellano como lengua oficial--hay más unidad lingüística que en Europa, África y Asia, por ejemplo.

El español y el portugués predominantemente, y en menor grado el francés y las lenguas indígenas, son los medios de comunicación verbal a través de las fronteras políticas artificiales. El 90 por ciento de la población, más o menos, habla o comprende el castellano. No olvidemos que los de habla portuguesa tienen poca dificultad en entender a los hispanoparlantes,[28] Los brasileños, que constituyen el 33 por ciento de la población total latinoamericana, tienen por lengua oficial al portugués. Un 3 por ciento de latinoamericanos hablan exclusivamente uno o varios de los idiomas amerindios, entre los cuales el quechua, el aimará y el náhuatl son probablemente los más difundidos. El francés es el idioma oficial de tres millones de haitianos y la segunda lengua de miles de latinoamericanos cultos de Norte, Sur y Centroamérica. El castellano, por su parte, es la lengua universal de toda el área. Sabiendo español el extranjero puede viajar con facilidad por toda Latinoamérica sin tener mayor problema de comunicación. En las esferas comerciales y culturales el conocimiento del inglés es en Latinoamérica cada vez más difundido.

1.8 RAZONES SICOLÓGICAS

Además de las razones anteriormente expuestas, hay que añadir otras grandes fuerzas unificadoras internas que han dado a los latinoamericanos rasgos síquicos[29] y culturales comunes. Se diferencian de sus vecinos anglosajones del Norte en ser menos unidos pero más apasionados e interesados en la familia.

Junto a las peculiaridades locales, regionales y nacionales, hay fuerzas espirituales que los extranjeros fácilmente notan en los latinoamericanos.

---

[27] *irlandesa*   Irish
[28] *hispanoparlantes*   speakers of Spanish, Spanish-speaking persons
[29] *rasgos síquicos*   psychological characteristics

Se encuentran entre ellas la cultura, el pensamiento y la forma de actuar que muchos denominan tal vez apresuradamente como «típicamente latinoamericanos». Al latinoamericano lo mueve subconscientemente una fuerza muy visible en su literatura: la búsqueda de su conciencia continental.[30] Ella se manifiesta en la intensa preocupación por el destino histórico y en la interpretación coherente de su manera de ser individual. El latinoamericano está sumamente preocupado por saber quién es y qué es lo que verdaderamente quiere y cuál es su destino histórico. Los latinoamericanos de las diversas latitudes—de Cuba, de México, de la Argentina, de Bolivia, del Perú, del Brasil, de Chile, de Colombia y de los otros países—están demostrando una preocupación parecida a la que mostraban los franceses, ingleses y alemanes antes de constituirse en nación. Es como si los ciudadanos de estos países latinoamericanos supieran que además de sentirse hoy más mexicanos, argentinos y peruanos que hispanoamericanos, sus nietos y biznietos serán más latinoamericanos que amantes de la patria chica.[31]

Muchos jóvenes creen que la patria grande, la gran patria continental, nacerá algún día: de los veinte países políticamente desunidos de hoy se forjarán los Estados Unidos de Latinoamérica, un poderoso estado continental con una sola bandera y un solo destino, como lo soñaron Simón Bolívar y José Martí. Conjeturan que las llamadas «búsqueda de lo mexicano», «radiografía[32] de la pasión argentina», «urgencia de peruanizar al Perú» y «chilenizar Chile» surgen del anhelo de reafirmarse en la patria chica para consolar la frustración de no haber logrado la conciencia continental. Con el tiempo, los estrechos nacionalismos serán reemplazados por un saludable patriotismo continental. El día en que el latinoamericano de la región más meridional esté a tono espiritual con su hermano del trópico o de los desiertos de Baja California y de las islas del Caribe, ese día lo mexicano, lo argentino, lo brasileño y lo peruano no serán sino las mismas facetas del carácter general latinoamericano. Entonces la nación continental estará sicológicamente lista para constituirse en un estado continental: en los Estados Unidos de Latinoamérica.

1.9 SUMARIO

I. **Razones históricas de la unidad del mundo latinoamericano compartidas por todos los países:**
   A. Período precolombino (?–1492)

---

30 *búsqueda...continental*   search for a continental awareness, that is, a desire to know who they   really are as citizens of a continental nation
31 *patria chica*   small fatherland (small country) while *patria grande* is «the» great fatherland (Latin America)
32 *radiografía*   x-ray

B. Período poscolombino (1492–hasta el presente)

II. **Razones políticas:**

A. Adhesión al sistema republicano

B. Aversión al sistema monárquico

C. Defensa retórica de la democracia

III. **Razones económicas:**

A. Universalidad del «subdesarrollo» («en desarrollo»)

B. Minoría rica vs. mayoría muy pobre

C. Metáfora del «Mendigo sentado en un banco de oro»

IV. **Razones sociales:**

A. El arco iris racial: mestizos, indígenas, europeos, personas de herencia africana, asiáticos

B. El sustrato indígena universal

V. **Razones lingüísticas: español (*lingua franca*), portugués, lenguas amerindias y francés**

VI. **Razones sicológicas:**

A. Conciencia continental: la gran patria latinoamericana

B. Expresiones nacionalistas: «Soy puro mexicano», «Peruanicemos al Perú» y «Chilenicemos a Chile»

1.10 Cuestionario, preguntas y videos

Cuestionario

1. ¿Cuáles son los nombres menos apropiados que se le dan a Latinoamérica?
2. ¿Hay una o varias Américas Latinas?
3. ¿Cómo se puede negar la multiplicidad del mundo latinoamericano?
4. ¿Qué razones explican la unidad de América Latina?
5. ¿Cuánto tiempo duró el período precolombino y cómo puede explicarse su duración?
6. ¿Por qué es discutible la idea de que hubo un «descubrimiento» en 1492?
7. ¿Cuáles fueron los dos experimentos monárquicos de México?
8. ¿En qué países ha habido intentos significativos de industrialización?
9. ¿Qué significa la frase «Mendigo sentado en un banco de oro»?
10. ¿A quiénes se incluye cuando se habla de los «indígenas »?

Preguntas y temas de expansión

1. ¿Qué significan los distintos nombres de Latinoamérica?
2. ¿Qué experiencia política común tienen los países latinoamericanos?
3. ¿Qué idiomas se hablan en Latinoamérica y por qué?
4. ¿Qué personalidades históricas soñaron con la unidad política continental?
5. ¿Cuáles son las grandes etapas históricas de Hispanoamérica?
6. Contraste los conceptos de unidad y diversidad en Latinoamérica.

7. Explique el proceso del mestizaje.
8. Contraste las razones políticas favorecedoras de la unidad.
9. Evalúe la riqueza de los recursos naturales de Latinoamérica.
10. Haga una comparación entre el nacionalismo regionalista y el patriotismo continental.

Films y videos

Vea nuestras sugerencias en la página 408.

1.11 RECOMENDACIÓN BIBLIOGRÁFICA

Calderón, Fernando. *Movimientos sociales y política: la década ochenta en Latinoamérica*. México: Siglo XXI, 1995.

Castañeda, Jorge. *Utopía Unarmed: The Latin American Left and the End of the Cold War*. New York: Vintage, 1993.

Escobar, A., and S. Alvarez, eds. *The Making of Social Movements in Latin America: Identity, Strategy, and Democracy*. Boulder, CO: Westview, 1992.

Esteva-Febregat, Claudio. *Mestizaje in Ibero-America*. Trans. John Wheat. Tucson and London: University of Arizona Press, 1995.

Lipsey, Richard, and P. Meller, eds. *Western Hemisphere Trade Integration*. New York: St. Martin's Press, 1997.

Kickza, John E. *The Indian in Latin American History: Resistance, Resilience, and Acculturation*. Wilmington, DE: Scholarly Resources, 1993.

Nickson, R. Andrew. *Local Government in Latin America*. Boulder, CO: Lynne Rienner, 1995.

Peeler, John. *Building Democracy in Latin America*. Boulder, CO: Lynne Rienner Press, 1998.

Reilly, Charles A. *New Paths to Democratic Development in Latin America*. Boulder, CO: Lynne Rienner, 1995.

Van Cott, Donna Lee, ed. *Indigenous Peoples and Democracy in Latin America*. New York: St. Martin's Press, 1994.

Veltmeyer, Henry, and James Petras, eds. *Neoliberalism and Class Conflict in Latin America*. New York: St. Martin's Press, 1997.

La geografía y la gente

http://latinoamerica.heinle.com

Vocabulario autóctono y nuevo

- sabanas
- llanos
- campos
- Pampa
- Altiplano
- quebracho
- Sertão

- villa-miseria
- callampa
- favela
- barriada
- personalismo
- machismo
- compadrazgo

La belleza del continente americano ha sido reconocida ampliamente por los europeos desde el siglo XVI. Hoy día los visitantes en general al viajar por Latinoamérica no pueden evitar su asombro al ver ríos tan caudalosos[1] que parecen brazos de mar; montañas tan altas, que desafían el infinito; y llanuras y bosques[2] tan extensos que estimulan la imaginación. Todo parece requerir superlativos para su descripción. Si dijeran que el Hemisferio Occidental surgió a la vida, vigoroso y palpitante, el segundo día de la creación,[3] no exagerarían. ¡Cuántos viajeros han escrito libros de elogios a la naturaleza americana! ¡Cuántos científicos, como Humboldt y Darwin, han formulado teorías revolucionarias después de admirar y estudiar las prodigiosas flora y fauna americanas! En el desarrollo económico y cultural de Latinoamérica

---

[1] *no pueden...caudalosos*   they cannot help being amazed upon seeing such large rivers
[2] *llanuras y bosques*   prairies and forests
[3] *Si dijeran...creación*   If they were to say that the Western Hemisphere sprang to life, vigorous and throbbing, the second day of the creation of the universe

Mapa geográfico de América Latina que muestra algunas de sus grandes cordilleras, ríos e islas.

han desempeñado importantísimo papel su medio físico, altitud, latitud, bosques, cordilleras, sistemas fluviales, planicies, desiertos[4] y, por supuesto, el carácter de su gente. Veamos por qué.

2.1 EL MEDIO FÍSICO

Latinoamérica abarca aproximadamente las dos terceras partes del Hemisferio Occidental: comienza en el Río Bravo (Río Grande) y se extiende hasta la Tierra del Fuego.[5] Esta vasta región tiene un área total tres veces el tamaño de Europa; sólo Brasil es más grande que la parte continental de los Estados Unidos. Casi toda Latinoamérica se encuentra al sudeste de Norteamérica, a unas 1,550 millas (2,494 kilómetros[6]) de Africa, casi a la mitad de la distancia que hay entre Nueva York y San Francisco.

Las islas más grandes de Latinoamérica están en el Caribe: Cuba, Española y Puerto Rico, también conocidas como Antillas Mayores. Entre las otras islas se destacan las Galápagos, famosas por su especial geología, flora y fauna, tan útiles en la hipótesis sobre la evolución de las especies formulada por Darwin. Fueron importantes en el siglo pasado la isla venezolana Margarita, muy apreciada por sus perlas, y las islas peruanas del Pacífico, riquísimas en guano.[7] A Chile le pertenecen Juan Fernández, escenario de las aventuras de Robinson Crusoe, y la distante Isla de Pascua (*Easter Island*) en el Pacífico Sur. Las Malvinas (*Falkland Islands*), cuya soberanía se disputan Argentina y Gran Bretaña, son útiles por sus riquezas petrolíferas potenciales y la cría de ovejas.[8] Algunas islas, como Cozumel (cerca de Yucatán), las de la desembocadura del Amazonas,[9] Tierra del Fuego y las del sur de Chile, son en realidad partes de la masa continental separadas de ella por brazos de mar.

2.2 LA ALTITUD MODIFICA LA LATITUD

Así como la mayor parte de Angloamérica se encuentra en la zona templada, la mayor porción de Latinoamérica se halla en la zona tórrida.[10] Si

---

[4] *cordilleras...desiertos*   mountain ranges, river systems, plains, deserts
[5] *Tierra del Fuego*   is the southernmost archipellago situated between South America and the Strait of Magellan.
[6] Latin America, like most of the world, uses the metric system, a decimal system of weights and measures. The basic units are the meter (39.37 inches) and the gram (15.46 grains) for mass or weight. A kilometer (1000 meters) is equal to 0.621 mile (1 mile = 1609 meters); a kilogram or kilo (1000 grams), 2.2046 pounds (1 pound = 460 grams).
[7] *guano*   a substance composed mainly of the excrement of seafowl, has been used extensively as a fertilizer since Inca times.
[8] *cría de ovejas*   sheep raising
[9] *desembocadura del Amazonas*   mouth of the Amazon [*desembocar,* to flow into]
[10] *zona templada...zona tórrida*   Temperate Zone . . . Torrid Zone [two of the great divisions of the earth surface]

hablamos en términos de países, entonces el cuadro es más claro: excepto el Uruguay, todas las naciones latinoamericanas están total o parcialmente entre el Trópico de Cáncer y el de Capricornio. La zona tropical es tan importante en la vida de muchos de estos países que uno de ellos tiene el nombre simbólico de Ecuador. La zona tórrida o semitórrida, con bosques o sin ellos, es la constante geográfica de Latinoamérica.

Si América Latina ocupara sólo una masa de tierra baja, sin cordilleras altas, estaría cubierta, en su mayor parte, de vegetación tropical y semitropical y tendría un clima parecido al del Africa de igual latitud. Pero la realidad es otra: pese a su posición geográfica, la región tiene extensas zonas de clima templado en el mismo corazón del trópico. La altitud ha modificado los efectos de la latitud y así tenemos a corta distancia de zonas altas con clima primaveral o frío, regiones calurosas con vegetación tupida.[11]

En Sudamérica, a menudo, llaman *sabanas* a las amplias zonas llanas cubiertas de hierba semitropical buena para el pastoreo.[12] Pueden ser de dos clases: (1) la sabana que tiene una hierba de tres a ocho pies de altura, intercalada con árboles bajos y que sufre una sequía durante el invierno (estación seca),[13] y (2) la sabana cubierta únicamente de hierba de pastoreo que sufre inundaciones periódicas. A la primera variedad de sabana pertenece la cuenca septentrional del río Orinoco, en donde también recibe el nombre de *llanos*, y la que cubre parte de la Meseta Brasileña,[14] donde recibe el nombre de *campos*. La segunda variedad de sabana es la que encontramos en el sudeste del Brasil y en parte del Paraguay. Una inmensa región llana de Sudamérica cubierta de hierba de pastoreo es la **Pampa** argentina. Por tratarse de una vasta región de tierra llana baja, rica en hierba de zona templada, la estudiaremos más adelante en las secciones sobre planicies y desiertos.

2.3 LA IMPORTANCIA DE LAS CORDILLERAS

El espinazo de Latinoamérica lo forman las cadenas de montañas que, partiendo del Cabo de Hornos,[15] corren por el lado occidental de Sudamérica, se prolongan con menor altura a lo largo de Centroamérica, entran en México y, a la altura del Istmo de Tehuantepec, se ramifican en dos grandes cordilleras. Sólo en Sudamérica se llaman Andes. Tienen una extensión de 4,000 millas de largo, una anchura que a veces llega a las 300 millas, numerosos volcanes y picos altísimos. El Aconcagua, por ejemplo, situado entre Chile y Argentina, tiene 22,835 pies de altitud. Los Andes, después del Himalaya, tienen los

---

[11] *regiones...tupida*   hot regions with lush vegetation
[12] *hierba...pastoreo*   grass . . . pasturing
[13] *sequía...estación seca*   drought . . . dry season
[14] *Meseta Brasileña*   Brazilian Plateau
[15] *espinazo...Cabo de Hornos*   backbone . . . Cape Horn

El Pico Bolívar, una de las varias cumbres (*summits*) con nieve perpetua de los Andes venezolanos del Estado de Mérida, ricos en minerales todavía inexplotados. La carretera Panamericana que une Caracas con Cúcuta, Colombia, cruza estos Andes a 14,000 pies de altura.

picos más altos del mundo. Las cordilleras andinas pasan por todos los países iberoamericanos de Sudamérica, excepto por Uruguay, Paraguay y Brasil, a los cuales sin embargo, afectan con las aguas que descienden de sus laderas[16] para formar el Amazonas y alimentar el sistema fluvial Paraná-Río de la Plata.

En Bolivia, los Andes tienen dos cadenas de montañas. Las dos, distantes del Pacífico, forman el inmenso **Altiplano**,[17] hogar de la mayoría de los habitantes de ese país desde la época precolombina. Esta altiplanicie boliviana es de unas 450 millas de largo por 80 millas de ancho. Su altura media de 12,500 pies la hace, después del Tibet, la región más alta del mundo con fuerte concentración humana. En el Altiplano se encuentran el lago Titicaca y La Paz, la capital más alta del mundo. Entre esta altiplanicie y la cordillera oriental de los Andes se hallan los valles semitropicales (*yungas*) de Bolivia que limitan con la inmensa selva de los afluentes[18] del Amazonas.

En Perú, Ecuador, Colombia y Venezuela las tres cordilleras andinas forman inmensos valles. En el Ecuador, los Andes tienen veinte picos volcánicos que forman una especie de avenida de volcanes. En Colombia, las subdivisiones interandinas constituyen regiones diferenciadas económicamente.

En Centroamérica, la cordillera corre paralela al Pacífico formando la región templada donde vive la mayoría de la población. Al prolongarse a

16 *laderas* slopes
17 *Altiplano, altiplanicie* high plateau
18 *afluentes* tributarios

México, la cordillera continúa paralela al Pacífico hasta llegar al Istmo de Tehuantepec. De allí en adelante, hasta los desiertos del norte de México en la frontera con los Estados Unidos, las montañas se dividen en la Sierra Madre Occidental y la Sierra Madre Oriental, que forman la famosa Meseta Central. Esta se subdivide en Meseta del Norte y Meseta del Sur. La primera, cuya altura varía entre los 3,600 y 4,000 pies, es seca y difiere de la húmeda subdivisión sureña,[19] donde se encuentra la mayor concentración de volcanes del mundo y los picos más altos de Norteamérica, como el Orizaba (18,700 pies), el Popocatépetl (17,887 pies) y el Ixtaccíhuatl (17,342). La Meseta del Sur es la región de cielo azul y aire transparente que los toltecas precolombinos llamaron Anáhuac (Tierra al filo del agua).[20]

Si algunos ven las cordilleras latinoamericanas como tremendos obstáculos para las comunicaciones, propensas a los movimientos sísmicos periódicos, causantes de destrucción y muerte en el curso de los siglos, otros señalan su riqueza mineral, que hace de Iberoamérica una de las regiones del mundo más ricas en minerales. En otros capítulos veremos el papel histórico y la influencia económica de los metales. Chile ocupa en el mundo el segundo lugar en la producción de cobre. Chuquicamata, en

El volcán Poás en Costa Rica.

---

[19] *sureña*   southern
[20] *Tierra al filo del agua*   Land at the edge of the water

el norte del país, tiene la mina de cobre más grande del orbe. La fama mundial de Bolivia por su producción de estaño todavía se mantiene. México y Perú son dos de los grandes productores mundiales de plata: México ocupa el primer lugar y Perú el cuarto. La mayor parte de las mejores esmeraldas del orbe procede de Colombia. Chile posee el único gran yacimiento de nitrato natural del mundo. México es el segundo país del orbe en la producción de sulfuro. Y así podríamos continuar señalando la importancia de los minerales en la economía del área. En otros capítulos veremos el papel que los metales han desempeñado en la historia y la influencia que tienen en la economía de los diferentes países.

Los geólogos explican cómo el petróleo se encuentra en las profundidades de todos los países de Latinoamérica, excepto en Uruguay y Paraguay. Su producción total, significativa en la producción mundial, proviene, sobre todo de Venezuela y México. El oro negro hasta ahora explotado se encuentra irregularmente distribuido: Venezuela rinde[21] más que ningún otro país de Hispanoamérica. Le siguen principalmente México, Ecuador, Colombia, Perú y Argentina. El gas, frecuentemente hallado junto al petróleo, es explotado y utilizado en gran escala sólo por México, Venezuela y Argentina

2.4 LOS GRANDES SISTEMAS FLUVIALES

Los cinco grandes sistemas fluviales de América Latina se encuentran en Sudamérica: (1) Amazonas, (2) Paraná-Plata, (3) Cauca-Magdalena, (4) Orinoco y (5) São Francisco. Todos ellos desembocan en el Atlántico.

El Amazonas, el río más caudaloso del mundo, es un verdadero «rey de las aguas». Desde su nacimiento, en el Perú, hasta su desembocadura, en el Atlántico, recorre 3,000 millas, a lo largo de las cuales es alimentado por grandes tributarios de centenares de millas cada uno. Todos ellos forman la Amazonia: un vasto territorio equivalente a toda Europa sin Rusia. El sistema fluvial amazónico ofrece una extensa red de navegación[22] acuática: normalmente de 20,000 millas, pero en época de inundación alcanza hasta las 36,000 millas.

El sistema Paraná-Plata recorre la república del Paraguay, el norte de la Argentina, el Uruguay y partes de Bolivia y Brasil. Entre sus principales tributarios se encuentran los ríos Paraguay, Pilcomayo y Uruguay. En realidad, lo que se conoce con el nombre de Río de la Plata es el estuario de 225 millas que forman los ríos Paraná y Uruguay. Este sistema tiene un tráfico intenso: es navegable hasta Asunción, capital del Paraguay.

El Magdalena, que nace en la región meridional de los Andes colombianos, corre hacia el norte 1,000 millas hasta llegar al Caribe. Este río fue

---

[21] *rinde*   yields
[22] *red de navegación*   navigation system

la ruta que usó el conquistador Gonzalo Jiménez de Quesada para llegar a la meseta donde fundó Santa Fe de Bogotá (1537) y desde entonces hasta el primer tercio del siglo XX era casi el único medio de comunicación entre la costa del Caribe y el interior del país. El Cauca, de 600 millas de extensión, es su principal afluente.

El Orinoco recorre las laderas meridionales de los Andes venezolanos y las laderas septentrionales de la Sierra de la Guayana. Después de recorrer 1,500 millas, desemboca en el Caribe. En su extenso recorrido es alimentado por grandes tributarios.

El São Francisco, de unas 1,800 millas de extensión, recorre parte de la Meseta Brasileña. Corre de sur a norte, paralelo a la costa atlántica para luego tornar al este y desembocar en el Atlántico, a unas 400 millas del extremo más oriental[23] de Latinoamérica continental.

En la actualidad los ríos Amazonas, Magdalena, São Francisco, Paraná y Río de la Plata son de importancia económica. Los demás tienen todavía limitada utilidad por encontrarse lejos de las zonas desarrolladas y pobladas. La importancia de los ríos Magdalena, Orinoco y São Francisco como medios de comunicación está limitada por sus cataratas y rápidos[24] que los hacen navegables por unas 500 millas solamente. Los ríos que desembocan en el Pacífico no son navegables debido a su escaso caudal y a su corto recorrido desde los Andes hasta el mar. Los de Centroamérica y México tampoco son importantes arterias de comunicación. Ojalá que en el futuro se consiga emplear mejor los ríos latinoamericanos para obtener más energía hidroeléctrica y agua para irrigar, repitiendo el caso de Itaipú, una de las mayores represas del mundo, cerca de las cataratas del Iguazú.

2.5 LAS PLANICIES Y LOS DESIERTOS

En Latinoamérica hay grandes extensiones de tierras llanas bajas y altas. La más extensa es la que se encuentra entre los Andes y la Meseta Brasileña situada en el tercio oriental del Brasil, casi junto al Atlántico. Esta llanura baja forma el Valle del Amazonas que se extiende hacia el sur hasta donde corre el sistema fluvial Paraná-Plata para comunicarse con las inmensas pampas argentinas.

Otra extensa región plana pero alta es la Meseta Brasileña, cuya parte occidental tiene una altitud entre 2,000 y 3,000 pies y es más regular que su parte oriental, donde hay unas cadenas de montañas, con valles y picos que a veces llegan a los 5,000 pies de altura. Mirando hacia el interior desde Río de Janeiro y sus alrededores, se distingue la Serra do Mar (Sierra del Mar), que es en realidad el borde[25] de la meseta.

---

[23] *extremo más oriental*   easternmost
[24] *cataratas y rápidos*   waterfalls and rapids
[25] *borde*   border, edge

Las pampas argentinas cubren cuatro millones de millas cuadradas. Se extienden al sur del Chaco semiselvático y la Mesopotamia argentina del sistema fluvial Paraná-Plata, y llegan al este hasta muy cerca de la ciudad de Buenos Aires. Las pampas avanzan al oeste hasta los contrafuertes de los Andes, y al sur hasta los límites de la Patagonia. Es una región extremadamente fértil, desprovista casi de árboles y sin piedra alguna, cubierta de una hierba que alimenta a millones de cabezas de ganado.[26] En esta extensa región vive la mayor parte de la población rural argentina; allí se han construido los ferrocarriles y caminos más extensos del país.

La Patagonia, la planicie triangular situada en la parte meridional de la Argentina, al sur del Río Colorado, está cubierta de vegetación apropiada para el pastoreo. Es una región pobre, azotada constantemente por fuertes vientos,[27] inhóspita. Aunque abarca la cuarta parte del área de la Argentina, tiene sólo el 1 por ciento de su población.

Los llanos del Orinoco se encuentran entre las laderas meridionales de los Andes venezolanos, las laderas orientales de los Andes colombianos y el borde norte de la Sierra de la Guayana.

La región llana tropical del Chaco, de más de 200,000 millas cuadradas, se extiende desde la ribera oriental[28] del sistema fluvial formado por los ríos Paraguay, Paraná y Pilcomayo. Bolivia, Paraguay, Brasil y Argentina comparten esta planicie semitropical de monte bajo,[29] condenada a sufrir inundaciones anuales. Su actual valor económico radica en el **quebracho** (árbol que da una sustancia muy útil en el curtido de los cueros),[30] la yerba mate (una infusión parecida al té que se toma en Paraguay, Brasil, Uruguay y Argentina), las maderas finas y el petróleo.

Otra gran región llana extensa se encuentra en el norte de México, cortada por el extremo norte de la Sierra Madre Occidental. La parte del Pacífico es más árida; la ocupa el 21 por ciento de la población. La parte oriental de esta superficie plana se proyecta hasta más allá de la frontera con los Estados Unidos.

Los desiertos verdaderamente áridos de Latinoamérica no son tan extensos como los de África, Asia y Australia. Los más áridos, con diversos nombres, se encuentran entre los Andes y el Pacífico. Comienzan a 250 millas de Santiago, abarcan la costa norte de Chile, casi toda la costa del Perú y el sur del Ecuador hasta llegar casi al río Guayas, cerca de Guayaquil. La corriente de Humboldt, procedente de la Antártida, pasa muy cerca de la costa meridional sudamericana bañada por el Pacífico, modifica el clima, baja la temperatura pero le impide precipitación pluvial, haciéndola en

---

[26] *cabezas de ganado*   head of cattle
[27] *azotada...vientos*   constantly scourged by strong winds
[28] *ribera oriental*   eastern bank
[29] *monte bajo*   scrub forest
[30] *curtido de los cueros*   leather tanning

algunas partes—en el norte de Chile, por ejemplo—más seca que el Sahara.

El desierto del noreste del Brasil, la región del *Sertão*, es una zona con sequías periódicas, cuyos habitantes a menudo tienen que emigrar en busca de trabajo y mejores condiciones de vida.

Otras zonas semidesérticas ocupan la Patagonia y las altísimas mesetas interandinas. Sólo crecen en ellas una grama baja y arbustos pequeños.[31] Las frígidas mesetas andinas situadas entre los 15,000 y 16,000 pies de altura se encuentran cubiertas de nieves eternas.

2.6 LOS LÍMITES DEL MEDIO FÍSICO

La caprichosa geografía latinoamericana es bendecida[32] por unos y criticada por otros. Entre los que la bendicen están las compañías mineras y petroleras, los hacendados, los exportadores de materias primas y quienes lucran[33] de sus riquezas naturales. En cambio, los que ven los límites del medio físico señalan el obstáculo que las montañas imponen a las comunicaciones y al transporte, el rigor del clima de las tierras bajas, la selva indómita, el caudal[34] de los ríos, la aridez de sus desiertos, la escasez de carbón y, sobre todo, la falta de bahías naturales donde construir grandes puertos.

En efecto, si examinamos el mapa del subcontinente latinoamericano, notamos que en el lado del Atlántico, desde el extremo sur hasta el norte del Brasil, sólo hay dos lugares apropiados donde se han construido grandes puertos: el estuario del Río de la Plata y la Bahía de Guanabara. El estuario del Río de la Plata ha permitido la edificación de los puertos de Buenos Aires, Montevideo y Rosario. En la Bahía de Guanabara se encuentra Río de Janeiro. Los otros puertos, como el de Santos, que sirve al comercio de São Paulo, no se encuentran en bahías importantes y han sido edificados gracias a la voluntad de trabajo del hombre ansioso de desafiar las limitaciones de la naturaleza.

En la costa del Pacífico sucede lo mismo. El único lugar apropiado para un gran puerto es la desembocadura del Guayas, el único río de importancia que lleva sus aguas al Pacífico. A orillas del Guayas, algo alejado del mar, se encuentra Guayaquil. Los otros puertos son artificiales: Valparaíso (Chile), Mollendo y Callao (Perú), Buenaventura (Colombia) y Acapulco (México).

El medio físico ha contribuido a que los latinoamericanos se dediquen históricamente a explotar las materias primas. Sólo en Argentina, Brasil, México, Chile y Colombia ha avanzado la industria manufacturera. El resto de Latinoamérica sigue siendo básicamente un área agrícola, minera o

---

[31] *grama...pequeños*   short grass and small shrubs
[32] *bendecida*   blessed
[33] *lucran*   profit
[34] *caudal*   flow

ganadera. Empeora la situación el hecho de que la economía de la mayoría de los países depende en gran medida de uno o dos productos de exportación, sujetos a las fluctuaciones de los precios del mercado mundial. Brasil, Colombia, Guatemala y El Salvador, por mucho tiempo dependían en gran parte del café; Cuba, del azúcar; Ecuador y Honduras, de las bananas; Bolivia, del estaño; Chile, del cobre, y así sucesivamente. Afortunadamente en las últimas décadas los esfuerzos recientes para la diversificación de la economía han tenido resultados significativos.

2.7 HETEROGENEIDAD DEL RECURSO HUMANO

La población actual de Latinoamérica es heterogénea. Más de la mitad de los 500 millones de habitantes son mestizos, es decir tienen sangre de más de una raza. Las personas de origen europeo constituyen la minoría más numerosa. Les siguen numéricamente los de sangre indígena pura o con poca o mucha mezcla de otra u otras razas. Vienen después los negros y mulatos. Estos elementos étnicos se encuentran presentes en mayor o menor grado en todos los países latinoamericanos. Finalmente se debe mencionar a los asiáticos de sangre pura o mezclada con las razas anteriores.

Predominan las personas de origen europeo en Argentina, Uruguay y Costa Rica, países en los que constituye un porcentaje de la población más alto que en los Estados Unidos. En Chile, los blancos y los mestizos se encuentran en casi igual proporción. Son esencialmente indígenas, es decir, con población mayoritaria aborigen, México, Guatemala, Ecuador, Perú y Bolivia. Son predominantemente mestizos Colombia, Venezuela, Paraguay, El Salvador, Honduras y Nicaragua. Países con parecidos porcentajes de europeos, los negros y mulatos son Cuba y el Brasil. En cambio, mulata es la mayoría de la población de la República Dominicana; y negra, la de Haití. La mayoría de los iberoamericanos blancos son de origen ibérico (español o portugués). Les siguen los de origen italiano. Vienen después los procedentes de otras partes de Europa o sus descendientes, sobre todo de alemanes, polacos, franceses, ingleses e irlandeses.

Los de raza indígena, pura o mezclada, descienden de los aborígenes precolombinos, especialmente de los aztecas, mayas, quechuas y aimaras. Los de herencia africana, por su parte, descienden casi en su totalidad de los esclavos traídos del África del siglo XVI al XIX. Como mentís a la decantada afirmación de la inexistencia de prejuicio y discriminación racial en Latinoamérica, señalemos[35] que en algunos países latinoamericanos las leyes solían prohibir abierta o disimuladamente[36] la inmigración

---

[35] As a flat denial to the exaggerated affirmation to the effect that there is no racial prejudice and discrimination in Latin America, let us point out . . .
[36] *disimuladamente*   furtively, underhandedly

Mujer vendiendo maíz en un mercado de Pisac, Perú.

africana y asiática. En parte debido a esta barrera legal, los asiáticos, puros y mezclados, nacidos allá o inmigrantes, constituyen un número relativamente bajo. Su porcentaje total es parecido al que hay en los Estados Unidos. La mayoría vive principalmente en Brasil, Perú, Cuba y México.

Cuando leemos los datos estadísticos, los censos y las opiniones del latinoamericano medio debemos tener en cuenta que en la mayor parte de Iberoamérica prevalece la tendencia a llamar blanco al que tiene facciones[37] más o menos europeas y es de piel más o menos clara.

La distribución racial en la pirámide socioeconómica es muy clara para muchos. Con todo, es exagerado afirmar que las clases altas (sociales, políticas y económicas) las forman exclusivamente los blancos y mestizos y que las clases más bajas las constituyen los de herencia indígena y africana. La sociedad latinoamericana no es tan prejuiciosa[38] como la angloamericana y la europea. Sin embargo, es innegable el hecho de que la mayoría de las altas posiciones y de las profesiones liberales las ocupan blancos y mestizos, mientras que la vasta inmensidad de la pobreza la comparten, «democráticamente», gente de todas las razas.

Una característica bastante extendida en la mayor parte de esta comunidad de países que estamos estudiando es la coexistencia de diversos

---

[37] *facciones*   features
[38] *prejuiciosa*   prejudiced

estadios[39] de desarrollo cultural. Así, mientras que en las grandes ciudades se vive muy modernamente, en el interior, en las zonas aisladas y algo despobladas, se vive con un atraso pronunciado.

2.8 DENSIDAD DE LA POBLACIÓN

Los 500 millones de latinoamericanos constituyen alrededor del 10 por ciento de la población mundial. Si los distribuimos entre los ocho millones de millas cuadradas del área donde viven, obtendremos una baja densidad engañosa.[40] La inmensa mayoría de iberoamericanos está concentrada a no más de 300 millas de la costa, en regiones templadas bajas o altas. Esto quiere decir que el centro de Sudamérica se encuentra despoblado. Por ejemplo, tienen escasísima población el Valle del Amazonas, los llanos, el Chaco y la Patagonia. Hace unas décadas la población latinoamericana era la que con más rapidez aumentaba en el mundo. En la actualidad su tasa de crecimiento anual[41] es de casi 2.5 por ciento, lo cual quiere decir que cada año hay unos ocho millones de habitantes más.

Como en otras partes del mundo, la tendencia a la urbanización se ha acentuado en Latinoamérica. Millones de personas van a vivir anualmente a las grandes ciudades en vez de ir al interior, hacia las zonas menos pobladas. Esta rápida e intensa migración interna ha creado extensas zonas urbanas improvisadas junto a las grandes ciudades o, dentro de ellas mismas, constituyendo las llamadas ***villas-miserias, callampas, favelas*** o ***barriadas***.[42] Estos paupérrimos distritos urbanos, especies de ciudades parasitarias y satélites, son causas y consecuencias del desajuste económico social y político actual. Iberoamérica tiene muchas ciudades de más de un millón de habitantes. Cuatro de ellas (Buenos Aires, Ciudad de México, São Paulo y Río de Janeiro) se encuentran entre las metrópolis más grande del mundo.

2.9 EL CARÁCTER DEL PUEBLO

Los diversos elementos humanos de Latinoamérica han creado una sociedad nueva, diferente de la de sus antepasados.[43] Es ella, en términos generales, una sociedad formada por una misma historia y unida por fuertes lazos lingüísticos, filosóficos, religiosos, sicológicos, económicos y políticos. Culturalmente no es una sociedad completamente homogénea: muestra matices[44] regionales, clasistas y étnicos. La civilización latinoamericana, sin embargo, en conjunto,

---

[39] *estadios*   stages
[40] *engañosa*   deceiving, misleading
[41] *su tasa de crecimiento anual*   its annual rate of growth
[42] *villas-miserias…barriadas*   slum quarters, shantytowns
[43] *antepasados*   forefathers
[44] *matices*   shades

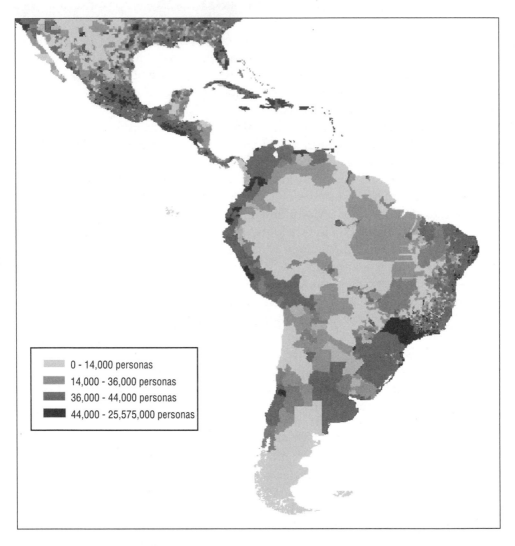

0 - 14,000 personas	
14,000 - 36,000 personas	
36,000 - 44,000 personas	
44,000 - 25,575,000 personas	

Mapa de la densidad de la población latinoamericana.

comparte más rasgos en común que características diferenciadoras. Hay en las masas étnicas latinoamericanas cierta diversidad dentro de su unidad.

La realidad latinoamericana confunde a algunos antropólogos, especialmente cuando descubren la existencia de blancos que se comportan[45] como indígenas o mestizos, y viceversa. Debido a esta heterogeneidad particular dentro de la homogeneidad general es difícil o imposible generalizar en cuanto al carácter de la gente. Se cree que el carácter latinoamericano varía más por razones sociales, culturales y económicas que étnicas. Se pueden señalar, sin embargo, algunos rasgos muy extendidos: decencia, **personalismo**, **machismo**, **compadrazgo**, sentido de hospitalidad, verbosidad y otras características que iremos estudiando conforme sigamos el proceso histórico de transculturación.

El concepto de «decencia» y el temor al «qué dirán» se encuentran muy generalizados. Las gentes de los sectores medios y altos de la sociedad se preocupan mucho por el grado de estimación y respeto que les tienen sus iguales y superiores de la escala social. La obsesión por la decencia lleva a muchos a mantener obstinadamente un nivel de vida por encima de sus medios económicos. La ambición de muchos para escalar posición social comienza con la imitación de los aspectos externos de la manera de vivir y de comportarse de la clase social inmediatamente superior. A veces la falsa interpretación de la decencia conduce a algunos a adoptar los aspectos más llamativos,[46] decorativos y externos del estrato social considerado ideal.

El personalismo es el respeto o la admiración que el latinoamericano le tiene al individuo por su honor, valentía, liderazgo y otras cualidades espirituales propias que defiende a todo trance,[47] aunque sea sacrificándose. Es una exaltación del «yo» que con orgullo el individuo defiende y los demás respetan.

Machismo es el culto a la concepción latinoamericana del macho: el hombre atrevido, con confianza en sí mismo,[48] resuelto, de gran capacidad y actividad física y sexual. Se ha dicho que no todos los machos son caudillos pero eso sí, todos los caudillos deben ser machos.

Compadrazgo,[49] como lo veremos más adelante, es la especial relación y obligación que se tienen los compadres (padres y padrinos del hijo de aquél) y los padrinos con sus ahijados.[50] Es una extensión de los lazos sanguíneos y políticos[51] para incluir a los que mediante el sacramento del bautismo ahora pertenecen al clan. El compadrazgo a veces se convierte en arma del ambicioso que desea escalar posiciones sociales, económicas y

---

[45] *se comportan* behave
[46] *llamativos* flashy, gaudy
[47] *liderazgo…a todo trance* leadership . . . at any cost
[48] *macho…confianza en sí mismo* he-man: the daring, self-confident man
[49] *compadrazgo* status of the godfather
[50] *padrinos…ahijados* godparents . . . godchildren
[51] It is an extension of the relationship established by blood and marriage. . . .

políticas. Se vale de su beneficio el que tiene menos. Lo usa más el que ambiciona más. Hay quienes creen que cuando se cierran las puertas de la justicia hay que empujar las puertas del compadrazgo.

Probablemente la hospitalidad latinoamericana es en gran parte de origen arábigo, judío e indígena. La hospitalidad semita heredada por los iberos vino a América con los colonizadores que fraternizaron con los indígenas. Ambas vertientes[52] de la hospitalidad, la ibérica y la indígena, han contribuido a caracterizar la hospitalidad latinoamericana de hoy.

La tendencia a la elocuencia excesiva o verbosidad elegante lleva al latinoamericano a admirar y aplaudir al de fácil expresión. El orador y el conversador[53] gozan de la admiración general. El ingenio en la expresión, el dominio de la retórica con juego de palabras y frases refulgentes, es uno de los dones[54] más apreciados.

Con todo, es evidente que el ritmo de vida acelerado, la industrialización y la modernización están modificando rápidamente las costumbres y el carácter de la gente. El cambio se efectúa con mayor celeridad en las regiones urbanas más industrializadas, más educadas y con mayor contacto con otras gentes y otras culturas.

2.10 SUMARIO

I. **El medio físico de Latinoamérica:**
   A. Ocupa aproximadamente las tres cuartas partes del continente
   B. Tres Antillas Mayores: Cuba, Española y Puerto Rico
   C. Las Galápagos, Margarita, las Malvinas y otras islas
II. **La altitud condiciona la latitud:**
   A. La mayor parte se encuentra en la zona tórrida o semitórrida
   B. La altitud modifica el clima que debiera tener por su latitud
III. **Importancia de las cordilleras:**
   A. Los Andes y sus prolongaciones al norte: el espinazo del continente
   B. Los volcanes, las fallas geológicas y los sismos periódicos
   C. Riqueza en oro, plata, cobre, estaño, vanadio y otros minerales
IV. **Los grandes sistemas fluviales:**
   A. La Amazonia y sus 2,722,000 millas cuadradas con su sistema fluvial navegable de 20,000 a 36,000 millas
   B. El Paraná-Plata recorre Bolivia, Paraguay, Argentina, Uruguay y Brasil (El Paraná y el Uruguay forman el Río de la Plata)

---

[52] *vertientes*   sides, origins
[53] *El orador y el conversador*   The orator and the conversationalist
[54] *juego de palabras...dones*   play on words . . . natural gifts

C. El Cauca-Magdalena recorre 1,600 millas antes de desembocar en el Caribe

D. El Orinoco recorre 1,500 millas antes de desembocar en el Caribe

E. El São Francisco, de 1,800 millas, recorre la Meseta Brasileña

V. **Tierras llanas, planicies y desiertos:**

A. La Amazonia es la tierra llana selvática más extensa del mundo

B. La Meseta Brasileña: región llana de 2,000 a 3,000 pies de altitud

C. El Chaco semiselvático: petróleo, quebracho, yerba mate y maderas

D. La fertilidad de las pampas y los millones de cabezas de ganado

E. La Patagonia: planicie meridional, abarca una cuarta parte de Argentina

F. Los llanos colombianos, las sabanas venezolanas y otras zonas llana

G. Desiertos en el norte de México y costa de Ecuador, Perú y Chile

H. El *sertão*, zona desierta al noreste del Brasil

VI. **Los límites del medio físico:**

A. Obstáculos para las vías de comunicación

B. Escasez de carbón y de bahías naturales para grandes puertos

VII. **Heterogeneidad de los recursos humanos:**

A. Con la mayoría mestiza conviven blancos, indígenas, personas de herencia africana y asiáticos

B. Connotación racial en el privilegio de pocos y la pobreza de muchos

VIII. **Densidad de la población:**

A. El 10 por ciento de la población mundial (500 millones)

B. La explosión demográfica y el rápido crecimiento urbano

IX. **El carácter del pueblo:**

A. Heterogeneidad regional dentro de la homegeneidad continental

B. Decencia, personalismo, machismo, compadrazgo y hospitalidad

C. Admiración por la verbosidad elegante y al ingenio en la expresión

D. La modernización y la industrialización modifican las costumbres

2.11 CUESTIONARIO, PREGUNTAS Y VIDEOS

Cuestionario

1. ¿Cuáles son las islas más importantes de Latinoamérica?
3. ¿En qué países son importantes las sabanas, las altiplanicies y las yungas?
4. ¿Qué dificulta la industrialización de Latinoamérica?
5. ¿Cuáles son las grandes zonas áridas de Iberoamérica?
6. ¿En qué países predomina la población de origen europeo y cuál es su explicación?
7. ¿En dónde es mestiza la mayoría de la población y por qué?

8. ¿Cuáles son los llamados «países indígenas» de América Latina?
9. ¿Qué entiende el latinoamericano por «decencia»?
10. ¿Qué es el «personalismo»?

Preguntas y temas de expansión

1. ¿Qué influencia histórica ha tenido la geografía en Latinoamérica?
2. ¿Qué importancia tienen las regiones pastorales?
3. ¿Cuáles son los rasgos esenciales del carácter del latinoamericano?
4. ¿Cuál es la importancia económica de la cordillera andina?
5. ¿Qué influencia han tenido los sistemas fluviales en el desarrollo de la navegación?
6. ¿Cuál es el efecto del espinazo de Iberoamérica, las fallas geológicas y los terremotos?
7. En su opinión, ¿por qué es importante la defensa ecológica de la cuenca del Amazonas?
8. Evalúe la heterogeneidad racial en Latinoamérica.
9. Explique el papel del personalismo en la vida latinoamericana.
10. Compare la hospitalidad latinoamericana con la estadounidense.

Films y videos

Vea nuestras sugerencias en la página 408.

2.12 RECOMENDACIÓN BIBLIOGRÁFICA

Barton, Jonathan R. *A Political Geography of Latin America.* New York: Routledge, 1997.

Bethell, Leslie, ed. *Latin America. Politics and Society Since 1930.* Cambridge: Cambridge University Press, 1998.

Chasteen, John Charles, and Joseph S. Tulchin. *Problems in Modern Latin American History.* Wilmington, DE: Scholarly Resources, 1993.

Davidson, William V., and James J. Parsons, eds. *Historical Geography of Latin America.* Geoscience and Man, vol. 21. Baton Rouge: Louisiana State University, 1980.

Knight, Franklin W. *Race, Ethnicity, and Class: Forging the Plural Society in Latin America and the Caribbean.* Waco, TX: Baylor University Press, Markham Press Fund, 1996.

Sánchez Albornoz, Nicolás. *Población y mano de obra en América Latina.* Madrid: Alianza, 1985.

Sayre, April Pulley. *South America.* Brookfield, CT: Twenty-First Century Books, 1999.

Ward, John. *Latin America: Development and Conflict Since 1945.* New York: Routledge, 1997.

Webb, Kempton. *Geography of Latin America.* Englewood Cliffs, N.J.: Prentice-Hall, 1972.

Williamson, John, ed. *Latin American Adjustment: How much has happened?* Washington, DC: Institute for International Economics, 1990.

Las grandes civilizaciones precolombinas y su legado cultural

3

http://latinoamerica.heinle.com

Vocabulario autóctono y nuevo

- hipótesis autoctonista
- hipótesis migratoria
- *Popol Vuh*
- *Chilam Balam*
- maguey
- pulque
- Quetzalcóatl
- Tahuantinsuyo
- runasimi
- ayllu
- chasquis
- quipus
- tambos
- amauta
- colla
- palla
- Inti
- Viracocha
- Pacha Mama
- tucuyrico

3.1 ORÍGENES DEL HOMBRE AMERICANO

Las diversas hipótesis sobre el origen del hombre americano se agrupan en dos grandes escuelas: (a) la **autoctonista**,[1] que es poco aceptada, y (b) la **migratoria**. La primera escuela sostiene que el hombre aparece en diferentes puntos del globo, incluso en el continente americano. El científico argentino Florentino Ameghino (1854–1911), uno de sus más destacados defensores, trató de demostrar que el hombre de las Américas es autóctono, que apareció por primera vez en la Patagonia, en el extremo sur de la Argentina.

---

[1] *autoctonista*   autochthonous, native, indigenous

Cronología comparativa

3000 a.C. Ciudades-estados en la costa norteña del actual Perú

1400–1200 a.C. Comienzo de la civilización olmeca

300–600 d.C. Teotihuacán

317–987 Antiguo Imperio Maya

800–1100 Civilización Tolteca

987–1697 Nuevo Imperio Maya

1200 Los chichimecas

1325 Los aztecas fundan Tenochtitlán

1400–1532 Imperio de los incas

• • •

3000 a.C. Mesopotamia, Egipto, Palestina, Primeras dinastías chinas

387 a.C. Platón

711 Comienza la invasión árabe de España

929 Apogeo del califato de Córdoba

1030–1492 Reconquista cristiana en España

1215 Carta Magna en Inglaterra

1492 Cristóbal Colón inicia su viaje hacia el Oeste

Mapa de las grandes civilizaciones precolombinas.

Los defensores de la hipótesis migratoria hoy gozan de prestigio. De éstos, el antropólogo francés Paul Rivet (1876–1964), reorganizador del Museo del Hombre, de París, sostuvo que el amerindio es de origen asiático; emigró al Nuevo Mundo unos 11,000 años antes de Cristo, utilizando el Estrecho de Bering congelado.[2] Las oleadas migratorias al Hemisferio Occidental procedentes de Alaska bajaban progresivamente cuando las condiciones lo permitían. Se extendieron por Norteamérica hasta llegar a Mesoamérica,[3] donde lograron desarrollar importantes civilizaciones. Otros, en cambio, han encontrado evidencia arqueológica en Chile y en Brasil que los ha hecho suponer que las primeras oleadas migratorias de Asia a las Américas llegaron a Sudamérica hace unos 40,000 años vía Alaska y el Polo Sur y no al fin de la era glacial, hace 12,000 años, como antes se creía.

3.2 Visión arqueológica de Mesoamérica

Los arqueólogos dividen los siglos de desarrollo cultural de Mesoamérica en los siguientes períodos: (1) formativo (de 1500 a.C al año 300 de nuestra era); (2) clásico (del 300 al 900 de nuestra era); (3) posclásico (del año 900 hasta la llegada de los españoles).

Culturalmente hablando, el período formativo es comparable con la etapa neolítica del viejo mundo desarrollada unos 5,000 años antes. Durante el período formativo creció la población al mejorarse la calidad del maíz y aumentarse el rendimiento de cada planta. Mejor alimentada, la gente concentrada en pueblos agrícolas desarrolló a mediados del siglo XII antes de Cristo una de las primeras civilizaciones mesoamericanas: la *olmeca*. A ésta le sucedieron dos civilizaciones más: la *maya preclásica* (conocida también con el nombre de *Antiguo Imperio Maya*) y la *zapoteca* de Monte Albán, en el valle de Oaxaca, en el sur de México. En el siguiente período, el clásico, la influencia olmeca es muy visible en otras dos civilizaciones: en la de *Teotihuacán* y en la *maya clásica* (también conocida con el nombre de *Nuevo Imperio Maya*), que se prolonga hasta la época posclásica. En el período posclásico los *toltecas*, los *mixtecas* de Monte Albán y los *aztecas* heredan rasgos culturales olmecas.

Recientes excavaciones, estudios e interpretaciones arqueológicas señalan cierta unidad fundamental en todas las culturas mesoamericanas, pese a la diversidad de características y grados de evolución de cada una. Sus rasgos distintivos comunes fueron: (1) escritura jeroglífica[4] y libros de papel de

---

[2] *congelado*   frozen
[3] *Mesoamérica*   Este nombre, hoy tan generalizado entre los arqueólogos, fue propuesto, hace varias décadas, por el conocido antropólogo mexicano Paul Kirchoff para designar al territorio de México y Centroamérica donde se desarrollaron las antiguas civilizaciones precolombinas (olmeca, maya, tolteca, azteca, etc.).
[4] *jeroglífica*   hieroglyphic (picture writing of ancient Mexicans and Egyptians)

Cabeza gigante de la civilización olmeca (1150–950 antes de Cristo) esculpida en piedra que pesa varias toneladas y representa, probablemente, a uno de sus caciques. Cabeza hallada en México.

corteza o de gamuza (piel de venado)[5] que se doblan como acordeón, (2) mapas, (3) calendario solar de 365 días, (4) conocimientos astronómicos avanzados, (5) juego en equipo parecido al baloncesto, llevado a cabo en una cancha especial con una bola maciza de jebe,[6] (6) uso de tabaco para fumar, (7) divinidades como la serpiente emplumada, (8) empleo de maíz, frijoles y calabaza[7] como base de la alimentación diaria, y (9) sacrificios humanos. Los rasgos compartidos los explicaría una herencia común: la civilización olmeca.

Estudiemos ahora las culturas más importantes de Mesoamérica.

3.3 LA CIVILIZACIÓN OLMECA

La civilización olmeca se desarrolló en la costa del Golfo de México, cerca de la actual Veracruz. Varias pruebas con el sistema cronométrico del radiocarbono de objetos excavados de uno de sus centros ceremoniales indican que la civilización olmeca se desarrolló entre 1160 y 580 antes de Cristo. El hallazgo condujo a algunos arqueólogos a postular que ella fue la cuna cultural de Mesoamérica y a otros a concluir que fue la primera civilización del Hemisferio Occidental. Posteriores excavaciones en el Perú han refutado la última hipótesis.

---

[5] *libros…venado*   bark-paper or deerskin books
[6] *juego…jebe*   a team game, resembling basketball, played on a special court. The players used a solid rubber ball.
[7] *maíz; frijoles y calabaza*   corn, beans, and squash

Además de los rasgos distintivos legados a las futuras culturas de la región, los olmecas hacían figurines y otros objetos artísticos de jade azul-verduzco y traslúcido, piedra semipreciosa diferente del jade de color verde de manzana empleado más tarde por los mayas. Esculpieron en piedra cabezas gigantescas de unas dieciocho toneladas de peso cada una y construyeron pirámides rectangulares, planas en la cúspide,[8] imitando a los volcanes. Estas pirámides truncas servían de templos y tumbas. Al mismo tiempo que levantaron enormes monumentos de basalto[9] y grabaron piedras inmensas, elaboraron diminutas figuras de barro blanco pintado de rojo, representando las formas más animadas de la actividad humana. Aparentemente los olmecas fueron los primeros en Mesoamérica en crear un sistema elaborado de control del agua para la irrigación. También se cree que la expansión olmeca hacia el Valle de México y Guatemala pudo ser motivada por la búsqueda del jade necesario para su arte. Su vanguardia conquistadora la formaban mercaderes que recorrían Mesoamérica combinando actividades mercantiles con el espionaje, un precedente útil utilizado por los futuros aztecas.

El gran dios olmeca fue un jaguar con características de infante humano, es decir con la apariencia de un felino antropomórfico, que muy bien pudo ser la versión inicial del Dios de la Lluvia.

3.4 LOS MAYAS Y LOS QUICHÉS

Los *mayas* desarrollaron su civilización durante dos períodos: el Antiguo Imperio (siglos IV a IX de la era cristiana) y el Nuevo Imperio (siglos IX al XIV). Durante el primero habitaron parte de Honduras y las mesetas de Guatemala. En esta etapa inicial de su historia los mayas se unieron a los *quichés*, procedentes de las alturas de Guatemala. El nuevo imperio se desarrolló principalmente en Yucatán. Cuando los españoles llegaron a esta península, a principios del siglo XVI, los mayas ya se encontraban en decadencia.

El progreso de los mayas puede apreciarse en su calendario, aparentemente más perfecto que el de los cristianos de la época. Los códices[10] revelan un tipo de escritura jeroglífica, como la egipcia. Expertos en arquitectura, como veremos en el capítulo 17, los mayas llegaron a construir templos y palacios adornados con enormes esculturas. Las ruinas de los centros religiosos de Chichén-Itzá, Palenque y Copán dan idea de la maestría alcanzada en la construcción de grandes edificios. El ***Popol Vuh***, libro sagrado de los quichés, relata el origen del hombre, hecho de maíz

---

[8] *cúspide*   apex
[9] *basalto*   roca volcánica negra o verdosa muy dura
[10] *códices*   old manuscripts

Portal del Templo de los Guerreros en Chichén Itzá. Muestra al frente la estatua de un dios tolteca heredado por los mayas; atrás, dos columnas con una cabeza de serpiente en su base rodeadas de representaciones de la lluvia.

por el creador del mundo. La colección **Chilam Balam** (libro mágico) se ocupa de la mitología y los sucesos[11] más notables de la historia maya.

3.5 LAS CULTURAS DEL VALLE DE MÉXICO

Una de las civilizaciones más importantes del Valle Central de México fue *Teotihuacán*, que floreció entre los años 300 y 600 de nuestra era. Compartió elementos culturales olmecas y desarrolló una imponente arquitectura para satisfacer las necesidades diarias y religiosas de sus decenas de miles de habitantes permanentes. Regularmente, millares de peregrinos de diferentes regiones rendían tributo a los dioses y participaban en las ceremonias religiosas llevadas a cabo en sus ciclópeas pirámides del Sol y de la Luna y en el famoso Templo a **Quetzalcóatl** (la serpiente emplumada). Los arqueólogos han desenterrado el área central de Teotihuacán formada por esas dos pirámides, el templo y la avenida que conduce a la ciudadela[12] que defendía la región. Su repentina decadencia alrededor del año 600 la causó, al parecer, la invasión de tribus nómadas hostiles del norte o algunos cambios ecológicos violentos.

---

11 *sucesos*   eventos
12 *que…ciudadela*   which leads toward the citadel (fortress commanding the city)

La cultura tolteca dominó grandes extensiones del norte y centro del Valle de México. Por su significativa influencia e importancia, las siguientes dinastías gobernantes de la región se consideraron orgullosamente sus descendientes. Los toltecas se destacaron por sus conocimientos arquitectónicos y agrícolas. Además del maíz, base de su alimentación, cultivaron otras plantas: el cacao, el algodón, el frijol, el chile, el camote y la yuca.[13] Sus mejores obras arquitectónicas las erigieron en Tula, la capital. Aunque no desarrollaron tanto la industria textil como los antiguos peruanos, los toltecas elaboraban gran variedad de telas: desde el lino más fino hasta el terciopelo más grueso.[14] El culto al sol, la luna y las estrellas les impulsó a observar los cuerpos celestes y a elaborar un calendario exacto. La divinidad Quetzalcóatl ocupaba lugar preferente en el panteón tolteca.

A mediados del siglo XII la cultura marginal *chichimeca*, procedente del Norte, invadió el Valle Central de México para saquear Tula. Incorporando elementos culturales toltecas, los chichimecas desarrollaron una civilización imponente. Desde su capital Texcoco se extendieron políticamente sin imponer sus costumbres, ritos y dioses. Un siglo más tarde los tolteca-chichimecas se vincularon con la nueva y pujante[15] civilización azteca. Ésta poco a poco absorbió los elementos culturales tolteca-chichimecas, impuso su autoridad en el Valle de México y se confederó con otras civilizaciones de menos poder militar hasta dominar todo el Valle Central a fines del siglo XIII.

La civilización azteca era en cierto modo teocrática porque su jefe político supremo también ejercía las más altas funciones eclesiásticas. Uno de sus gobernantes más distinguidos fue el chichimeca Netzahualcóyotl, protector de las artes, poeta y orador.

Los arqueólogos consideran a Tenochtitlán, la capital azteca levantada en el centro de un lago de la meseta central, como una de las ciudades precolombinas más imponentes. La tierra, equitativamente distribuida entre los jefes de familia, era heredada por los hijos. Porque la agricultura era la actividad principal del pueblo, el propietario perdía el derecho a la tierra cuando dejaba de cultivarla durante dos años consecutivos. Además del maíz, cultivaron otras plantas, como el **maguey**,[16] del cual extraían el **pulque**, bebida

Un huaco (cerámica) mochica que muestra un baile de guerreros de esa cultura precolombina.

---

[13] *algodón…yuca*   cotton, bean, chili, sweet potato, casava
[14] *telas…grueso*   textiles from the finest kind of linen to the thickest velvet
[15] *pujante*   vigorosa
[16] *maguey*   planta fibrosa

alcohólica todavía popular en México, utilizaban las fibras para hacer soga, y las hojas, para techar[17] las casas. Los aztecas, como sus antecesores, domesticaron pocos animales, entre ellos el perro y el guajolote.[18]

La religión politeísta, basada en la observación de los astros y la contemplación de las fuerzas misteriosas de la naturaleza, exigía sacrificios humanos. Mucho se ha discutido esta práctica tan general en las primeras etapas evolutivas de las civilizaciones del viejo y nuevo mundo sin llegar a conclusiones convincentes.

3.6 Recientes descubrimientos arqueológicos en Sudamérica

Evidencias arqueológicas desenterradas en la década de los años 80 prueban que en la costa norte del actual Perú se desarrolló una importante civilización alrededor de 3,000 años antes de Cristo, durante aproximadamente la misma época en que se construían las pirámides de Egipto y llegaban a su más alto desarrollo las ciudades-estados de la Mesopotamia. Algunos arqueólogos norteamericanos e ingleses hicieron excavaciones en veintenas de lugares de los 50 valles costeños bañados por los riachuelos que descienden de los Andes hacia el Pacífico, desenterrando, en algunos de ellos, pirámides truncas escalonadas, templos enormes y frisos[19] de piedra esculpidos con motivos de jaguares y arañas. Descubrieron, asimismo, amplias plazas, alrededor de las cuales se encontraban las viviendas del pueblo. Los edificios más grandes de esta cultura de la costa andina se construyeron, según las pruebas de carbón, 2,000 años antes que los de los mayas y 3,000 años antes que los de los aztecas e incas. Cada comunidad ocupaba un área aproximada de 140 acres y tenía por centro una estructura monumental en forma de «U», alrededor de la cual se erigían los templos rodeados de viviendas. La complejidad de los edificios, el tamaño, la planificación precisa y el alto grado de movilización laboral hacen pensar que pertenecían a ciudades-estados motivadas por la religión y dependientes principalmente de la riqueza del Océano Pacífico. El pueblo construyó las grandes estructuras más por temor a los dioses que al gobierno. Se alimentaban de la fauna y flora marinas, y complementaban su dieta con camotes, frijoles, maní, productos de civilizaciones andinas incipientes y, de vez en cuando, de cuyes.[20]

Una de las dos grandes estructuras descubiertas en la Huaca A,[21] cerca de la actual Casma, es un almacén del tamaño de una cancha de fútbol y de tres pisos de alto, donde se guardaban los alimentos; la otra es un templo de

---

17 *soga...techar*　rope . . . to roof
18 *guajolote*　turkey
19 *frisos*　friezes, ornamented bands on the building walls
20 *maní y...cuyes*　peanuts, and some times guinea pigs
21 *Huaca A*　Burial site A

diez pisos de altura. Esta civilización, aparentemente la más antigua del Hemisferio Occidental, inexplicablemente y de manera abrupta se trasladó a los Andes para organizar sociedades agrícolas que florecieron a 10,000 pies del nivel del mar, pese a la crudeza del clima. Tal vez un violento cambio ecológico que produjo la disminución de la fauna marítima, en mayor escala que las causadas periódicamente por el desplazamiento de la corriente de Humboldt por la del Niño, empujaron a esta temprana civilización a emigrar hacia las alturas andinas para no sufrir el deterioro económico-político, como ocurriría milenios después con la cultura Chimú.

En las alturas andinas ya vivían poblaciones que desde hacía 9,000 años habían cultivado muchas plantas, tejían su ropa en el período precerámico y se alimentaban de venados, oca, olluco, tomates, frijoles y habichuelas.[22] La primera gran cultura desarrollada en los propios Andes fue *Chavín de Huantar*, que se extendió por el norte del actual Perú con una clase dirigente cuya dominación del pueblo se sustentaba en dioses y poder militar temibles. Aparentemente un desastre natural determinó la decadencia de este destacado centro político-religioso. Otras importantes civilizaciones le sucedieron a Chavín: *Mochica*, *Nazca* y *Chimú*, en la

La Puerta del Sol esculpida en un solo bloque de 3 × 4 metros. Esta importante pieza arquitectónica del Tiahuanaco tiene arriba decoraciones como las que muestran las paredes de barro de la Costa. En la parte central superior aparece un dios chavinoide sosteniendo un báculo en cada mano.

---

22 *venados...habichuelas*   deer, oca, olluco [tubers resembling potatoes], tomatoes, beans, and beanpods

Costa; *Huari,* en los Andes centrales; y *Tiahuanacu,* alrededor del Lago Titicaca. La civilización incaica, desarrollada en el siglo XV, en realidad no fue sino la culminación de todas las culturas precedentes, cuya lengua quechua fue una variedad del idioma de los Huari. Todas estas culturas, sociedades rurales nucleadas, empleaban el control de las aguas en la agricultura y se expandieron probablemente por la presión demográfica.

3.7 LOS INCAS

Originalmente sólo eran de sangre incaica los de la familia real, pero más tarde el término se aplicó a la mayoría dominante de los habitantes del **Tahuantinsuyo** (cuatro regiones de la tierra), como los antiguos peruanos llamaban a su imperio. Varias leyendas explican su origen divino. Una de las más difundidas nos cuenta que Manco Cápac y su hermana Mama Ocllo, enviados por su padre el Sol a fundar un imperio, establecieron la capital del nuevo estado en el Cuzco (ombligo[23] del mundo). La lengua oficial recibió el nombre de *runasimi* (lengua general) o quechua. La base de su estructura social era el *ayllu,* grupo de familias que cultivaban la tierra y hacían otras labores en común. Parte de la cosecha era para el inca, otra parte para la religión y el resto se repartía entre las familias del *ayllu.*

El inca estaba al tanto de lo sucedido en sus dominios, gracias a las carreteras y a los puentes colgantes[24] que unían el Cuzco a las diversas zonas del imperio. Los *chasquis,* mensajeros encargados de llevar órdenes o noticias de lo ocurrido en las diferentes regiones, corrían grandes distancias y, como en la carrera de postas,[25] se pasaban el *quipus.* En el *quipus,* instrumento compuesto de nudos[26] de diversos colores, los incas llevaban la contabilidad de las cosechas almacenadas en los *tambos* (posadas-depósitos), y registraban el número de guerreros enviados en expediciones militares. El *amauta* (sabio, maestro) era el cronista encargado de conservar y difundir la tradición oralmente.

El inca era también la máxima autoridad religiosa, representante del Sol. Como en Egipto y otras civilizaciones, la casta gobernante incaica practicaba la endogamia: el monarca se casaba con una de sus familiares, la *colla,* destinada a ser madre del príncipe heredero. Las *pallas* eran las vírgenes del Sol, las doncellas [27] más hermosas del Tahuantinsuyo, seleccionadas para ser instruidas en el culto al Sol y desempeñar un papel parecido al de las vestales del imperio romano.

---

[23] *ombligo*   navel
[24] *puentes colgantes*   hanging bridges
[25] *carrera de postas*   relay races
[26] *nudos*   knots
[27] *doncellas*   vírgenes

LÍMITES DEL IMPERIO INCAICO
LÍMITES DE LOS ESTADOS ACTUALES

Cara

Cañari

Palta

Tallan

Chachapoyas

Mochica

Huanca

Quechua

Chincha
Nazca

Aymara

*Tahuantinsuyo
(Imperio de los Incas)*

OCÉANO
PACÍFICO

Chipayas

Atacama

Chango

Omaguaca

Diaguita

Araucanos

Huarpe

Tahuantinsuyo, a veces escrito como Tawantinsuyo o Tahuantinsuyu, fue el nombre dado por los incas a su imperio.

Los artesanos incaicos no superaron la cerámica de las culturas costeñas preincaicas (mochica, chimú, nazca). Aquí vemos su pieza característica: base puntiaguda (*sharp-pointed*), dos asas (*handles*) y adornos con motivos geométricos rojos y negros.

La base de la religión era el culto al **Inti** o **Viracocha** (Sol). Como el Sol fertilizaba con sus rayos a su esposa **Pacha Mama** (Madre Tierra), el cultivo del suelo era una ceremonia sagrada y festiva. El enviado principal a los pueblos conquistados se llamaba **tucuyrico** (gobernador que todo lo ve), encargado de velar por el cumplimiento de las leyes.[28] Se castigaba a los rebeldes desterrándolos[29] a regiones apartadas.

Los incas construyeron 18,000 millas de carreteras, grandes fortalezas, como la de Sacsahuamán, y templos, como el de Coricancha. Hoy se puede observar su habilidad arquitectónica en las ruinas de la ciudad-fortaleza de Machu Picchu, erigida en la cima[30] de una montaña, a 70 millas al norte del Cuzco. Sobre esta arquitectura nos ocuparemos en otra sección (17.2).

El estricto código moral incaico[31] se revela en el saludo cotidiano: «Ama sua, ama lluclla, ama quella» (no robes, no mientas, no seas haragán).[32] Entre sus monarcas más destacados se encuentran Pachacútec, Viracocha y Huayna Cápac. Según los cronistas españoles, éste último antes de morir dividió su imperio en dos grandes países: uno para Huáscar y el otro para Atahualpa.[33] Recientes estudios etnohistóricos, sin embargo, muestran que la lucha entre los dos hijos de Huayna Cápac fue alentada por diversas facciones políticas y que el inca murió sin dejar sucesor, por eso después de su

---

28 *velar por...leyes*   charged with watching over the obedience of the law
29 *desterrándolos*   exiling them
30 *cima*   top
31 *El código...incaico*   The inca moral code
32 *no seas haragán*   don't be lazy
33 Some historians believe that Atahualpa's mother was a Quito princess, but most historians today sustain than the mothers of both contenders to the throne were Inca women.

Machu Picchu, ciudad incaica de piedra, construida probablemente en el siglo XV al norte de Cuzco, es una de las maravillas arquitectónicas del mundo. Contiene muchos palacios, templos, observatorios, tumbas, plazas, puentes y otros edificios con escalinatas que suman más de tres mil peldaños (*steps*). Desconocida por los españoles, criollos y mestizos, unos indios se la mostraron a Hiram Bingham, arqueólogo de la Universidad de Yale, quien en sus varios libros afirmó haberla «descubierto» en 1911.

fallecimiento el imperio de unos 12 millones de habitantes se dividió. Lo cierto es que ambos hermanos lucharon por unificar el Tahuantinsuyo bajo su mando. Finalmente Atahualpa venció a Huáscar y estaba a punto de proclamarse monarca único cuando llegaron los españoles. En camino al Cuzco se encontraba Atahualpa descansando en los baños termales de Cajamarca en 1532, cuando fueron a buscarlo Pizarro y sus soldados.

3.8 La herencia indígena

Las civilizaciones dejan a la posteridad una serie de manifestaciones culturales que afectan la manera de ser, pensar y obrar de sus descendientes. Aunque ciertos elementos de las sociedades precolombinas fueron reordenados o destruidos por los europeos, buen número de sus rasgos distintivos sobreviven como sustrato[34] cultural de los nuevos pueblos indoamericanos. Su supervivencia se hace progresivamente más patente en los países donde todavía quedan millones de sus descendientes, conviviendo[35] con sus hermanos mestizos y de otras razas, con quienes

---

[34] *sustrato* foundation, base
[35] *conviviendo* viviendo juntos

Este armamento pectoral antropomórfico, hecho por un precolombino de la región del Cauca, está decorado con seis figuras zoomórficas. Tiene 15.8 centímetros de ancho por 24 de alto y un peso de 248.67 gramos. Es una de las 8,000 piezas del Museo de Oro del Banco de la República, Bogotá. Su base se parece mucho al pectoral mochica de Sipán (Lambayeque, Perú) desenterrado en 1987.

ahora comparten el terreno donde antes gobernaban sus antepasados. La herencia prehispánica es mayor donde más sangre indígena queda. La tristeza del indígena andino parece tener origen precolombino. El apego[36] a la tierra sentido por muchos indoamericanos es asimismo de origen indígena. Su añoranza del terruño[37] podrá tener origen ibérico, pero la añoranza, mezclada con cierto grado de fervor religioso, probablemente se remonta[38] al amor precolombino a la *Pacha Mama* (Madre Tierra). La inclinación colectivista del indígena debe investigarse en el sistema económico y el régimen de trabajo que tuvieron las diversas civilizaciones americanas.

Gran parte de la dieta de los mexicanos, de los guatemaltecos y de los descendientes de los incas se basa principalmente en los artículos comestibles de sus antepasados prehispánicos: papa,[39] yuca, cacao, camote, ají o chile, frijoles, tomates, calabaza y pescado. Hay quienes creen que para comenzar a indagar[40] la manera de ser de un pueblo hay que principiar por identificar su dieta. Quizás la baja estatura de muchos indígenas se deba en gran parte a su alimentación deficiente.

El espíritu festivo del indígena, su arte manual, su capacidad escultórica, su gran habilidad para trabajar el oro, la plata y las piedras preciosas,

---

[36] *apego*   attachment
[37] *añoranza al terruño*   homesickness
[38] *se remonta*   dates back
[39] *papa*   potato
[40] *indagar*   to examine

se conservan todavía en los indoamericanos de hoy. La música indígena, como se verá más adelante, aunque enriquecida con técnica e instrumentos europeos, todavía sirve de importante recordatorio[41] del grado de civilización de los antepasados indoamericanos de este lado del Atlántico.

3.9 SUMARIO

I. **Origen del hombre americano:**
   A. Hipótesis autoctonista: el argentino Florentino Ameghino (1854–1911)
   B. Tesis migratoria del francés Paul Rivet (1876–1964)
II. **La civilización olmeca (siglos XII–VI antes de Cristo), primera de Mesoamérica:**
   A. Rasgos distintivos expresados en pirámides truncas y cabezas gigantes
   B. Legado cultural a Mesoamérica: jade, irrigación, maíz y frijol
III. **Los mayas y quichés:**
   A. El antiguo Imperio (siglos IV–IX) y el Nuevo Imperio (siglos IX–XIV)
   B. Los mayas se asocian con los quichés de Guatemala
   C. El calendario y los códices de maguey con escritura jeroglífica
   D. Los centros religiosos: Chichén-Itzá, Palenque y Copán
   E. Pirámides, templos y palacios adornados con esculturas
   F. Los libros clásicos: *Popol Vuh* (sagrado) y *Chilam Balam* (mágico)
IV. **Las culturas del Valle de México:**
   A. Teotihuacán (siglos III–VI), centro religioso:
      1. Ciclópeas pirámides truncas del Sol y de la Luna
      2. El templo de Quetzalcóatl (Serpiente Emplumada) y la ciudadela
   B. Los toltecas y su capital Tula:
      1. Cultivaron maíz, frijol, chile, camote, yuca, cacao y algodón
      2. El culto al Sol y la Luna y la astronomía y el calendario
   C. Los chichimecas (siglo XII) y su capital Texcoco:
      1. Fusión con los toltecas
      2. Netzahualcóyotl, rey poeta, se alió con los aztecas
   D. Los aztecas (siglo XIII) y su capital Tenochtitlán:
      1. Importancia del maguey, el perro y el guajalote
      2. Teorías explicatorias del sacrificio humano

---

[41] *recordatorio*   reminder

V. **Tahuantinsuyo (Imperio de los incas, siglos XV y XVI) y su capital Cuzco:**
  A. Herederos de Chavín, Mochica, Chimú, Nazca, Huari y Tiahuanacu
  B. La leyenda fundadora de Manco Cápac y su hermana Mama Ocllo
  C. El *runasimi*: lengua general conocida como quechua
  D. Importancia del *ayllu*, la *Pacha Mama*, las carreteras y los tambos
  E. Papel del *amauta*, los *quipus*, el *chasqui*, la *colla* y las *pallas*
  F. El Inti o Viracocha y la construcción de fortalezas y templos
VI. **La herencia indígena, substrato cultural de los hispanoamericanos:**
  A. El maíz, la papa, el frijol, la yuca y el tomate en la dieta
  B. Inclinacion a la artesanía y las bellas artes

3.10 CUESTIONARIO, PREGUNTAS Y VIDEOS

Cuestionario

1. ¿Cuál es el origen del hombre de las Américas según Florentino Ameghino?
2. ¿Qué tesis defendió Paul Rivet?
3. ¿Cuáles fueron las civilizaciones más desarrolladas en el Valle de México?
4. ¿Qué importancia tiene el maíz en las civilizaciones precolombinas?
5. ¿Qué plantas y animales son oriundos del Nuevo Mundo?
6. ¿Cuál fue el papel histórico de Teotihuacán?
7. ¿Dónde desarrollaron los mayas su civilización?
8. ¿Cuáles fueron los grandes centros religiosos maya-quichés?
9. ¿Por qué es importante el *Popol Vuh*, libro sagrado de los quichés?
10. ¿Cuáles fueron las instituciones incaicas más sobresalientes?

Preguntas y temas de expansión

1. ¿Cuál es la importancia histórica de los olmecas?
2. ¿Qué hicieron los conquistadores con Tenochtitlán, capital del imperio azteca?
3. ¿Qué significado práctico tuvo el calendario azteca?
4. ¿Qué libros mayas reeditaron los españoles?
5. ¿Por qué fue importante la industria textil de la civilización nazca?
6. ¿Cuál es la importancia de la civilización del Tiahuanaco?
7. ¿Por qué es significativo el descubrimiento de Machu Picchu, la ciudad perdida de los incas?
8. Explique la religión de los mayas.
9. Contraste el valor artístico e histórico de la cerámica mochica con la chimú.
10. Contraste el régimen político de los incas con el de los aztecas.

Films y videos [VIDEO]

Vea nuestras sugerencias en la página 409.

3.11 RECOMENDACIÓN BIBLIOGRÁFICA

Mesoamérica

Blanton, Richard E., et al. *Ancient Mesoamerica.* Cambridge: Cambridge University Press, 1993.

Clenndinen, Inga. *Aztecs. An Interpretation.* Cambridge: Cambridge University Press, 1991.

Culbert, T. Patrick. *Classical Maya Political History.* Cambridge: Cambridge University Press, 1996.

Malström, Vincent H. *Cycles of the Sun, Misteries of the Moon. The Calendar in Mesoamerican Civilization.* Austin: University of Texas Press, 1997.

Morley, Sylvanus G., and George W. Brainerd. *The Ancient Maya.* Revised by Robert J. Sharer. Stanford: Stanford University Press, 1983.

Scott, John F. *Ancient Mesoamerica.* Gainesville: University Press of Florida, 1987.

Smith, Michael. *The Aztecs.* Oxford, Eng. and Cambridge, MA: Blackwell Publishers, 1996.

Soustelle, Jacques. *The Olmecs: Oldest Civilization in Mexico.* Norman: Oklahoma University Press, 1985.

Sudamérica

Betanzos, Juan de. *Narrative of the Incas.* Trans. and edited by R. Hamilton and D. Buchanan. Austin: University of Texas Press, 1996.

Cobo, Father Bernabé. *Inca Religion and Customs.* Tr. R. Hamilton. Austin: University of Texas Press, 1990.

Hadingham, E. *Lines to the Mountain Gods: Nazca and the Mysteries of Peru.* New York: Random House, 1987.

Keating, R. W., ed. *Peruvian Prehistory.* London-New York: Cambridge University Press, 1986.

Moseley, Michael E., and K. C. Day, eds. *Chan-Chan: Andean Desert City.* Albuquerque: University of New Mexico Press, 1981.

Rostworowsky de Diez Canseco, María. *History of the Inca.* Trans. Harry B. Iceland. Cambridge: Cambridge University Press, 1998.

Shimada, Izumi. *Pampa Grande and the Mochica Culture.* Austin: University of Texas Press, 1994.

Zuidema, Tom. *Inca Civilization in Cuzco.* Trans. Jean-Jaques Decoster. Austin: University of Texas Press, 1990.

El desembarco de Colón en la isla Española, según un aguafuerte (*etching*) antiguo (circa 1594) conservado en la Colección de Libros Raros y Colecciones Especiales de la Biblioteca del Congreso en Washington D.C. Tiene una leyenda (*caption*) en castellano antiguo.

La Santa María, una de las tres carabelas de Cristóbal Colón en su «descubrimiento» de América. Dibujo de Joaquín Savolla y Bastida.

Las exploraciones, la conquista y su significado

http://latinoamerica.heinle.com

Vocabulario autóctono y nuevo

- Indias
- Malinche
- Berú
- Pelú
- *La Araucana*
- Leyenda Negra
- Cuauhtémoc

4.1 COLÓN Y SUS CUATRO VIAJES

Cristóbal Colón (c. 1451–1506), célebre marino genovés, se casó en Lisboa con la hija de un capitán que había navegado por el Atlántico hasta las islas Azores. De las cartas y diario de su suegro acerca de sus viajes, Colón obtuvo ideas en apoyo de la tesis de la redondez de la tierra. Para encontrar una nueva ruta a Asia, continente de las utilísimas especias, el marino genovés buscó sin éxito la ayuda de los gobiernos de Génova, Portugal e Inglaterra. Tras muchas decepciones,[1] al fin encontró a quien le oyera y lo asistiera: la Reina Isabel la Católica, que según una conocida leyenda hoy desacreditada, empeñó sus joyas para costear la audaz expedición marítima colombina.[2]

---

[1] *decepciones* disappointments
[2] *la Reina…colombina* Queen Isabella the Catholic, according to a well known legend, now discredited, pawned her jewels to pay for Columbus' daring expedition.

El 3 de agosto de 1492, Colón zarpó[3] del puerto de Palos, dirigiendo la Pinta, la Niña y la Santa María con rumbo al oeste.[4] En su primer viaje descubrió las islas San Salvador (hoy parte de las Bahamas), Juana (Cuba) y la Española.[5] El afortunado navegante retornó a España en marzo de 1493, llevando consigo muestras de las riquezas que había hallado en esas tierras que equivocadamente llamaba **Indias**.[6] El audaz navegante realizó otros tres viajes en los siguientes diez años, durante los cuales exploró Puerto Rico, Jamaica, las Islas Vírgenes y la costa del continente, desde las Guayanas hasta Honduras.

En su segundo viaje Colón trajo provisiones para colonizar las tierras exploradas. Su primer esfuerzo colonizador lo llevó a cabo en la Española con la ayuda de 1,300 españoles. Allí fundó Isabela (1494), una de las primeras poblaciones europeas en el Nuevo Mundo. Esta aldea fue destruida en las contiendas con los indígenas. En 1496, frente a las ruinas de Isabela, se fundó Santo Domingo, hoy la ciudad hispánica más antigua del Nuevo Mundo.

Por ironía de la historia, Colón, a quien en vida se le confirieron tantos honores, murió pobre en Valladolid, España, el 20 de mayo de 1506, ignorando[7] que las tierras visitadas por él pertenecían a un hemisferio hasta entonces desconocido por los europeos de su época.

4.2 AMÉRICO VESPUCIO, FERNANDO DE MAGALLANES Y OTROS NAVEGANTES

Una vez que Colón probó que viajando hacia el oeste de Europa se llegaba a tierra continental, numerosos navegantes trataron de imitarlo. Uno de ellos, el florentino Américo Vespucio (1451–1519), en nombre de España primero y de Portugal después, realizó cuatro viajes a las Indias, entre 1497 y 1502. Sus relaciones con los cartógrafos de la época ayudaron a perpetuar el error de llamar América a las tierras «descubiertas» por Colón.

Al portugués Fernando de Magallanes (1470–1521), otro de los grandes marinos de la historia, se le otorga la gloria de haber sido el primero en dar la vuelta al mundo, aunque en realidad la proeza la completó su lugarteniente[8] Juan Sebastián Elcano.

Al servicio de España, Magallanes partió en 1519 de Sevilla con cinco embarcaciones y 265 hombres. Cruzó el Atlántico y navegó por la costa oriental de Sudamérica hasta descubrir, en 1520, el estrecho que lleva su

---

[3] *zarpó*   sailed
[4] *con rumbo al oeste*   in a westerly direction
[5] *Española*   Hispaniola (The island presently shared by Haiti and the Dominican Republic)
[6] *El...Indias*   The lucky navigator returned to Spain in March 1493, taking with him samples of the wealth he found in the land he mistakenly called Indies.
[7] *ignorando*   not knowing
[8] *proeza...lugarteniente*   feat was completed by his lieutenant

nombre.[9] Después atravesó el Pacífico y tras innumerables dificultades, arribó a Cebú, una de las islas de las Filipinas, donde murió combatiendo a los aborígenes en 1521. Elcano asumió el mando de la expedición y retornó a España al año siguiente, en una sola embarcación, con 18 hombres casi muertos de hambre.[10]

Entre los numerosos navegantes continuadores de la labor exploradora de Colón, se destaca el veneciano Juan Caboto (Cabot), que en 1497, al servicio de Inglaterra, descubrió Labrador y Terranova. Dos años más tarde Vicente Yáñez Pinzón salió también del puerto de Palos rumbo al sudoeste, arribó a la costa del Brasil, al sur de la línea equinoccial, y navegando luego al norte descubrió la desembocadura del Amazonas. Sin conocer estos recorridos[11] de Pinzón, el portugués Pedro Alvarez Cabral, en viaje por la costa occidental de Africa, se desvió tanto hacia el oeste que también «descubrió» el Brasil en 1500.

Finalmente mencionemos a Vasco Núñez de Balboa, marino popular que en 1513 atravesó el istmo de Panamá hasta llegar al Mar del Sur (Océano Pacífico), y a Juan Díaz de Solís, que murió explorando el Río de a Plata en 1516.

4.3 Conquista de México

En 1518, un año después de que Francisco Hernández de Córdoba recorrió por primera vez la costa de la península de Yucatán, la expedición de Juan de Grijalva, que exploró el litoral de la misma península, se enteró[12] de la existencia de un gran imperio indígena. Animado por las buenas nuevas,[13] Diego Velázquez, gobernador de Cuba, nombró en 1919 a Hernán Cortés (1485–1547) jefe de la expedición para conquistar el rico país amerindio del cual Grijalva había traído noticias. Esta expedición de 11 barcos, 508 soldados y 16 caballos, partió de Cuba precipitadamente[14] al enterarse Cortés de que el gobernador Velázquez lo había relevado del mando. El insubordinado expedicionario arribó a la isla de Cozumel, cercana a la península yucateca, donde rescató a Jerónimo de Aguilar, quien durante los ocho años que vivió como cautivo de los mayas había aprendido su lengua. Después, al llegar la expedición a territorio de los tabascos, éstos les obsequiaron[15] 20 mujeres, entre las cuales estaba la famosa

---

[9] *navegó…nombre*   sailed along the coast of South America until he discovered, in 1520, the strait named after him

[10] *hombres casi muertos de hambre*   men almost dying of starvation

[11] *recorridos*   trips

[12] *se enteró*   learned

[13] *Animado…nuevas*   Encouraged by the good news

[14] *precipitadamente*   rápidamente

[15] *les obsequiaron*   presented them

Hernán Cortés (1485–1547), conquistador de México. La Corona española, deseosa de mantener el control absoluto de las nuevas tierras conquistadas, primero minó la autoridad de Cortés y después creó el Virreinato de Nueva España y mandó nuevas autoridades.

Malinche (doña Marina),[16] conocedora de varios idiomas amerindios, incluyendo el maya y el náhuatl. Cortés fundó Veracruz y estableció un cabildo cuyo primer acuerdo fue nombrarlo capitán de la expedición. Como los amigos de Velázquez no aprobaron el acuerdo, Cortés hizo ahorcar a uno de ellos,[17] le hizo cortar los pies a otro, y, al parecer, ordenó destruir las naves para hacer imposible toda retirada.

En su marcha hacia el oeste de Veracruz, los españoles recibieron riquísimos regalos de Moctezuma, emperador de los aztecas, cuyos embajadores les rogaron que abandonaran el país a cambio de todo el oro que desearan. Entonces Cortés, gracias a doña Marina, su amante e intérprete, se enteró de la leyenda que le atribuía al dios Quetzacóatl el haber tenido piel blanca y haber prometido retornar. Desde entonces Cortés difundió esa leyenda beneficiosa a los conquistadores. Para impresionar a los embajadores aztecas, los españoles practicaron ejercicios militares y dispararon

---

[16] A controversy has ensued regarding Malinche's role in the conquest of Mexico between those who consider her a traitor and speak of «malinchismo» and those who see her as a noble woman belonging to one of the several Indian nations oppressed by the Aztecs.
[17] *hizo…ellos*   ordered one of them to be hanged

sus piezas de artillería antes de hacer declaraciones pacíficas y enviarle un mensaje a Moctezuma pidiéndole permiso para visitarlo en su capital. El emperador azteca les negó el permiso pero les remitió nuevos obsequios por valor de unos 20,000 ducados.[18]

Como algunas tribus indígenas solicitaron ayuda para independizarse de los aztecas, el ejército español marchó hacia Tenochtitlán. Con la ayuda de los miles de amerindios aliados, los españoles vencieron toda resistencia y se apoderaron de cuantioso botín.[19] El 8 de noviembre de 1519, los conquistadores entraron triunfantes en Tenochtitlán, recibidos magnánimamente por el débil monarca Moctezuma. Como se temía un ataque sorpresivo de los aztecas, el emperador fue detenido. Mas, en estas circunstancias llegó la noticia del desembarco en Veracruz de la expedición de Pánfilo de Narváez enviada por Velázquez con órdenes de apresar a Cortés y continuar la conquista en nombre del gobernador de Cuba. El insubordinado capitán salió apresuradamente de Tenochtitlán para enfrentarse a la expedición punitiva.

Probablemente mediante el soborno, Cortés derrotó a los soldados de Narváez antes de incorporarlos a sus filas y retornar inmediatamente a Tenochtitlán, donde la situación se había agravado a consecuencia de una matanza de nobles aztecas realizada por Pedro de Alvarado. En vez de reprender a su lugarteniente, Cortés obligó a Moctezuma a arengar[20] a sus indignados vasallos. La multitud furiosa apedreó[21] e hirió mortalmente al monarca. Le sucedió Cuitláhuac.

Ampliada la resistencia azteca, los conquistadores decidieron abandonar la ciudad, y al batirse en retirada,[22] sufrieron cuantiosas pérdidas. Alvarado se salvó milagrosamente, saltando un canal de agua de Tenochtitlán apoyado en su lanza[23] en el lugar hoy conocido con el nombre de «Salto de Alvarado». Como después de esa batalla nocturna Cortés lloró su desgracia, la historia recuerda ese acontecimiento como «La Noche Triste».

Los españoles se reorganizaron al consolidar su alianza con los indígenas enemigos de los aztecas y al recibir refuerzos de Jamaica y de las Canarias. Completamente recuperado, el ejército de 900 españoles, 150,000 indígenas auxiliares y 86 caballos sitió Tenochtitlán, gobernada por **Cuauhtémoc** (águila que cae), sucesor de Cuitláhuac, muerto víctima de la viruela.[24] Los aztecas no capitularon: lucharon de casa en casa hasta

---

[18] *ducados*   era la moneda de oro usada en España hasta el siglo XVI, cuyo valor llegó a ser de unas siete pesetas. Su equivalente actual es difícil de calcular. Probablemente el poder adquisitivo del ducado de entonces era semejante al de cien dólares de 1998.
[19] *cuantioso botín*   substantial booty
[20] *a arengar*   to harangue
[21] *apedreó*   stoned
[22] *al batirse en retirada*   upon retreating
[23] *apoyado en su lanza*   leaning on his lance
[24] *viruela*   smallpox

ser completamente derrotados. Preso Cuauhtémoc, fue torturado para que confesara dónde guardaba los tesoros. La leyenda cuenta que los españoles tendieron[25] al monarca azteca y a uno de sus ministros sobre un lecho de carbones encendidos.[26] Como el ministro adolorido había mirado al monarca, como si le suplicara permiso para confesar, Cuauhtémoc estoicamente le contestó: «¿Crees acaso[27] que yo estoy en un lecho de rosas?» Los heroicos aztecas murieron sin proferir una queja[28] y sin revelar el secreto buscado por sus torturadores.

Con la ocupación de Tenochtitlán y la muerte heroica de su último monarca, sucumbió el imperio azteca. Sobre las cenizas de Tenochtitlán los españoles construyeron la ciudad de México. Tras la fundación de otras ciudades, en 1522 Carlos V nombró a Cortés Capitán General y Justicia Mayor de Nueva España, nombre oficial del nuevo territorio. Con la llegada del primer virrey, Antonio de Mendoza (1535), comenzó la historia del virreinato de Nueva España, el primer virreinato establecido por la corona española en el Nuevo Mundo.

4.4 Conquista de América Central

La conquista de Centroamérica la realizaron principalmente los capitanes de Cortés, aunque las primeras exploraciones las habían llevado a cabo españoles procedentes de Panamá. Cristóbal de Olid recibió órdenes de Cortés para explorar el territorio entre México y Panamá, pero Olid hizo algo parecido a lo que el Capitán General le había hecho a Velázquez: desembarcó en Honduras en 1524 y fundó una colonia sin poner en el acta de fundación el nombre del conquistador de México. Cuando éste se enteró de que Olid se había declarado independiente de su autoridad, despachó otra expedición para castigar al insubordinado. Para sorpresa de todos, los nuevos expedicionarios se unieron a su rival.

Al mismo tiempo de la salida de Olid para Honduras, Cortés despachó a Pedro de Alvarado con la orden de conquistar la región de Guatemala. En 1524, Alvarado, en el reino quiché, cometió muchas crueldades. Para 1527, había pacificado la región y recibido el título de Capitán General de Guatemala. Su hermano José sometió a los indígenas de la parte de Centroamérica que hoy se llama Costa Rica.

---

[25] *tendieron*   they stretched
[26] *lecho…encendidos*   bed of burning coals
[27] *acaso*   perhaps
[28] *sin proferir una queja*   without uttering a word of complaint

Calle Saint George de San Agustín, Florida. Esta ciudad, la más antigua de los Estados Unidos, fue fundada por el marino español Pedro Menéndez de Avilés en 1565, en el sitio de un viejo pueblo indio, muy cerca del lugar donde Juan Ponce de León desembarcó in 1513.

4.5 Colonización hispana de territorios pertenecientes hoy a Estados Unidos

En 1513 Juan Ponce de León, gobernador de Puerto Rico, desembarcó al norte del lugar donde años después se fundaría San Agustín (hoy Saint Augustine) y caminó hacia el sur por seis meses en busca de oro y de la fuente de la juventud. Ocho años más tarde, Ponce de León estableció una colonia en una de las bahías que había visitado, pero fue mortalmente herido por los nativos. Unas cuatro décadas más tarde, Pedro Menéndez de Avilés expulsó a los franceses del Fuerte Carolina establecido por ellos en 1564 al norte del sitio donde fundó San Agustín, nombre del santo del día en que divisó la costa de Florida. Desde entonces los españoles establecieron numerosos pueblos en la península y avanzaron en sus exploraciones hacia el oeste para reclamar tierras para España y ayudar a los jesuitas y franciscanos a crear misiones para evangelizar a los nativos. Para 1600 ya existían más de 40 misiones entre San Agustín y Pensacola, 24 de las cuales eran franciscanas.

En las exploraciones del sur y sudoeste de los actuales Estados Unidos tuvieron papel pionero Pánfilo de Narváez (¿1480?–1528), Alvar Núñez Cabeza de Vaca (¿1499–1559?) y Hernando de Soto (1500–42). Al fracasar en la colonización de Florida, Pánfilo de Narváez marchó con sus expedicionarios hacia el oeste hasta el Misisipí, donde pereció en un naufragio. Cabeza de Vaca, sobreviviente de esa frustrada expedición, caminó desde Florida hasta México durante su épica aventura de diez años entre los naturales de la región. Con la porción del tesoro obtenido del rescate de Atahualpa, Hernando de Soto costeó la expedición por el sur de Estados Unidos hasta encontrar la muerte a orillas del Misisipí combatiendo a los indígenas en 1542. Sus compañeros incursionaron en el norte de los territorios de las futuras Louisiana y Arkansas. De los tres exploradores, fue Alvar Núñez Cabeza de Vaca quien más influyó en las subsiguientes exploraciones y colonización de la región que hoy incluye Nuevo México y Arizona. Su libro *Naufragio y comentarios* y sus informes exagerados de la existencia de ingentes riquezas y de las Siete Ciudades de Cíbola, generaron fantásticas leyendas de riquezas inauditas en los vastos territorios al norte del Virreinato de Nueva España.

Antonio de Mendoza, virrey de México, en 1539 despachó hacia el norte la pequeña expedición del sacerdote franciscano Fray Marcos de Niza, guiada por Esteban, el compañero de aventuras de herencia africana con quien Cabeza de Vaca había llegado a la ciudad de México tres años antes. Tras la muerte de Esteban, la expedición de Niza se vio obligada a retornar a la capital del virreinato el mismo año de 1539. Curiosamente, el sacerdote confirmó la existencia de las riquezas de la región, particularmente de Hawikuk, «la más grande de las Siete Ciudades de Cíbola». Entusiasmados por los insistentes rumores de esas riquezas, las autoridades españolas despacharon hacia esa región la importante expedición de Francisco Vázquez de Coronado (¿1510–44?), gobernador de Nueva Galicia, provincia norteña de México. Grande fue la sorpresa de Coronado al descubrir que las calles de Hawikuk no estaban pavimentadas de oro ni las puertas de las casas estaban adornadas con turquesas, y que las Siete Ciudades de Cíbola eran en realidad siete pequeñas aldeas con casas de piedra y barro donde vivían indígenas pobres y hostiles. Algunos de ellos, para deshacerse de los españoles, les aseguraron, mientras señalaban al norte, que las riquezas buscadas las encontrarían «más allá». Para disipar definitivamente las dudas, Coronado continuó la marcha hasta llegar a la actual Kansas. Después de explorar el Gran Cañón y el Valle del Río Grande, decepcionado por el fracaso de su empresa, Coronado retornó a México en 1542.

Otras expediciones fueron enviadas por las autoridades españolas para expandir las fronteras norteñas del Virreinato de Nueva España. En 1598, Juan de Oñate, costeó él mismo una expedición colonizadora que estableció poblaciones españolas permanentes, como San Gabriel, diez millas al norte del lugar montañoso donde en 1610 se fundó Santa Fe. Seis años más tarde, cuando los indios convertidos al cristianismo llegaron a 10,000 y se habían establecido siete iglesias, el territorio de Nuevo México fue elevado a la categoría de Provincia Franciscana. En ella la base de la colonización se llevó a cabo en conjunción con las misiones y la fundación de otros pueblos además de Santa Cruz (1692) y Albuquerque (1708). Para el año de 1706, entre los 2,000 colonos españoles 21 misioneros trabajaban en la provincia en 11 misiones y siete estaciones vecinas. El apogeo de la evangelización llegó a mediados del siglo XVIII cuando el número de indígenas conversos llegó a 17,500, casi el mismo número de españoles establecidos en Nuevo México. En 1798, Martín de Alarcón, Capitán General y Gobernador de la provincia de Texas, llevó 70 colonos, un destacamento de soldados y centenares de cabezas de ganado vacuno, caballar y lanar. Con todo, la misión como institución de la frontera exploró territorios y enseñó castellano, catecismo y artesanía a los nativos. Desde 1539 hasta 1848, cuando Nuevo México pasó al poder de los Estados Unidos, unos 800 franciscanos hicieron labor misionera en ese territorio. Las misiones, iglesias y capillas de adobe construidas, en su mayoría conservadas hasta hoy, son parte del legado cultural hispánico cedido por México a Estados Unidos en virtud del Tratado Guadalupe-Hidalgo (1848), al entregarle la mitad norteña del país, especialmente los territorios de Arizona, California, Nuevo México y Texas.

Entre los principales exploradores de Texas destaca el capitán Alonso de León, gobernador de Coahuila (México), cuyos acompañantes franciscanos establecieron misiones a partir de 1689 y contribuyeron a la incorporación de Texas al Virreinato de Nueva España (México) en 1690. Al año siguiente, el Padre Damián Masanet, compañero del explorador Domingo Terán de los Ríos, bautizó al pueblo indígena Yanaguana con el nombre de San Antonio, en honor de San Antonio de Padua. Poco tiempo después el virrey de México nombró a Francisco Martínez primer gobernador de Texas.

Aunque España reclamaba como suyas las tierras exploradas por sus navegantes en la costa de la actual California, no se habían establecido puertos ni ciudades hasta el último cuarto del siglo XVIII. Cuando los rusos comenzaron a explorar los territorios de la futura Canadá, Carlos III de España decidió apoyar el establecimiento de poblaciones españolas en esas fértiles tierras vecinas a las magníficas bahías que habían explorado dos siglos antes.

El territorio ocupado por el actual Estado de Arizona formaba parte del territorio conocido como Nuevo México. Su desarrollo inicial lo realizó el jesuita Eusebio Francisco Kino (1645–1711), fundador de la misión de San Xavier de Bac (1692) y otras 23 misiones. A él se le atribuye: (1) el haber comprobado que Baja California era una península y no una isla; (2) el haber introducido la ganadería vacuna y ovina a las regiones que colonizó durante 40 expediciones; (3) el haber elaborado mapas exactos de las regiones exploradas, útiles un siglo después de su muerte; y (4) el haber evangelizado a 30,000 indígenas, 4,000 de los cuales él bautizó personalmente.

FRANCISCO PIZARRO:
Natural de Truxillo: Descubridor y Con-
quistador del Perú: fué asesinado en Li-
ma á los 73. años de su edad en 1541.

Francisco Pizarro (¿1475?–1541) capturó a Atahualpa en Cajamarca en 1532. Aunque por el rescate del inca recibió dos cuartos llenos de plata y uno de oro, rompió su palabra y lo hizo ejecutar. En 1535 fundó Lima, donde fue asesinado seis años más tarde.

En la última década del siglo XVII el Padre Kino recorrió las rancherías Pimas existentes a orillas del río Santa Cruz, donde cultivaban zapallos, maíz, melones, algodón, y tabaco. Kino bautizó con el nombre de «San Cosme de Tucson» a una de esas aldeas. El Padre Kino ayudó generosamente a Pimas y Yumas y a otros indígenas de diferentes tribus. Aunque murió en el Estado de Sonora, sus restos descansan en San Xavier, orgullosa de su campana traída del Perú. El infatigable franciscano Fray Junípero Serra (1713–84) le sucedió en la labor exploratoria y evangelizadora en Sonora y Arizona, para luego ampliarla hasta California.

4.6 CONQUISTA DEL PERÚ

Dos hombres de modesto origen y poco instruidos, Francisco Pizarro (¿1475?–1541) y Diego de Almagro (1475–1538) se asociaron con el clérigo Hernando de Luque (m. 1532) para emprender la conquista del Perú.

En una pequeña nave con 100 hombres, Pizarro partió de Panamá en 1525. Almagro lo siguió después con 70 aventureros más. Luque se quedó en Panamá recaudando fondos. Tras mil dificultades, los expedicionarios llegaron primero a la costa occidental de la actual Colombia. De allí siguieron viaje al Perú. Garcilaso de la Vega Inca (1539–1616) en sus *Comentarios reales* (1ra parte, 1609; 2da parte, 1617) explica el origen de este nombre. En una de sus exploraciones por las costas del Pacífico, un navío de Vasco Núñez de Balboa cruzó la línea equinoccial.[29] Como navegaban muy cerca de la costa, pudieron capturar a un indígena asombrado. Cuando le preguntaron cómo se llamaba esa tierra, él contestó que su nombre era **Berú** y que estaba en un río, **Pelú**. De la corrupción de ambos vocablos se derivó el nombre de la zona, Perú.

Después de meses de privaciones y sufrimientos sin fin, arribaron a la Isla del Gallo, donde recibieron órdenes del nuevo gobernador de Panamá de abandonar la empresa. Desesperado, Pizarro trazó con su espada una línea en la arena de la playa[30] y señalando al sur dijo: «Por aquí se va al Perú, a ser ricos». Y luego, señalando al norte, exclamó: «Por aquí se va a Panamá, a ser pobres.» Sólo 13 valientes pasaron la línea sin vacilación alguna. La historia los conoce con el nombre de «Los trece del Gallo.» Estos aventureros arriesgados, con la ayuda de nuevos compañeros, arribaron a la bahía de Tumbes, donde descubrieron muestras de la gran civilización peruana. A fines de 1527, Pizarro retornó a Panamá, y como fue mal recibido por el nuevo gobernador, se embarcó para España donde obtuvo los títulos de adelantado, gobernador y capitán general, con autoridad casi absoluta y sin dependencia del

---

[29] *equinoccial*   equinoctial (pertaining to the celestial equator)
[30] *trazó...playa*   drew a line on the sand of the beach

gobernador de Panamá, en los países que descubriera. Para Luque obtuvo el nombramiento de obispo[31] de Tumbes y para Almagro el de gobernador de varias fortalezas que se construirían en el futuro. Al enterarse Almagro de la ambición y egoísmo de su compañero, se enojó[32] mucho, pero se contuvo y esperó mejor momento para hacer efectivo su reclamo.

En 1530, Pizarro salió de España con cuatro hermanos suyos y muchos amigos de su Trujillo natal,[33] y al año siguiente zarpó de Panamá con 180 hombres y 27 caballos en tres embarcaciones. Almagro se quedó otra vez en Panamá reclutando[34] gente para la empresa. Habiendo recibido resfuerzos varias veces, Pizarro llegó nuevamente a Tumbes. Acompañado de Felipillo, su intérprete indígena, prosiguió hacia el sur, y a orillas del río Piura fundó, en 1532, la primera ciudad española del Perú: San Miguel de Piura. Al enterarse de que Atahualpa estaba descansando en la ciudad andina de Cajamarca, al sudeste de Piura, Pizarro marchó con sus tropas para apoderarse del Inca. En complicidad con Fray Vicente Valverde, el ambicioso adelantado capturó a Atahualpa después de una sangrienta matanza. Atahualpa ofreció como su rescate[35] llenar dos cuartos de plata y uno de oro. Pizarro aceptó el ofrecimiento, pero una vez que repartió[36] entre los suyos el tesoro, dio muerte al Inca, acusándole de haber matado a su hermano Huáscar y de conspirar contra los españoles. Con la muerte de Atahualpa, el imperio quedó a merced de[37] los invasores. En 1533, Pizarro se apoderó del Cuzco, dominando así prácticamente todo el país. Entonces comenzó a buscar un lugar que estuviera en mejor comunicación con España y al mismo tiempo le sirviera de capital del Perú. El 18 de enero de 1535, fundó Lima, Ciudad de los Reyes.

Sofocada la resistencia de la población nativa, el país no gozó de paz porque la ambición y la codicia dividieron a los conquistadores y desencadenaron[38] las luchas internas (1538–48), en las cuales murieron violentamente Almagro, Pizarro y Blasco Núñez Vela, primer virrey del Perú. Pacificado el país por Pedro de la Gasca, llegó el nuevo virrey del Perú: Antonio de Mendoza, ex virrey de México. Con él comienza la larga historia del coloniaje peruano.

---

[31] *obispo*   bishop
[32] *se enojó*   became angry
[33] *natal*   native
[34] *reclutando*   recruiting
[35] *rescate*   ransom
[36] *repartió*   distribuyó
[37] *a merced de*   at the mercy of
[38] *desencadenaron*   unleashed

Atahualpa, hijo del Inca Huayna Cápac, fue capturado por Francisco Pizarro en Cajamarca en 1532. Mientras se hallaba preso, Huáscar, su medio hermano y rival, fue asesinado en Cuzco. El crimen le sirvió de pretexto a Pizarro para ejecutar a Atahualpa después de recibir su fabuloso rescate.

4.7 Conquista de Quito, Nueva Granada y Venezuela

Terminada la conquista del Perú, se enviaron otras expediciones a diferentes regiones. Un teniente de Pizarro, Sebastián de Benalcázar, conquistó el Reino de Quito y lo incorporó al Perú. En diciembre de 1533, entró en la ciudad de Quito, avanzó hacia el norte, penetró en territorio de la actual Colombia, fundó la ciudad de Popayán, recorrió el valle del Cauca, y llegó a la meseta de Bogotá. Cuál no sería su sorpresa al encontrar allí a Gonzalo Jiménez de Quesada y al alemán Nicolás de Federman.

El rey de España, también soberano de Alemania, había concedido la conquista de Venezuela a la compañía Welser (banqueros alemanes de Augsburgo) a la que debía fuertes sumas de dinero. Los Welser nombraron gobernador de Venezuela a Ambrosio Alfinger, su ex agente en España. Alfinger llegó a Venezuela en 1528, y cuando se convenció de que no encontraría muchas riquezas decidió apresar indígenas y venderlos como esclavos. En 1530, fundó Maracaibo. El cruel explorador alemán penetró en territorio que no le correspondía, llegó hasta el río Magdalena y después de asolar[39] los territorios recorridos, en un encuentro con los naturales cayó mortalmente herido. Hay quienes creen que lo hirió de muerte uno de sus propios soldados. En 1534, arribó a Venezuela otra expedición alemana dirigida por Jorge Spira y Nicolás de Federman. Después de tres años de exploraciones, Federman llegó a la meseta de Bogotá y quedó también sorprendido al encontrar allí a Quesada y a Benalcázar, pero como no quería volver a las órdenes de Spira, cedió su gente a Jiménez de Quesada por 10,000 pesos.

El abogado Jiménez de Quesada, por su parte, había salido del puerto de Santa Marta, en la costa atlántica de la actual Colombia, en 1536, con el propósito de internarse en el país siguiendo el curso del río Magdalena. El intrépido explorador había trepado[40] montañas y cruzado torrentes hasta llegar a las mesetas centrales donde encontró oro y esmeraldas. En 1537 fundó la ciudad de Santa Fe de Bogotá, y al siguiente año se sorprendió al recibir intempestivamente la visita de Federman y Benalcázar, a quienes fácilmente convenció de dejarle a él la empresa de completar la colonización de la futura Nueva Granada.

En 1546 Carlos V suspendió el privilegio de los Welser y nombró a Juan Pérez de Tolosa gobernador de Venezuela. Tolosa fundó varias colonias pero murió al poco tiempo. Otros le siguieron, y cuando en 1560 se fundó Caracas, Venezuela quedó asegurada al imperio colonial español.

4.8 CONQUISTA DE CHILE

Completada la conquista del Perú, el rey de España nombró a Diego de Almagro gobernador del territorio que abarcaría después el actual Chile. El compañero de Pizarro partió del Cuzco en 1535, con 150 soldados españoles y gran número de indígenas auxiliares, cruzó los Andes en dirección al sur, pero después de morírsele de frío[41] mucha gente y de experimentar innumerables penurias, retornó al Cuzco en 1537, atravesando el desierto de Atacama, donde sufrió otros contratiempos.[42] Su regreso en el Perú precipitó la guerra civil contra Pizarro en la cual perdió la vida en 1538.

Creyéndose victorioso en la guerra civil, Pizarro autorizó la conquista de Chile, encargándole la misión a Pedro de Valdivia, uno de sus capitanes. Valdivia partió en 1540, entró en el desierto de Atacama y después de una penosísima[43] marcha de cinco meses, llegó al fértil valle de

---

[39] *asolar* destruir
[40] *trepado* climbed
[41] *morírsele de frío* helársele, congelársele
[42] *contratiempos* misfortunes
[43] *penosísima* very painful

García Hurtado de Mendoza (1535–1609), hijo de Andrés Hurtado de Mendoza, Virrey del Perú (1556–61), dirigió la última expedición conquistadora de Chile en la que participó Alonso de Ercilla y Zúñiga, autor de *La Araucana*. Don García fue más tarde Virrey del Perú (1589–96).

Mapocho, fundó Santiago (1541), Concepción (1552), la ciudad que lleva su nombre (1552) y luchó contra los aguerridos araucanos. Los españoles castigaban severamente a los indígenas, quienes, reorganizados y dirigidos luego por el valiente Lautaro, capturaron y dieron muerte a Valdivia y a muchos de sus soldados.

Cuando llegó a Lima la noticia del alzamiento de los araucanos y del sufrimiento de los españoles en Chile, el virrey Andrés Hurtado de Mendoza nombró gobernador de ese territorio a su hijo don García, joven de veintidós años. Este llegó a Chile, en 1557, en compañía del soldado-poeta Alonso de Ercilla y Zúñiga, quien más tarde cantaría el heroísmo de Caupolicán y sus indios guerrilleros en su famoso poema épico *La Araucana*. Pacificada temporalmente la región, los conquistadores cruzaron los Andes y fundaron la ciudad de Mendoza en territorio que hoy pertenece a la Argentina. Cuando Hurtado de Mendoza abandonó Chile, la región quedaba asegurada al imperio colonial español, pero a pesar de esto la resistencia araucana continuó. Como se verá más adelante, los aguerridos descendientes de Lautaro y Caupolicán continuaron la lucha contra los invasores y sólo durante la República fueron sometidos, irónicamente, por los vicios traídos por los propagadores de la civilización occidental.

4.9 Significado de la Conquista

La Conquista, el período más corto de la historia latinoamericana, es sumamente significativo. Durante esta etapa turbulenta las civilizaciones precolombinas demostraron tanto su resistencia como su debilidad ante la pujante[44] civilización occidental. La famosa **Leyenda Negra**,[45] promovida principalmente por los enemigos de la España imperial, es en gran parte responsable de la evaluación exagerada del papel negativo de los conquistadores. Es verdad que los españoles cometieron muchos errores serios al someter a los pueblos aborígenes del Nuevo Mundo, pero no debemos negarles su rico aporte[46] al carácter y a la cultura del hispanoamericana de hoy. Más adelante discutiremos el legado colonial positivo y negativo; aquí nos limitaremos a ofrecer una breve evaluación del impacto de la conquista propiamente dicha.

Los españoles dominaron a América con la espada y la cruz, pero el Nuevo Mundo transformó a estos mismos conquistadores dándoles una nueva estética, una nueva manera de pensar y obrar y por consiguiente una nueva manera de ser. Desde el primer momento en que los españoles llegaron a América, el medio ambiente nuevo los cambió y les dio otras características diferentes de las de sus compatriotas residentes en Europa. El análisis de la transformación social del conquistador en América es uno de los requisitos indispensables en cualquier estudio comprensivo del carácter del latinoamericano de hoy. En su historia de la conquista de la Florida publicada en 1605, Garcilaso de la Vega Inca nos cuenta, por ejemplo, cómo los nobles expedicionarios que en España no se atrevían a trabajar con sus propias manos, en el Nuevo Mundo, ante la necesidad de sobrevivir, aceptaron gustosos servir de carpinteros y practicar oficios humildes. Los estudiosos de la literatura se sorprenden al leer en los mismos escritos de Colón, de Cortés y otros cronistas una diversa manera de expresarse, indudablemente suscitada tanto por sus intereses como por la influencia del medio.[47]

La indisciplina de muchos descubridores y conquistadores, su desobediencia, su deslealtad a los superiores, sus rebeliones y luchas internas, como las generadas por las conspiraciones de Gonzalo Pizarro y del hijo

---

44 *ante la pujante*   frente a la vigorosa
45 La «Leyenda Negra» atribuye a los españoles extremada crueldad en la conquista y gobierno de las Indias.
46 *aporte*   contribution
47 *suscitada...del medio*   caused by . . . of the environment

de Cortés[48] probablemente provenía del individualismo ibérico que se arraigó[49] en América. El que la conquista la realizaran principalmente la espada y la cruz, y que la mayoría de los que vinieron antes de 1542 fueran soldados y sacerdotes,[50] son factores importantes en el estudio de la fuerte influencia del hombre armado y de la Iglesia en la vida republicana de Iberoamérica.

4.10 SUMARIO

I. **Los cuatro viajes de Cristóbal Colón (1451–1506): 1492, 1493, 1498 y 1502:**
  A. Primer viaje: San Salvador (Bahamas), Juana (Cuba) y Española
  B. Viajes siguientes: Puerto Rico, Jamaica, Vírgenes y tierra firme
  C. Primeras fundaciones: Isabela (1494) y Santo Domingo (1496)
II. **Los cuatro viajes del italiano Américo Vespucio: 1497, 1499, 1501 y 1503:**
  A. Exploraciones en nombre de España, primero, y de Portugal, después
  B. Sus relaciones con los cartógrafos perpetúan el falso nombre América
III. **Magallanes y la primera circunnavegación del mundo (1519–22):**
  A. Arribo europeo al Estrecho de Magallanes en 1520 y a Filipinas en 1521
  B. Muerte de Magallanes en 1521 y retorno de Elcano a España en 1522
IV. **Otros exploradores europeos del Hemisferio Occidental de 1499 a 1541:**
  A. Juan Caboto (Cabot) «descubre» Labrador y Terranova para Inglaterra
  B. Vicente Yáñez Pinzón «descubre» Brasil (1499) y la boca del Amazonas
  C. En 1500 Pedro Álvarez Cabral «descubre» el Brasil para Portugal

---

[48] Gonzalo Pizarro, hermano del conquistador del Perú, combatió primero a los almagristas y después a las autoridades reales. Durante la rebelión algunos de sus amigos le aconsejaron que se proclamara rey del Perú. En México un grupo de sediciosos conspiró con las intenciones de proclamar a Martín Cortés soberano de una Nueva España independiente. Ambos esfuerzos fracasaron y llevaron a los conspiradores al patíbulo.
[49] *se arraigó* se estableció firmemente
[50] *sacerdotes* priests

D. Ponce de León busca la fuente de la juventud en Florida y muere (1513)

E. Juan Díaz de Solís navega por el Río de la Plata en 1515

F. Hernando de Soto llega al Río Grande (Misisipí) en 1541

V. **Conquista de México (1517–21):**

A. Hernández de Córdoba en 1517 y De Grijalva en 1518 exploran Yucatán

B. Cortés, nombrado y despedido por Velázquez, llega a Cozumel en 1519

C. Aguilar y doña Marina, intérpretes de Cortés

D. Fundación de Veracruz y «quema» (hundimiento) de las naves de Cortés

E. Moctezuma es capturado después de acoger a Cortés: «La noche triste»

F. Tortura de Cuauhtémoc al rehusar entregar el tesoro imperial azteca

G. Sobre las ruinas de Tenochtitlán, Cortés levanta la ciudad de México (1521)

H. Cortés es nombrado Gobernador y Justicia Mayor de Nueva España (1522)

VI. **Conquista de Centroamérica después de los intentos iniciados en Panamá:**

A. Cristóbal de Olid desembarca en Honduras en 1524 y rompe con Cortés

B. Pedro de Alvarado nombrado Capitán General de Guatemala en 1527

VII. **Colonización hispana de territorios pertenecientes hoy a Estados Unidos:**

A. Ponce de León, Pánfilo de Narváez, Cabeza de Vaca y Hernando de Soto

B. Niza, Coronado y Oñate en Nuevo México

C. Los Padres Kino y Serra en Sonora, Arizona y California

VIII. **Conquista del Perú (1519–35) y guerra entre conquistadores (1538–48):**

A. En 1519 Pizarro, Almagro y Luque pactan en Panamá conquistar Perú

B. Los «Trece del Gallo» llegan a Tumbes y conocen a Felipillo y su gente

C. Pizarro, nombrado Gobernador del Perú, retorna a Tumbes en 1530

D. Traición en Cajamarca: prisión, rescate y muerte de Atahualpa (1532)

    E. Ocupación de Cuzco y fundación de Lima o Ciudad de los Reyes (1535)

    F. Muerte violenta de Almagro, del primer virrey y de los hermanos Pizarro

    G. Antonio de Mendoza es nombrado segundo virrey del Perú (1552)

IX. **Conquista de Quito, Nueva Granada y Venezuela:**

    A. Sebastián de Benalcázar anexa el Reino de Quito al Perú en 1533

    B. La casa alemana Welser envía a Alfinger, Spira y Federman a Venezuela

    C. Gonzalo Jiménez de Quesada funda Santa Fe de Bogotá en 1537

X. **Conquista de Chile:**

    A. Diego de Almagro dirige desastrosa expedición a Chile en 1535

    B. Valdivia funda Santiago (1541) y muere luchando contra los araucanos

    C. García Hurtado de Mendoza completa la conquista y funda Mendoza

XI. **Significado de la Conquista:**

    A. Transformación social del conquistador

    B. Herencia militar, eclesiástica y civil legada por los españoles

4.11 CUESTIONARIO, PREGUNTAS Y VIDEOS

Cuestionario

1. ¿Qué tierras recorrió Colón en sus cuatro viajes?
2. ¿Por qué el Hemisferio Occidental recibió el nombre de «América»?
3. ¿Qué impulsó a los españoles a realizar tan vastos descubrimientos?
4. ¿Cómo se realizó la primera circunnavegación del mundo?
5. ¿Por qué dijo el emperador azteca que no estaba en un «lecho de rosas»?
6. ¿Qué leyenda indígena difundió Cortés para facilitar su conquista?
7. ¿Qué sucedió durante «La noche triste» de Cortés?
8. ¿Qué causó la muerte de tantos indígenas durante la Conquista?
9. ¿A quiénes se conoce con el nombre de «Los trece del Gallo»?
10. ¿Quiénes se encontraron en Bogotá y qué sucedió allá?

Preguntas de expansión

1. ¿Qué se sabe de la vida de Cristóbal Colón de antes de 1492?
2. ¿Qué importancia tuvo el caballo en la conquista de América?
3. ¿Por qué los españoles difundieron la leyenda de Quetzalcóatl durante la conquista de México?

4. ¿Fueron doña Marina y Felipillo vengativos o traidores?
5. ¿Cuál es el valor histórico y literario de *La Araucana*?
6. ¿Qué opina sobre la americanización de los conquistadores?
7. Contraste el papel histórico de Francisco Pizarro con el de Diego de Almagro.
8. Explique la Leyenda Negra y su impacto en los historiadores.
9. Evalúe el significado histórico de las luchas entre conquistadores.
10. Compare la conquista española de México con la colonización inglesa de Norteamérica.

Films y videos

Vea nuestras sugerencias en la página 409.

4.12 RECOMENDACIÓN BIBLIOGRÁFICA

Britton, John A., ed. *Molding the Hearts and Minds: Education and Social Change in Latin America*. Wilmington, DE: Scholarly Resources, 1994.

Céspedes, Guillermo. *La Conquista*. Madrid: Alianza Editorial, 1985.

Clayton, Lawrence A., V. J. Knight, Jr. and **E. C. Moore**, eds. *The De Soto Chronicles: The Expedition of Hernando de Soto to North America*. Tuscaloosa; University of Alabama Press, 1993.

Cortés, Hernán. *Cartas de relación*. Ed. A. Delgado Gómez. Madrid: Castalia, 1993.

Fuentes, Patricia de, ed. and tr. *The Conquistadors: First-Person Accounts of the Conquest of Mexico*. Norman: University of Oklahoma Press, 1993.

Guillén Guillén, Edmundo. *Visión peruana de la conquista*. Lima: Milla Batres, 1979.

Las Casas, Bartolomé de. *In Defense of the Indians*. Edited and translated by Stafford Poole. Dekalb: Northern Illinois University Press, 1974.

León Portilla, Miguel, ed. *El reverso de la conquista*. México: J. Mortiz, 1970.

Varner, John G., and Jeannette J. Varner. *Dogs in the Conquest*. Norman: University of Oklahoma Press, 1983.

Wachtel, Nathan. *The Vision of the Vanquished: The Spanish Conquest of Peru through Indian Eyes, 1530–1570*. Translated by B. & S. Reynolds. New York: Harper, 1977.

Zamora, Margarita. *Reading Columbus*. Berkeley and Los Angeles: University of California Press, 1993.

El régimen colonial y su legado

http://latinoamerica.heinle.com

Vocabulario autóctono y nuevo

- adelantados
- Audiencia
- Casa de Contratación
- encomienda
- corregimiento
- mita
- criollo
- peninsular
- compadrazgo
- latifundio
- Leyenda Blanca
- mestizaje
- segundón

5.1 ORGANIZACIÓN POLÍTICA

Como la misión oficial de los **adelantados** (gobernadores) era colonizar, los españoles, desde el principio de la Conquista, comenzaron a fundar poblaciones y establecer ayuntamientos.[1] El gobierno de España, en cuyos dominios «no se ponía el sol»,[2] administraba la metrópoli y sus provincias de ultramar[3] con riguroso absolutismo. En el Nuevo Mundo delegó su autoridad primero a los adelantados y gobernadores y después a los capitanes generales y virreyes. El adelantado a menudo pagaba los gastos de su expedición conquistadora a cambio de gran parte de la tierra y riquezas de la región que sometía en nombre del rey. Los gobernadores eran

---

[1] *fundar…ayuntamientos*   to found towns and set up municipal governments
[2] *no se ponía el sol*   the sun did not set
[3] *de ultramar*   overseas

5

Cronología comparativa

1494 Fundación de Santo Domingo
1503 Introducción de la encomienda en Santo Domingo
1508 Fundación de San Juan de Puerto Rico
1515 Fundación de La Habana
1524 Establecimiento de la Audiencia de Santo Domingo
1535 Creación del Virreinato de Nueva España
1543 Creación del Virreinato de Nueva Castilla (Perú)
1739 Creación del Virreinato de Nueva Granada
1776 Creación del Virreinato del Río de la Plata

•••

1507 América en un mapa impreso en Alemania
1519 Carlos I de España, proclamado Emperador del Sacro Imperio Romano como Carlos V
1534 Ignacio de Loyola funda en París la Compañía de Jesús
1556 Carlos I de España abdica en favor de su hijo Felipe II
1642 Comienzo de la guerra civil en Inglaterra
1776 Independencia de Estados Unidos

Virreinatos y Capitanías Generales

FLORIDA
San Augustín

OCÉANO ATLÁNTICO

LA ESPAÑOLA

CUBA

México · Veracruz
Acapulco

Panamá · Caracas
Cartagena
Santa Fe ·
Quito

BRASIL

OCÉANO PACÍFICO

Lima
Cuzco
Tacna · La Paz
Chuquisaca
Potosí
Asunción
Salta
La Serena ·
Santiago · Buenos Aires · Montevideo

HISPANOAMERICA COLONIAL

VIRREINATOS Y CAPITANIAS GENERALES EN EL SIGLO XVIII

– – – LIMITES DE LOS ESTADOS ACTUALES

VIRREINATO DE NUEVA ESPAÑA Y CAPITANIA GENERAL DE GUATEMALA

CAPITANIA GENERAL DE CUBA

CAPITANIA GENERAL DE VENEZUELA

VIRREINATO DE NUEVA GRANADA

VIRREINATO DEL PERU

VIRREINATO DE BUENOS AIRES

CAPITANIA GENERAL DE CHILE

OCÉANO ATLÁNTICO

Virreinatos y Capitanías Generales en América hispánica del siglo XVIII. El tamaño pequeño del mapa no muestra los límites con precisión.

los administradores de las gobernaciones (provincias), cada una de las cuales se subdividía en distritos administrados por un corregidor.

Medio siglo después del retorno de Colón a la Península, ya se habían creado dos virreinatos: el de Nueva España (México), en 1535, y el de Nueva Castilla (Perú), en 1543. Este último tuvo jurisdicción sobre toda Sudamérica española hasta que, en el siglo XVIII, se establecieron dos nuevos virreinatos: el de Nueva Granada, en 1739, y el del Río de la Plata, en 1776. Como se observará, todos los actuales países hispanoamericanos de Sudamérica fueron gobernados por Lima por más tiempo del que hasta hoy llevan de vida independiente. Durante el período colonial sólo hubo cuatro capitanías generales: Cuba, Guatemala (técnicamente bajo la jurisdicción de México), Venezuela (bajo la jurisdicción de Lima primero y de Bogotá después) y Chile (bajo la jurisdicción de Lima). Paralelamente a estas divisiones estrictamente políticas, se creó en América otra importante institución: la **Audiencia**. Formaban este tribunal real unos ocho oidores y alcaldes de crimen que ayudaban, asesoraban[4] y controlaban a las autoridades políticas. La audiencia de la ciudad capital de un virreinato gobernaba interinamente[5] cuando moría el virrey en ejercicio de su cargo. La primera audiencia que se estableció fue la de Santo Domingo, en 1524. Más tarde se crearon trece más: México, Guadalajara, Guatemala, Panamá, Cuba, Bogotá, Quito, Caracas, Lima, Cuzco, Santiago de Chile, Charcas o Chuquisaca y Buenos Aires.

Celosa de su poder y temerosa de que sus representantes algún día intentaran independizarse, la Corona envió visitadores generales, agentes especiales encargados de velar por la mejor administración,[6] sirviendo de verdaderos ojos y oídos del rey, de quien dependían directamente al inspeccionar las diferentes regiones del imperio. Además se decretó[7] que, al fin de su período administrativo, los virreyes y altas autoridades se sometieran a un «juicio de residencia», durante el cual un juez especial examinaba la eficiencia y legalidad de la labor realizada. Cristóbal Colón fue enviado en cadenas a España como resultado del juicio de residencia a que se le sometió.

5.2 ORGANIZACIÓN ECONÓMICA

Detrás de la fachada[8] espiritual (civilizar, cristianizar, ganar honra y gloria para la Corona), la Conquista fue en gran parte una empresa económica muy lucrativa. Muchos españoles vinieron a América principalmente a

---

[4] *asesoraban*   aconsejaban
[5] *interinamente*   temporarily
[6] *velar…administración*   to encourage a better administration
[7] *se decretó*   it was decreed
[8] *fachada*   façade

Tiempo de labranza durante la Colonia, según el dibujo de Guamán Poma de Ayala en su famosa *Primer nueva crónica y buen gobierno* (1615).

extraer riquezas para beneficio personal y para el gobierno español empobrecido por las guerras imperialistas y el boato real.[9] Esto explica por qué una de las primeras instituciones establecidas para encargarse de los asuntos de la expansión en las Indias fue precisamente la **Casa de Contratación**,[10] creada en Sevilla, en 1503, y después trasladada a Cádiz. Entre sus funciones complejas: se encargaba de controlar el traslado de personas, objetos, productos, plantas y animales de España a las Indias y viceversa. Era una combinación de aduana,[11] oficina de inmigración, centro de estudios marítimos y cosmográficos, escuela de cartografía, cámara de comercio y hasta de corte de justicia.

Así como en el terreno político se implantó un régimen absolutista, en la esfera económica se impuso un riguroso monopolio. En teoría, dos flotas anuales, en convoy y con protección de naves de guerra, deberían salir de España con rumbo a las Indias, una en la primavera y otra en el verano. Al llegar al Caribe debían dividirse en dos convoyes: uno para ir a Cartagena y a Portobelo (Panamá), y el otro para ir a Veracruz. En estos tres lugares se concentraban los mercaderes[12] a hacer sus transacciones comerciales en las famosas ferias llevadas a cabo con motivo de la llegada y partida de las naves. De Portobelo las mercaderías eran enviadas a Bogotá, Lima, Santiago, Buenos Aires y a otras ciudades. Algunas de las mercaderías que

---

[9] *boato real*   royal ostentation
[10] *Contratación*   Trade, Commerce
[11] *aduana*   customhouse
[12] *mercaderes*   merchants

llegaban a Veracruz eran transportadas por tierra hasta Acapulco, y de este puerto del Pacífico continuaban en el famoso Galeón de Manila hasta las Filipinas, islas que durante mucho tiempo administró Nueva España. Las flotas retornaban a España haciendo escala en[13] La Habana. En la práctica este sistema de navegación se cumplió esporádicamente hasta 1565. Como durante mucho tiempo las flotas salían con irregularidad, se abandonó el costoso sistema y se recurrió a los galeones individuales. La nueva política de navegación dio lugar al florecimiento del contrabando, que llegó a ser tan importante como el comercio legal, y a los constantes ataques de piratas, filibusteros y bucaneros ingleses, franceses y holandeses. Los filibusteros y bucaneros a menudo eran protegidos por sus gobiernos, que consideraban patrióticas sus acciones contra el imperio español. Famosos fueron Francis Drake, que desde 1567 atacó sus naves y puertos y circunnavegó el mundo (1577–80); Thomas Cavendish, que en 1587 frente a California se apoderó de uno de los galeones de Manila; y Henry Morgan, que saqueó e incendió la ciudad de Nombre de Dios (Panamá) en 1671. La mayoría, sin embargo, eran piratas que actuaban bajo su propio riesgo y responsabilidad. Tenían sus bases de operaciones en las islas del Caribe, sobre todo en Tortuga, cerca de la costa norte de La Española.

En la organización económica doméstica desempeñaron papel muy importante la **encomienda**, el **corregimiento** y la **mita**. El sistema de encomiendas, introducido en 1503 en Santo Domingo, pronto se extendió al resto de Hispanoamérica. El encomendero (español favorecido con una encomienda) recibía en el Nuevo Mundo un número de indígenas para cristianizarlos a cambio de sus servicios personales y el pago de tributo. En la práctica, el indígena que sobrevivía las innumerables injusticias continuaba esclavizado por el resto de sus días y perdía sus tierras. Los abusos llegaron a tal extremo que se abolió la encomienda a fines del siglo XVIII. La explotación, sin embargo, continuó con otras instituciones desarrolladas paralelamente durante la Conquista y la Colonia. El sistema del corregimiento consistía en colocar indígenas en una zona específica bajo la autoridad del corregidor español, quien los obligaba a trabajar para él y a comprarle a precios elevados mercancías a menudo innecesarias. La mita, en cambio, era el nombre que se le daba, sobre todo en la región andina, al sistema de trabajo forzoso impuesto a los indígenas especialmente en las minas.

5.3 ORGANIZACIÓN JUDICIAL

El primer organismo creado por los Reyes Católicos con la misión específica de encargarse de los asuntos judiciales y legislativos de América fue el

---

[13] *haciendo escala en*   calling at

"Tiempo de sembrar papas", según otro dibujo en la crónica de Guamán Poma.

Consejo de Indias en 1509. Este llegó a ser un verdadero ministerio[14] de colonias encargado de atender los pedidos de las autoridades en América, emitir fallos en juicios[15] civiles y criminales, y asesorar al rey. Ejercía su jurisdicción sobre todos los asuntos civiles, militares y religiosos de las Indias. Las audiencias, como se ha visto, también tuvieron funciones judiciales.

Lamentablemente, la administración de justicia tuvo sus deficiencias: el soborno[16] no era raro. La justicia y hasta el honor a veces se vendían al mejor postor,[17] sobre todo durante el siglo XVII, cuando reinaban los Habsburgos. La riqueza, el favoritismo y la influencia, solían abrir las puertas que deberían estar cerradas y cerraban las que estaban abiertas. El nepotismo[18] y la corrupción minaron la salud administrativa de las Indias. Las leyes «se acataban pero no se cumplían»,[19] los códigos eran catálogos de aspiraciones legales, de metas distantes.

5.4 LA PIRÁMIDE SOCIAL

La sociedad colonial en Hispanoamérica estuvo tan rígidamente estratificada que los mismos españoles admitieron la existencia de un «régimen de

---

14 *ministerio*   State ministry
15 *emitir fallos en juicios*   to pass verdict on suits (court cases)
16 *soborno*   bribe
17 *postor*   bidder
18 *nepotismo*   nepotism (patronage by reason of family relationship rather than merit)
19 *Las…cumplían*   Laws "were respected but not obeyed"

castas», aunque básicamente difiriera del verdadero sistema de castas de la India del Lejano Oriente. La estratificación social en América seguía muy de cerca las fronteras raciales a tal punto de llegar a ser una especie de pigmentocracia, o jerarquía[20] social estructurada por el color de la piel. En la Hispanoamérica colonial, las razas llegaron a mezclarse bajo circunstancias especiales hasta edificar una pirámide social, en cuya cúspide se encontraban los **criollos** (españoles nacidos en América). Con el correr del tiempo los criollos aumentaron numéricamente hasta llegar a sobrepasar a los peninsulares, a quienes desplazaron del poder en las llamadas guerras de independencia a principios del siglo XIX. Repitiendo la unión matrimonial de sus antepasados con los invasores de la península ibérica (griegos, fenicios, romanos, germanos, árabes y judíos), los **peninsulares** en el Nuevo Mundo tuvieron hijos con mujeres indígenas fuera y dentro del sacramento matrimonial. Los mestizos ilegítimos crecieron en número conforme aumentaba la llegada de españoles de las clases bajas, que fácilmente se casaban con indígenas y mestizos y contribuían a poblar las colonias con mestizos. A fines del período colonial los mestizos llegaron a constituir el grupo más numeroso de la pirámide social. Por debajo de ellos se encontraban los indígenas, que realizaban el trabajo físico en las minas, campos y ciudades. En la base de la pirámide estaban los descendientes de los esclavos africanos mezclados con las otras razas: mulatos, cuarterones, zambos (hijos de negro e indio) y libertos.[21] Por lo general los esclavos de herencia africana ocupaban el estrato más bajo de la sociedad colonial. Ultimamente, sin embargo, algunos historiadores sostienen que en realidad durante el período colonial, no obstante las leyes protectoras de los indígenas, millones de ellos vivían peor y sufrían más que los esclavos de herencia africana y consecuentemente ocupaban la base de la pirámide social. En esta sociedad altamente estratificada,[22] los peninsulares ocupaban la mayoría de los altos puestos[23] políticos, económicos, judiciales y eclesiásticos, dejando las demás posiciones de importancia para compartirlas con los criollos y los cargos[24] inferiores y la mayoría de los oficios para los mestizos. Esta injusta división del trabajo así como su obvia consecuencia económica produjeron, como es de suponerse, fuerte tensión y resentimiento, que a la postre contribuyeron al estallido de la lucha por la independencia.

---

[20] *jerarquía*   hierarchy
[21] *cuarterones...libertos*   quadroons (25% of black ancestry). . . freedmen
[22] *estratificada*   stratified, hierarchical division of
[23] *puestos*   posts, jobs
[24] *cargos*   jobs, positions, posts

5.5 APORTE CULTURAL POSITIVO DE LOS ESPAÑOLES

No debiéramos dejar que la Leyenda Negra nos impida evaluar las contribuciones positivas de los españoles en el Nuevo Mundo. Debido a ellos, América se puso en contacto con la civilización occidental e incorporó buena parte de su pensamiento, cultura y manera de ser. Sus aportes sirven de base de la actual cultura y civilización hispanoamericanas, cuyas características esenciales se irán analizando en el curso de los próximos capítulos. Se verá cómo el rayo de luz occidental, más luminoso a partir del siglo XVIII al penetrar en el prisma americano, se descompuso en sus colores básicos y se mezcló con los haces[25] de luces indígenas para dar un espectro cultural nuevo, que con el tiempo deja de ser indígena, peninsular, africano y occidental para convertirse en hispanoamericano.

Además de introducir el uso del hierro y de la rueda, los españoles trajeron nuevos animales, especialmente el caballo, sin el cual, tal vez, la Conquista no se hubiera consumado. Trajeron también ganado bovino, lanar y porcino,[26] y nuevas especies de perros y de otros animales domésticos. La flora también se enriqueció con nuevas plantas. El trigo, la cebada, la vid,[27] el café, la caña de azúcar, la morera y numerosos árboles frutales, como el higo,[28] las plantas cítricas, transformaron la economía y enriquecieron la dieta americana. Gracias a los ibéricos, el hierro, así como los grandes inventos chinos (brújula, papel, imprenta, seda, pólvora),[29] ampliaron los horizontes de la civilización americana.

Hasta hace poco las ciudades han sido históricamente centros de civilización. En las grandes culturas amerindias la ciudad era el centro del poder civil, militar y eclesiástico; de ahí que, como veremos en el capítulo sobre la arquitectura, los esfuerzos técnicos se concentraban en templos y palacios. La gente del pueblo, sin embargo, vivía en casas bastante humildes y chozas.

Los españoles, hasta cierto punto, continuaron la tradición de realzar los edificios de las autoridades eclesiásticas y civiles. Por otra parte, ellos introdujeron el concepto grecorromano de la ciudad con plano de tablero de ajedrez[30] alrededor de una plaza. En ésta se encuentran simbólicamente frente a frente la iglesia y el cabildo. Ahí se siente el pulso de la colonia: es el centro vital para las actividades cívicas, militares y religiosas, lectura de los bandos, desfiles, corridas de toros,[31] representaciones teatrales,

---

[25] *haces*   beams
[26] *ganado…porcino*   bovine, wool-bearing and porcine livestock
[27] *El trigo…la vid*   Wheat, barley, grapevine
[28] *morera…higo*   white mulberry . . . fig (The Spaniards brought to Europe native American plants such as potato, corn, tomato, tobacco, quinine, coca, etc.)
[29] *brújula…seda, pólvora*   compass . . . silk, gunpowder
[30] *plano…ajedrez*   chessboard-like plan
[31] *lectura…toros*   public reading of the proclamations, parades, bullfights

Paseo de Aguas construido en Lima por el Virrey Manuel de Amat (1704–82) para su amante la actriz Micaela Villegas, a quien llamaba con acento catalán «La Perricholi». El escandaloso romance ha servido de tema a una ópera francesa y a la novela *The Bridge of San Luis Rey* (Premio Pulitzer, 1927) del norteamericano Thornton Wilder.

procesiones religiosas. Ahí se reunían las familias y las autoridades luciendo su mejor ropa.

A estos aportes materiales debemos añadir las contribuciones culturales. En varios capítulos siguientes las trataremos en detalle; aquí señalamos brevemente las más obvias: los expresivos idiomas castellano y portugués, la escritura con letras, el catolicismo, las nuevas filosofías frente a la vida y a la muerte (griega, estoica, escolástica, renacentista), y las nuevas concepciones estéticas en las artes plásticas, visuales y auditivas. Estos aportes culturales incorporan el Nuevo Mundo a la vida universal.

5.6 Aspectos polémicos de la herencia hispánica

Toda conquista imperialista, por el hecho de ser tal, deja un saldo[32] negativo en el pueblo sometido. La conquista hispano-lusitana en América no es la excepción. El Nuevo Mundo se transforma con el impacto de las viejas instituciones españolas con sus virtudes y vicios. Los defectos ibéricos se extienden y a veces se intensifican, se multiplican y engendran otros. En los barcos renacentistas españoles, también vinieron a América instituciones medievales. La herencia hispánica, polémica sobre todo durante el reinado de los

---

[32] *saldo*   balance

Habsburgos, olvidada o ignorada por unos y alabada por otros, abarca, entre otras esferas, la política, la económica, la social y la cultural.

5.7 HERENCIA POLÍTICA

El individualismo ibérico, generador de la indisciplina de descubridores y conquistadores, sumado a las rivalidades interétnicas precolombinas, guía el curso de la historia latinoamericana por caminos de violencia, revolución, anarquía y guerra civil. La lucha tradicional en la Península Ibérica entre regionalismo y centralismo se convierte en América en el conflicto entre las fuerzas centrípetas y centrífugas[33] que le dan a veces cohesión y unidad, y otras veces la atomizan y dividen. La antigua idea platónica de que unos nacen para gobernar y otros para ser gobernados sufre su más seria derrota cuando en América algunas autoridades degeneran en ineptos administradores, corrompidos por el nepotismo, por la influencia, por la distorsión de los conceptos del **compadrazgo** y del despotismo ilustrado. El compadrazgo es la serie de relaciones familiares, económicas, políticas y sociales provenientes de la condición de ser compadres. Compadres se llaman entre sí los padres y padrinos[34] de un niño desde el momento que recibe el sacramento del bautismo. El padrino tiene la obligación moral de cuidar, proteger y hacerse cargo del ahijado en caso de necesidad, especialmente si queda huérfano.[35] Tradicionalmente los compadres se deben ayuda mutua en todas las esferas, incluyendo la política.

Como la espada, secundada por la cruz, realiza la Conquista, y como durante el primer medio siglo de expediciones a América vienen principalmente soldados y frailes, la historia posterior de América llevará ese doble signo militar y clerical. El militarismo y el clericalismo unas veces se combaten, pero otras se unen para luchar contra las nuevas fuerzas políticas y para apoyar al rey, como cuando éste pide y consigue del Vaticano el patronato real, es decir, el control del nombramiento de las autoridades eclesiásticas en España y sus dominios.

5.8 HERENCIA ECONÓMICA

Aunque el llamado «descubrimiento» y las exploraciones fueron resultados directos del nuevo espíritu renacentista que se filtraba lentamente a España, los conquistadores, irónicamente, también trajeron remanentes del feudalismo español. Una de las instituciones implantadas en América

---

33 La fuerza centrípeta es la que atrae hacia el centro; la centrífuga la que repele y aleja del centro.
34 *padrinos*   godparents
35 *ahijado…si queda huérfano*   godchild . . . especially if orphaned

fue el **latifundio**, es decir, la extensa propiedad agrícola que hasta hace poco sobrevivía disfrazada con nombres modernos: hacienda, estancia, rancho. Parte del conservatismo rural y del estilo de vida en las aldeas americanas tuvo herencia medieval. El sistema económico, el código del honor, la filosofía escolástica y el fanatismo religioso, celosamente resguardado por la Inquisición, recordaban al Medievo. Otras antiguas instituciones, como la encomienda, el adelantado, el servicio militar obligatorio y los privilegios de la nobleza en América, experimentaron transformaciones que alteraron su origen medieval. El apego virreinal a la idea fisiocrática (creencia de que la tierra es origen de la riqueza), con el tiempo resultó perjudicial porque limitó la creación de nuevas industrias y la explotación de otras fuentes de ingreso. Por otra parte, la obsesión por la minería, quedó también como un mal que los hispanoamericanos más tarde tuvieron que vencer en algunos países, tras largos años de lucha con nuevas teorías económicas.

La excesiva dependencia de la empresa privada egoísta, desde la adopción del sistema de adelantados, ha obstaculizado el desarrollo económico a tal punto que muchos latinoamericanos de las ciudades encuentran bastante difícil colaborar y trabajar colectivamente para aliviar la responsabilidad social del gobierno. Afortunadamente, frente a este aspecto negativo del individualismo en el campo económico, las empresas estatales bien administradas y sin excedentes burocráticos, con todas sus limitaciones e ineficiencias, han servido de telón de fondo[36] para experimentos positivos donde lo primordial ha sido el beneficio de la sociedad.

El desprecio por la actividad manual, tan arraigado en Europa entre la nobleza, se establece fuertemente en América. Felizmente, el rechazo de la actividad mercantil poco a poco se sintió menos en el Nuevo Mundo. Con el tiempo los hidalgos empobrecidos se valieron de la actividad comercial para mejorar su posición económica y su prestigio social.

5.9 Herencia social

En las primeras olas migratorias procedentes de España llegaron a Latinoamérica elementos diversos de la sociedad española. Había entre ellos nobles pobres que desesperadamente deseaban enriquecerse para vivir con la ostentación propia de la más alta aristocracia. También llegaron numerosos frailes, curas, monjes y laicos de diferentes clases sociales, profesiones y oficios. A fines del siglo XVII ya funcionaban en México 180 conventos de frailes y 85 de monjas,[37] razón por la cual el ayuntamiento de México solicitó al rey que no se fundaran más. El

---

[36] *telón de fondo*   background
[37] *180 conventos...monjas*   180 monasteries and 85 convents

número de soldados, prófugos de la justicia[38] y abogados era, asimismo, sumamente alto. Hubo tantos de estos últimos que Vasco Núñez de Balboa, en una carta al rey de España, le suplicó que no mandara más bachilleres en leyes porque ya había muchos en el Nuevo Mundo promoviendo pleitos y maldades para sacarles provecho.

Los conquistadores vivieron como grandes personajes, se hicieron tratar como tales y se rodearon de esplendor. El gusto por el boato lo han heredado sus descendientes de Hispanoamérica, donde hoy muchos llevan un tren de vida muy por encima de sus ingresos.

Rápidamente se extendieron en Hispanoamérica el donjuanismo y el doble *standard* tan famosos ya en la literatura y durante la ocupación española de Italia y Flandes.[39] Recordemos los casos de Cortés, que tuvo un hijo con doña Marina; de Pizarro, que tuvo descendientes con una princesa peruana; y del capitán Sebastián Garcilaso, padre del Inca Garcilaso de la Vega. Después nacieron, como producto de la violencia, numerosísimos mestizos. Lamentablemente la falta de mujeres españolas agravó la situación, causando una serie de irregularidades conyugales: amancebamiento,[40] matrimonios entre gente de diferentes edades, propósitos y conveniencias, y el concubinato encubierto, es decir, el engaño a los padres indígenas, a quienes se les pedían sus hijas por legítimas mujeres, cuando en realidad era para convivir con ellas sin beneficio del matrimonio. Raramente se llevó a cabo el matrimonio entre nobles españoles y mujeres indígenas. Se da por excusa a esta práctica el hecho de que ni en España el código nobiliario permitía el matrimonio con personas de clase social inferior. No es válida esta excusa para numerosos padres de mestizos, ni para Cortés ni para el capitán Sebastián Garcilaso, que no se casaron con las indígenas nobles con quienes convivieron. El impedimento, pues, no fue tanto la diferencia de rango como de razas.[41] Los plebeyos españoles sí contrajeron matrimonio con indígenas y mestizas, a veces porque las españolas no estaban a su alcance o escaseaban.[42] Según documentos oficiales, entre los años 1509 a 1533, por ejemplo, sólo 470 mujeres emigraron a América. De ellas 180 eran casadas que viajaban con 111 hijos; de las restantes, 176 eran solteras o viudas.[43] Después vinieron más, pero nunca en número suficiente para los españoles y criollos de América.

---

[38] *prófugos de la justicia*   fugitives from justice
[39] *Flandes*   Flanders
[40] *amancebamiento*   concubinato
[41] El Inca Garcilaso de la Vega documenta el hecho de que durante la colonia las uniones matrimoniales eran mucho menos frecuentes que los concubinatos. Ver sus *Comentarios reales de los Incas*.
[42] *no estaban...o escaseaban*   were not available or there were too few of them
[43] *solteras o viudas*   unmarried or widows

El lazo familiar y la lealtad a la familia engendran el patriarcado,[44] el nepotismo, el favoritismo, el compadrazgo y el servilismo, que tantos males han causado en la historia latinoamericana. La ausencia de responsabilidad cívica y sentido filantrópico debilitó fuertemente la estructura social del pueblo, y hoy, en la época republicana, se hace más obvia la escasez de estas virtudes cívicas. Tal vez por tender a favorecer al miembro del propio clan y para justificar su favoritismo, aparece el exagerado elogio a quienes no son los mejores.

La estructura piramidal cerrada, la intolerancia religiosa, la hipocresía y la propaganda en gran escala, contribuyeron a crear, con los años, el mito de la ausencia de prejuicio y discriminación racial en América Latina. Algunos ingenuos bien intencionados todavía repiten monótonamente que el prejuicio en Hispanoamérica colonial fue social y no racial. No es difícil probar la falsedad de esta afirmación. Es cierto, en parte, que la tolerancia racial en el mundo hispánico es de larga tradición histórica. Pero no hay que confundir tolerancia con ausencia de prejuicios. La evidencia histórica prueba que sí hubo discriminación racial en Latinoamérica colonial, aunque esa discriminación no fue tan perniciosa como en otras partes del mundo. Eso que a nosotros se nos antoja llamar **Leyenda Blanca**,[45] o mito de la inexistencia de prejuicio racial en Latinoamérica, es ilusión o mentira piadosa fácil de refutar.[46]

5.10 BALANCE DE LA HERENCIA CULTURAL

Como se verá en otro capítulo, España al extender su cultura al Nuevo Mundo ofreció lo que poseía entonces. Dio su propia versión del humanismo, su materialismo e idealismo, su educación aristocrática, especulativa en vez de democrática y experimental. Claro, la orientación educacional de la época antes de la difusión del método inductivo, la duda racional y las experimentaciones científicas, era literario-artística y más teológica y legal que tecnológica. Las cosas cambiaron más tarde, sobre todo después de Lutero. En Europa occidental se aceleró el interés en los estudios científicos, aunque en España el desarrollo de las ciencias marchó más lentamente. España exportó al Nuevo Mundo su interés en la retórica y aunque los clásicos circularon con gran profusión, la censura, la Inquisición y la política oficial militaron contra la libre expresión del pensamiento.

---

[44] La primacía del hombre en el mundo hispánico ha preservado la antigua organización social conocida como el patriarcado. El varón jefe de una familia ejerce su autoridad despótica en su familia y en sus parientes lejanos del mismo linaje. Los jefes políticos latinoamericanos tienden a ejercer una especie de patriarcado sobre sus correligionarios, como si todos le debieran el respeto y veneración que le rinden sus familiares.

[45] *se nos antoja llamar Leyenda Blanca* we would strongly like to call White Legend.

[46] Varios historiadores han ofrecido pruebas del prejuicio y discriminación racial en Iberoamérica Colonial.

Algunas manifestaciones de la cultura colonial, las de carácter esotérico, fascinaron a los selectos interesados en lo recóndito y sirvieron para entretener a la minoría gobernante en sus horas de ocio.[47] Se creó un estilo barroco recargado de adornos, en donde los temas fueron pretextos para divagar con frases refinadas y de poco contenido. A veces la cultura se cargó de superposiciones de noticias más que de síntesis o de interpretaciones originales. El método deductivo escolástico impidió comprender lo particular y lo concreto más allá de la verbosidad hueca:[48] colorida, exótica, pero vacía e indigesta.

El oficialismo impuso a la cultura colonial americana un molde escolástico que deliberadamente impidió la aparición de la ciencia experimental y naturalista. En la metrópoli y en las colonias imperó la voluntad teológica anticientífica, promovida por la campaña contrarreformista. Lo poco de contenido científico existente se subordinó al ideal teológico y a la supuesta inmutabilidad del orden divino. Asimismo lo particular se sujetó a la norma general autoritaria y tradicional que no aceptaba desafíos.[49] Los apologistas de este escolasticismo congelado defendieron apasionadamente la «doctrina revelada» y negaron que pudiera haber una experiencia contraria o diferente a la revelación.

Los problemas fundamentales debían ser resueltos por la filosofía de entonces, y los resultados, las conclusiones, no deberían jamás oponerse a la doctrina revelada. La fe imperaba sobre la razón; el alma, sobre el cuerpo. Los eruditos coloniales, como el mexicano Carlos Sigüenza y Góngora y el peruano Pedro Peralta Barnuevo, se encontraron a veces prisioneros del laberinto de sus vastos conocimientos. Su sabiduría, inmensamente superior a la del promedio de sus compatriotas coloniales, fue a menudo una mescolanza[50] de cosmología medieval y de conocimientos científicos mal organizados. Para muchos doctos ciudadanos coloniales, América más que un problema es motivo de exaltación religiosa. Manejaron ellos un extenso repertorio de información de segunda mano y no se atrevieron a evaluar, criticar, ni siquiera a observar metódicamente el hecho social y los fenómenos naturales.

5.11 FUSIÓN CULTURAL

La suma de este legado hispánico, en sus aspectos positivos y negativos en el nuevo ambiente americano, se metamorfosea y unida a la herencia indígena y africana comienza a forjar la cultura hispanoamericana. La fusión

---

[47] *ocio*　idleness
[48] *hueca*　sin contenido
[49] *desafíos*　challenges
[50] *Su sabiduría…mescolanza*　His knowledge, far superior to that of the average compatriot of Colonial days, is often a confused mixture.

de elementos hispánicos, indígenas y africanos crea una estética mestiza y un estilo nuevo de vida. El **mestizaje** americano va más allá de la simple unión sexual. En el Nuevo Mundo el mestizaje, iniciado desde los primeros años de la Conquista y aumentado durante la Colonia, fusiona diversas herencias culturales. Con el correr de los años la suma de ideas y sentimientos colectivos y normas éticas de los hispanoamericanos poco a poco echa las bases de la conciencia latinoamericana. Asimismo durante la época colonial se forjaron en Iberoamérica los cimientos de la cultura latinoamericana.

5.12 SUMARIO

I. **Organización política:**
   A. Adelantados, gobernadores, virreyes y capitanes generales
   B. Ayuntamientos, gobernaciones y Virreinatos de Nueva España (1535), Perú (1543), Nueva Granada (1739) y Río de la Plata (1776)

II. **Organización económica:**
   A. Casa de Contratación (1503): control monopólico de personas y cosas
   B. Flotas y ferias de Cartagena, Portobelo, Veracruz y Acapulco
   C. Galeones, contrabando, piratas, filibusteros y bucaneros
   D. Encomiendas, mitas y corregimientos: trabajo gratuito del indígena

III. **Organización judicial:**
   A. El Consejo de Indias (1525), las audiencias y el juicio de residencia
   B. Las leyes se acatan pero no se cumplen: el soborno y la amistad

IV. **La pirámide social:**
   A. Estratificación social parecida al régimen de castas (pigmentocracia)
   B. Españoles, criollos, mestizos, indígenas, negros, zambos y mulatos

V. **Aporte cultural positivo de los españoles:**
   A. Ganado caballar, bovino, lanar, porcino, perros y otros animales
   B. Cultivo del trigo, cebada, arroz, caña de azúcar, café, té, etc.
   C. Inventos chinos (brújula, papel, pólvora, imprenta), rueda y acero
   D. Nuevas concepciones filosóficas, artísticas y educacionales

VI. **Aspectos polémicos de la herencia hispano-lusitana:**
  A. En la esfera política:
    1. Militarismo, clericalismo, individualismo e indisciplina
    2. Regionalismo vs. centralismo y el despotismo ilustrado
    3. Compadrazgo, personalismo, nepotismo, influencia y corrupción
  B. En la esfera económica:
    1. El latifundio, la fisiocracia y la obsesión por la minería
    2. Individualismo egoísta vs. estatismo burocrático ineficiente
    3. Explotación de los obrajes indígenas y el mercantilismo
  C. En la esfera social:
    1. Inmigración de **segundones** (sin herencia), religiosos y soldados
    2. Exageración de la honra, el donjuanismo, el esplendor y la pompa
    3. Machismo, concubinato y exagerado elogio a la mediocridad
    4. El fuerte lazo familiar engendra el patriarcado y el nepotismo
    5. Débil responsabilidad cívica y sentido filantrópico
    6. La estructura piramidal cerrada y la Leyenda Blanca
VII. **Balance de la herencia cultural:**
  A. Humanismo, educación aristocrática, materialismo e idealismo
  B. La retórica, la verdad revelada y la divagación preciosista
  C. Anticientificismo, teología y verbosidad hueca
  D. La autoridad repudia la experimentación: el método deductivo
  E. La fe en el catolicismo por encima de la razón y la verdad revelada
  F. Los eruditos prisioneros de su sapiencia
VIII. **La fusión cultural:**
  A. Metamorfosis de la herencia indohispánica y el mestizaje cultural
  B. Con el tiempo aparece nuevo estilo de ser, sentir, pensar y actuar

5.13 CUESTIONARIO, PREGUNTAS Y VIDEOS

Cuestionario

1. ¿Qué efectos produjo el monopolio en el mercantilismo?
2. ¿Qué significa el fenómeno de la criollización?
3. ¿Por qué anticlericalismo no es sinónimo de anticatolicismo?
4. ¿Cuáles fueron los orígenes coloniales del militarismo?

5. ¿Qué desventajas tuvo el despotismo ilustrado?
6. ¿Por qué resulta perjudicial el excesivo interés en el honor?
7. ¿Cuál fue el papel de la mujer en la vida colonial?
8. ¿Cómo explica el desprecio a la actividad manual atribuido a los iberos?
9. ¿Qué peligros encierra la obsesión por la minería?
10. ¿Qué efecto histórico ha producido la indisciplina hispánica?

Preguntas y temas de expansión

1. ¿Cuál fue la organización política de Hispanoamérica colonial?
2. ¿Qué régimen económico imperó durante la Colonia?
3. ¿En qué consistió el régimen judicial de la Colonia?
4. ¿Cuáles son los aspectos positivos del legado hispánico?
5. ¿Qué es la Leyenda Negra y por qué se difundió?
6. ¿Cuál es la importancia legal e histórica de las Leyes de Indias?
7. Evalúe la pirámide social existente durante el período colonial latinoamericano.
8. Crítica de la corrupción administrativa durante la Colonia.
9. Compare la labor de dos piratas famosos.
10. Explique la fusión cultural durante la Colonia.

Films y videos

Vea nuestras sugerencias en la página 409.

5.14 RECOMENDACIÓN BIBLIOGRÁFICA

Adelman, Jenemy, ed. *Colonial Legacies. The Problem of Persistence in Latin American History.* New York: Routledge, 1998.

Ameghino Azcuy, Eduardo, et al. *Poder terrateniente, relaciones de producción y orden colonial.* Buenos Aires: F. García Cambeiro, 1996.

Andrien, Kenneth and Rolena Adorno, eds. *Transatlantic Encounters: Europeans and Andeans in the Sixteenth Century.* Berkeley: University of California Press, 1991.

Bethel, Leslie, ed. *The Cambridge History of Latin America. Colonial Latin America.* Vols. 1 and 2. London–New York: Cambridge University Press, 1988.

Cevallos-Candau, F. J., et al., eds. *Coded Encounters: Writing, Gender, and Ethnicity in Colonial Latin America.* Amherst: University of Massachusetts Press, 1994.

González, Beatriz, and L. Costigan, eds. *Crítica y descolonización: el sujeto colonial en la cultura latinoamericana.* Caracas: Academia de Historia, 1992.

González Sánchez, C. A. *Dineros de ventura: La varia fortuna de la emigración a Indias (siglos XVI-XVII).* Sevilla: Universidad de Sevilla, 1995.

Herzog, Tamar. *La administración como un fenómeno social: La justicia penal en la ciudad de Quito (1650–1750)*. Madrid: Centro de Estudios Constitucionales, 1995.

Hoberman, Louisa Schell, and S. M. Socolow, eds.. *The Countryside in Colonial Latin America*. Albuquerque: University of New Mexico Press, 1996.

Jones, Oakah L. *Guatemala in the Spanish Colonial Period*. Norman: University of Oklahoma Press, 1994.

Kline, Herbert S. *African Slavery in Latin America and the Caribbean*. Oxford: Oxford University Press, 1986.

Lockhart, James. *The Nahuas After the Spanish Conquest: A Social and Cultural History of the Indians of Central Mexico, Sixteenth through Eighteenth Centuries*. Stanford: Stanford University Press, 1992.

Pease G. Y, Franklin. *Las crónicas y los Andes*. México: Fondo de Cultura Económica, 1995.

Restall, Matthew. *The Maya World: Yucatán Culture and Society, 1550–1850*. Stanford: Stanford University Press, 1997.

Brasil colonial

http://latinoamerica.heinle.com

Cronología comparativa

1494 El Tratado de Tordesillas reparte el mundo

1503 Martín de Sousa establece 15 capitanías

1549 Fundación de Bahía: primera capital de Brasil

1565 Fundación de Río de Janeiro

1759 Expulsión de los jesuitas

1763 Río de Janeiro, nueva capital

1789 Conspiración de Tiradentes

1808 La corte portuguesa en Río de Janeiro

1815 Se crea el Reino de Portugal, Brasil y Algarve

1816–21 El reinado de Juan VI

●●●

1431 Juana de Arco muere en la hoguera

1476–1516 Reinado de los Reyes Católicos en España

1542 Promulgación de las *Nuevas Leyes de Indias*

1588 Derrota de la Armada Invencible

1605–15 Publicación de *Don Quijote de La Mancha*

1700 Felipe V, primer rey Borbón de España

1776 Independencia de EE.UU.

1789 Estalla la Revolución Francesa

1819 EE.UU. compra la Florida a España

1823 Proclamación de la Doctrina Monroe

Vocabulario autóctono y nuevo

- factorías
- pau brasil
- donatários
- engenho
- mameluco
- paulista

- bandeirantes
- fazenda, fazendeiro
- mozambo
- relaçao
- senado de câmara
- inconfidència mineira

6.1 El régimen de las capitanías

El Tratado de Tordesillas (1494), firmado por los Reyes Católicos de España y Juan II de Portugal, estableció una línea imaginaria de polo norte a polo sur, a 370 leguas (unas 1.700 millas) al oeste de las Islas del Cabo Verde, archipiélago portugués en el Atlántico, al oeste de Senegal. En virtud del tratado, las nuevas tierras al oeste de la línea imaginaria pertenecían a España y las situadas al este correspondían a Portugal, incluyendo la costa del Brasil, que sería ocupada por el portugués Pedro Alvares Cabral en 1500. Poco después el rey Manoel I (1469–1521) envió algunas expediciones a reconocer las nuevas tierras, explorar sus costas y establecer **factorías**.[1] Los principales productos obtenidos por los colonos durante esta etapa inicial provenían[2] principalmente del *pau brasil* (palo brasil), madera tintórea del color de la brasa, utilizada por los europeos para teñir de rojo los

---

[1] *factorías*   trading post-fortresses
[2] *provenían*   came

Minas Gerais, Brasil, experimentó la fiebre del oro poco más de un siglo antes que California. Decenas de miles de brasileños y extranjeros acudieron con sus esclavos indígenas del Paraguay y africanos a extraer el oro o a abastecer con mercancías las necesidades de los mineros.

tejidos[3]. El nombre del país se deriva de este producto. El descuido portugués alentó a los franceses a establecer en la costa norte del Brasil sus propias factorías para la explotación del *pau brasil.* Alentó también a los españoles a recorrer las costas del Brasil en busca de un pasaje o estrecho que uniera al Atlántico con el Pacífico.

El dinero procedente de las inversiones[4] en el Oriente permitió a la corona portuguesa enviar en 1530 la primera expedición colonizadora al Brasil al mando de Martín Alfonso de Sousa, quien, en 1532, fundó São Vicente (San Vicente), primer establecimiento portugués permanente en América, cerca de la actual ciudad de São Paulo. Unos dos años más tarde el gobierno lusitano dividió sus posesiones en América en quince capitanías hereditarias, cada una con una costa de unas 230 millas, limitadas por líneas imaginarias paralelas prolongadas hacia el interior hasta tocar la imaginaria demarcación del Tratado de Tordesillas. Las capitanías eran independientes entre sí aunque cada una de ellas se vinculaba directamente con Lisboa. Los ilustres nobles favorecidos con capitanías por el rey de Portugal recibieron el nombre de ***donatários***. Desafortunadamente, muchos de ellos nunca viajaron al Nuevo Mundo, tal vez por el poco apoyo gubernamental. Afectados por el clima y decepcionados por no hallar en breve tiempo los minerales y riquezas soñados, muchos de los colonos se convirtieron en entes improductivos. Pronto todas las capitanías, con la excepción de Bahía, São Vicente y Pernambuco, tuvieron serias dificultades administrativas que obligaron a algunos *donatários* a declararse en quiebra.[5]

6.2 Desarrollo del régimen colonial

Debido al lento progreso del régimen de las capitanías y a los intentos colonizadores de otros europeos (sobre todo franceses), el gobierno portugués nombró a Tomé de Sousa Capitán-General con autoridad de gobernador. La expedición de éste arribó en 1549 a un lugar casi a igual distancia de los dos centros prósperos, São Vicente y Pernambuco, donde fundó la ciudad de Salvador, que sirvió de capital de Bahía y de todo Brasil hasta 1763. Con Tomé de Sousa vinieron los seis primeros jesuitas que llegaron al nuevo mundo, dos de los cuales se destacarían[6] en la historia y en la literatura brasileñas: José de Anchieta (1530–97) y Manuel da Nóbrega (1517–70). El ganado traído ayudó a la economía del país, hasta entonces principalmente agrícola.

---

[3] *madera…rojo los tejidos*   dye wood, the color of live coal, used by Europeans to dye their textiles red
[4] *inversiones*   investments
[5] *quiebra*   bankruptcy
[6] *los cuales se destacarían*   who would distinguish themselves

En el Brasil los portugueses no encontraron indígenas de un nivel cultural parecido al de los conquistados por los españoles en el nuevo mundo. Además los portugueses hallaron menos aborígenes que Pizarro en el Perú: un millón y medio, según un cálculo conservador. Este número de naturales,[7] sin embargo, era superior a la población total portuguesa en el mundo de entonces. De ellos los colonos consiguieron sus concubinas y almas que ganar a la civilización cristiana. De ellos también aprendieron el cultivo de la mandioca,[8] base de la alimentación de esa región, el tabaco, el camote, la calabaza, la castaña del Marañón, la piña,[9] la papaya y muchas otras frutas tropicales. La esclavitud, las diversas formas onerosas de explotación, el hambre y las enfermedades traídas por los europeos diezmaron la población aborigen. La escasez de mano de obra y la aversión de muchos portugueses al trabajo manual determinaron la importación de esclavos africanos, quienes, con el correr del tiempo, llegarían a sumar entre los cuatro y cinco millones.

La economía del Brasil recibió gran impulso con la introducción de la caña de azúcar, la cual pronto determinó el establecimiento de numerosos *engenhos*,[10] sobre todo en el Noreste. Mientras prosperaba lentamente la economía con la creación de ingenios azucareros, los franceses continuaban sus incursiones en tierras brasileñas. En 1555 una expedición calvinista desembarcó en una bahía en la costa sureña del país, donde organizó una colonia de hugonotes con el nombre de Francia Antártica. No duró mucho el experimento porque los portugueses consiguieron expulsar a los franceses y en esa bahía fundaron Río de Janeiro en 1565. Los franceses volvieron después a otras regiones norteñas del país a establecer colonias. Algunas de ellas se aliaron con los indígenas enemigos de los portugueses y otras formaron la Guayana Francesa.[11]

Las relaciones entre Portugal y Holanda habían sido cordiales hasta que, en 1580, Felipe II de España se hizo proclamar rey de Portugal. Los dos países estuvieron unidos políticamente hasta 1640. Para causar daño a sus acérrimos[12] enemigos españoles, los holandeses se empeñaron en atacar al Brasil durante la dominación española de Portugal. En 1624 se apoderaron de Bahía, pero pronto fueron expulsados; entonces ocuparon Pernambuco en 1630, y a los pocos años se extendieron al norte hasta lo que es el actual estado de Marañón. En este territorio establecieron la próspera colonia de Nueva Holanda, con su capital Recife. Los portugueses, ayudados por

---

7 *naturales*   natives
8 *mandioca*   manioc, a staple native to Brazil from which tapioca is obtained
9 *el camote...piña*   sweet potato, squash, Brazil nut, pineapple
10 *enghenos*   fueron los ingenios (*mills*) de azúcar que funcionaban con fuerza animal o acuática, pero por extensión así también se llamaron las plantaciones azucareras.
11 *Guayana Francesa*   French Guiana
12 *acérrimos*   very bitter

africanos e indígenas, hostilizaron a los invasores hasta lograr expulsarlos de su última fortificación en Recife en 1654.

La influencia de los hacendados creció progresivamente conforme aumentaban sus tierras explotadas por los numerosos esclavos traídos del Africa desde mediados del siglo XVI para reemplazar a los amerindios[13] que no resistían el fuerte régimen de trabajo ni las enfermedades de los europeos. La crueldad con los esclavos llegó a tal extremo que causó numerosas huelgas, motines y huidas a la jungla, donde se organizaron comunidades de africanos libres, como la establecida cerca de Pernambuco con el nombre de República Palmares, la cual se mantuvo cerca de un siglo hasta ser disuelta en 1697, tras varios años de sangrienta lucha.

Los grandes exploradores de la época fueron los **paulistas**, especialmente los **mamelucos**[14] ayudados por africanos libertos. Los paulistas organizaron expediciones al interior para cazar indígenas y someterlos a la esclavitud. Invadieron el actual territorio del Paraguay, donde los jesuitas protegían a los aborígenes, y se remontaron selva[15] adentro hasta la actual frontera con Bolivia, más allá del límite señalado por el Tratado de Tordesillas. Como las columnas expedicionarias llevaban unos banderines,[16] recibieron el nombre de *bandeiras*. Sus expediciones al interior extendieron el control portugués y contribuyeron al descubrimiento de minas de oro. En el Noreste los **bandeirantes** prepararon el terreno para el desarrollo de la industria ganadera, cuyo apogeo constituyó una verdadera «civilización del cuero». La expulsión de los jesuitas (1759) favoreció mucho a los hacendados, que aprovechándose del desamparo en que quedaban los indígenas al expulsarse a sus protectores, se dedicaron a cazarlos para esclavizarlos en las *fazendas* (haciendas) y ranchos ganaderos del país.

La expulsión de los holandeses del Noreste (1654) contribuyó en pocos años al fin del apogeo de la industria azucarera brasileña, principal abastecedora de este producto al mercado mundial durante un siglo. El monopolio brasileño sufrió la competencia de las plantaciones azucareras francesas, inglesas y holandesas del Caribe desarrolladas con una técnica más moderna. Para fines del siglo XVII las plantaciones del Noreste se encontraban en decadencia. Afortunadamente para el país, la decadencia de los *engehnos* coincidió con el descubrimiento de oro en Minas Gerais, Mato Grosso y Goiás, que a principios del siglo XVIII recibió un nuevo impulso con el descubrimiento de diamantes en la misma región. Empujadas por la fiebre del oro, centenares de miles de personas llegaron

---

[13] *amerindios*   Amerinds (aboriginal Indians of the Americas)
[14] *Los grandes…mamelucos*   The best explorers of that period were those from Sâo Paulo, especially those of mixed blood.
[15] *selva*   jungle
[16] *banderines*   pennants

a ese nuevo centro económico del país, procedentes de São Paulo, del Noreste, y directamente de Portugal. Debido a la falta de trabajadores, se importaron esclavos africanos. Varios centros urbanos florecieron, sobre todo Vila Rica, más tarde conocida con el nombre de Ouro Prêto, que llegó a tener una población de unos 100,000 habitantes. Minas Gerais en esa época recordaba a los centros mineros mexicanos y peruanos de los dos siglos anteriores. Durante el siglo XVIII el Brasil llegó a producir el 44 por ciento de la producción del oro del mundo. El apogeo de este metal, sin embargo, duró sólo hasta fines de ese siglo. La importancia del diamante continuó cien años más, hasta que la producción de diamantes de Sudáfrica arrebató al Brasil el primer puesto en la producción mundial.

6.3 ORGANIZACIÓN SOCIAL Y POLÍTICA

Durante el período colonial los portugueses constituyeron en el Brasil una minoría acostumbrada a despreciar a la mayoría negra, mulata, mestiza e indígena. La posición social dependía de la posesión de tierras y esclavos. Los más altos puestos políticos, económicos, militares y eclesiásticos los ocupaban los portugueses nacidos en Portugal. Los portugueses nacidos en el Brasil (*mozambos*), como los criollos de Hispanoamérica, con el correr del tiempo llegaron a sobrepasar numéricamente a los nacidos al otro lado del Atlántico. En el siglo XVIII la mayoría de los *fazendeiros* (hacendados) y mineros ya eran *mozambos*.

En la estratificación de la pirámide social, los europeos se encontraban en la parte superior, aunque la inmensa mayoría de ellos tenía una posición económica modesta. Después seguían en importancia los mamelucos y mulatos, algunos de los cuales—muy pocos en realidad—forjaron fortuna y ganaron posición social. Les seguían los brasileños descendientes de la mezcla de varias razas y sus combinaciones: mientras más oscura era su piel, más baja su condición social. Estaban después los negros libertos y finalmente los esclavos negros e indígenas.

El gobierno colonial portugués se parecía mucho al gobierno colonial hispanoamericano, no obstante que los *donatários* eran algo así como señores feudales que gozaban de poder casi absoluto en su capitanía. El rey de Portugal estableció en Lisboa un Consejo de Indias en 1604, y años después creó en Bahía una especie de audiencia que recibió el nombre de *relaçao*. La capital del Brasil fue Bahía hasta 1763, año en que se trasladó a Río de Janeiro en reconocimiento de la importancia creciente de este puerto exportador de las riquezas del sur del país. El gobierno local lo ejercía el *senado de câmara* o concejo municipal, el cual, controlado por los *fazendeiros*, tenía más poder que el cabildo de Hispanoamérica colonial. El representante del gobernador en las subdivisiones de las capitanías era el capitán mayor, especie de corregidor, y como éste, tiránico y autoritario.

En 1789 la relativa tranquilidad política interna del Brasil se vio fuertemente conmovida con el frustrado movimiento revolucionario de intelectuales mozambos liberales de Minas Gerais. Las autoridades portuguesas sofocaron la conspiración (*inconfidència mineira*) y ahorcaron como escarmiento al patriota brasileño Joaquim José de Silva Xavier, mejor conocido con el apodo de «Tiradentes» (Sacamuelas).

6.4 LA MONARQUÍA LUSITANA EN EL BRASIL

Protegida por la marina británica, llegó a Río de Janeiro, en 1808, la corte portuguesa que huía de las fuerzas napoleónicas. La idea de establecer en Río de Janeiro la capital del imperio lusitano no era nueva; ya en 1761 la había propuesto el Marqués de Pombal, ministro de José I, responsable de la expulsión de los jesuitas. El Regente Dom João (Don Juan), jefe del gobierno durante la locura de la Reina María, se sorprendió al hallar esa colonia tan atrasada. Entonces, presionado por los ingleses, abrió los puertos del Brasil al comercio mundial y abrogó las restricciones existentes. En 1815 estableció el Reino de Portugal, Brasil y Algarve,[17] y al año siguiente de la muerte de su madre, se proclamó rey con el nombre de Juan VI.

El reinado de Juan VI (1816–21) fue bastante benéfico para el Brasil: el comercio y la agricultura prosperaron. El rey estableció la primera imprenta, inauguró dos escuelas de medicina, fundó la Escuela de Bellas Artes en Río de Janeiro. La vida social gradualmente cambió, afectando sobre todo a las mujeres que comenzaron a aparecer en público. Como se favorecía a los portugueses en la administración pública y el régimen autoritario empeoraba, muchos *mozambos* abrazaron la causa republicana. Estallaron algunas rebeliones, que, como la de Pernambuco (1817), fueron violentamente sofocadas.[18]

El gobierno de Río de Janeiro, que había declarado la guerra a Francia (1808) y conquistado la Guayana Francesa (1809), envió al ejército portugués a invadir el Uruguay en 1811 y 1816, a fin de satisfacer la tradicional aspiración portuguesa de llevar las fronteras del Brasil a la orilla boreal[19] del Río de la Plata. En 1821, el Uruguay fue anexado al Brasil con el nombre de Provincia Cisplatina.

João VI (Juan VI) gobernó de manera absoluta y autoritaria. La principal oposición la llevaron a cabo las logias masónicas[20] del Brasil y Portugal. Cuando en 1820 la revolución de Riego en España impuso la Constitución liberal de 1812, los liberales portugueses se alzaron en

---

[17] *Algarve* o *Algarbe*   es la región más meridional del Portugal
[18] *sofocadas*   suppressed
[19] *boreal*   del norte
[20] *logias masónicas*   Masonic lodges

Oporto y en el resto del país; convocaron a la reunión de los Estados Generales y pidieron que se redactara una constitución portuguesa. Al año siguiente, las tropas portuguesas de Río obligaron a Juan VI a adherirse al movimiento constitucionalista de Portugal y decretar para el Brasil su aprobación de la ley orgánica que estaba por redactarse en la metrópoli. Juan VI comprendió que había llegado el momento de retornar a Lisboa para defender sus intereses amenazados. Antes de salir, en 1821, nombró Regente del Reino del Brasil a su hijo Pedro, y le aconsejó que él mismo encabezara el movimiento independentista si resultaba imposible contenerlo. La partida de Juan VI marca en realidad el fin del período colonial del Brasil.

6.5 Sumario

I. **Primeras expediciones, establecimientos y el régimen de las capitanías:**
  A. Tratado de Tordesillas (1494) y desembarco de Pedro Alvares Cabral
  B. Martín de Sousa funda Sâo Vicente (1503) y establece 15 capitanías
  C. Portugueses, franceses y holandeses explotan el palo brasil para tintura
  D. Introducción del azúcar: las haciendas e ingenios
  E. Quiebra de *donatários* y fracaso del sistema de las capitanías

II. **Régimen colonial:**
  A. Tomé de Sousa, primer Capitán General en 1549:
    1. Funda Bahía (1549), capital del Brasil hasta 1763
    2. Trae a los jesuitas José de Anchieta (1530–97) y Manuel de Nobrega (1517–70)
    3. Fomenta el cultivo de azúcar y la cría de ganado
  B. Los portugueses expulsan a los hugonotes de Francia Antártica
  C. Fundación de Río de Janeiro (1565)
  D. Expulsión de los holandeses de Recife (1654), capital de Nueva Holanda
  E. Desarrollo de Minas Gerais y Mato Grosso en el siglo XVIII:
    1. *Bandeirantes* paulistas cazan indígenas del Paraguay para esclavizarlos
    2. Expulsión de los jesuitas (1759): triunfo de los anticlericales
    3. Primer productor mundial de oro (siglo XVIII) y diamantes (siglo XIX)
  F. Organización social y política:
    1. Predominio socioeconómico-militar de los blancos nacidos en Brasil

2. En el s. XVIII la mayoría de los hacendados y mineros son mozambos (blancos nacidos en Brasil) que dominan a negros, mulatos e indígenas

3. Apogeo económico sureño: Río de Janeiro, nueva capital en 1763

4. *Inconfidència mineira* (conspiración minera) de Tiradentes (Sacamuelas)

III. **La monarquía lusitana en el Brasil:**
   A. La corte portuguesa huye de Napoléon y se establece en Río (1808)
   B. Don Juan establece el Reino de Portugal, Brasil y Algarve (1815)
   C. Regencia de don Juan durante la locura de María I (1815–16)
   D. Reinado de Juan VI:
      1. Lujo y favoritismo portugués: reacción republicana brasileña
      2. Derrota violenta de las rebeliones nacionalistas
      3. Anexión del Uruguay con el nombre de Provincia Cisplatina (1821)
      4. Oposición liberal de las logias masónicas de Brasil y Portugal
      5. Alzamiento militar en Oporto: regencia de don Pedro (1821)
   E. La Asamblea Constituyente de Lisboa: liberal con Portugal y reaccionaria con el Brasil

6.6 Cuestionario, preguntas y videos

Cuestionario

1. ¿Por qué tardaron los portugueses en colonizar el Brasil?
2. ¿Quiénes fueron los *donatários*?
3. ¿Qué productos nativos de América encontraron los portugueses?
4. ¿Por qué es importante Martín Alfonso de Silva en la historia brasileña?
5. ¿Por qué importaron esclavos del África?
6. ¿A qué se debió la decadencia de la industria azucarera?
7. ¿Qué importancia tuvieron el oro y los diamantes?
8. ¿Quién fue Tiradentes?
9. ¿Cuál fue la labor de Juan VI en el Brasil?
10. ¿Por qué el Brasil anexó la Provincia Cisplatina?

Preguntas y temas de expansión

1. ¿Qué estipuló el Tratado de Tordesillas y qué significó para España y Portugal?
2. ¿Qué fue el régimen de las capitanías en el Brasil?
3. ¿Quiénes fueron los *bandeirantes* paulistas y cuál fue su comportamiento histórico?
4. ¿Dónde se llevaron a cabo las incursiones francesas y holandesas al Brasil y por qué?

5. ¿Qué importancia tuvo el azúcar en el Noreste del Brasil?
6. Explique el desarrollo de las primeras factorías portuguesas en el Brasil.
7. Contraste la suerte de los indígenas brasileños con la de los aztecas e incas.
8. Compare la organización social colonial de Brasil con la de Hispanoamérica.
9. Explique la labor gubernamental de la monarquía lusitana en Río de Janeiro.
10. Evalúe la labor de los jesuitas durante la Colonia.

Films y videos

Vea nuestras sugerencias en la página 409.

6.7 RECOMENDACIÓN BIBLIOGRÁFICA

Azevedo, Celia Maria Marinho de. *Abolitionism in the United States and Brazil: A Comparative Perspective*. New York: Garland, 1995.

Bethel, Leslie, ed. *Colonial Brazil*. London–New York: Cambridge University Press, 1987.

Diffie, Bailey W. *A History of Colonial Brazil, 1500–1792*. Malabar, FL: R.E. Krieger Pub. Co., 1987.

Dutra, Francis A. *A Guide to the History of Brazil, 1500–1822*. Santa Barbara: ABC Clio Press, 1980.

Freyre, Gilberto. *The Masters and the Slaves*. Translated by S. Putnam. Los Angeles–Berkeley: California University Press, 1986.

Haberly, David T. *Three Sad Races: Racial Identity and National Consciousness in Brazilian Literature*. Cambridge: Cambridge University Press, 1983.

Higgins, Kathleen Joan. *The Slave Society in the Eighteenth-Century*. Thesis (Ph. D.)—Yale University, 1987. Microfiche. Ann Arbor, MI: University Microfilms International, 1988.

Lewin, Linda. *Politics and Parentela in Paraíba: A Case Study of Family-Based Oligarchy in Brazil*. Princeton, NJ: Princeton University Press, 1987.

Lockhart, James, and **Stuart B. Schwartz**. *Early Latin America: A History of Colonial Spanish America and Brazil*. Cambridge, New York: Cambridge University Press, 1983.

Metcalf, Alida C. *Family and Frontier in Colonial Brazil: Santana de Parnaíba, 1580–1822*. Berkeley: University of California Press, 1992.

Russell-Wood, A. J. R. *Society and Government in Colonial Brazil, 1500–1822*. Aldershot, Hampshire, Great Britain; Brookfield, VT: Variorum, 1992.

Russell-Wood, A. J. R. *The Black Man in Slavery and Freedom in Colonial Brazil*. London: Macmillan in association with St. Antony's College, Oxford, 1982.

Schwartz, Stuart. *Sugar Plantations in the Formation of Brazilian Society: Bahia, 1550–1835*. London–New York: Cambridge University Press, 1985.

La vida intelectual durante la Colonia

7

http://latinoamerica.heinle.com

Vocabulario autóctono y nuevo

- indigenismos
- mexicanismo
- gongorismo
- pícaro

- *Ollantay*
- saudade
- fazenda
- engenho

7.1 LA EDUCACIÓN

Como la conquista española de América fue en parte una empresa religiosa, desde el principio la educación tuvo carácter parroquial. En el período colonial, la Iglesia mantuvo una especie de monopolio sobre la educación. Las órdenes religiosas, por medio de conventos y parroquias,[1] establecieron las primeras escuelas y en el curso de los siglos dirigieron la mayoría de los establecimientos educativos. La instrucción en las colonias, como en la metrópoli, era de orientación medieval, basada en la filosofía escolástica. El escolasticismo, doctrina filosófica dominante de la Edad Media, pone gran parte de las ideas aristotélicas al servicio del cristianismo. Se caracteriza por la ciega aceptación del supremo criterio de que la curiosidad humana debe satisfacerse con la única verdad posible: la revelación divina, manifestada directa o indirectamente en los libros sagrados y defendida por medio de silogismos. El mundo de la naturaleza lo explica

---
[1] *parroquias*   parishes

Cronología comparativa

1535 Instalación de la imprenta en México

1551 Fundación de las Universidades en Lima (San Marcos) y México

1552 B. de Las Casas, *Brevísima relación de la destrucción de las Indias*

1569, 1578, 1589 Alonso de Ercilla y Zúñiga, *La Araucana*

1539–1616 Crónicas del Inca Garcilaso

1580–1639 comedias de Juan Ruiz de Alarcón

1651–95 poemas barrocos, villancicos, autos y sainetes de Sor Juana Inés de la Cruz

1722–42 El primer periódico iberoamericano: *La Gaceta de México y Noticias de Nueva España*

1724 Establecimiento de sociedades literarias en Brasil

1735–1804 Expediciones científicas europeas

1781 Fray José de Santa Rita Durão, *Caramurú*

• • •

1469–1527 Nicolás Maquiavelo

1483–1546 Martín Lutero

1601 Shakespeare publica *Hamlet*

1613 S. de Champlain explora Ottawa

1700 Fundación de la Academia de Ciencias de Berlín

1750 Voltaire publica *Candide*

1755–73 Samuel Johnson, *Dictionary of the English Language*

97

Sor Juana Inés de la Cruz (1651–95), retrato por Juan de Miranda en la Rectoría de la Universidad Nacional Autónoma de México. Muestra una bella mujer de unos 30 años de edad, cuyo elegante hábito cae hasta los pies. Según Octavio Paz, el rostro ovalado es realzado por la boca sensual, la nariz recta, las cejas gruesas y los ojos negros y grandes que miran con inteligencia. Su sensualidad se torna melancólica en compañía de los libros que le dan sapiencia y libertad imaginaria.

Aristóteles; el mundo de la Gracia que conduce a la Gloria lo señala Jesucristo, tal como lo explicaron Santo Tomás de Aquino, Abelardo, Duns Escoto, Rogelio Bacon, Raimundo Lulio, Guillermo de Occam[2] y otros filósofos del escolasticismo. En Hispanoamérica colonial, la educación religiosa, literaria y artística era uniforme, abstracta y retórica. Su fuerte sello aristocrático se basaba en la premisa aristotélica de la desigualdad entre los hombres, la cual, aplicada en el Nuevo Mundo, daba por establecida la superioridad de los españoles. Al principio, la educación se estableció principalmente para instruir a los hijos de los peninsulares; después, las escuelas abrieron sus puertas a los mestizos obedientes. La instrucción se dirigía especialmente a los ricos y a los becados[3] pobres con vocación eclesiástica.

Como en España y Portugal, en sus colonias tampoco hubo muchas escuelas. Buenos Aires, por ejemplo, en 1773 contaba con una población de más de 40,000 habitantes y sólo tenía cuatro escuelas con un total de 700 estudiantes.[4] Santiago de Chile, por su parte, al final del período colonial era una ciudad de unas 30,000 almas, pero apenas contaba con 500 estudiantes en sus pocas escuelas.

El indígena que no era noble y el de herencia africana no tenían oportunidad para recibir ni siquiera la educación básica. El indígena de la misión y el negro liberto apenas recibían instrucción en las primeras letras y en las artes manuales. Aunque se decretó el establecimiento de escuelas para la nobleza indígena, en la práctica pocas de ellas abrieron sus puertas en los virreinatos de México y Perú. Sin embargo, dos pasos positivos se dieron en México al fundarse, en 1523, el Colegio de San Francisco para los indígenas nobles y, en 1536, el Colegio Imperial de Santa Cruz para caciques. El mejor experimento educacional, sin embargo, lo realizó el obispo Vasco de Quiroga al establecer los famosos hospitales, como se llamó a los pueblos donde se adoctrinaba a los amerindios, se les enseñaba un oficio y se les curaba, a menudo de enfermedades traídas de Europa. Las misiones jesuitas del Paraguay y noreste de la actual Argentina también se organizaron de manera semejante: cada pueblo se especializaba en la producción de una clase de artículos que luego trocaba con los de otras misiones. Eran sociedades colectivistas inspiradas en la *Utopía* (1516) de Sir Thomas More.

---

[2] Filósofos del escolasticismo fueron: Santo Tomás de Aquino (Thomas Aquinas, 1225–74), teólogo italiano, considerado como el filósofo más importante del catolicismo medieval; Pedro Abelardo (Peter Abelard, 1079–1142), filósofo francés, de gran importancia en la escolástica de los siglos XI y XII; Duns Escoto (John Duns Scotus, c. 1266–1308), teólogo escocés educado en las universidades de Oxford y de París; Rogelio Bacon (Roger Bacon, ¿1214?–92), franciscano inglés, destacado matemático; Raimundo Lulio (Raymond Lully, ¿1233?-1315), alquimista místico de Palma de Mallorca; Guillermo de Occam (William of Ockham, ¿1280?–1348), franciscano inglés que insistió en la primacía de la lógica en todas las disciplinas.

[3] *becados* scholarship holders

[4] Rafael Altamira, *Historia de España* (Barcelona, 1930), IV: 340

En Iberoamérica, el prestigio intelectual desde el siglo XVI se basó más en los logros de su minoría culta que en el grado de desarrollo de la instrucción pública. Durante la mayor parte del dominio español en América, la educación universitaria fue mucho mejor atendida que la educación pre-universitaria. La necesidad de entrenar a quienes iban a servir al gobierno y a la iglesia determinó la atención preferente a la educación superior.[5]

Desde muy temprano aparece la universidad como centro de estudios superiores, modelada a imagen de la de Salamanca (España). Algunos creen que la primera cédula[6] real de fundación universitaria se extendió en 1538 para establecer la Universidad de Santo Tomás de Aquino, en Santo Domingo. Todavía se discute la validez de esa famosa cédula.[7] De todas maneras, ese centro de estudios llegó a establecerse muchos años

La Universidad de Santo Tomás de Aquino en Santo Domingo es uno de los centros de estudios superiores más antiguos del Nuevo Mundo. Se ordenó fundarla en 1538 pero abrió sus puertas años después de establecidas las Universidades de México y San Marcos (Lima, Perú) en 1552.

---

[5] *superior*   higher
[6] *cédula*   decree
[7] Fray Cipriano de Utrera en *Las Universidades de Santiago, de La Paz y de Santo Tomás Aquino* (Santo Domingo, 1932) y Carlos Daniel Valcárcel en *San Marcos, la más antigua universidad de América* (Lima, 1959) prueban con diferentes argumentos y documentos que no hubo universidad en Santo Domingo sino hasta 1558. Nos dicen que hasta un monarca español intervino en la controversia: en Real Cédula de 1758, el rey Fernando VI prohibió a la Universidad de Santo Tomás de Aquino autotitularse la más antigua universidad del continente. Véase C. D. Valcárcel, «Letras y Ciencias humanas: Facultad decana del continente», *Letras* (Universidad de San Marcos), XXXVIII (1966): 8.

después y tuvo una vida irregular durante el período colonial. La más antigua, por consiguiente, es en realidad la Universidad de San Marcos, en Lima, fundada unos meses antes que la Universidad de México, y, a diferencia de ésta, con vida ininterrumpida desde 1552. Otros centros de estudios superiores se crearon en diversas regiones del mundo hispanoamericano, donde la mayoría conserva gran prestigio, como ha sucedido con las Universidades de Córdoba (1613), Charcas (1624), San Carlos de Guatemala (1676), Cuzco (1692), Caracas (1721), La Habana (1728) y Quito (1787). A fines del siglo XVII ya se habían fundado 26 universidades, algunas de las cuales fueron clausuradas al anulárseles las prerrogativas.

Aunque los catedráticos fueron principalmente clérigos durante el primer siglo de la Colonia, es exagerado afirmar que las universidades hispanoamericanas eran entonces sencillamente seminarios teológicos. Como las de Europa, eran verdaderas universidades, que para mediados del siglo XVII ya contaban con muchos profesores laicos,[8] entre los cuales había un buen número de criollos. Se establecieron hasta cuatro facultades: Teología, Derecho,[9] Medicina y Artes. En la de artes, el plan de estudios comprendía el *trivium* (gramática latina, retórica y lógica) y el *quadrivium* (aritmética, geometría, música y astrología). Excepto en Medicina, las clases en todas las facultades se dictaban en latín.

Los estudios universitarios en sí no eran muy costosos, pero la graduación sí lo era. El grado doctoral exigía un fuerte desembolso[10] de dinero: el graduado tenía entre otros gastos los de una corrida de toros, una procesión y entretenimiento al público en general.[11] La pureza de sangre y la legitimidad de nacimiento eran requisitos no siempre exigidos, sobre todo cuando se trataba de estudiantes con aptitudes para la carrera eclesiástica. En el Siglo de las Luces (siglo XVIII),[12] la universidad latinoamericana aumentó su interés en el pensamiento no hispánico. Entonces la cultura dejó de ser esotérica, la instrucción cesó de aspirar al entrenamiento de las minorías ociosas. Se desafió el método deductivo y se criticó la verbosidad hueca e indigesta. La llegada de las expediciones científicas permitió el comienzo de la experimentación y la innovación. El estilo afectado, divagador y sin contenido perdió adeptos.[13]

---

[8] *laicos*   lay, not religious
[9] *facultades: teología, derecho*   schools: theology, law
[10] *desembolso*   disbursement
[11] Sobre el costo de los estudios universitarios consúltese Jean Descola, *La vida cotidiana en el Perú en tiempo de los españoles, 1710–1820* (Buenos Aires: Hachette, 1964), pp. 214–220.
[12] En el Siglo de las Luces o Ilustración triunfó en Europa el movimiento cultural iniciado en Francia y caracterizado por su fe en la razón, su crítica de las instituciones y su interés en la difusión del saber.
[13] *divagador...adeptos*   rambling . . . followers

7.2 LA CENSURA DE LOS MEDIOS DE EXPRESIÓN

El celo católico contrarreformista fue en gran parte responsable del control oficial del pensamiento y de los medios de expresión en España y sus dominios. En teoría, se castigaba con la pena de muerte y confiscación de bienes a los poseedores de los libros incluidos en el *Index Librorum Prohibitorum (Indice de libros prohibidos)* y a los que trataban de imprimir[14] o imprimían obras no aprobadas. El instrumento más eficiente de censura y control del pensamiento en América fue el Santo Oficio de la Inquisición. Se estableció primero en Lima (1570), luego en México (1571) y después en el resto del continente iberoamericano, excepto en el Brasil.

En el Nuevo Mundo la intención de aplicar la ley fue algo más rigurosa que en la Península Ibérica, si se tiene en cuenta la prohibición de la exportación a América de novelas y otras obras de ficción. Se temía que ellas pudieran contribuir a desarrollar un espíritu imaginativo y renovador que amenazara el orden secular y religioso imperante. Afortunadamente esta prohibición no siempre se cumplió. Entre los libros remitidos, en el siglo XVI se enviaron a América novelas de caballería. Se ha descubierto que el mismo año de la aparición de *El Quijote* (1605) llegaron a Cartagena (Colombia) dos cajones con ochenta ejemplares de esa obra cervantina,[15] y que en Lima, al año siguiente, se llevó a cabo un remate[16] de libros entre los cuales se encontraban ochenta ejemplares de la primera edición de *El Quijote.*[17]

La primera imprenta[18] en el Nuevo Mundo se estableció en la ciudad de México alrededor del año de 1535. La segunda se instaló en Lima en 1584. Después funcionaron muchas más. Al fin del período colonial había por lo menos 25 grandes imprentas en las principales ciudades del imperio colonial español en América. Al comienzo, este invento chino, introducido a Europa por Gutenberg, sirvió principalmente en la impresión de catecismos, doctrinas cristianas, sermones, vocabularios y libros

---

[14] *imprimir*　to print

[15] *cervantina*　de Cervantes

[16] *remate*　sale

[17] Cf. dos trabajos de Irving A. Leonard: su libro *Books of the Brave* (New York: Gordian Press, 1964), y su artículo «Don Quixote and the Book Trade in Lima, 1606,» *Hispanic Review*, VIII, No. 4 (1940): 285–304. Pedro Henríquez Ureña dice que la lista de obras remitidas era de gran variedad y volumen, y que, en 1785, en una sola remesa de libros recibida en el puerto del Callao, Perú, se encontraban 37, 612 volúmenes. Véase su *Historia de la cultura en la América hispánica* (México: Fondo de Cultura Económica, 1947), p. 45.

[18] La imprenta (*printing press*) no la inventó el alemán Gutenberg (c. 1398–1468), como equivocadamente algunos libros sostienen. El papel y la imprenta son inventos chinos. Según el conocido científico inglés Joseph Needham, la impresión china más antigua que se conoce es del año 770 de nuestra era. Los tipos movibles fueron inventados en China algo después. Véase el libro de Needham, *Science and Civilization in China* (London: Cambridge UP, 1961), I: 126, 131. En España la prensa hizo su aparición en 1473.

empleados en la catequización.[19] Después se publicaron discursos, programas de fiestas y, clandestinamente, libros como el *Lazarillo de ciegos caminantes* de Concolorcorvo (1773),[20] que indicaban falsamente haber sido impresos en España. Cuando el espíritu reformista de la Casa de los Borbones reinante en España se extendió a América, se editaron otras clases de obras, como la primera versión castellana de *Elementos de química* de Lavoisier, publicada en México a fines del siglo XVIII.

Las relaciones y noticiarios coloniales de los siglos XVI y XVII fueron precursoras de los periódicos de Latinoamérica. Eran hojas volantes[21] que anunciaban la llegada de las flotas o daban noticias sensacionales, como la destrucción de Antigua, Guatemala, o la captura de un barco inglés. Los periódicos, propiamente hablando, aparecieron en el Siglo de las Luces (siglo XVIII), cuyo espíritu liberal permitió su fundación en América para difundir mejor las noticias y ofrecer una tribuna a los escritores de la época. El primer periódico iberoamericano fue la *Gaceta de México y Noticias de Nueva España* (1722), que tuvo la suerte de sobrevivir 20 años, con ciertas interrupciones. Después se fundaron otros periódicos más, como la *Gaceta de Guatemala* (1723), la *Gaceta de Lima* (1744), el *Diario Literario de México* (1768), el *Diario de Lima Curioso, Erudito, Económico y Comercial* (1790), el *Papel Periódico de La Habana* (1790), el famoso *Mercurio Peruano* (1791), órgano oficial de la Sociedad Amantes del País, y el *Papel Periódico de Santa Fe de Bogotá* (1791).

7.3 La Ilustración en Hispanoamérica

A mediados del siglo XVIII, la política liberal de los Borbones comenzó a producir efectos saludables en el Nuevo Mundo al transformar poco a poco la manera de pensar y promover el interés en la experimentación, en el método deductivo y en la ciencia en general. Se crearon sociedades de intelectuales, como la Asociación Filarmónica de Lima (1787), transformada poco después en la Sociedad Amantes del País, editora del *Mercurio Peruano*. En La Habana se organizó la Real Sociedad Económica y la Sociedad Patriótica de Investigaciones. En otras ciudades se establecieron, asimismo, importantes sociedades que congregaban a los más destacados científicos y letrados de la época.

---

[19] *catequización*   instrucción religiosa

[20] Concolorcorvo fue el seudónimo del visitador español autor de esta valiosa obra colonial. Con gran sentido de humor, el autor explica, para ocultar su identidad, que era mestizo, con color de cuervo, de ahí Concolorcorvo. Hasta mediados del siglo XX no se sabía el nombre del autor de esa obra clásica de la literatura colonial, hasta que un discípulo del hispanista francés Marcel Bataillon descubrió en el Archivo de Indias que el autor de ese *Lazarillo* americano fue el español Alonso Carrió de la Vandera.

[21] *hojas volantes*   handbills, random sheets, broadsides

Las expediciones científicas contribuyeron inmensamente a esta sed de nuevos conocimientos y transformación. Son importantes por sus efectos en la difusión de la Ilustración las siguientes expediciones: la del francés Charles Marie de La Condamine (1701–74), que en 1735 midió un grado del ecuador con la ayuda de los eruditos españoles Jorge Juan y Antonio de Ulloa; la del navegante francés Luis Antonio de Bougainville (1729–1811), que exploró las Malvinas (*Falkland Islands*) y visitó Montevideo y Paraguay; la del español José Celestino Mutis (1732–1808), de destacada labor científica en Bogotá, donde dejó sobresalientes discípulos, como Francisco José de Caldas (1771–1816), autor de *La influencia del clima sobre los seres humanos* y promotor del *Semanario de Nueva Granada*; las misiones mineralógicas de los hermanos españoles descubridores del tungsteno, Juan José de Elhuyar (1754–96) y Fausto de Elhuyar (1757–1833), a Nueva Granada y México, respectivamente; y, sobre todo, las expediciones del sabio alemán Alejandro de Humboldt (1769–1859) a Nueva Granada, Perú, Cuba y Nueva España, y del naturalista francés Aimé Jacques Bonpland (1773–1858) a Venezuela, Argentina y Paraguay.

La sed de conocimientos determinó la fundación de instituciones científicas, como los jardines botánicos de México (1788) y Guatemala (1796), la Escuela de Minería (México, 1792), el Museo de Historia Natural (Guatemala, 1796), el Observatorio Astronómico (Bogotá, 1799) y la Escuela Náutica (Buenos Aires, 1799), establecida por Manuel Belgrano (1770–1820).

Contagiados de la fiebre reformista, investigatoria y estudiosa, muchos jóvenes latinoamericanos viajaron a Europa a estudiar en sus universidades, o simplemente a enriquecer su espíritu. Al retornar a la patria, también trajeron más ideas liberales y más conocimientos científicos de posible aplicación al medio americano. Asimismo, los marinos[22] estadounidenses, por su parte, contribuyeron a difundir las ideas revolucionarias políticas y científicas, divulgando la ideología de los padres de la primera república del Hemisferio, las inquietudes de Benjamín Franklin y las actividades de sus instituciones culturales, como la Sociedad Filosófica Norteamericana (American Philosophical Society) de Filadelfia.

7.4 LOS GRANDES ESCRITORES DE LA LITERATURA LATINOAMERICANA NACIDOS EN ESPAÑA

Las primeras obras literarias escritas en el Nuevo Mundo fueron por españoles. Eran ellas productos del asombro de los primeros exploradores frente a la magnificencia de la naturaleza americana. Aunque a estos primeros escritores educados en Europa se los incluye en la literatura de

---

[22] *marinos*   seamen

España, sus aportes pertenecen también a la historia literaria colonial de Hispanoamérica. Su importancia estriba, entre otras cosas, en haber incorporado **indigenismos** (palabras de origen indio) al castellano, y en haber cultivado la crónica, el género preferido por los primeros grandes escritores nacidos o educados en Iberoamérica.

En el Nuevo Mundo la crónica medieval española denota rasgos nuevos. Es más dinámica, emocional y algo anticonvencional. La escriben principalmente hombres sin formación literaria, aventureros en el campo de la acción y de las letras. El exceso de energía que España parece descargar en América con la conquista está presente también en el campo literario. Desde las primeras cuartillas escritas, convertidas en las primeras páginas de la historia literaria hispanoamericana, hasta en la producción siguiente se nota la influencia del paisaje americano. Quizás la llegada de los españoles y portugueses al Nuevo Mundo generó una doble conquista: ellos dominaron a América militar y políticamente pero ésta, en el proceso, los conquistó estéticamente. Las nuevas tierras y sus seres humanos, flora, fauna, costumbres e instituciones graban fuertes impresiones en la mente de los europeos. El cronista interpreta estas inusitadas impresiones y relata cómo en las Américas los indígenas se hispanizan a la vez que se americanizan los europeos.

La urgencia de escribir sobre el Nuevo Mundo deslumbrante determinó la aparición del primer gran asunto de la literatura latinoamericana: el tema americano. Desde 1492 hasta hoy, en todos los géneros (crónica, novela, ensayo, poesía, teatro), el tema obsesionante de los escritores iberoamericanos es frecuentemente el mismo: el hombre y el paisaje de este hemisferio.

La crónica escrita en el Nuevo Mundo es una mezcla de ficción y realidad. La presentación de la realidad histórica unas veces tiene objetivos narrativos; otras, didácticos. Por sus elementos ficticios, imaginados, presentados como en las novelas de caballería, se la considera precursora de la novela hispanoamericana. A menudo el cronista altera la realidad cayendo en contradicciones y suscitando futuras refutaciones por otros escritores. Se destacan en este primer gran género literario algunos cronistas que por sus obras y su nueva concepción estética también pertenecen a la literatura iberoamericana aunque nacieron en España: Cristóbal Colón (c. 1451–1506), en su *Diario de viaje*, con un agudo ojo observador, hace un inventario de las riquezas y costumbres de los indígenas del Caribe; Hernán Cortés (1485–1547), en sus *Cartas de relación* (1519–26), dirigidas al emperador Carlos V, da noticias valiosas sobre México en el preciso momento de ser conquistado; Bernal Díaz del Castillo (¿1492?–1581), simple soldado de Cortés, ofrece el punto de vista del soldado raso[23] en *Historia verdadera de la conquista de la Nueva España* (1632).

---

[23] *soldado raso*   private

Casa del Inca Garcilasco de la Vega (1539–1616) en el Cuzco hasta 1560, año en que viajó a España de donde no pudo retornar. El autor peruano publicó un libro sobre la expedición de Hernando de Soto al actual sur de los Estados Unidos (*La Florida del Inca*) y otro sobre Tahuantinsuyo y su conquista por los éspañoles (*Comentarios reales*).

Hay otras crónicas con más valor histórico que literario, no obstante encerrar más ficción que realidad: Fray Toribio de Benavente (¿–1568), conocido con el nombre azteca de Motolinía (el pobre), dejó una *Historia de los indios de Nueva España* (1541), obra de importancia etnográfica por informar acerca de las costumbres y tradiciones indígenas existentes en México durante los primeros años de la Conquista; Álvar Núñez Cabeza de Vaca (¿1490–1559?) en *Naufragios* (1542), narra sus aventuras en las costas de los golfos de México y Baja California; Pedro Cieza de León (1518–60) describió en *Crónica del Perú* (1553), la guerra fratricida entre conquistadores; Fray Gaspar de Carvajal (1504–84) en *Relación del nuevo descubrimiento del famoso Río Grande de las Amazonas* ofrece una vívida narración de sus experiencias en la expedición de Francisco de Orellana al río Amazonas.

Se destaca entre todos los cronistas, por su impacto tanto en el mundo de habla castellana como en el de habla inglesa y francesa, Fray Bartolomé de las Casas (1474–1566), autor de la *Brevísima relación de la destrucción de las Indias* (1552), obra crítica de la conquista española.

Entre los autores de Latinoamérica colonial nacidos en España está Alonso de Ercilla y Zúñiga (1533–94), uno de los de mayor prestigio universal por escribir *La Araucana*, poema épico publicado en tres partes

(1569, 1578 y 1589), acerca de la conquista de Chile y el heroísmo de los araucanos.

7.5 LOS ESCRITORES MÁS IMPORTANTES DE LA COLONIA NACIDOS EN HISPANOAMÉRICA

El primer escritor de prestigio universal nacido en el Nuevo Mundo fue el Inca Garcilaso de la Vega (1539–1616), hijo de un capitán español y de una princesa incaica. Escribió los *Comentarios reales*, cuya primera parte, con ese título, apareció en 1609, y cuya segunda parte, con el título de *Historia general del Perú*, se publicó póstumamente en 1617. La primera parte, todavía considerada por muchos fuente primaria en el estudio de la civilización incaica, hoy día se estima más por su valor literario que por su contenido histórico. Su libro *La Florida del Inca* (1605), sobre las aventuras de Hernando de Soto, es de importancia en la historia de las exploraciones del Sur de los Estados Unidos por la serie de datos y hechos confirmados después por otros investigadores que utilizaron otras fuentes. Guamán Poma de Ayala, cronista indígena del Perú, dejó un curioso manuscrito, *Primer nueva crónica y buen gobierno* (ca. 1615), con más de 400 ilustraciones. Aunque este manuscrito en forma de carta fue dirigido al Rey de España, no se publicó hasta 1936 y desde entonces es una fuente imprescindible para el conocimiento del mundo tradicional andino.

El dramaturgo[24] hispanoamericano más destacado del período colonial fue el mexicano Juan Ruiz de Alarcón (1580–1639), autor de *La verdad sospechosa* (imitada por Corneille en *Le menteur*), *Las paredes oyen*,[25] *No hay mal que por bien no venga* y muchas comedias más. Aunque residió en España desde los 22 años de edad, este gran escritor del Siglo de Oro nunca olvidó su patria. El **mexicanismo**[26] en sus obras lo incorpora a la historia literaria latinoamericana.

Otros escritores destacados durante los primeros dos siglos de la Colonia fueron: el colombiano Juan Rodríguez Freile (1566–¿1640?), autor de *El Carnero*, obra acerca de Santa Fe de Bogotá, fundamental en el desarrollo de la prosa colonial hispanoamericana; el chileno Pedro de Oña (1570–1643), recordado por su poema épico *El Arauco domado* (1596), compuesto para complementar los datos que da *La Araucana*, de Alonso de Ercilla; Bernardo de Balbuena (1568–1627), español criado en América, a la que elogió con el poema barroco *La grandeza mexicana* (1604), sobre la capital del Virreinato de Nueva España, entonces la ciudad más grande y

---

[24] *dramaturgo*   playwright
[25] *Las paredes oyen*   The Walls Have Ears
[26] Se ha ocupado de este mexicanismo combatido por muchos, Pedro Henríquez Ureña en su conferencia «Juan Ruiz de Alarcón» (México, 1914), incluida después en su libro *Seis ensayos en busca de nuestra expresión* (Buenos Aires: Editorial Raigal, 1952), pp. 91–103.

El autor indio Guamán Poma de Ayala se muestra en este grabado recorriendo el Perú para documentarse antes de escribir *Primer nueva crónica y buen gobierno*, enviada al rey de España en 1615. Su famosa carta-crónica fue descubierta en la Biblioteca Real de Copenhague en 1908 y publicada por primera vez en París por Paul Rivet en 1936.

hermosa del Hemisferio Occidental; y el cuzqueño Juan de Espinosa Medrano, (1632–88), escritor en quechua y en castellano, autor del *Apologético en favor de Góngora* (1662), tardía defensa del **gongorismo**.[27]

Carlos de Sigüenza y Góngora (1645–1700), erudito mexicano, notable en las ciencias y en las letras, sobresalió especialmente en matemáticas, astronomía, historia y poesía. Su relato *Infortunios de Alonso Ramírez* (1690) es precursor de la novela hispanoamericana. Al mismo período pertenece el polígrafo peruano Pedro de Peralta Barnuevo (1663–1743), destacado tanto por sus piezas teatrales, poemas y publicaciones sobre ingeniería, astronomía y metalurgia, como por su obra en la Universidad de San Marcos, donde fue catedrático de matemáticas y rector en tres oportunidades.

Durante el período colonial se destacaron en Hispanoamérica algunos poetas satíricos, críticos de la sociedad de su época. El más conocido, Juan del Valle y Caviedes (¿1645?–97?), dejó en el Perú la importante obra poética publicada después de su muerte con el nombre de *Diente del Parnaso*, en la que se mofa de los médicos, las mujeres y los sacerdotes.

Entre las escritoras más distinguidas de Latinoamérica colonial se encuentran dos poetas anónimas del Perú que usaron los seudónimos Clarinda y Amarilis respectivamente. La primera es recordada por su *Discurso en loor de la poesía* (1608), tratado sobre las virtudes de ese género

---

[27] *gongorismo* Estilo literario introducido por el poeta español Luis de Góngora (1561-1627) caracterizado por exceso de ornamentación, abundancia frases rebuscadas y neologismos.

literario; la segunda, se hizo famosa por su *Epístola a Belardo* (escrita en 1619 y publicada en 1621) dirigida al gran escritor español Lope de Vega. La escritora más famosa y probablemente uno de los cerebros más agudos[28] del Nuevo Mundo, fue Sor Juana Inés de la Cruz (1651–95), célebre por sus poemas barrocos, villancicos, autos, comedias, sainetes[29] y su *Respuesta a Sor Filotea de la Cruz* (1691) en defensa de la educación de la mujer. Otra prestigiosa poeta del período colonial fue la «Madre Castillo» Sor Francisca Josefa de la Concepción del Castillo y Guevara (1671–1742), abadesa del monasterio de Santa Clara, Tunja, Colombia, autora de su autobiografía *Su vida* (publicada en 1817) y de *Afectos espirituales*, conocida también como *Sentimientos espirituales* (publicada en 1843).

Resumiendo, la producción literaria de la Colonia se caracteriza primero por ser esencialmente narrativa del acontecer en el Nuevo Mundo, de ahí que se destaquen los cronistas, historiadores y poetas épicos. Después sobresalen los escritores religiosos y seglares, muchos de quienes siguen el estilo barroco de Luis de Góngora y Argote. A partir del siglo XVIII, cuando la Casa de los Borbones reina en España, se produce, como en la metrópoli, el afrancesamiento de las letras y el cultivo de la moda neoclásica. Con la llegada a Hispanoamérica de las expediciones científicas y con el retorno de Europa de los estudiantes latinoamericanos, crece el interés en las ciencias y el estudio metódico del mundo americano. Así es como se distinguió Hipólito Unanue (1755–1833), científico peruano de importante actuación en la lucha por la independencia, autor de una valiosa *Guía política, eclesiástica y militar del Virreinato del Perú* y un ensayo sobre el clima de Lima, trabajo pionero en el desarrollo del ensayo. Sin embargo, el neoclásico de mayor importancia literaria de fines del período colonial fue el mexicano Joaquín Fernández de Lizardi (1776–1827), autor de la obra picaresca *El Periquillo Sarniento* (1816), hasta hace poco considerada como la primera novela de la literatura hispanoamericana. Ofrece allí el «Pensador Mexicano», como se conoce a Lizardi, la «autobiografía» de un **pícaro**[30] mexicano, cargada de aventuras estudiantiles y adultas ocurridas a principios del siglo XIX, durante los últimos años de la Colonia.

7.6 EL TEATRO HISPANOAMERICANO

En el primer siglo de colonización el teatro en América sirvió de arma evangélica principalmente. Después se lo utilizó como instrumento para educar y divertir al pueblo analfabeto. Se usaban los patios de los conventos,

---

[28] *los cerebros más agudos*   the sharpest minds
[29] *villancicos…sainetes*   carols, one-act religious plays, verse plays, and one-act farces
[30] *pícaro*   rogue

colegios y palacios así como las plazas públicas, para montar el tablado[31] donde se representaban los villancicos, entremeses,[32] autos sacramentales en castellano y en idiomas aborígenes, especialmente en quechua, aimara, náhuatl y maya. Más tarde hizo su aparición el teatro culto para el placer de las clases pudientes[33] entonces se representaron comedias españolas del Siglo de Oro y piezas breves escritas en el Nuevo Mundo. El desarrollo de la actividad teatral hispanoamericana siguió las pautas del teatro español sólo con breve retraso temporal. Tan pronto como este género consiguió su apogeo en la metrópoli a fines del siglo XVI y durante el siglo siguiente, sus mejores piezas circularon por toda América y se representaron en las casas de comedias de México y Lima y en los tablados transitorios de las demás ciudades y villas coloniales. Gustaron mucho las comedias clásicas de Lope de Rueda (¿1510?–65), Lope de Vega (1562–1653), Tirso de Molina (¿1584?–1645), Pedro Calderón de la Barca (1600–81), Agustín Moreto (1618–69) y, sobre todo, las piezas teatrales de los mexicanos Alarcón y Sor Juana.

En el siglo XVIII se erigieron nuevos lugares permanentes para poner en escena obras españolas e hispanoamericanas. Se construyeron un corral de comedias en Puebla (1761), un teatro en La Habana (1776), otro en Guayaquil (c. 1780), el Teatro de la Ranchería de Buenos Aires (1783) y los coliseos de Caracas (1784), Montevideo (1793), Bogotá (1793), Guatemala (1794), La Paz (1796), Santiago de Chile (1802) y otras urbes. Merece especial mención el tablado transitorio cercano al Cuzco donde se representó el drama quechua **Ollantay** en 1780 durante la revolución de Túpac Amaru II. Desde entonces este drama ha sido traducido al castellano, italiano, francés, inglés, checo, alemán y latín.

7.7 LA LITERATURA BRASILEÑA COLONIAL

La historia de la literatura brasileña colonial se confunde con la portuguesa. Las crónicas, historias y poesía épica del primer siglo de colonización las compusieron principalmente los portugueses. Las contribuciones de los jesuitas José de Anchieta y Manuel da Nóbrega, como la poesía de Benito Teixeira Pinto (1540–1616), son más bien trabajos portugueses que brasileños.

La *Historia do Brasil,* escrita por Frei Viçente do Salvador en 1627, pero publicada en el siglo XIX, es probablemente uno de los primeros trabajos valiosos compuestos por hombres de letras nacidos en el Brasil. El padre jesuita António Vieira (1608–97) es el exponente máximo del

---

[31] *montar el tablado*　to set up the stage
[32] *entremés*　is a short scene or farce inserted in an *auto* or between two acts of a *comedia.*
[33] *pudientes*　ricas

gongorismo brasileño caracterizado por el abuso de hipérboles, antítesis, repeticiones y latinismos. Otro cultivador de este barroquismo literario fue Nuno Marqués Pereira (1652–1728), autor del *Compêndio narrativo do peregrino da América* (1728), considerada como la primera novela brasileña. Gregório de Mattos (1633–96), crítico de la sociedad de Bahía, sobresalió por sus poemas satíricos que le trajeron dificultades y el destierro a Angola.

El descubrimiento de oro en Minas Gerais (1692) abrió el interior del país a la colonización intensiva. Surgieron entonces ricas poblaciones pequeñas, orgullosas de sus sociedades literarias.

En el Brasil, las primeras sociedades literarias tuvieron una fuerte orientación barroca: la Academia Brazílica dos Esquecidos (Academia Brasileña de los Olvidados), de Bahía (1724) y la Academia dos Felizes (Academia de los Felices), de Río de Janeiro (1736). A ellas pertenecían autores de poemas y discursos muy elogiosos de los gobernantes y poderosos. A mediados del siglo XVIII se fundaron otras con diferente estructura y orientación. La Academia Brazílica dos Renascidos, de Bahía (1759), la Arcadia Mineira o Arcadia Ultramarina, de Villa Rica (1780) y la Sociedade Literária, de Río de Janeiro (1794), se empeñaron en difundir[34] el pensamiento enciclopédico y los principios democráticos de la Revolución Francesa. A la *Arcadia Ultramarina* pertenecían los poetas de la llamada Escuela Minera, como Fray José de Santa Rita Durão (1722–84) y José Basílio da Gama (1741–94). Imitando al clásico *Os Lusiadas* de Camões, el primero escribió el extenso poema épico *Caramurú* (1781), acerca de la historia del descubrimiento y la primera etapa de la colonización. El segundo es probablemente el más grande poeta del siglo XVIII brasileño. Su obra maestra, *O Uruguay* (1769), describe, con **saudade** (tristeza nostálgica), el paisaje americano y, con amor a la raza indígena, narra la guerra contra los indígenas del Paraguay.

La vida intelectual de la colonia portuguesa en Sudamérica se vio limitada por la escasa población letrada, la falta de universidad, de imprenta y de grandes centros urbanos. Hasta el siglo XVIII las ciudades brasileñas se desarrollaron muy poco. La vida en el Brasil colonial giró principalmente en torno de la ***fazenda*** (hacienda), del ***engenho*** (ingenio) y de las minas. La civilización en esa parte del mundo americano era esencialmente rural.

El establecimiento de la corte portuguesa en Río de Janeiro, en 1808, inauguró una era de prosperidad intelectual y renovación artística. Al poco tiempo de la llegada de la corte lusitana se estableció la primera imprenta y se fundó el primer periódico. Inmediatamente después se inauguraron las principales instituciones culturales brasileñas: la Biblioteca Nacional, el Museo Nacional y el Jardín Botánico.

---

[34] *se empeñaron en difundir* were engaged in disseminating

7.8 SUMARIO

I. **La educación:**
 A. Monopolio educacional de la Iglesia
 B. Orientación escolástica (las ideas de Aristóteles puestas al servicio del cristianismo)
 C. Aristocrática, abstracta, retórica y principalmente religiosa
 D. Atención preferente al nivel universitario ajustado al modelo de Salamanca
  1. Primeras universidades: Santo Domingo, San Marcos (Lima) y México
  2. Facultades (Escuelas): Teología, Derecho, Medicina y Artes

II. **La censura de los medios de expresión:**
 A. La Contrarreforma impone control del pensamiento y censura
 B. La Inquisición y el Índice de libros prohibidos
 C. Prohibida la importación de libros de ficción
 D. A las primeras imprentas en México (1535) y Lima (1584) les siguen 23
 E. Relaciones y noticiarios: hojas volantes precursoras de los periódicos

III. **La Ilustración en Hispanoamérica:**
 A. Interés en la experimentación, el método deductivo y la ciencia
 B. Expediciones científicas:
  1. Ch. M. La Condamine (1701–74) mide un grado del ecuador (1735)
  2. L. A. de Bougainville (1729–1811) explora las Malvinas (Falklands)
  3. J. C. Mutis (1732–1811) en Bogotá con F. J. de Caldas
  4. F. de Elhuyar (1757–1833), descubridor del tungsteno, va a México
  5. Alejandro von Humboldt (1769–1859) y J. A. Bonpland (1773–1858)
 C. Latinoamericanos en Europa y contrabando de ideas por marinos estadounidenses

IV. **Famosos escritores de la literatura latinoamericana nacidos en España:**
 A. Colón, Cortés, Bernal Díaz del Castillo y Cabeza de Vaca, autores de Relaciones
 B. Motolinía, Cieza de León y Bartolomé de las Casas escriben historias

C. El barroco Antônio Vieira (1608–97) y su abuso de hipérboles y antítesis

D. Primera novela: *Compêndio narrativo* (1728) de Nuno
Marquês Pereira

E. Gregorio de Mattos es exiliado a Angola por sus poemas satíricos

F. Academias literarias:
  1. Barrocas: Academia de los Olvidados y Academia de los
  Felices
  2. Neoclásicas:
    a. Academia de los Renacidos (Bahía) y la Sociedad
    Literaria de Río
    b. Arcadia Ultramarina: poetas de la Escuela Minera (Fray
    José de Santa Rita Durão, *Caramurú,*1781) y José
    Basílio da Gama, *O Uruguay* (1769)

7.9 CUESTIONARIO, PREGUNTAS Y VIDEOS

Cuestionario

1. ¿Cuáles fueron las características de la educación en la América colonial?
2. ¿Por qué imperó tanto tiempo en Hispanoamérica la filosofía escolástica?
3. ¿Quiénes fueron los grandes prosistas nacidos en Hispanoamérica colonial?
4. ¿Cómo se destacaron los grandes poetas nacidos en Hispanoamérica colonial?
5. ¿Cuáles son las universidades latinoamericanas más antiguas?
6. ¿Qué desarrollo tuvo el teatro en Hispanoamérica colonial?
7. ¿Cómo se filtran a Hispanoamérica las ideas de la Ilustración?
8. ¿Qué importancia tienen las expediciones científicas en la Colonia?
9. ¿Cuáles fueron los principales periódicos durante la Colonia?
10. ¿Qué instituciones científicas se crearon durante la Ilustración?

Preguntas y temas de expansión

1. ¿Qué características tuvo la educación preuniversitaria durante la Colonia?
2. ¿Cuál fue el papel de la Inquisición?
3. ¿Cómo estuvieron organizadas las universidades hispanoamericanas coloniales?
4. ¿Quiénes fueron los cronistas indígenas y mestizos más conocidos y por qué?
5. ¿Cuáles fueron los temas de las escritoras importantes del período colonial?
6. ¿Cuál es la importancia de las academias del Brasil colonial?
7. Haga una evaluación crítica del teatro en el período colonial de
Latinoamérica.
8. Contraste los resultados de dos de las expediciones científicas del período colonial.
9. Compare la censura y la Inquisición en Hispanoamérica con los excesos
puritanos en Massachusetts.
10. Contraste el desarrollo de la literatura colonial del Brasil con la de
Hispanoamérica.

Films y videos

Vea nuestras sugerencias en la página 409.

7.10 Recomendación bibliográfica

Albónico, Aldo. *El Inca Garcilaso, revisitado: estudio y antología de las dos partes de los Comentarios reales*. Roma: Bulzone Editore, 1996.

Andrien, Kenneth J., and Rolena Adorno, eds. *Transatlantic Encounters: Europeans and Andeans in the Sixteenth Century*. Berkeley: University of California Press, 1992.

Brading, D. A. *Church and State in Bourbon Mexico: The Diocese of Michoacán 1479-1810*. New York and Cambridge: Cambridge University Press, 1994.

Chang-Rodríguez, Raquel. *Hidden Messages: Representation and Resistance in Andean Colonial Drama*. Lewisburg: Bucknell University Press, London: Associated Universities Presses, 1999.

Cevallos-Candau, F., et al, eds. *Coded Encounters. Writing, Gender, and Ethnicity in Colonial Latin America*. Amherst: University of Massachusetts Press, 1994.

Cope, R. Douglas. *The Limits of Racial Discrimination: Plebeian Society in Colonial Mexico, 1660-1720*. Madison: University of Wisconsin Press, 1994.

Cueto, Marcos, ed. *Saberes andinos. Ciencia y tecnología en Bolivia, Ecuador y Perú*. Lima: Instituto de Estudios Peruanos, 1995.

Hampe Martínez, Teodoro. *Bibliotecas privadas en el mundo colonial. La difusión de libros e ideas en el virreinato del Perú, siglos XVI-XVII*. Frankfurt am Main: Vervuert; Madrid: Iberoamericana, 1996.

Moraña, Mabel, ed. *Mujer y cultura en la colonia hispanoamericana*. Pittsburgh: Biblioteca de América, 1996.

Leonard, Irving A. *Books of the Brave*. New York: Gordian Press, 1964.

Mignolo, Walter D. *The Darker Side of the Renaissance: Literacy, Territoriality, and Colonization*. Ann Arbor: University of Michigan Press, 1997.

Paz, Octavio. *Sor Juana Inés de la Cruz o Las trampas de la fe*. México: Fondo de Cultura Económica, 1982.

Pirilli, Carmen, ed. *Las colonias del Nuevo Mundo: cultura y sociedad*. Tucumán: Universidad de Tucumán, 1995.

Stavig, Ward. *Amor y violencia sexual: valores indígenas en la sociedad colonial*. Lima: IEP/University of South Florida, 1996.

Verséneyi, Adam. *Theatre in Latin America: Religion, Politics, and Culture from Cortés to the 1980's*. Cambridge: Cambridge University Press, 1993.

Weiss, Judith A., et al. *Latin American Popular Theatre: The First Five Centuries*. Albuquerque, University of New Mexico Press, 1993.

Miguel Hidalgo (1753–1811), sacerdote de Dolores (Guanajuato), inició la guerra por la independencia de su patria. Marchó sobre la ciudad de México con un numeroso ejército de indígenas que portaban la Virgen de Guadalupe. Derrotado por los realistas (españoles y criollos mexicanos) fue sumariamente ejecutado.

Las guerras por la independencia hispanoamericana

 http://latinoamerica.heinle.com

Cronología comparativa

1724–35 Rebeliones de Antequera
1767 Expulsión de los Jesuitas
Repercusiones de las expediciones científicas
1780–83 Rebelión de Túpac Amaru II
1781 Rebelión de Zipaqirá
1808–10 Cabildos abiertos en Hispanoamérica
1810–22 Guerras por la independencia de México
1810–25 Bolívar, Libertador de 5 repúblicas
1818 San Martín independiza Chile
1821 San Martín independiza Perú

•••

1636 Fundación de Harvard College
1752 Franklin inventa el pararrayos (*lightning rod*)
1753 Fundación del Museo Británico
1754 Fundación del King's College que se convertirá en la Unversidad de Columbia en 1784
1789 Revolución francesa
1807 Inglaterra prohíbe la trata de esclavos
1815 Los EE.UU. derrotan a los ingleses en Nueva Orleans

Vocabulario autóctono y nuevo

- estancieros
- llanero

No se puede afirmar con certeza cuándo por primera vez los habitantes de las posesiones españolas en el Nuevo Mundo conspiraron para independizarse de la metrópoli. Después de la Conquista, en diferentes ocasiones y circunstancias, aztecas, incas y araucanos se alzaron para expulsar de sus tierras al europeo. Como se ha visto, los araucanos nunca fueron sometidos en la época colonial. En lo que se refiere a los conquistadores mismos, recordemos que Gonzalo Pizarro, de 1542 a 1544, y Martín Cortés, en 1566, se rebelaron contra el orden político español con partidarios secesionistas.[1] Los criollos no conspiraron seriamente antes del siglo XVIII. Sólo durante este siglo, contagiados de la filosofía progresista de los enciclopedistas[2] y considerando sobre todo sus propios intereses, meditaron y razonaron en favor de la liberalización del régimen político imperante en Hispanoamérica. En las primeras décadas del siglo XIX, al afirmarse la conciencia americana de mestizos y criollos en favor

---

[1] *secesionistas* separatistas
[2] *enciclopedistas* fueron los partidarios de las ideas de Diderot y D'Alambert, autores de la Enciclopedia francesa del siglo XVIII.

117

de la independencia, estallidos[3] revolucionarios liberaron la mayor parte de Iberoamérica. Generalmente se acostumbra a dividir las causas de la independencia americana en externas e internas.

8.1 CAUSAS EXTERNAS

Una de las razones poderosas que impulsaron a los hispanoamericanos a buscar su independencia se encuentra en la decadencia general de la monarquía española, que para el siglo XVIII ya había perdido sus dominios europeos y había dejado de ser la gran potencia[4] de Occidente hasta el extremo de ceder territorios americanos a sus enemigos del viejo mundo. El desafío inglés, francés y holandés, a veces en abierta guerra y casi siempre por medio de sus piratas y filibusteros, puso en peligro la integridad territorial, la paz y la seguridad de las posesiones españolas en América.

Las ideas del Siglo de las Luces (siglo XVIII) se filtraron a España y de allá pasaron a las colonias de ultramar. Los iberoamericanos que retornaban de Europa y los contrabandistas ayudaron a difundir la Ilustración en Latinoamérica tanto entre liberales como en los círculos conservadores. La expulsión de los jesuitas (1767) de España e Hispanoamérica fue una manifestación de esta inquietud liberal, deseosa de conseguir la supremacía del poder secular.

El Siglo de las Luces se desarrolló principalmente gracias a las ideas revolucionarias del filósofo Descartes y de los enciclopedistas Diderot, D'Alembert, Montesquieu, Rousseau y Voltaire. Las contribuciones inglesas también fueron trascendentes. Hobbes, Locke y Hume añadieron sustancia filosófica a la Ilustración, mientras que su compatriota Newton revolucionó los conocimientos científicos. En el mundo hispánico, Benito Jerónimo Feijóo (1675–1764) popularizó las nuevas ideas, unas veces defendiéndolas y otras criticándolas. De todas maneras, cuando estalló la revolución estadounidense, en Hispanoamérica ya se conocía la doctrina de la soberanía popular, la idea de la división de los poderes expuesta por Rousseau y la oposición al poder absoluto de los reyes. La declaración de la independencia estadounidense (1776) conmovió profundamente al continente. Las ideas de Jefferson y la popularidad de Franklin alentaron[5] a los pensadores liberales hispanoamericanos, y cuando triunfó la Revolución Francesa (1789) y se difundieron los artículos de la Declaración de los Derechos del Hombre, criollos y mestizos ilustres anhelaron[6] para su América las mismas libertades.

---

3 *estallido*   outbreak (from *estallar*, to break out)
4 *potencia*   power
5 *alentaron*   encouraged
6 *anhelaron*   were eager for

La invasión napoleónica de la Península Ibérica (1807) fue la oportunidad para la iniciación de la lucha por la independencia. La reina y el regente de Portugal se trasladaron con su corte al Brasil el mismo año de la invasión y llegaron a Río de Janeiro al año siguiente. En Bayona, Francia, cerca de la frontera con España, Napoleón obligó a los dos pretendientes de la Corona española, Carlos IV y su hijo Fernando VII, a abdicar a favor de su hermano José Bonaparte. El reinado de José I produjo consternación e indignación en el mundo hispánico. Conociendo el pueblo la incapacidad de sus dirigentes para defenderse de las armas francesas, se inició la Guerra por la Independencia de España con el espontáneo alzamiento popular en Madrid, el 2 de mayo de 1808. Parte del pueblo apoyaba al absolutista Carlos IV, pero la mayoría prefería a su hijo Fernando VII. Los americanos creyeron oportuno expresar su adhesión al hijo de Carlos IV, reuniéndose en cabildo abierto en México (1808), La Paz (1809), Quito (1809), Caracas (1810), Bogotá (1810), Buenos Aires (1810) y Santiago de Chile (1810). En España misma la oposición fue intensa. En el Sur, a donde no llegaron los franceses, se reunieron las Cortes,[7] a cuyas sesiones también asistieron representantes hispanoamericanos. En Cádiz, españoles y americanos redactaron la Constitución de España, que establecía por primera vez la monarquía constitucional, y la promulgaron en marzo de 1812.

8.2 CAUSAS INTERNAS

En el siglo XVIII, el interés científico despertado por la Ilustración, unido al deseo de estudiar las posibilidades comerciales futuras, determinó el envío al Nuevo Mundo de expediciones para rectificar la cartografía, fijar astronómicamente las latitudes y estudiar la fauna y la flora. España, animada entonces por un afrancesamiento[8] cultural, cooperó en estas expediciones y luego envió sus propios hombres de ciencia.

Varias de estas expediciones científicas fueron importantes por sus repercusiones políticas. Tal es el caso, por ejemplo, de la expedición dirigida por Charles de La Condamine, que, como vimos en el capítulo anterior, en 1753 estableció la medida de un grado a la altura del ecuador cerca de Quito. Participaron en ella los españoles Jorge Juan y Antonio de Ulloa, que reunieron sus múltiples observaciones náuticas, geográficas y sociales en dos célebres libros: *Relación histórica del viaje a la América Meridional* y, sobre todo, *Noticias secretas*. En éste, inédito hasta 1825, criticaron severamente el régimen colonial, el cruel tratamiento a los indígenas y las diversas injusticias sociales. Una expedición de científicos alemanes, que se quedó en el

---

[7] *Cortes*   Congreso
[8] *afrancesamiento*   gallicization, conformance to French standards

Perú durante las dos últimas décadas del siglo XVIII, impulsó los estudios científicos y ayudó a la Sociedad Amantes del País, en la cual destacó el médico peruano José Hipólito Unanue (1758–1833), autor de *El clima de Lima*, uno de los primeros ensayos científico-sociales de la literatura latinoamericana.

Cuando a fines del siglo XVIII el sabio alemán Alejandro von Humboldt (1769–1835) llegó a América a realizar estudios naturalistas, encontró científicos americanos de prestigio internacional, humanistas brillantes, admiradores del enciclopedismo y revistas divulgadoras de sus ideas como el *Papel Periódico de La Habana* (1790–1804) y el *Mercurio Peruano* (1791–95). Siguiendo el ejemplo de la España de la Ilustración, los hispanoamericanos habían fundado sociedades y asociaciones literarias y científicas de «amigos de la patria», en las cuales también se discutía la posibilidad de la emancipación hispanoamericana.

La inquietud intelectual puede apreciarse en lo que hicieron, dijeron y escribieron algunos de sus eruditos. En el Cuzco, el Dr. Agustín Gorrichátegui pidió, en 1771, que las ideas se conformaran con la naturaleza y no se hiciera lo opuesto. Por esa misma época, aunque perseguido por la Inquisición por poseer libros prohibidos, el limeño José Baquíjano tuvo el valor de censurar públicamente el atraso cultural en el Perú. Pocos años más tarde, su compatriota Toribio Rodríguez de Mendoza tuvo dificultades con la misma Inquisición por establecer cursos de física y derecho natural en el programa de estudios del Convictorio de San Carlos de Lima.

Expulsados de Hispanoamérica en 1767, los jesuitas realizaron en el exilio una labor de franca oposición al absolutismo español. Se destacó entre ellos el peruano Juan Pablo Viscardo y Guzmán (1746–98), autor de la revolucionaria *Carta a los españoles americanos por uno de sus compatriotas*. Después de publicarse la versión francesa en 1799, en Londres, aunque la portada dijera Filadelfia, la versión castellana se imprimió en la capital inglesa en 1801. Esta se difundió rápidamente por todo el continente, gracias al venezolano Francisco de Miranda (1750–1816). En ella, Viscardo sintetiza la dialéctica del criollo en la lucha contra la opresión española y resume las ideas políticas y económicas en favor de la futura América libre. En esta tierra libre con soberanía popular, el indígena sería bien tratado. El mensaje del exiliado peruano sirvió de poderoso órgano de propaganda y fue citado[9] y glosado en las proclamas revolucionarias iniciales de Hispanoamérica. Tiene especial valor porque da carácter político-religioso a la lucha por la independencia al insistir en la obligación de los hispanoamericanos de reivindicar[10] los derechos naturales otorgados al hombre por Dios.

---

9 *citado*   quoted
10 *reivindicar*   to claim, to recover

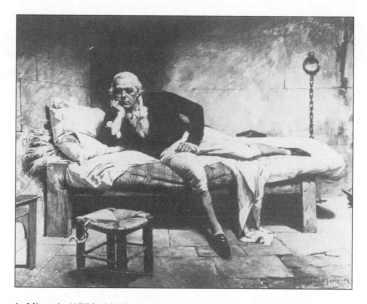

Francisco de Miranda (1750–1816), precursor de la independencia hispanoamericana, peleó por la emancipación de los Estados Unidos y por la Revolución Francesa. El gobierno de París le otorgó el rango de mariscal de campo. Siendo generalísimo de los patriotas venezolanos, los españoles le capturaron en la Guaira y lo encarcelaron en Cádiz, como lo muestra esta pintura. Allá murió tras cuatro años de cautiverio.

La labor de los precursores de la independencia fue de considerable servicio a la causa revolucionaria. El más importante fue probablemente el ya mencionado venezolano Francisco de Miranda, colaborador con otros hispanoamericanos en la guerra de la independencia de los Estados Unidos. Este entusiasta patriota tuvo una vida muy activa como general de la Revolución Francesa, en la cual ganó el respeto de Napoleón y la admiración del pueblo francés como lo demuestra su nombre inscrito en el Arco de Triunfo de París. Viajero incansable, Miranda recorrió Europa: en Rusia, Catalina la Grande quedó prendada de los encantos[11] del venezolano; en Londres, Miranda fundó la logia masónica Lautaro e influyó directamente en Bolívar, San Martín, O'Higgins y otros jóvenes hispanoamericanos que dirigirían después las batallas emancipadoras. Miranda propuso la restauración del imperio incaico en Hispanoamérica independizada. Gracias a su amistad con los padres de la nación estadounidense, organizó en Nueva York una expedición libertadora a Venezuela en 1806 que fracasó. Este místico de la libertad colaboró con Bolívar en las campañas iniciadas en 1810. Dos años más tarde, apresado por los españoles, fue conducido a Cádiz, donde murió poco después cargado de cadenas.

---

[11] *quedó...encanto*   was captivated by the charms

En 1794, el bogotano Antonio Nariño, poseedor de una de las bibliotecas privadas más grandes de las Américas, tradujo y distribuyó secretamente la *Declaración de los derechos del hombre y del ciudadano*. Descubierto, fue encarcelado, sus bienes confiscados y llevado prisionero a España. El patriota colombiano Camilo Torres difundió la *Carta a los españoles americanos* y conspiró contra las autoridades españolas hasta morir por la causa independentista. El argentino Mariano Moreno, por su parte, abogó por la libertad económica en nombre de los **estancieros**[12] del Río de la Plata. Escribió una disertación *Sobre el servicio personal de los indios* y fundó en 1810 la *Gaceta de Buenos Aires*, primer periódico del Río de la Plata, en el cual publicó artículos sobre sufragio universal, libertades civiles, educación popular y problemas económicos. En ese mismo año de 1810 tradujo el *Contrato social* de Rousseau, libro fundamental sobre cómo el individuo se compromete a someterse a la voluntad general para el bien de la sociedad.

8.3 LAS REBELIONES

Una serie de revueltas independentistas se produjeron periódicamente durante el siglo XVIII. De ellas tres tuvieron especial importancia: la del Paraguay, la de Túpac Amaru y la de los comuneros de Zipaquirá.

El cabildo de Asunción del Paraguay se alzó en defensa de las instituciones comunales contra la tendencia centralizadora de la monarquía, pero luego el alzamiento adquirió tono independentista gracias al oidor José de Antequera. Este rebelde organizó milicias y combatió a las fuerzas realistas españolas. Vencido, fue llevado a Lima y fusilado en 1731, ante la indignación de muchos peruanos que exteriorizaron su simpatía por el mártir. Los partidarios de Antequera siguieron luchando por algunos meses más, insistiendo en que el poder del pueblo es superior al del rey.

En 1780 el indígena José Gabriel Condorcanqui se sublevó y se proclamó Inca del Perú con el nombre de Túpac Amaru II. Reunió un ejército de 60,000 personas para ocupar el Cuzco y alzar el sur del Perú, Bolivia y el norte de la Argentina. Los virreyes de Buenos Aires y Lima enviaron millares de tropas a sofocar la revolución. En 1781 Túpac Amaru fue apresado e inmediatamente descuartizado.[13] A él, a su esposa, un sobrino y varios parientes, se les cortó la lengua antes de ser sometidos a la pena capital. La lucha de los rebeldes continuó bajo la dirección de Diego Túpac Amaru, hermano de José Gabriel. Sólo se consiguió desarmarlos cuando se les ofreció un indulto[14] en 1782. Una vez pacificada la región, los vencedores ahorcaron a Diego en 1783.

---

12 *estancieros* hacendados
13 *descuartizado* quartered, cut to pieces
14 *indulto* perdón

Túpac Amaru I continuó la rebelión de su hermano, el Inca Cusi Yupanqui, hasta que fue decapitado en la plaza mayor del Cuzco por orden del Virrey Toledo en 1572. En 1780 José Gabriel Condorcanqui se proclamó Inca con el nombre Túpac Amaru II para continuar la lucha de sus antepasados.

Por estos mismos años de la rebelión armada en el Perú, los comuneros de Zipaquirá, cerca de Bogotá, se alzaron contra los injustos impuestos.[15] El grito de protesta se extendió por diversas regiones de los Andes de Nueva Granada. En algunos pueblos distantes, cerca de la frontera de Venezuela, se juró por Túpac Amaru[16] y por la reconstitución del imperio incaico. La mano severa del virrey se hizo sentir al pacificar a los comuneros.

8.4 BOLÍVAR, LIBERTADOR DE CINCO REPÚBLICAS

Los primeros éxitos revolucionarios a favor de la Independencia se consiguieron lejos de los centros del poderío español en América (Lima y México). La junta de defensa constituida en Caracas para mantener la autoridad de Fernando VII le entregó al general Miranda el mando de las tropas rebeldes. Este precursor de la emancipación luchó contra las fuerzas españolas durante dos años hasta caer prisionero en 1812. Le sucedió uno de sus oficiales: Simón Bolívar. En esa guerra cruenta,[17] los patriotas prisioneros eran fusilados y sus orejas remitidas a diferentes regiones del país para que los comerciantes españoles las clavaran en sus puertas y las lucieran como escarapelas.[18] Enterándose de tan indigna actitud, Bolívar declaró

---

[15] *impuestos* taxes

[16] La importancia simbólica de la Revolución de Túpac Amaru ha ganado actualidad con el uso de su nombre simplificado (Tupamaros) por los guerrilleros urbanos del Uruguay en las décadas de 1960 y 1970.

[17] *cruenta* sangrienta

[18] *escarapelas* badges

SÍMON BOLÍVAR.

Simón Bolívar (1783–1830), Libertador de Venezuela, Colombia, Ecuador, Perú y Bolivia. En su famosa *Carta de Jamaica* profetizó el futuro de las nuevas repúblicas. Decepcionado por «haber arado en el mar», murió en Santa Marta, Colombia.

guerra a muerte[19] al enemigo. Ambas partes cometieron excesos. Después de una sangrienta lucha, en 1813 Bolívar desalojó a los españoles de Venezuela y entró en Caracas, donde fue proclamado Libertador. Después pasó a Nueva Granada a tomar la dirección de las fuerzas rebeldes, pero descorazonado[20] por las guerras civiles, emigró a Jamaica en 1815. En esa isla británica recibió apoyo, y mientras descansaba y se reponía,[21] escribió su famosa *Carta de Jamaica* en la que profetizó con bastante exactitud el futuro de las nuevas repúblicas americanas.

En 1816, con la ayuda recibida del presidente haitiano Alexandre Petión (1770–1818), Bolívar retornó a Venezuela a continuar la lucha por la independencia. Se le unieron las fuerzas del **llanero**[22] José Antonio Páez y 6,000 soldados de Irlanda con más de 200 oficiales irlandeses e ingleses. Tras una serie de combates, en su mayoría desfavorables a los patriotas, libró las batallas de Boyacá (1819), Carabobo (1821) y Pichincha (1821) que aseguraron la independencia del Virreinato de Nueva Granada y la Capitanía General de Venezuela. Décadas después, los dos países libres unificados recibieron el nombre de Gran Colombia para distinguirla de Colombia, nombre oficial dado a Nueva Granada independiente después de 1830, cuando se crearon las repúblicas independientes de Ecuador y Venezuela, como se verá en el capítulo 12 (12.1 y 12.5).

---

[19] *guerra a muerte*   war without quarter
[20] *descorazonado*   discouraged
[21] *se reponía*   recovered
[22] *llanero*   cowboy of Venezuela. The American cowboy is the equivalent of the *llanero*, the *gaucho*, and the Mexican *charro*, all of whom made their appearance earlier in history.

En el puerto de Guayaquil en 1822, Bolívar se entrevistó con el general argentino José de San Martín, quien había realizado una campaña libertadora en el Río de la Plata, Chile y Perú. No se sabe qué discutieron los dos libertadores, mas, por lo sucedido después, se puede colegir[23] la condición impuesta por Bolívar para ir a luchar al Perú: el retiro de San Martín del escenario político americano, probablemente porque el general argentino deseaba el establecimiento de un gobierno monárquico en los nuevos estados. Una vez que San Martín se marchó a la Argentina, el general venezolano marchó al Perú con parte de sus fuerzas. Tras una serie de maniobras, el ejército aliado libertador libró las batallas de Junín (6 de agosto de 1824) y de Ayacucho (9 de diciembre de 1824), que sellaron la independencia de Sudamérica española.

El ejército bolivariano dirigido por Antonio José de Sucre (1795–1830) ingresó al Alto Perú, derrotó fácilmente a los españoles y proclamó la República de Bolivia. Elegido primer presidente, Bolívar redactó la Constitución Bolivariana, pero pronto abandonó el país debido a las disensiones en la Gran Colombia, en trance de desintegración. Destruido su sueño político, el Libertador murió pobre en Santa Marta a los 47 años de edad, en 1830.

8.5 SAN MARTÍN, EL SANTO DE LA ESPADA

El 25 de mayo de 1810 el cabildo de Buenos Aires proclamó la independencia del Virreinato del Río de la Plata. Manuel Belgrano (1770–1820), miembro de la junta revolucionaria, deseaba el restablecimiento del imperio de los incas. Para consolidar el triunfo patriota en Buenos Aires, sin embargo, era necesario derrotar a las fuerzas españolas en el Perú y en el resto de Sudamérica. Con tal propósito, Belgrano salió con un ejército para ayudar a los patriotas revolucionarios del Paraguay. La expedición de auxilio fracasó. Después Belgrano fue enviado a combatir las fuerzas españolas en Charcas (Bolivia) despachadas a esa región por el virrey del Perú. Estas fuerzas virreinales vencieron a las tropas patriotas. Entonces el gobierno revolucionario de Buenos Aires confió el mando del ejército argentino al general José de San Martín, veterano de las guerras contra Napoleón en España. Ante la imposibilidad de invadir el Perú vía Charcas, el general San Martín se preparó para libertar Chile con una fuerza expedicionaria que usaría la ruta de Mendoza. En 1817 cruzó la cordillera con el Ejército de los Andes, de 4,000 hombres, en una proeza[24] militar comparable al cruce de los Alpes realizado primero por Aníbal y después por Napoleón.

---

[23] *colegir*   deducir
[24] *proeza*   feat

José de San Martín (1788–1850) luchó en España contra Napoleón y en Chile y Perú contra el ejército realista español. Proclamó la independencia del Perú el 28 de julio de 1821 y asumió el mando supremo con el título de Protector. Después de un año de gobierno, renunció a todas sus posesiones para dejar que Bolívar continuara la guerra por la primera independencia. San Martín, el Santo de la Espada, murió en Francia, pobre y decepcionado.

Las fuerzas monarquistas vencedoras del primer movimiento revolucionario chileno fueron derrotadas por San Martín en la batalla de Chacabuco (1817). Este triunfo permitió al Ejército de los Andes ocupar la capital chilena. Elegido jefe supremo, el general argentino renunció en favor de Bernardo O'Higgins. En 1818, en las lomas[25] de Maipú, a unas cuantas millas de Santiago de Chile, las fuerzas armadas españolas sufrieron la derrota definitiva. Quedaba así completada la primera fase del plan de San Martín.

Asegurada la independencia de Chile, San Martín ordenó a la escuadra libertadora dirigirse al Perú para combatir a las fuerzas virreinales. La escuadra patriota partió en 1820 de Valparaíso con 4,000 hombres y 15,000 fusiles[26] bajo el mando del almirante inglés Tomás A. Cochrane (1775–1860). Las tropas aliadas desembarcaron al sur de Lima, en la bahía de Paracas, hoy de la Independencia, y pronto ocuparon sin dificultad la vecina ciudad de Pisco.

Bloqueada la costa del Perú, el virrey La Serna salió con 4,000 hombres en dirección a la Sierra y San Martín se apresuró a libertar Lima. Allá proclamó la independencia del Perú, el 28 de julio de 1821, con las famosas palabras: «El Perú es, desde este momento, libre e independiente por la voluntad general de sus pueblos y por la justicia de su causa que Dios defiende». Como la lucha en el Perú seguía indecisa y los patriotas no se consideraban lo suficientemente fuertes para derrotar a los

---

25 *lomas*   hills
26 *fusiles*   rifles

españoles, San Martín se embarcó a entrevistarse con Bolívar en Guayaquil para pedirle ayuda. Ya hemos discutido los resultados de esa entrevista.

De vuelta en Lima, San Martín reunió el Congreso, y el 20 de septiembre de 1822 renunció a todos sus poderes y se embarcó para la Argentina. Más tarde abandonó su patria y se exilió en Francia. Allá, en 1850, sumido[27] en la pobreza, murió, casi olvidado por aquellos por quienes se había sacrificado para darles libertad. Por ser uno de los espíritus más nobles y menos ambiciosos de los padres de la independencia hispanoamericana, se le ha llamado, con razón, Santo de la Espada.[28]

8.6 LA INDEPENDENCIA DE MÉXICO

El 15 de septiembre de 1810, el párroco[29] del pequeño pueblo de Dolores, Miguel Hidalgo y Costilla, se sublevó con el grito de guerra «¡Viva Fernando VII!». Con un ejército de 50,000 hombres, bajo el estandarte de la Virgen de Guadalupe, Hidalgo ocupó la ciudad de Guanajuato. En la ciudad de México la Iglesia lo excomulgó[30] y lo declaró hereje.[31] Después de ocupar Valladolid (hoy llamada Morelia), con 80,000 hombres marchó rumbo a la capital. Llegó a sus cercanías, vaciló y se abstuvo de ingresar en ella. Pronto emprendió la retirada, error táctico que causó descontento entre las tropas y deserciones en masa. El ejército rebelde comenzó a decrecer tan rápido como se había formado. Felizmente cayó en su poder Guadalajara, donde reorganizó su ejército hasta completar los 100,000 hombres. Lamentablemente la guerra pronto tomó mal giro.[32] El generalísimo Hidalgo y varios de sus generales cayeron prisioneros y fueron fusilados[33] en Chihuahua. Sus cabezas estuvieron expuestas hasta 1821.

Aunque en el norte perdía la revolución con la muerte del anciano patriota, en el sur el cura José María Morelos y Pavón continuó la lucha. En 1813, tomó el castillo de Acapulco y cerca de ese lugar reunió el primer congreso revolucionario. Este cuerpo legislativo proclamó la independencia de México y nombró a Morelos generalísimo de sus tropas. Este sucesor de Hidalgo marchó sobre Valladolid (Morelia), pero las fuerzas del Virrey lo derrotaron completamente. En 1815 fue apresado y pasado por

---

27 *sumido*   hundido
28 *Espada*   Sword
29 *párroco*   parish priest
30 *excomulgó*   excommunicated
31 *hereje*   heretic
32 *giro*   turn
33 *fusilados*   shot by a firing squad

las armas.[34] La muerte de Morelos no terminó la acción revolucionaria mexicana. Otros caudillos continuaron la lucha. A principios de 1816 los insurgentes tenían 26,000 soldados y contaban con jefes tan valientes como Vicente Guerrero, Guadalupe Victoria y Manuel Mier y Terán. Con todo, el año de 1816 resultó desastroso para los patriotas.

En 1817 desembarcó en la costa mexicana una expedición de idealistas internacionales capitaneada por Francisco Javier Mina, joven guerrillero español, famoso durante las guerras contra Napoleón. Mina decidío luchar por la libertad de México. Venían con él 36 oficiales españoles, franceses, ingleses, italianos y estadounidenses. Su expedición, organizada en Londres en 1816, había aumentado de efectivos en Estados Unidos y Santo Domingo ya liberado de España. Una vez en tierras mexicanas el joven idealista aumentó su contingente militar hasta contar con 1,000 patriotas. Luchó heroicamente hasta caer prisionero. Con la ejecución de Mina, héroe de 28 años, los realistas pusieron fin a uno de los capítulos más extraordinarios de la independencia mexicana.

A fines de 1819 los rebeldes mexicanos se encontraban casi completamente derrotados y sólo Vicente Guerrero se mantenía en el sur. Al año siguiente se restableció en España la Constitución liberal de 1812, gracias a la rebelión del general Rafael del Riego. La victoria de los liberales españoles consternó[35] a los absolutistas de México, y por eso, cuando el Virrey proclamó la Constitución liberal, los aristócratas criollos mexicanos abrazaron la causa independentista que no habían sentido antes y comenzaron a conspirar. El criollo Agustín Iturbide, coronel del ejército español, que se había distinguido en la lucha contra los patriotas, se unió a los rebeldes conservadores y el 24 de febrero de 1821 se pronunció[36] en Iguala y lanzó una proclama. Su famoso Plan de Iguala proponía tres garantías: (1) transformación de Nueva España en una monarquía independiente bajo Fernando VII u otro príncipe europeo; (2) mantenimiento de los privilegios de la Iglesia Católica; y (3) igualdad racial.

Después de esperar en vano la llegada de Fernando VII, quien había prometido huir de los liberales de España e instalarse en México, Iturbide se coronó en 1822 emperador, con el nombre de Agustín I. Su gobierno no duró mucho porque el joven coronel mexicano Antonio López de Santa Ana, gobernador de Veracruz, se sublevó con su guarnición[37] y consiguió la adhesión del general Guadalupe Victoria, enemigo del sistema monárquico. El Congreso entonces disolvió el imperio, convocó a una Asamblea Constituyente y proclamó la República en 1823. Iturbide partió

---

[34] *pasado por las armas*   fusilado
[35] *consternó*   causó terror
[36] *se pronunció*   se rebeló
[37] *guarnición*   garrison

para exiliarse en Italia pero cometió el desatino[38] de retornar a México en 1824. Tan pronto desembarcó, cayó preso y pronto se lo ejecutó: así terminó el primer experimento monárquico en la patria de Hidalgo.

8.7 SIGNIFICADO DE LA INDEPENDENCIA

Las sangrientas luchas por la independencia hispanoamericana probaron una vez más la capacidad física de los españoles puesta a prueba desde el siglo XV en suelo americano. Sus descendientes criollos y mestizos también demostraron ser capaces de las proezas de sus antepasados. Lo mismo hicieron los indígenas al desplegar[39] un heroísmo recordatorio de los antepasados suyos que murieron combatiendo a los invasores de su tierra. Las guerras por la independencia no pusieron a los americanos completamente en campo opuesto a los españoles peninsulares. Como se ha visto, la guerra de la independencia resultó ser casi una guerra civil, en la cual se obligó a muchísimos americanos, sobre todo indígenas, a luchar por la causa realista.[40] Por otra parte, algunos españoles se batieron heroicamente por la libertad de las colonias. Mestizos y hombres y mujeres de razas indígena y africana combatieron en ambos ejércitos, a menudo obligados por las circunstancias. Por ejemplo, un ejército principalmente de afroperuanos debeló[41] la revolución de los patriotas ecuatorianos de Quito; otro ejército integrado en su mayoría de indoperuanos sofocó el movimiento independentista inicial en Chile; y generales peruanos criollos participaron en las batallas contra los patriotas de Buenos Aires en Bolivia y en el noroeste argentino. Ocurrió esto probablemente por las diferentes interpretaciones dadas a la Revolución por los luchadores de la independencia americana y sus ideales separatistas. Así, unos simpatizaban con el gobierno absolutista español mientras otros favorecían la causa liberal española, primero erróneamente percibida como representada por Fernando VII y después por la Constitución de Cádiz de 1812. Esto dividió a los españoles a tal punto que algunos, como el héroe Francisco Javier Mina, resolvieron luchar contra toda forma tiránica aunque la personificaran sus compatriotas.

La mayoría de los dirigentes de la causa patriótica resultaron ser criollos, representantes de la clase emergente, deseosos de mayor libertad para sus propias empresas económicas. Muchísimos mestizos contagiados de los ideales revolucionarios abrazaron la causa independentista. Los indígenas y los negros familiarizados con la opresión, sin embargo, no comprendían del todo el ideario emancipador. Millares de ellos fueron

---

[38] *desatino* foolishness
[39] *desplegar* to display
[40] *realista* royalist
[41] *debeló* subdued

obligados por sus amos a combatir en bandos opuestos. La independencia, como sospechaban algunos, no les iba a afectar mucho porque, como se verá más adelante, la rebelión separatista de comienzos del siglo XIX resultó ser una revolución inconclusa[42] que dio nuevos amos a las masas indígenas, mestizas y africanas. Los españoles dominaron América durante tres siglos. Con el grito de independencia de las nuevas repúblicas, la mayoría de la población obtuvo pocos cambios; seguramente ganaron muchísimo menos que los criollos, herederos del poder del español peninsular. Latinoamérica se ha esforzado en diversas formas durante el período republicano por concluir la lucha de los libertadores. Como se verá en los capítulos siguientes dedicados a los diferentes nuevos estados, a veces el proceso evolutivo es lento y desalentador; otras veces el ritmo de la transformación se acelera.

8.8 SUMARIO

I. **Causas externas:**
   A. Decadencia general de la monarquía española
   B. Desafíos inglés, francés, holandés y portugués
   C. La Ilustración:
      1. La Independencia de los EE.UU. (1776) y el contrabando de ideas
      2. Revolución Francesa (1789) y los derechos del hombre
      3. Napoleón obliga a Carlos IV y a su hijo Fernando a ceder la corona española a José Bonaparte y luego invade la Península Ibérica (1807):
         a. La reina Carlota y su corte portuguesa se trasladan al Brasil
         b. Guerra contra Napoleón (1808–13) y las Cortes de Cádiz (1812)

II. **Causas internas:**
   A. Expediciones científicas a Hispanoamérica en el siglo XVIII:
      1. La Condamine mide un grado del ecuador en 1753
      2. Misiones científica de los hermanos Elhuyar a Nueva Granada y México (1785)
      3. Estudios de Alejandro von Humboldt en México, Cuba y Sudamérica
   B. Expulsión de los jesuitas en 1767 y la propaganda revolucionaria

---

[42] *inconclusa*　unfinished

C. Labor revolucionaria de los precursores de la independencia:
1. Francisco de Miranda (1750–1816), «Místico de la Libertad» venezolano
2. Antonio de Nariño (1765–1823) traduce la *Declaración de los derechos del hombre*
3. Camilo Torres (1766–1816) difunde la *Carta* del jesuita Viscardo y Guzmán
4. Mariano Moreno (1778–1811) traduce el *Contrato social* de Rousseau en 1810

III. **Primeras grandes rebeliones:**
A. José de Antequera, alzado en Paraguay, es fusilado en Lima en 1735
B. La rebelión de Túpac Amaru (1780–84) es sofocada cruentamente
C. Los comuneros de Zipaquirá, Colombia, se alzan contra los impuestos

IV. **Simón Bolívar (1783–1830), Libertador de cinco repúblicas:**
A. Oficial de Miranda, se destaca por su heroísmo y desinterés materialista
B. Guerra a muerte, exilio y *Carta de Jamaica*
C. Batallas de Boyacá (1819), Carabobo (1821) y Pichincha (1822)
D. Conferencia de Guayaquil (1822) con San Martín sobre ayuda al Perú
E. Batallas de Junín y de Ayacucho en 1824 sellan la independencia
F. Sucre proclama la República de Bolivia y nombra presidente a Bolívar
G. Desintegración de la Gran Colombia y muerte de Bolívar en 1830

V. **San Martín (1778–1850), el Santo de la Espada:**
A. Sus granaderos atraviesan los Andes para libertar Chile en 1817
B. Las batallas de Chacabuco (1817) y Maipú (1818) independizan Chile
C. La Expedición Libertadora al Perú, la proclamación de la independencia en Lima (1821) y la retirada española hacia el sur andino
D. Conferencia con Bolívar en Guayaquil: su retiro y muerte en Europa

VI. **La independencia de México:**
   A. El Grito de Dolores (1810) del padre Miguel Hidalgo (1753–1811)
   B. El padre José María Morelos (1765–1815) continúa la lucha hasta morir
   C. Brigada internacional del español Francisco Javier Mina (1789–1817)
   D. Agustín Iturbide (1783–1824) lanza su Plan de Iguala en 1821
   E. Iturbide, autoproclamado emperador en 1822, es fusilado en 1824
VII. **Significado de la proclamación de la Independencia:**
   A. Revolución inconclusa dirigida por y para los criollos
   B. El pueblo de razas indígena y africana cambió de amos

8.9 CUESTIONARIO, PREGUNTAS Y VIDEOS

Cuestionario

1. ¿Cuáles fueron las causas internas más importantes de la primera independencia?
2. ¿Cómo reaccionaron los españoles y los hispanoamericanos ante la ocupación napoleónica de la Península Ibérica?
3. ¿Qué papel desempeñaron los jesuitas en la Revolución hispanoamericana?
4. ¿Cuáles fueron las expediciones científicas más importantes?
5. ¿Por qué llaman a Miranda «Místico de la Libertad»?
6. ¿Qué efectos tuvo la Revolución de Túpac Amaru?
7. ¿Qué observaciones proféticas hizo Bolívar en su *Carta de Jamaica*?
8. ¿Qué cree Ud. que sucedería en la Conferencia de Guayaquil entre Bolívar y San Martín?
9. ¿Por qué son famosas las batallas de Junín y Ayacucho?
10. ¿Qué opina Ud. sobre la independencia hispanoamericana del poder español?

Preguntas y temas de expansión

1. ¿Por qué el gobierno español expulsó a los jesuitas del Nuevo Mundo?
2. ¿Qué papel desempeñaron los hispanoamericanos en las Cortes de Cádiz?
3. ¿Cuál fue la labor científica de Alejandro von Humboldt?
4. ¿Qué hicieron los principales precursores de la independencia hispanoamericana?
5. ¿Cuáles fueron las causas externas de la independencia hispanoamericana?
6. ¿Cuál es el significado y repercusión histórica de la Revolución de Túpac Amaru?
7. Explique la corrupción en Hispanoamérica antes del estallido revolucionario en América.

8. Compare el valor de las principales expediciones científicas.
9. Contraste los resultados obtenidos por las primeras grandes rebeliones.
10. Evalúe el Grito de Dolores y la actuación de los criollos mexicanos.

Films y videos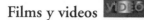

Vea nuestras sugerencias en la página 409.

8.10 Recomendación bibliográfica

Andrien, Kenneth, and L. Johnson, eds. *The Political Economy of Spanish America in the Age of Revolution, 1750–1850.* Albuquerque: University of New Mexico Press, 1994.

Bethel, Leslie, ed. *The Independence of Latin America.* New York: Cambridge University Press, 1987.

Domínguez, Jorge. *Insurrection or Loyalty: The Breakdown of the Spanish American Empire.* Cambridge: Harvard University Press, 1980.

Golte, Jürgen. *Repartos y rebeliones: Túpac Amaru y las contradicciones del sistema colonial.* Lima: Instituto de Estudios Peruanos, 1980.

Halperín Donghi, Tulio. *Reforma y disolución de los imperios ibéricos, 1750–1850.* Madrid: Alianza Editorial, 1985.

Kinsbruner, Jay. *Independence in Spanish America: Civil Wars, Revolutions, and Underdevelopment.* 2nd ed. Albuquerque: University of New Mexico Press, 1994.

McKinley, P. Michael. *Pre-Revolutionary Caracas: Politics, Economy and Society 1777–1811.* New York: Cambridge University Press, 1986.

Picón Salas, Mariano. *De la Conquista a la Independencia.* México: Fondo de Cultura Económica, 1969.

Rodríguez O. Jaime E. *The Independence of Spanish America.* Cambridge: Cambridge University Press, 1998

Rodríguez, Jaime, ed. *Mexico in the Age of Democratic Revolutions, 1750–1850.* Boulder and London: Lynne Rienner Publishers, 1994.

Torre, Ernesto de la. *La independencia de México.* Madrid: Mapfre, 1992.

Zea, Leopoldo. *Simón Bolívar, integración en la libertad.* México: Ediciones Edicol, 1980.

Brasil

- Población: 169,806,557
- Area: 8,511,965 km²
- Capital: Brasilia
- Moneda: el real
- Índice de alfabetización: 90.1%
- Productos principales de exportación: hierro, soya, jugo de naranja, zapatos

Brasil monárquico y republicano

http://latinoamerica.heinle.com

Vocabulario autóctono y nuevo

- Ordem e Progresso
- tenentes
- tenentismo
- Estado Novo
- mulato
- mameluco

- cafuso
- pardo
- senzala
- senhores de engehnos
- fidalgos

9.1 EL REINADO DE PEDRO I

La Asamblea Constituyente de Lisboa, aunque deseaba un gobierno liberal para Portugal, adoptó una actitud reaccionaria con el Brasil y tomó una serie de medidas tendentes a restablecer el régimen colonial. Incluso ordenó al príncipe Don Pedro que regresara a Portugal, valiéndose del pretexto de la necesidad de terminar su educación. Sus instrucciones incluían entregar el gobierno a una comisión manipulada por la Asamblea de Lisboa. Los liberales brasileños, dirigidos por José Bonifacio de Andrada e Silva (1763–1838), Gran Maestro de los masones del Brasil, reaccionaron y consiguieron que en ceremonia pública, el presidente del Concejo Municipal de Río le pidiera a Don Pedro que desobedeciera las órdenes de Portugal para evitar la declaración de independencia del Brasil. Don Pedro aceptó la petición y anunció la decisión de no viajar. Ese día ha pasado a la historia con el nombre de «Día do

Fico», por la respuesta del regente: «Fico» (Me quedo). Por su labor patriótica, muchos brasileños llaman a José Bonifacio: «Padre de la patria».

El 7 de septiembre de 1822, encontrándose a orillas del río Ipiranga, cerca de Santos, en el actual Estado de São Paulo, el regente proclamó la separación de Brasil y Portugal al grito de «¡Independencia o muerte!» Pocas semanas después el príncipe fue proclamado y coronado emperador del Brasil con el título de Pedro I. El cambio político se produjo casi sin derramamiento de sangre. Los oficiales portugueses de Bahía declararon rebelde al príncipe y se aprestaron[1] a luchar. Contra los insurrectos de Bahía, el emperador envió la escuadra[2] nacional al mando de Lord Thomas Cochrane, el mismo almirante que había servido a la independencia de Chile y del Perú. En 1823 se consiguió debelar completamente toda resistencia portuguesa y el Brasil se preparó a vivir su vida independiente.

Pacificado el país, el emperador persiguió a los republicanos y disolvió la Asamblea Constituyente.[3] Su consejo de estado,[4] sometido a la voluntad imperial, redactó la Constitución de 1824. Ella, entre otras cosas, impuso la monarquía constitucional hereditaria, declaró al catolicismo religión oficial y reservó para el emperador el veto sobre los actos del Parlamento, otorgándole un supuesto «poder moderativo», superior al poder legislativo y al poder judicial. Basándose en esta carta fundamental «ad hoc», Don Pedro gobernó arbitrariamente sin considerar a la mayoría parlamentaria. La oposición resistió unas veces pasivamente y otras con la ayuda de las armas. Entre las rebeliones contra el absolutismo del emperador se recuerda la llevada a cabo en el norte, donde varias provincias se organizaron en una república federal independiente con el nombre de Confederación del Ecuador, con un gobierno como el establecido por la Constitución de Colombia. Después de seis meses de lucha, el régimen gubernamental de Río sofocó la rebelión federalista y responsabilizó a los «agentes masónicos extranjeros»[5] por este sangriento episodio.

El emperador no sólo se enfrentó a problemas internos. En 1825 los patriotas uruguayos se alzaron contra la ocupación brasileña y declararon a su patria, conocida entonces como la Banda Oriental, parte integrante de las Provincias Unidas del Río de la Plata. Cuando Buenos Aires aceptó la integración, el Brasil le declaró la guerra. Los brasileños, sin embargo, resultaron derrotados en tierra y mar por los uruguayos y argentinos. Brasil y Argentina, presionados por Inglaterra, en 1828 firmaron un

---

[1] *se aprestaron*   se prepararon
[2] *escuadra*   fleet
[3] *constituyente*   constitutional
[4] *consejo de estado*   State council
[5] *agentes masónicos extranjeros*   foreign masonic agents

tratado de paz que reconocía la independencia del Uruguay, convertido desde entonces en una especie de estado-tapón.[6]

Los desastres militares en el sur le trajeron a Pedro I mucha pérdida de prestigio y más dificultades internas. Cuando se dio cuenta de que la oposición a su gobierno se extendía al ejército, el emperador abdicó en favor de su hijo Pedro, niño de cinco años, nacido en el Brasil. Pedro I partió para Lisboa a defender el derecho de su hija a la corona portuguesa. El príncipe Pedro quedó bajó la tutela de José Bonifacio, el patriarca de la independencia brasileña.

9.2 El gobierno de Pedro II

La partida de Pedro I dejó al país en desorden y confusión. Estallaron varias rebeliones que pronto fueron debeladas. Ellas, sin embargo, revelaron el peligro de la posible desintegración del país. Para conservar la unidad, en 1834 se adoptó una enmienda constitucional que estableció el sistema federal, creó asambleas legislativas provinciales y otorgó cierta autonomía local. No obstante estas importantes concesiones, las rebeliones separatistas continuaron. La más seria de todas, la revolución republicana de Río Grande do Sul, conocida como *Guerra dos Farrapos* (Guerra de los harapientos), duró diez años (1835–45).

Durante parte de la minoría de edad del príncipe Pedro se destacó el regente Diego António Feijó (1784–1843), sacerdote de São Paulo, famoso por haber propuesto la abolición del celibato del clero y por haber llegado a ser Ministro de Justicia. Con exceso de confianza, Feijó creó la guardia nacional y gobernó con mano de hierro de 1835 a 1837.

En 1841 el príncipe Pedro, de 16 años de edad, fue proclamado emperador con el nombre de Pedro II. Su reinado (1841–89), relativamente progresista para la época, impulsó el comercio, la industria, las letras y las ciencias; en 1852 estableció el primer telégrafo para el uso exclusivo del gobierno; en 1854 inauguró el primer ferrocarril que unía Río de Janeiro a Petrópolis, donde estaba su residencia de verano; impulsó la inmigración, inició la explotación del caucho;[7] y en 1874 inauguró las comunicaciones cablegráficas con Europa.

En virtud de la triple alianza de Brasil, Argentina y Uruguay, en 1865 don Pedro II envió tropas al Paraguay a combatir a su presidente Francisco Solano López. Durante el largo conflicto que duró hasta 1870, el poder político del ejército aumentó. Cuando terminó la guerra, el rey, temeroso de la excesiva influencia castrense,[8] redujo los efectivos militares. Este acto le

---

[6] *estado-tapón*   buffer state
[7] *caucho*   rubber
[8] *castrense*   militar

ganó muchos enemigos en el ejército. Hasta entonces el gobierno había descansado en el apoyo de los hacendados, pero pronto la situación cambió y el emperador comenzó a simpatizar con los abolicionistas. Cuando en su ausencia su hija Isabel firmó la ley de la abolición de la esclavitud aprobada por el congreso en 1888, el monarca perdió el respaldo[9] de los hacendados. Hasta ese año, Pedro II había sido, según Gilberto Freyre, una especie de «Reina Victoria en pantalones». En 1889 nombró presidente del consejo de ministros a un liberal. En estas circunstancias, los hacendados y el mariscal Manuel Deodoro da Fonseca conspiraron para derrocar al gabinete liberal. Gracias a la hábil maniobra política de Benjamín Constant, catedrático[10] de matemáticas en la escuela militar de Río, la revolución inesperadamente se tornó más radical, derrocó al emperador y proclamó la República.

9.3 LA ANTIGUA REPÚBLICA

Para su mejor comprensión, el período republicano puede dividirse en dos etapas: la Antigua República (1889–1930) y la Nueva República (1930–hasta el presente).

Derrocado el monarca y expulsada la familia real a París en 1889, asumió el gobierno provisional el mariscal Deodoro da Fonseca. El primer gobernante republicano adoptó una serie de reformas, como la separación de la iglesia y el estado, la democratización del sufragio y el aumento de los efectivos de las fuerzas armadas. En 1891 se promulgó la primera constitución republicana cuya redacción se parecía a la de los Estados Unidos. La constitución creó el estado federal con el nombre de Estados Unidos del Brasil y puso en la bandera nacional la frase del positivista francés Augusto Comte: «**Ordem e Progresso**».

Elegido primer presidente constitucional, Fonseca inmediatamente asumió poderes dictatoriales. Su actitud desencadenó una serie de rebeliones que impusieron en 1891 otro jefe de estado militar y en 1894 permitieron la elección del primer presidente civil. Después se alternaron en el gobierno civiles y militares, todos ellos incapaces de realizar una obra constructiva a tono con[11] las necesidades del país. En lo que respecta a la política exterior, el gobierno imitó a Portugal al estrechar las relaciones con Inglaterra e iniciar un período de franca colaboración con los Estados Unidos, principal comprador de su producción de café.

---

9 *respaldo* apoyo
10 El catedrático (profesor) Benjamín Constant desempeñó papel importante en la revolución republicana gracias a su posición en la escuela militar de Río, en la cual divulgó sus ideas republicanas y positivistas. Proclamada la República, llegó a ser Ministro de Educación. Positivista es el practicante de la filosofía de Augusto Comte (1798–1857), basada en el conocimiento científico derivado de la observación y la experiencia.
11 *a tono con* in harmony with

Vista aérea de Río de Janeiro, sus edificios y una de sus famosas playas.

Durante la primera etapa republicana, el café llegó a ser la principal fuente de divisas.[12] El país se convirtió en el productor de café más importante del mundo, sujeto a las cotizaciones extranjeras.[13] A comienzos del siglo XX, cuando se expandió el mercado mundial de bicicletas y automóviles, el gobierno brasileño desarrolló el cultivo del caucho. La prosperidad de la vasta zona del Amazonas determinó el apogeo y crecimiento de la ciudad de Manaus, orgullosa[14] de su magnífica sala de ópera que atrajo a las compañías y artistas más notables del mundo. El auge[15] no duró mucho tiempo, porque pronto los ingleses llevaron consigo plantas de caucho para cultivarlas extensamente en Malaya. La situación se agravó cuando los alemanes y norteamericanos intensificaron la producción del caucho artificial. Entonces Manaus entró en completa decadencia.

Como la corrupción administrativa aumentaba hasta llegar casi a institucionalizarse, se produjo una reacción nacional dirigida principalmente por la clase media de São Paulo y por los jóvenes militares de Río de Janeiro, São Paulo y Río Grande do Sul. Los ***tenentes***[16] desencadenaron en 1922 y en 1924 rebeliones armadas, debeladas con dificultad. Los intelectuales y

---

[12] *fuente de divisas*   source of foreign exchange
[13] *sujeto a las cotizaciones extranjeras*   subject to foreign prices
[14] *orgullosa*   proud
[15] *auge*   boom
[16] *tenentes*   lieutenants (in Portuguese)

artistas de São Paulo organizaron en 1922 la famosa Semana de Arte Moderno, que como veremos en otro capítulo, fue un acontecimiento coincidente con el *tenentismo*, e importantísimo en el desarrollo cultural del Brasil. Uno de los rebeldes de entonces, Luis Carlos Prestes, organizó después una columna que se hizo famosa durante tres años de combates en el interior remoto del país. La Columna Prestes recorrió unas 14,000 millas del interior de Brasil para exigir al gobierno reformas, respeto a las libertades civiles e independencia municipal. Prestes fracasó, pero su movimiento bélico irónicamente preparó el terreno al golpe de estado de 1930 que inauguró la era de Vargas e inició la Nueva República, la cual Prestes tampoco aceptó.

9.4 LA NUEVA REPÚBLICA

En octubre de 1930, Getúlio Vargas (1883–1954), gobernador de Río Grande do Sul y candidato derrotado a la presidencia el año anterior, gracias a su triunfo revolucionario, asumió el poder ejecutivo del Brasil en calidad de dictador, apoyado por los grandes propietarios de Minas Gérais, casi todo el ejército, los *tenentes* exiliados y la clase media urbana. Su coalición popular desalojó a la oligarquía latifundista[17] que había gobernado al país hasta entonces. Vargas se apresuró a adoptar medidas tendentes a mejorar la situación económica del país, gravemente afectada por la depresión económica mundial. En 1932 la oligarquía agrícola aliada con los industriales y barones del café de São Paulo promovió un levantamiento para recuperar el poder. En la guerra civil desencadenada, perdieron la vida millares de personas. Los bombardeos aéreos ordenados por el gobierno conmovieron profundamente al pionero de la aviación Alberto Santos-Dumont (1873–1932) y lo llevaron a suicidarse en protesta. La rebelión de São Paulo precipitó una serie de acontecimientos preparatorios para el establecimiento de un gobierno federal fuertemente centralizado y resuelto a proteger los derechos laborales.

Admirador de la obra totalitaria europea en beneficio de las clases populares, en 1937, Vargas impuso en el Brasil un gobierno parecido al de Antonio de Oliveira Salazar, dictador de Portugal. Llamó «**Estado Novo**» (Estado Nuevo) a su régimen nacionalista y autoritario, adoptó la nueva Constitución en 1938, aprobó medidas favorables a la clase trabajadora, creó industrias, como la del acero, e impulsó la educación.

Cuando en 1945 las potencias totalitarias de la Segunda Guerra Mundial resultaron derrotadas por los aliados,[18] Vargas fue obligado a

---

17 *oligarquía latifundista* oligarchy by the owners of large estates. Oligarchy is the government by the few (a dominant class or clique)
18 *aliados* allies

renunciar. Le sucedió su exministro de guerra, el general Eurico Gaspar Dutra, durante cuyo gobierno (1946–51), la crisis económica continuó, pese a las fuertes inversiones norteamericanas.

Vargas retornó al poder con facilidad en las elecciones de 1950. Inició entonces su segunda etapa gubernamental, esta vez constitucional. Durante este período trató de combatir a la oligarquía y la influencia económica extranjera. También aceleró la industrialización del país creando algunas empresas nacionales como la corporación Petrobras para explotar el petróleo. No obstante su honradez personal, se produjeron algunos peculados[19] por parte de sus partidarios. Estos fueron denunciados por Carlos Lacerda, director del conocido diario *Tribuna da Imprensa* de Río, y por los hacendados que temían una proyectada reforma agraria. Sintiéndose frustrado, Vargas se suicidó en 1954, dejando un documento en el que denunciaba los intereses oligárquicos nacionales y extranjeros.

En las elecciones de 1956 venció el candidato Juscelino Kubitschek de Oliveira, de origen polaco y de religión protestante. La labor administrativa de este primer mandatario no católico del Brasil se concentró principalmente en la construcción de Brasilia, la nueva capital situada en el centro del país para acelerar la apertura del interior. En 1961 le sucedió Jânio Quadros, antiguo profesor de portugués que se había destacado como alcalde de la ciudad de São Paulo y como gobernador del estado del mismo nombre. Quadros, político profesional, adoptó por símbolo la escoba para indicar su intención de limpiar la corrupción administrativa. Su gobierno austero trató de imponer más impuestos[20] a las corporaciones, detener la inflación y combatir a la oligarquía y la influencia de las potencias capitalistas. Quadros siguió un curso independiente en las relaciones internacionales. Nuevamente Carlos Lacerda y otros enemigos políticos atacaron al presidente, lo acusaron de excéntrico y conspiraron contra él. Sorpresivamente Quadros dimitió[21] y partió para Inglaterra, culpando de la crisis a los reaccionarios e intereses extranjeros. Su vicepresidente, João Goulart, le sucedió pese a un frustrado intento militar para impedir que asumiera el poder constitucionalmente. En 1964 su administración progresista y política independiente en relaciones internacionales le crearon problemas dentro y fuera del país. Tras una serie de maniobras, el ejército depuso a Goulart e implantó la dictadura militar prooligárquica del mariscal Humberto Castelo Branco. Las fuerzas militares desarrollistas continuaron gobernando directamente con cambios periódicos de dictadores que promovieron el llamado «milagro» económico brasileño sustentado por miles de millones de dólares en inversiones extranjeras.

---

[19] *peculados*   embezzlements
[20] *impuestos*   taxes
[21] *dimitió*   resigned

Los militares gobernaron arbitrariamente sin contener la inflación ni restablecer las garantías constitucionales. Su política represiva tuvo por principales oponentes a universitarios, intelectuales y parte del clero. La creciente oposición civil a la violación de los derechos humanos, especialmente a la aplicación sistemática de torturas y al terror policial para silenciar a los críticos obligó al militarismo a una gradual incorporación de políticos civiles en la administración gubernamental. En 1984 comenzaron a gobernar presidentes civiles con la bendición de las fuerzas armadas. Desde ese año hasta las elecciones presidenciales de fines de 1989 el país experimentó hiperinflación. Desde entonces el 60 por ciento de los brasileños más pobres recibe sólo el 16.4 por ciento de los ingresos nacionales, mientras que el 10 por ciento de los brasileños más ricos percibe el 66.6 por ciento. Mientras una pequeña minoría se beneficia enormemente del desarrollo desequilibrado del Brasil, la vasta mayoría tiene una existencia precaria con bajísimos ingresos. Este panorama económico explica la gran fuerza electoral de Luis Inâcio da Silva (Lula), dirigente laboral izquierdista del Partido de los Trabajadores y candidato del Frente Popular del Brasil, perdedor en las elecciones presidenciales de 1989, ganadas por Fernando Collor de Mello, candidato conservador que prometió poner término a la inflación, aumentar el crecimiento económico afectado negativamente por la explosión demográfica y encarar positivamente la deuda externa de 110 millones de dólares. El triunfo de Collor satisfizo la obsesión de los militares de impedir un gobierno izquierdista y demostró el perenne anhelo brasileño de evitar soluciones extremas de carácter conflictivo.

En 1992 el Presidente Collor de Mello renunció a su cargo cuando el Senado acordó enjuiciarlo por corrupción. El vicepresidente Itamar Franco tomó posesión del cargo de Presidente en función. En 1995 le sucedió el sociólogo social-demócrata Fernando Henrique Cardoso. Como las fuertes inversiones extranjeras y el desarrollo del comercio con los otros integrantes del mercado común, Mercosur (Paraguay, Uruguay, y Argentina), ayudaron a aliviar las serias dificultades económicas del país, Cardoso fue reelegido presidente en octubre de 1998.

9.5 EL DESARROLLO DE LA TOLERANCIA ÉTNICA

El Brasil es el país más extenso y más poblado de Latinoamérica. Tiene un área de 3,290,000 millas cuadradas, un poco menos extensa que los Estados Unidos y alrededor de 170 millones de habitantes. En 1996 el Producto Interno Bruto (GDP) per cápita fue de 4,600 dólares y su deuda externa de 110 mil millones de dólares, la más grande del mundo. La industrialización aumenta continuamente así como progresa en el área de las relaciones interraciales. Sería exagerado afirmar que no hay prejuicio

Cataratas del Iguazú situadas en la frontera entre Brasil (izquierda) y Argentina (derecha).

racial en el Brasil y que su abigarrada[22] población vive en armonía paradisíaca, pero sí puede afirmarse que en este gran país vive uno de los pueblos menos prejuiciosos del Hemisferio, más avanzado en cuestiones interraciales que en política, economía y educación.

La tolerancia racial no es accidental: tiene una larga historia. En la Península Ibérica, los lusitanos convivieron pacíficamente con los moros por mayor tiempo que los españoles porque se independizaron del dominio árabe mucho antes que España. Con el tiempo se desarrolló la leyenda de la belleza de la morena.[23] Cuando los portugueses exploraron el África a partir del siglo XV y llevaron a sus habitantes a Portugal como esclavos, la convivencia con ellos, aunque en planos muy distintos, se llevó a cabo con más humanidad que en otras partes de Europa. Esclavos, libertos y criados negros tuvieron ciertos privilegios. La tradición reconocía derechos al esclavo, incluyendo la manumisión. Probablemente la suavidad del carácter portugués tuvo mucho que ver en esta política que, llevada al Brasil, se amplió y se generalizó más.

Las relaciones interraciales en las posesiones portuguesas de América desde el principio fueron mejores que en cualquier otra posesión europea en el Nuevo Mundo. Como consecuencia, desde muy temprano se inició la

---

[22] *abigarrada*   motley
[23] *morena*   girl of dark complexion

mezcla de razas, ejemplificada en el siglo XVI por los náufragos portugueses Caramurú (hacedor de fuego) y João Ramalho. El primero fue encontrado en la costa norteña del Brasil con sus sesenta hijos mestizos; el segundo fue descubierto en el sur con más hijos americanos que el anterior.[24]

En la primera ola de portugueses vinieron al Nuevo Mundo nobles arruinados económicamente, ansiosos de recuperar su fortuna en las nuevas tierras y portadores de conceptos medievales. Los inmigrantes, sin embargo, en su mayoría eran aventureros de baja calaña[25] porque los de mejores cualidades cívicas preferían emigrar a las colonias de Asia, que por entonces eran más ricas. En el Nuevo Mundo encontraron tribus indígenas nómadas, con cultura incipiente, pertenecientes en su mayoría a la etnia tupí-guaraní. El choque cultural fue intenso. Los grados de cultura y civilización eran demasiado dispares[26] y consecuentemente era difícil convencer a los indígenas de que colaboraran en el sistema semi-feudal de los lusitanos. Los pobres indígenas cazados y obligados a trabajar en las haciendas obviamente no se adaptaban y se enfermaban fácilmente. Muchísimos morían víctimas del mal trato y de las enfermedades europeas, contra las cuales todavía no habían desarrollado inmunidad.

Para suplir la mano de obra[27] necesitada urgentemente, trajeron africanos, en parte porque muchos lusitanos, como sus primos españoles, tenían prejuicio contra el trabajo físico. Millones de esclavos africanos fueron importados. Se calcula que 3.6 millones llegaron durante el período colonial.[28] El negro importado era aparentemente algo más desarrollado culturalmente que el indígena brasileño pues algunos hasta hablaban y escribían el árabe. El clima y su familiaridad con las condiciones de explotación económica que muchos ya habían sufrido en Africa, permitieron su rápida adaptación en la mayoría de los casos. Abusos definitivamente los hubo y éstos causaron rebeliones como la que creó Palmares en el siglo XVII, como ya se vio en un capítulo anterior. A las colonias portuguesas tampoco llegó el suficiente número de mujeres europeas, razón que, añadida a la tendencia lusitana al mestizaje, produjo con el correr de

---

[24] Cuando el Capitán-General Tomé de Sousa le escribió al rey de Portugal informándole de la ayuda que había recibido de Caramurú y Ramalho en las fundaciones de Bahía y São Vicente, le contó también que Ramalho tenía tantos hijos que no se atrevía a poner en el papel el número de ellos.

[25] *calaña*   tipo

[26] *dispares*   different

[27] *Para suplir la mano de obra*   To supplement the labor force

[28] Según estudios recientes, el número total de esclavos llevados a Estados Unidos antes de 1870 fue de 400,000, mientras que al Brasil se importaron 3.6 millones. El número de esclavos importados al Brasil en la década de 1830 fue de unos 125,594 y en los siguientes diez años llegó a 333,989.

los años millones de hijos de varias razas: **mulatos**, **mamelucos** (portugués + indígena), **cafusos** (negro + indígena), y **pardos** (de varias sangres).

La fraternización condujo a los amos a convivir con los esclavos. La existencia aparentemente apacible en la casa grande de la hacienda y la **senzala**[29] dio al mundo la creencia de que en el Brasil la vida interracial era de voluptuosidad rústica.

Con el correr del tiempo las prácticas y costumbres adquirieron fuerza de ley, respetadas y cumplidas por la sociedad. Los hijos mulatos de los hacendados nacían libres y tanto estos hijos naturales del amo como sus hermanos blancos de igual condición, recibían mejor instrucción. Claro que la sociedad brasileña también era piramidal. En la cúspide se encontraban los **senhores de engenhos** (señores propietarios de ingenios), los supervisores de las plantaciones, los descendientes de los **fidalgos** (hidalgos), y los altos empleados portugueses. El centro de la pirámide lo ocupaban los mercaderes: en su mayoría eran portugueses que vivían en las afueras de los centros agrarios y realizaban el comercio entre el campo y la ciudad. Después venían los bajos empleados y artesanos portugueses, mulatos, mestizos y negros libertos. En la base de la pirámide se encontraban los millones de negros y docenas de miles de indígenas esclavizados.

Cuando en 1888 se completó el largo proceso de la abolición de la esclavitud, las últimas barreras raciales quedaron fuertemente debilitadas y desde entonces el prejuicio, la discriminación, la separación, son más sociales y económicas que étnicas. Muy diferente que en otras partes de la América colonial, en el Brasil, desde muy temprano hombres de color se distinguieron como escritores, militares, marinos, empleados del gobierno y miembros del clero. Gran parte del respeto que en el Brasil ha habido por el indígena y su cultura se debió a la excelente labor indigenista de los jesuitas, especialmente de los padres Anchieta y Nóbrega.

La fuerte inmigración extranjera, que ha ayudado al rápido aumento de la población en menos de un siglo, ha modificado mucho la estructura social brasileña. En 1825 Alejandro von Humboldt le calculaba al Brasil una población total de cuatro millones, de los cuales casi la mitad eran esclavos; un poco más de un millón eran mulatos, mamelucos, pardos, indígenas y el resto blancos. Para 1888, aproximadamente, el 60 por ciento de la población no era blanca. Con la llegada de las olas migratorias, el arco iris étnico se complicó aún más, numéricamente y en variedad racial. De 1864 a 1935 llegaron 4,172,438 inmigrantes italianos, portugueses, españoles, alemanes, austriacos y japoneses, en ese orden.

Examinando las cifras se llega a la conclusión que la presente población del Brasil, que sobrepasa ya los 160 millones, es más producto

---

[29] *La existencia...senzala*   The peaceful existence in the manor and in the slave quarters

de la reproducción que de la inmigración. La amplia convivencia socio-política y coexistencia económica ha hecho a muchos afirmar que en el Brasil de hoy no hay prejuicio racial. Es fácil descartar esta especie de[30] «Leyenda Blanca» examinando la legislación antidiscriminatoria. Esta legislación especial, muy avanzada por cierto, en vez de probar la rmonía racial, revela las lagunas que todavía quedan, porque a nadie se le ocurre legislar contra algo que no existe. De todas maneras, concluimos recono-ciendo que en el Brasil es donde el desarrollo de la tolerancia étnica ha obtenido sus mejores conquistas.

9.6 SUMARIO

I. **Reino del Brasil (1822–89):**
   A. Gobierno de Pedro I, Defensor Perpetuo del Brasil (1822–31):
      1. El príncipe Pedro rehúsa retornar al Brasil: «Día do Fico» (Me quedo)
      2. «Grito de Ipiranga» (Independencia, 7 de septiembre de 1822) y coronación de Pedro I
      3. Constitución de 1824, el absolutismo de Pedro I y las rebeliones
      4. Guerra con Argentina (1825–28) e independencia del Uruguay en 1828
      5. La oposición extendida al ejército obliga a Pedro I a abdicar en 1831
   B. Gobierno de Don Pedro II (1841–89):
      1. Rebeliones separatistas y republicanas en Rio Grande do Sul
      2. Desarrollo del comercio, la industria, las letras y las ciencias
      3. La Triple Alianza y la Guerra del Paraguay (1865–72)
      4. Abolición de la esclavitud (1888) y conspiración de los hacendados
      5. Benjamín Constant maniobra para proclamar la República en 1889

II. **Os Estados Unidos do Brasil (1889–hasta el presente):**
   A. La Antigua República (1889–1930):
      1. Sucesión de presidencias, dictaduras, golpes y juntas militares
      2. Constitución de 1891 y falso lema positivista: «Ordem e Progresso»

---

[30] *especie de*   kind of

7. Abolición de la esclavitud (1888) y proclamación de la República
8. Millones de inmigrantes de otros países aceptan la «Leyenda Blanca»
9. Legislación antidiscriminatoria amplía convivencia socio-económica

9.7 CUESTIONARIO, PREGUNTAS Y VIDEOS

Cuestionario

1. ¿Qué papel tuvieron los masones en la independencia del Brasil?
2. ¿Quién fue José Bonifacio y cómo juzga su labor pública?
3. ¿Qué importancia política tuvo Diego Antônio Feijó?
4. ¿Por qué el Brasil le declaró la guerra a Argentina en el siglo XIX?
5. ¿Por qué perdió Pedro II el respaldo de los hacendados brasileños?
6. ¿Quién fue el primer presidente de Brasil republicano y qué hizo?
7. ¿Por qué se suicidó Alberto Santos Dumont?
8. ¿Por qué se suicidó Vargas y a quiénes culpó en su carta de despedida?
9. ¿Cuál fue el papel político de Carlos Lacerda?
10. ¿Por qué depusieron al presidente Goulart?

Preguntas y temas de expansión

1. ¿Cuál es históricamente más importante el «Día do Fico» o el Grito de Ipiranga?
2. ¿Por qué los hacendados brasileños se oponían a la emancipación de los esclavos?
3. ¿Cuál fue la labor administrativa del emperador Pedro I?
4. ¿Qué significa el lema positivista en la bandera brasileña?
5. ¿Qué papel desempeñó Carlos Prestes en la política brasileña?
6. Su majestad el café, ¿cuál es su papel en la economía brasileña?
7. ¿Cómo fue la era de Getúlio Vargas?
8. Haga una evaluación crítica de la supuesta tolerancia étnica en el Brasil.
9. Escriba una crítica del gobierno de Pedro II.
10. Prepare una evaluación del Estado Novo y el populismo latinoamericano.

Films y videos

Vea nuestras sugerencias en la página 409.

9.8 RECOMENDACIÓN BIBLIOGRÁFICA

Chaffee, Wilber Albert. *Desenvolvimiento: Politics and Economy in Brazil.* Boulder, CO: Lynne Rienner, 1997.

Dias, M. O. Silva. *Power and Everyday Life: The Lives of Working Women in Nineteenth-Century Brazil*. New Brunswick, NJ: Rutgers University Press, 1995.

Bethel, Leslie, ed. *Brazil: Empire and First Republic, 1822–1930*. London-New York: Cambridge University Press, 1989.

Dias, M. O. Silva. *Power and Everyday Life: The Lives of Working Women in Nineteenth-Century Brazil*. New Brunswick, NJ: Rutgers University Press, 1995.

Fontaine, Pierre-Michelle, ed. *Race, Class, and Power in Brazil*. Los Angeles: Center for Afro-American Studies, University of California, Los Angeles, 1985.

Freyre, Gilberto. *Order and Progress: Brazil from Monarchy to Republic*. Trans. R. D. Horton. Los Angeles-Berkeley: University of California Press, 1986.

Goertzel, Ted G. *Fernando Henrique Cardoso: Reinventing Democracy in Brazil*. Boulder, CO: Lynne Rienner, 1999.

Hagopian, Frances. *Traditional Politics and Regime Change in Brazil*. Cambridge: Cambridge University Press, 1996.

Levine, Robert M. *Father of the Poor? Vargas and his Era*. Cambridge: Cambridge University Press, 1998.

Marx, Anthony W. *Making Race and Nation. A Comparison of the United States, South Africa and Brazil*. Cambridge: Cambridge University Press, 1997.

Maybury-Lewis, Biorn. *The Politics of the Possible. The Brazilian Rural Workers Trade Union Movement, 1964-1985*. Philadelphia: Temple University Press, 1994.

Needell, Jeffrey D. *A Tropical Belle Epoque: Elite Culture and Society in Turn-of-the-Century Rio de Janeiro*. London-New York: Cambridge University Press, 1987.

Purcell, Susan Kaufman, and Riordan Roett, eds. *Brazil under Cardoso*. Boulder, CO: Lynne Rienner, 1997.

Reis, J. J. *Slave Rebellion in Brazil: The Muslim Uprising in 1835 in Bahia*. Baltimore: Johns Hopkins University Press, 1993.

Stam, Robert. *Tropical Multicultarism: A Comparative History of Race in Brazilian Cinema and Culture*. Durham, NC: Duke University Press, 1997.

Stepan, Alfred, ed. *Democratizing Brazil: Problems of Transition and Consolidation*. London, New York: Oxford University Press, 1989.

Vásquez, Manuel. *The Brazilian Popular Church and the Crisis of Modernity*. Cambridge: Cambridge University Press, 1998

Weyland, Kurt. *Democracy without Equity. Failure of Reform in Brazil*. Pittsburgh: University of Pittsburgh Press, 1996.

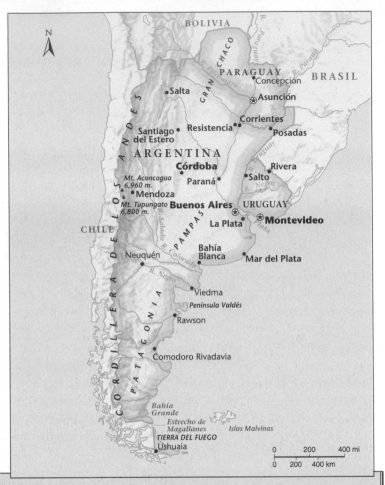

Argentina

- Población: 34,672,997
- Capital: Buenos Aires
- Índice de alfabetización: 96.2%
- Área: 2,779,221 km²
- Moneda: el peso
- Productos principales de exportación: cereales, carne, ganado

Uruguay

- Población: 3,238,952
- Capital: Montevideo
- Índice de alfabetización: 97.3%
- Área: 176,215 km²
- Moneda: el peso
- Productos principales de exportación: trigo, arroz, avena, cebada, betarraga, caña de azúcar, cuero, carne, animales, lana, pieles, textiles

Paraguay

- Población: 5,504,146
- Capital: Asunción
- Índice de alfabetización: 92%
- Área: 406,752 km²
- Moneda: el guaraní
- Productos principales de exportación: algodón, harina de soya, madera

Los países del Plata

10

http://latinoamerica.heinle.com

Vocabulario autóctono y nuevo

- bandeirantes
- gaucho
- absolutistas
- liberales
- bonaerense
- porteño
- Banda Oriental
- caudillo, caudillesco
- pampa

- personalismo
- peronista, peronismo, antiperonista
- descamisado
- desaparecido
- Blanco
- Colorado
- tupamaros
- platense

10.1 EXPLORACIONES Y FUNDACIONES

En busca del paso hacia el Pacífico, en 1515, Juan Díaz de Solís llegó a la desembocadura de una gran arteria fluvial[1] que nombró Mar Dulce antes de morir a manos de los guaraníes. Después, Fernando de Magallanes llegó a la Patagonia antes de pasar al Pacífico, y Sebastián Caboto nombró Mar del Plata al Mar Dulce por haber recibido de los indígenas regalos de ese metal. En 1536 Buenos Aires fue fundada por el adelantado Pedro de Mendoza, quien ante la dificultad de defender el fuerte de los ataques de los indígenas, lo destruyó y se internó río arriba en camino hacia el Perú[2] pero sólo llegó a Asunción. Esa fue la primera fuerza histórica que impulsó a los españoles hacia el interior: establecer una ruta entre el Río de la Plata y el Perú. Asunción se fundó en

---

[1] *desembocadura...fluvial*   mouth of that great river
[2] *río arriba...Perú*   upstream en route to Peru

Cronología comparativa

1536 Fundación de Buenos Aires

1537 Fundación de Asunción

1608–1767 Reducciones jesuitas en Paraguay

1776 Creación del Virreinato del Río de la Plata

1810–53 Las Provincias Unidas del Río de la Plata

1811 Independencia de Paraguay

1828 Brasil y Argentina reconocen Uruguay como país independiente

1862 Establecimiento de la República Argentina

1989–presente Gobierno de Menem

•••

1535 Creación del Virreinato de Nueva España

1543 Creación del Virreinato del Perú

1789 Estalla la Revolución francesa

1810 Se reúnen las Cortes en Cádiz

1873 La Primera República Española

1998 El general Pinochet es detenido en Inglaterra

1537 y Córdoba en 1573. El centro de la actividad exploradora es Asunción, gracias sobre todo al dinámico espíritu de empresa y aventura de Domingo Martínez de Irala, a quien, por su numerosa prole[3] y su obra civilizadora se le considera como uno de los padres del Paraguay.

Frustrados los intentos de los asunceños[4] de establecer la ruta al Perú, los españoles concentraron su atención en la desembocadura del Plata, donde en 1580 Juan de Garay llevó a cabo la segunda y definitiva fundación de Buenos Aires. Ocurrió que mientras Asunción declinaba, Buenos Aires aceleraba su crecimiento, gracias al clima menos riguroso, la menor distancia con España y su vecindad con las llanuras ricas en pastos y en ganado cimarrón,[5] descendiente del que se escapó durante la destrucción de la primera colonia en Buenos Aires.

10.2 EL PERÍODO COLONIAL: LA REGIÓN DEL PLATA EN EL SIGLO XVII

La provincia del Río de la Plata, bajo la jurisdicción del Virreinato del Perú, fue dividida en 1617 en dos regiones: Paraguay y Río de la Plata. Un siglo más tarde, dos focos[6] civilizadores se destacaban en la provincia: Buenos Aires y las reducciones[7] jesuitas del Paraguay. Buenos Aires, que exportaba directamente al exterior lana, sebo y cueros,[8] por mucho tiempo, se vio obligada, oficialmente, a comerciar principalmente por Portobelo (Panamá), en virtud del sistema de flotas establecido por la política monopolista española. Gran parte del comercio oficial se llevó a cabo cruzando el continente, vía Cuzco, Lima y Callao, tal como lo describe el *Lazarillo de ciegos caminantes*, de Concolorcorvo, alrededor de 1775.[9] La mayor parte del comercio no siguió esa ruta, sin embargo. Como en otros lugares de América virreinal, no obstante la adhesión verbal a las leyes, el contrabando floreció protegido por las mismas autoridades españolas. Muchos funcionarios, teniendo en cuenta el carácter transitorio de su estada[10] en el lugar, se beneficiaron al proteger a ganaderos y mercaderes. El progreso económico ilegítimo de los funcionarios se enmascaraba con un solemne respeto verbal a la autoridad absoluta del monarca.

Buenos Aires, que en 1658 contaba con poco más de 4,000 habitantes, tenía a fines del siglo XVII una población superior a los 10,000. En 1744

---

[3] *numerosa prole*   many children, numerous offspring
[4] *asunceños*   de Asunción
[5] *cimarrón*   salvaje
[6] *focos*   centers
[7] *reducciones*   settlements
[8] *lana, sebo y cueros*   wool, tallow and hides
[9] Véase el cap. 7 de este libro.
[10] *estada*   stay, visit

ella sobrepasaba los 40,000, mientras que la de su rival, Montevideo, alcanzaba a 15,000 y la de diez ciudades del interior oscilaba entre los 4,000 y 5,000 cada una.[11] La riqueza agropecuaria[12] progresó lenta pero significativamente, ayudada primero por el contrabando de productos cambiados por cueros de reses, y después por la política liberal de los Borbones reinantes en España desde 1700.

En la región del Paraguay, desde 1608 hasta 1767, los jesuitas establecieron 30 reducciones prósperas que seguían el modelo de los hospitales de Michoacán, México. Estos miembros de la Compañía de Jesús realizaban una verdadera obra civilizadora entre los guaraníes, además de defenderlos de los ***bandeirantes*** del Brasil que les imponían la esclavitud y la muerte. El absolutismo jesuita dejó su marca indeleble en el carácter del pueblo paraguayo.

10.3 LA REGIÓN DEL PLATA EN EL SIGLO XVIII

El espíritu autoritario, afirmado en el Plata del siglo XVII, es la constante histórica que determina las diversas etapas políticas de los países de la región. La familia Habsburgo, reinante en España con poder arbitrario desde la muerte de los Reyes Católicos, fue reemplazada en 1700 por los Borbones franceses, promotores del absolutismo ilustrado. El nuevo orden político introdujo reformas económicas y educacionales en España y su imperio colonial. La distante región del Plata se benefició mucho con la nueva dinastía gobernante.

A partir del siglo XVIII las colonias rioplatenses prosperaron con mayor rapidez. El pastoreo[13] siguió siendo la principal actividad, gracias a los 23 millones de cabezas de ganado vacuno, caballar y lanar. La exportación de cueros y sebo enriqueció a la clase comerciante y a los funcionarios que habían convertido el monopolio en una ficción. En medio de la prosperidad regional, en 1762 el gobernador Francisco de Paula Bucareli recuperó las islas Malvinas ocupadas por los ingleses.

Para organizar la defensa contra las incursiones inglesas y lusitanas a esta vasta región tan distante de Lima, en 1776 el rey de España decidió fragmentar nuevamente el Virreinato del Perú y creó el Virreinato del Río de la Plata, incluyendo en éste a los actuales territorios de Argentina, Uruguay, Paraguay y Bolivia. Dos años después, para favorecer aún más el

---

11 Las cifras se aprecian mejor si se tienen en cuenta estos datos: el censo de 1792 otorgó al Perú millón y medio de habitantes; México, la ciudad más poblada del continente, tenía 135,000 habitantes en 1793; entre 1740 y 1800 la población del Virreinato de Nueva España aumentó 100% a seis millones; en la segunda década del siglo XIX toda Hispanoamérica tenía diecisiete millones de habitantes.

12 *agropecuaria* agrícola y ganadera

13 *pastoreo* pasturing

desarrollo de la nueva entidad administrativa, la monarquía española dictó leyes que permitían el comercio libre. Irónicamente el reformismo liberal Borbón contribuyó a la gestación de la conciencia emancipadora en Hispanoamérica.

Cuando en 1806 y 1807 los ingleses invadieron Montevideo y Buenos Aires y el virrey español huyó a Córdoba, los criollos y mestizos del Plata organizaron la defensa y consiguieron desalojarlos.[14] Desde entonces los criollos, ya conscientes de su poder, reafirmaron su sentimiento de nacionalidad y sagazmente favorecieron su secesión de[15] España, esperanzados en beneficiarse económicamente.

Hasta entonces la sociedad todavía era heterogénea. Los españoles se encontraban sumamente divididos. Primero se destacaban los peninsulares que estaban de paso y ocupaban generalmente las funciones públicas. Como ya se vio, vivían esforzándose en escalar posiciones políticas y económicas mediante la arbitraria interpretación de la maraña de leyes, siempre haciendo alarde[16] de su adhesión incondicional al régimen. Los demás españoles eran los afincados,[17] los que definitivamente habían abandonado Europa y buscaban mejor vida económica y social en Hispanoamérica.

Cuando estalló la gesta emancipadora, la escisión se intensificó.[18] Además de las divisiones de clases, como las existentes en España, los peninsulares se dividieron políticamente en **absolutistas** (defensores de la dictadura arbitraria) y **liberales** (simpatizantes de las reformas económicas). Los criollos, disminuidos por[19] la secular discriminación política, social y económica, generalmente se radicaron en el campo. Quienes se quedaron en la ciudad trataron de superar su estado socioeconómico, entregándose al estudio o ejerciendo profesiones liberales. La mayoría de los criollos urbanos y rurales abrazó la causa liberal y se inclinó por la emancipación o una independencia lucrativa.

El pueblo mestizo **bonaerense**[20] hizo causa común con los criollos, quienes, el 25 de mayo de 1810, se reunieron en cabildo abierto en Buenos Aires para dar el primer paso independentista. En la mente de los revolucionarios todavía no estaban claramente definidos los ideales separatistas ni los límites geográficos del nuevo estado, de ahí el nombre de Provincias Unidas del Río de la Plata. Los mestizos y criollos del interior,

---

14 *desalojarlos*   expulsarlos
15 *sagazmente...secesión de*   shrewdly favor independence from
16 *maraña...haciendo alarde*   tangle of laws, always boasting
17 *afincados*   residentes
18 *Cuando...intensificó.*   When the epic struggle for independence broke out, the division of society increased.
19 *disminuidos por*   belittled by
20 *bonaerense*   de Buenos Aires

cuyos intereses eran diferentes de los de los **porteños**,[21] llevaron a cabo algo así como una segunda proclamación de independencia nacional, en Tucumán, el 9 de septiembre de 1816. La intransigencia bonaerense, empeñada en crear un estado centralista, sumiso[22] a sus intereses económicos, políticos y culturales, fue parcialmente culpable de la guerra civil y del fraccionamiento del antiguo Virreinato del Río de la Plata en tres estados independientes: Argentina, Uruguay y Paraguay.

10.4 Las Provincias Unidas del Río de la Plata

Este es el vago[23] nombre que recibió la mayor parte del nuevo estado independiente, sucesor del antiguo Virreinato del Río de la Plata. Es vago porque la unidad que implica el nombre la disputan varias regiones importantes. José Gervasio Artigas, por ejemplo, dirigió la lucha por la independencia del Uruguay, conocido entonces con el nombre de **Banda Oriental**, por encontrarse al este del río Uruguay. El patriota uruguayo luchó contra los españoles realistas, contra los portugueses creadores de la Provincia Cisplatina, y contra los revolucionarios porteños deseosos de incorporar Uruguay a las Provincias Unidas del Río de la Plata gobernada por Buenos Aires. Otro criollo, José Gaspar Rodríguez Francia (1766–1840), impuso su dictadura en el Paraguay. Por su parte, las provincias del interior combatieron la hegemonía de Buenos Aires hasta imponerle el gobierno de Juan Manuel de Rosas (1793–1877) durante un cuarto de siglo.

Rosas, primogénito de una familia criolla rica con 20 hijos, desde temprano mostró rebeldía al abandonar el hogar y cambiar la ortografía de su apellido,[24] de Rozas a Rosas. Con arduo trabajo y sagacidad comercial llegó a poseer grandes extensiones de tierras e innumerables cabezas de ganado vacuno y caballar. Pronto se convirtió en el héroe de los **gauchos**. En dos oportunidades fue gobernador de la Provincia de Buenos Aires. De ahí le fue fácil convertirse en el amo del país (1835–52). Charles Darwin en su *Voyage of the Beagle* (1839) alaba a Rosas, a quien conoció a su paso por la Argentina. Hombre de ojos azules, buen mozo, atlético y simpático, Rosas ha sido elogiado por muchos, especialmente por los nacionalistas argentinos. Gobernó ayudado por la policía secreta, la Mazorca, nombre derivado de «más horca».[25]

---

[21] *porteños*   del puerto de Buenos Aires
[22] *empeñada…sumiso*   insisting on creating a centralist state, submissive
[23] *vago*   vague
[24] *deletreo de su apellido*   spelling of his surname
[25] *Mazorca*   (ear of corn) and «*más horca*»   (more hanging) have identical pronunciation in Spanish America. The mazorca was the nationalist symbol of Rosas' secret police while the nickname «*más horca*» was an allusion to its crimes.

Como la historia generalmente la escriben los vencedores, todavía no se ha hecho la evaluación objetiva del papel de Rosas. Sus detractores, los más, hacen eco a[26] las acusaciones de la brillante generación de intelectuales románticos y europeizados, como Esteban Echeverría, Domingo Faustino Sarmiento y José Mármol, autores de valiosos libros sobre la violencia y la arbitrariedad de la dictadura. Los apologistas de Rosas, en cambio, lo consideran como el primer defensor del pueblo argentino, del gaucho y de su patrimonio cultural, frente a los intereses de exportadores voraces, burgueses europeizados e intelectuales extranjerizantes.

Rosas impuso un gobierno autocrático, a tono con el absolutismo autoritario de la Colonia. Contra él lucharon unitarios (defensores del gobierno centralizado bajo la dirección de los porteños) y sus aliados uruguayos y brasileños. Rosas fue al fin derrotado por el general Justo José Urquiza, su ex-aliado, en la batalla de Monte Caseros (1852). Subsiguientemente el **caudillo** se autodesterró a Inglaterra, donde permaneció hasta morir a los 84 años de edad.

En 1853 se aprobó la Constitución aún vigente en el país. Urquiza, que había escogido Paraná, ciudad del interior, como capital de la república, no llegó a controlar la provincia de Buenos Aires, reacia a dejar de actuar con autonomía. En 1862 un ejército porteño dirigido por el general Bartolomé Mitre (1821–1906), gobernador de la Provincia de Buenos Aires, derrotó a Urquiza y consolidó la República Argentina al incorporar la provincia bonaerense al resto del país.

10.5 LA REPÚBLICA ARGENTINA

El autor de la unificación nacional de 1862, Bartolomé Mitre, fue elegido primer presidente de la República Argentina (1864–68) después de haber gobernado el país provisionalmente por dos años. Durante su gobierno promovió el comercio, la inmigración y la educación del país e inició la construcción de ferrocarriles con la ayuda de capital inglés. Le sucedió Domingo Faustino Sarmiento. Durante su activísima presidencia (1868–74) se llevaron a cabo fundamentales reformas educacionales que pusieron al país, sobre todo en la esfera de la enseñanza primaria, a la vanguardia del Hemisferio Occidental. Fiel a su lema[27] «Gobernar es educar», la mayor parte de su tarea administrativa se concentró en la educación.

Los gobiernos siguientes continuaron la labor progresista de los primeros presidentes. Mantuvieron abiertas las puertas a la inmigración europea, siguieron construyendo ferrocarriles, fomentaron la agricultura y la cría de

---

[26] *hacen eco a*   attract attention to
[27] *Fiel a su lema*   Faithful to his motto

ganado, apoyaron a los exportadores, edificaron grandes frigoríficos[28] y gigantescos elevadores para acelerar la exportación de carne, cueros y cereales.

Durante este período de transformación emergió una poderosa burguesía aliada con las minorías ilustradas.[29] La política colonizadora, expresada en la frase «Gobernar es poblar» del estadista Juan Bautista Alberdi (1810–84), había ayudado a desarrollar el país económicamente. La Argentina experimentó una transformación demográfica con las sucesivas olas migratorias, principalmente de italianos y españoles. La población total del país, que en 1810 llegaba a 405,000 habitantes, en su mayoría nacidos allá, en 1914 alcanzaba a 7,885,237 habitantes, de los cuales más del 30 por ciento había nacido en el extranjero. En 1930 la población total ascendió a 11,425,374 y en 1998 sobrepasó los 35 millones.

El aumento demográfico se concentró principalmente en los centros urbanos del litoral. Buenos Aires, con 85,400 habitantes en 1852, cuando Rosas fue derrotado en la batalla de Monte Caseros, en 1880, tenía 300,000 habitantes, y nueve años más tarde sobrepasaba el medio millón. En 1909 era ya una de las ciudades más grandes del continente: tenía 1,244,000 almas.[30] El aumento demográfico vertiginoso de Buenos Aires la convirtió, en 1998, en una de las ciudades más pobladas del mundo, porque el número total de habitantes de su área metropolitana superó los diez millones. Su crecimiento en casi todas las áreas ha sido siempre desproporcionado respecto al resto del país. Además, su poder económico también ha aumentado especialmente gracias a las exportaciones y a la actividad industrial.

El gran desarrollo económico inicial de la Argentina se debió principalmente a la inmigración, el ferrocarril, el telégrafo y el alambre de púas[31] usado para dividir las **pampas** en estancias. Los más beneficiados del país fueron los terratenientes. Poseyendo los bienes de producción, los grandes estancieros y los burgueses ricos pertenecían a la oligarquía. Como en el resto de la América Latina, importantes fuentes de riqueza fueron el porcentaje por la concesión de contratos públicos, la cesión de derechos de explotación a empresas extranjeras, la enajenación[32] de la riqueza nacional, los pingües negociados.[33] Muchos millonarios acumularon su fortuna a la luz de componendas.[34] Toda esta masa heterogénea de privilegiados creía firmemente que el poder público les correspondía por derecho y que era «deber patriótico» impedir que el conglomerado de

---

[28] *edificaron grandes frigoríficos*   built large cold-storage plants
[29] *minorías ilustradas*   educated minorities
[30] *almas*   inhabitants
[31] *alambre de púas*   barbed wire
[32] *enajenación*   alienation; transfer of the title
[33] *pingües negociados*   lucrative under-the-table deals
[34] *componendas*   shady deals

inmigrantes, descendientes de recién llegados y «pueblo bárbaro» del interior, alcanzara el poder. Fue así como del autoritarismo **caudillesco**[35] se pasó al despotismo ilustrado «para bien de la patria». La oligarquía se creía más representativa del país que los «advenedizos».[36] El egoísmo de clase les hizo razonar así: lo que es bueno para las familias patricias también es bueno para toda la nación.

Irónicamente la historia trocaba[37] papeles: la élite intelectual y los conservadores, para mantenerse en el poder, ejercieron el mando con un absolutismo parecido al de Rosas, su enemigo de ayer. Se arroparon, eso sí, con un formulismo constitucional, no obstante la sistemática violación de la ley fundamental por medio del fraude electoral y la violencia. Los presidentes de la República impuestos por la oligarquía en las últimas décadas del siglo XIX y primeros quince años del siglo XX tenían la suma del poder público: eran dictadores vestidos con levita[38] de demócratas.

La principal oposición a la oligarquía gobernante la llevó a cabo la Unión Cívica organizada como partido en 1889 y cuyos ideales los resume su «proclama»[39] de constitución. Su presidente, Leandro N. Alem, intentó sin éxito llegar al poder en 1890. Al año siguiente, la Unión Cívica (UC) se dividió en dos partidos: la UC Nacional y la UC Radical. La primera, encabezada por Mitre, aceptó la posibilidad de llegar a un entendimiento con la oligarquía. La segunda, dirigida por Alem, se preparó para la «lucha intransigente»: quería el triunfo total y rechazaba la convivencia política con la oligarquía. De 1891 en adelante la revolución y la abstención del proceso electoral fraudulento fueron los principios fundamentales del radicalismo hasta 1912, cuando el Congreso aprobó la ley del sufragio secreto y obligatorio.

El Partido Socialista, por su parte, fundado en 1896, en 1904 consiguió el primer triunfo electoral: Alfredo L. Palacios, político honrado, fue elegido diputado al Congreso. Upton Sinclair en *The Jungle* (1906) describe el entusiasmo de los socialistas en Chicago al enterarse del triunfo electoral de Palacios.

La Unión Cívica Radical gobernó el país de 1916 a 1930. La depresión económica y el descontento causado por el «**personalismo**» del presidente radical ayudaron a los oligarcas a recapturar el poder con la ayuda del ejército. En 1943 el coronel Juan Domingo Perón (1895–1974) fue designado Ministro de Trabajo. Después de consolidar su posición política y obtener el apoyo de las clases trabajadoras, Perón fue elegido en las elecciones presidenciales de 1946.

---

35 *autoritarismo caudillesco*   caudillo's authoritarian rule
36 *advenedizos*   recién llegados
37 *trocaba*   cambiaba
38 *levita*   frock coat
39 *proclama*   proclamación

El primer régimen **peronista** (1946–55), como el de Rosas, ha sido subjetivamente evaluado. Para algunos fue una dictadura fascista. Para otros, fue un esfuerzo frustrado del pueblo para hacer respetar sus derechos ya que levantó el nivel económico de los trabajadores y empleados públicos con un programa de muchas reformas sociales. Lo respaldaron los «**descamisados**»,[40] los militares nacionalistas y algunos comerciantes beneficiados por la neutralidad argentina durante la guerra mundial. La esposa del caudillo, Eva Duarte de Perón (1919–52), luchó por el pueblo pobre hasta el año de su muerte. Gracias al apoyo del Ejército y los trabajadores, Juan Perón combatió a la clase media alta, a la oligarquía y a los intelectuales enemigos. Movilizó las fuerzas obreras para amedrentar[41] a los disidentes y se apoyó en las fuerzas armadas para mantener en jaque[42] a la oposición. Después de una época de relativo apogeo económico y de un derroche[43] financiero en favor de sus allegados[44] políticos, el **peronismo** empezó a perder respaldo, primero del alto clero y después de las fuerzas armadas. La oligarquía y los intelectuales disidentes consolidaron las fuerzas **antiperonistas** y precipitaron la caída del caudillo. Para sorpresa de muchos, las fuerzas laborales y el electorado peronista fueron incapaces de organizar la resistencia, permitiendo el rápido fin del primer régimen populista argentino del siglo XX.

Después de la acostumbrada persecución, exilio e inhabilitación[45] política de los caídos, el gobierno militar permitió que Arturo Frondizi (n. 1908), del Radicalismo Intransigente, vencedor en las elecciones, asumiera el poder en 1960. Como el gobierno de Frondizi, para mantenerse en el poder, jugara diferentes cartas[46] políticas, incluyendo la peronista, el militarismo lo derrocó en 1962. A partir de esa fecha las fuerzas armadas gobernaron unos años con un civil obediente, otros con diferentes generales conocidos por el pueblo como «gorilas». Mas, en 1973 el peronismo retornó al poder con Héctor Campora, sucedido por Perón a los pocos meses. Al morir el fundador del justicialismo en 1974, le sucedió su viuda, la vicepresidenta María Estela Martínez. Dos años más tarde, ella fue violentamente reemplazada por una junta militar.

La nueva dictadura clausuró el Congreso y prohibió el funcionamiento de los partidos políticos y las organizaciones sindicales. La violación de los derechos humanos se intensificó a tal punto que los organismos internacionales por los derechos humanos acusaron al gobierno militar de institucionalizar

---

[40] *descamisados* sin camisa (el proletariado en la retórica peronista)
[41] *amedrentar* asustar
[42] *jaque* check
[43] *derroche* squandering
[44] *allegados* aliados
[45] *inhabilitación* disqualification
[46] *cartas* cards

el sistema de los «**desaparecidos**». En efecto, la policía hizo desaparecer más de 23,000 opositores reales o imaginarios del gobierno sin dejar rastro alguno. Dos mil madres y familiares de las víctimas se concentraban periódicamente en la Plaza de Mayo para reclamar información sobre el destino de sus hijos y parientes. El desgobierno y el continuo crecimiento de la deuda externa generaron una hiperinflación que arruinó la economía y causó la emigración de miles de profesionales. La Argentina, antes el país económicamente más dinámico de Latinoamérica, en las décadas de los años setenta y ochenta cedió esta supremacía al Brasil y México.

En 1982 el gobierno militar ocupó las Malvinas (*Falkland Islands*) y desencadenó un sangriento conflicto con la Gran Bretaña. Casi todos los países latinoamericanos respaldaron la causa del pueblo argentino. El conflicto armado con la Gran Bretaña fue traumático porque reveló a los dirigentes argentinos, tan orgullosos de su herencia europea, que la Argentina, en hora de crisis, recibe más respaldo de los países hispanoamericanos mestizos que de los Estados Unidos, España y las demás naciones europeas. Argentina invocó el Tratado Interamericano de Ayuda Mutua, sin embargo, el gobierno de Washington se identificó más con la Gran Bretaña que con la Argentina, su compañera en la Organización de Estados Americanos. En medio de la decepción y el desencanto, el general Leopoldo F. Galtieri, presidente militar de turno, agradeció por televisión a «los hermanos indoamericanos» la ayuda que le extendían a la Argentina, reconociendo así, aunque fuera retóricamente, su identidad indoamericana.

El conflicto bélico anglo-argentino de 1982, por otra parte, puso en evidencia la unidad nacional, pese al fuerte rechazo mayoritario civil del gobierno militar despótico y violador de los derechos humanos. Tras la rendición de las tropas argentinas en Puerto Argentino (*Port Stanley*), un nuevo régimen restableció el derecho a la actividad partidaria y adoptó medidas para hacer frente a la crisis económica. En las elecciones generales del 30 de octubre de 1983 venció Raúl Alfonsín (n. 1927), candidato de la Unión Cívica Radical del Pueblo, quien asumió la presidencia el 10 de diciembre siguiente en medio de la euforia civil.

Una seria preocupación del régimen civil fue el juicio público a los acusados de homicidios, secuestros y torturas durante la represión antisubversiva del régimen militar y la condena de varios de ellos a varios años de prisión. La exoneración de muchos culpables y la suspensión disfrazada de estos juicios, en vista de la presión militar y las rebeliones castrenses frustradas, desencadenó en 1987 una ola de protestas de los civiles, especialmente de las Madres de la Plaza de Mayo.

Carlos Saúl Menem, argentino de origen árabe y perteneciente al Partido Justicialista (Peronista), vencedor en las elecciones generales, asumió la presidencia en 1989, en circunstancias en que el país sufría la más grave crisis económica de su historia, causada por la inflación galopante de varias décadas, la recesión y la deuda externa de 65 mil millones de dólares, la tercera deuda externa más grande del mundo, después de las de Brasil y México. Menen impuso una política económica neoliberal favorable a las inversiones. Después de que sus partidarios modificaran la Constitución, en 1995 fue reelegido presidente por un período de cuatro años y al año siguiente el Congreso le concedió poderes económicos de emergencia para reducir los gastos públicos y aumentar los impuestos, en la creencia de que la crisis no podría resolverse, a menos que se llevara a cabo una reforma fiscal y financiera que incluyera un eficiente sistema de cobranza de los impuestos a la renta y la revisión de los subsidios estatales.

10.6 PERFIL DE LA ARGENTINA Y SU GENTE

La Argentina, con una población que sobrepasa los 34 millones de habitantes, es el tercer país más poblado de hispanohablantes del mundo. En Latinoamérica tiene el más alto ingreso por habitante y el más alto índice de alfabetismo (96.2%) después del de Uruguay (97.3%). En la cordillera de los Andes que la separa de Chile se alzan varios de los picos más elevados del continente, incluyendo el Aconcagua (22,835 pies de altura), el más alto. Aunque casi todo el país está dentro de la zona templada, experimenta casi todos los climas, desde el tropical del norte y noreste hasta el frío de Tierra del Fuego, Patagonia y las alturas andinas. En la región central ocupada principalmente por las Pampas, el clima es más seco que en el litoral, pero está sujeto a fuertes vientos, granizadas y variaciones súbitas. El litoral central es caluroso en enero mientras que en invierno la temperatura rara vez baja de 32° F.

La población argentina es un 83% urbana, con cerca del 50% de la población total del país radicada en la Provincia de Buenos Aires. La gran mayoría de la población es blanca, con predominio de descendientes de españoles e italianos, y quizá un 22% procedente de Europa Central. Se calcula en unas 700,000 las personas de origen árabe, y en unos 650,000 los amerindios y mestizos, en su mayoría residentes en las provincias del norte, noroeste y sur.

A pesar de la crisis económica y política, en la Argentina todavía se publican gran número de diarios (más de 400), periódicos (más de 1,700) y semanarios culturales (más de 250). Los diarios *La Prensa* y *La Nación* (fundado por Bartolomé Mitre) siguen siendo dos de los periódicos más conocidos del mundo hispanohablante.

Las grandes ciudades del país, después de Buenos Aires, son Rosario, centro de la industria petrolera y del acero y puerto exportador de granos;

José Gervasio Artigas (1764–1850), héroe de la independencia del Uruguay, en un cuadro pintado por su compatriota Juan M. Blanes (1830–1901).

Santa Fe, importante por su comercio e industria; Córdoba, la ciudad más antigua del país, de rica tradición histórica; La Plata, capital de la provincia de Buenos Aires, reconocida por sus refinerías de petróleo y su industria de la carne; Mar del Plata, centro pesquero a orillas del Atlántico, poseedora de una playa conocida; Mendoza, la gran ciudad en las laderas de los Andes; y Bahía Blanca, el puerto más grande del país, situado directamente frente al Atlántico. La economía argentina depende en gran parte de los granos y carnes que exporta. Afortunadamente, su industria manufacturera de artículos de consumo casi abastece las necesidades domésticas y ayuda a la balanza de pagos, tan afectada por los gastos internacionales de las fuerzas armadas.

10.7 REPÚBLICA ORIENTAL DEL URUGUAY

El Uruguay es el pequeño estado situado entre el Brasil y la Argentina. José Gervasio Artigas (1764–1850) es considerado por los uruguayos como el Padre de la Patria. El Uruguay nace como república independiente a consecuencia de la tendencia dominadora de Buenos Aires y de las ambiciones expansionistas del Brasil, heredera de los sueños imperialistas lusitanos de extender sus límites a las márgenes del Río de la Plata. La lucha por la independencia comienza en 1811 bajo la dirección de Artigas, que por unos años llegó a crear una especie de «democracia gaucha» hasta que se refugió en el Paraguay en 1817. Los brasileños se apoderaron de

Montevideo en 1817, pero diez años más tarde uruguayos y argentinos los derrotaron y obligaron a firmar el tratado de paz de 1828, por el cual tanto Argentina como Brasil renunciaron a sus pretensiones sobre el territorio uruguayo y reconocieron su independencia. El 18 de julio de 1830 se promulgó la Constitución de la República Oriental del Uruguay.

Los acontecimientos de las décadas siguientes se asemejan a los de la mayoría de los países hispanoamericanos: conducen a las luchas intestinas, la dictadura, la revolución y la disputa por el poder entre los partidos **Blanco** (conservador) y **Colorado** (liberal). De 1865 a 1870 el país se vio envuelto en la guerra de la Triple Alianza contra el caudillo paraguayo Francisco Solano López. Durante el resto del siglo XIX hubo intentos de participación copartidaria para administrar pacíficamente el país. El Uruguay, sin embargo, tuvo la suerte de terminar su etapa histórica de organización antes que la mayor parte de Latinoamérica. En el siglo XX el país experimentó cambios muy significativos, gracias a la elección de José Batlle y Ordóñez (1856–1929) en 1903, cuando se inició una era de gobiernos constitucionales y progreso económico y social. Batlle y Ordóñez gobernó en dos períodos presidenciales (1903–07 y 1911–15). Pacificó el país y consiguió sentar las bases de una estable democracia progresista, cuya Constitución de 1951 instituyó el Consejo Nacional de Gobierno, especie de ejecutivo colegiado[47] compuesto de nueve miembros para sustituir al presidente tradicional.

Durante varias décadas el Uruguay se mantuvo a la cabeza de los países progresistas de Iberoamérica, donde el Estado controló la banca y los seguros, se nacionalizaron los servicios de energía eléctrica, se aprobó avanzada legislación laboral, se respetó la libertad de pensamiento y se amparó a los perseguidos políticos de otros países hermanos. Fue un ejemplo de orden, paz, prosperidad y mínima influencia militarista. La educación uruguaya, sobre todo universitaria, sirvió de modelo a gran parte de Latinoamérica. En 1958 el Partido Colorado, que había gobernado el país durante 93 años, fue derrotado en las elecciones generales de ese año. El Partido Blanco inauguró un período de reformas conservadoras para hacer frente a la burocratización y a la excesiva dependencia de la economía capitalista extranjera, manipuladora de los precios internacionales de la lana y la carne. La crisis económica empeoró y el «chivo expiatorio»[48] fue el Colegiado, que resultó abolido para retornar al sistema presidencial prescrito por la Constitución de 1966. Aunque el Partido Colorado volvió al poder en 1967, la situación se tornó cada vez más

---

[47] *el ejecutivo colegiado* (*collegiate executive*)   es un sistema político de origen suizo. Consiste en otorgar la máxima autoridad del país a varias personas, cada una de las cuales se rota en la presidencia. Sus decisiones, sin embargo, son colectivas, con el voto de la mayoría de los miembros que componen el ejecutivo colegiado.

[48] *chivo expiatorio*   scapegoat

crítica, a tal punto que generó la aparición de guerrilleros izquierdistas urbanos, autodenominados «**tupamaros**», en memoria del Inca cuzqueño revolucionario de 1780. Los tupamaros deseaban transformar radicalmente el país. Creían que la crisis económica se debía principalmente: (1) a la incapacidad gubernamental para diversificar la economía como medio de independizarla de las fluctuaciones del precio internacional de sus productos de exportación; (2) al desequilibrado desarrollo económico favorable a Montevideo, en detrimento de las provincias; y (3) a estructuras económicas, sociales y políticas caducas.[49]

La crisis económica continuó en medio de un clima de violencia, ley marcial, suspensión de las garantías constitucionales, secuestros[50], asaltos a bancos y desorden político en general. El Uruguay, por décadas modelo democrático, perdió su privilegiada posición. El 27 de junio de 1973 el presidente Juan María Bordaberry, triunfante en las elecciones, con el apoyo de algunos militares, asumió plenos poderes; disolvió el Parlamento y lo suplantó por un Consejo de Estado. Insatisfechas de su labor gubernamental, las fuerzas armadas derrocaron al presidente Bordaberry e instalaron a otro político más fácil de manejar. Tras una serie de experimentos dictatoriales, los militares abandonaron toda pretensión de constitucionalidad y asumieron directamente el gobierno. El espíritu democrático del pueblo, sin embargo, se mantuvo vigoroso, como lo probó el rechazo del proyecto de constitución propuesto por el régimen militar en el plebiscito del 30 de noviembre de 1980. Al fin, el 3 de agosto de 1984 el Gobierno acordó con la oposición el retorno al régimen constitucional civil, y así, después de once años de dictadura militar, el pueblo eligió a Julio María Sanguinetti, candidato del Partido Colorado, quien asumió la presidencia en 1985 para gobernar hasta marzo de 1990, cuando le sucedió Luis Alberto Lacalle, del Partido Nacional. En 1995 Sanguinetti, vencedor en las elecciones de 1994, inició su segundo período presidencial de cinco años.

10.8 PERFIL DEL URUGUAY Y SU GENTE

Es el país hispanoamericano más pequeño de Sudamérica y el de terreno menos accidentado. En realidad, en el Uruguay no hay montañas grandes: su suelo ondulado apenas alcanza 1,500 pies de altura, cortado por unas 450 millas de ríos navegables. El clima es templado y saludable y la riqueza agropecuaria es fundamental en la economía nacional. El ganado lanar y vacuno, tan importante en la economía, tiene derecho preferente de tránsito en las vías públicas. Los principales productos agrícolas son

---

[49] *caducas*   outdated
[50] *de suspensión…secuestros*   of suspension of constitutional right, of kidnappings

trigo, arroz, avena, cebada, betarraga[51] y caña de azúcar. Pese a la dependencia de la importación de materias primas y de petróleo, la industrialización de productos de consumo interno está bastante desarrollada. Con todo, la exportación de animales vivos, carnes, lana, cueros, pieles[52] y textiles constituye el 60 por ciento del total de exportaciones. Sus playas magníficas, como la de Punta del Este, frecuentada por turistas extranjeros, especialmente argentinos, rinden a la economía nacional un buen ingreso anual.

La mayor parte de sus tres millones de habitantes viven en el sur del país: casi la mitad en Montevideo. La tasa de crecimiento[53] mejoró bastante con el retorno del gobierno civil constitucional. La mayoría de los uruguayos es de origen español e italiano. Los mestizos (10%) están concentrados en el norte del país principalmente. Hay muy pocos uruguayos de ascendencia africana y amerindia. Buen número de mestizos y mulatos cultivan la música, la danza, la pintura y el fútbol (*soccer*). Por las excelentes condiciones de salud pública, el promedio de vida es de 68 años, el más alto de América Latina. Un 63% de los uruguayos son cristianos (60% católicos y 3% protestantes), 35% no son religiosos, 1.7% son judíos y 0.1% practican otras religiones.

10.9 República del Paraguay

Este país inicia su vida política independiente en 1811 también a consecuencia de las disensiones internas entre los partidarios de la autonomía política del Virreinato del Río de la Plata.

La tradición jesuita, el aislamiento y su condición de región fronteriza condicionan el país al régimen absolutista del primer gran dictador hispanoamericano: el Dr. José Gaspar Rodríguez Francia (1766–1844), quien tomó este último apellido por admiración a ese país. «El Supremo», como se hizo conocer el Dr. Francia, dominó el país como gobernante absoluto desde 1814 hasta su muerte en 1840. Fue un solterón[54] neurótico y frugal que aisló al Paraguay del resto del mundo y prohibió a la minoría blanca del país casarse entre sí.

Le sucedió Carlos Antonio López, quien también impuso una dictadura absoluta hasta 1862, cuando heredó la presidencia su hijo Francisco Solano López. Con la ayuda de su amante[55] irlandesa, Madame Elisa Lynch, el nuevo caudillo cometió una serie de arbitrariedades[56] que

---

[51] *avena, cebada, betarraga*   oats, barley, beets
[52] *cueros y pieles*   hides and skins
[53] *tasa de crecimiento*   growth rate
[54] *solterón*   inveterate bachelor
[55] *amante*   mistress
[56] *arbitrariedades*   outrageous and illegal acts

usaron de pretexto Argentina, Brasil y Uruguay para hacerle la guerra. La Guerra de la Triple Alianza (1865–70) acabó con Solano López y medio millón de paraguayos (la mitad de su población total y nueve décimas partes de su población masculina) que luchó heroicamente al lado de su mandatario.[57] Esta guerra también le costó al Paraguay parte de su territorio, que se repartieron Brasil y Argentina. Madame Lynch huyó a Francia llevando consigo cuantiosa fortuna. Después de esta infeliz contienda[58], se repitieron los golpes militares y los presidentes dictatoriales hasta la otra gran tragedia nacional: la costosa guerra con Bolivia por la posesión de la región selvática del Chaco. En la Guerra del Chaco (1932–35) se enfrentaron políticos oportunistas y compañías extranjeras interesadas en la explotación del petróleo de esa región. El tratado de paz delimitó las fronteras: Paraguay conservó las tres cuartas partes del territorio disputado y Bolivia obtuvo acceso al río Paraguay.

El período posbélico tuvo un momento lúcido: el gobierno de Rafael Franco (1936–37), uno de los héroes paraguayos de la Guerra del Chaco. Franco quiso establecer reformas con su partido democrático febrerista,[59] pero los reaccionarios y los intereses extranjeros lograron desalojarlo del poder. Después continuaron las dictaduras de otros hombres a caballo hasta que en 1948 fue elegido presidente del país el intelectual Juan Natalicio González, cuya administración terminó después de unos cuantos meses al ser derrocado por el ejército. Gracias a la influencia del general Perón, Alfredo Stroessner (n. 1912) llegó al poder en 1954. El nuevo caudillo militar estableció una dictadura tan represiva que centenares de miles de paraguayos prefirieron exiliarse en los países vecinos, sobre todo en la Argentina, como lo hizo Augusto Roa Bastos (n. 1917), destacado escritor paraguayo, autor de la novela *Yo, el Supremo* (1974), basada en la biografía del Dr. Francia.

Pocos sucesos dignos de recordarse ocurrieron en los 35 años de dictadura de Stroessner, durante los cuales se acogió en el país y protegió a fugitivos de la justicia de otras latitudes: destacados criminales de guerra nazis, terroristas de diversas nacionalidades, desfalcadores de bancos europeos, narcotraficantes y al general Anastasio Somoza Debayle, ex dictador de Nicaragua, misteriosamente asesinado en Asunción en 1981. En 1984 se inauguró en la frontera con el Brasil la represa de Itaipú, la mayor represa eléctrica del mundo, construida por el estado brasileño, cerca de la actual Ciudad del Este, la segunda ciudad más poblada de Paraguay y centro importante en el lucrativo contrabando. Como no hay mal eterno, por fin el 3 de febrero de 1989, Stroessner fue derrocado por el general Andrés Rodríguez. Por

---

[57] *mandatario*   chief executive
[58] *contienda*   lucha
[59] *febrerista*   de febrero (mes de su revolución)

supuesto, en las elecciones presidenciales realizadas pocos meses después triunfó el general Rodríguez. En 1993 asumió la presidencia el civil Juan Carlos Wasmosy, del Partido Colorado, a quien le sucedió en agosto de 1998 el ingeniero Raúl Cubas Grau, miembro de la Asociación Nacional Republicana. Cubas prometió integrar el país a la economía mundial para resolver la crisis económica que ha causado que el 15 por ciento de la población se encuentre desocupada, pero su primer acto presidencial fue liberar al general Lino César Oviedo, apresado por su alzamiento contra el orden público y la autoridad nacional en 1996. El asesinato del Vicepresidente de la República, en marzo de 1999, desencadenó revueltas callejeras y el enjuiciamiento de Cubas, quien, incapacitado de poner orden al caos, renunció a la presidencia y se exilió en el Brasil. Oviedo se exilió en Argentina. El presidente del Senado asumió la presidencia del país.

10.10 Perfil del Paraguay y su gente

Los cinco millones de paraguayos son en su mayoría descendientes de españoles con diverso porcentaje de sangre indígena. Al este del río Paraguay reside el 96% de la población y en la región del Chaco alrededor del 3%, incluyendo unos 20,000 amerindios. Sus tres grandes ríos navegables son: el Paraguay, que corta el país en dos zonas muy distintas: la oriental, ligeramente ondulada y muy fértil, y la occidental, ocupada por la gran llanura del Chaco Boreal ya mencionada; el Paraná, que viniendo del Brasil desemboca en el Paraguay; y el Pilcomayo, que nace en Bolivia, señala en parte la frontera con la Argentina y desemboca en el río Paraguay, cerca de Asunción, la capital del país.

Los cultivos comerciales más importantes son haba de soya,[60] algodón, trigo y tabaco. La selvicultura de caoba, cedro, nogal y quebracho[61] emplea el 10% de la fuerza laboral. Los principales productos de exportación son: fibra de algodón (33%), harina de soya (25%) y madera para construcción (7.5%). La población de la capital, Asunción, es de unos 500,000 habitantes; la de Ciudad del Este, 140,000; la de San Lorenzo, 135,000; la de las demás ciudades, menos de 100,000.

10.11 El legado cultural de los países del Plata

La Argentina y el Uruguay de hoy, en general, se sienten más identificados con la cultura occidental que el Paraguay. La mayoría de la población de los primeros es de ascendencia europea y la del último es mestiza. Los argentinos y uruguayos, sobre todo los que viven en los grandes centros

---

[60] *haba de soya*   soy bean
[61] *caoba, cedro, nogal y quebracho*   mahogany, cedar, walnut tree, Paraguayan hard wood tree

urbanos, se encuentran más allegados[62] a Europa que el resto de la América indohispánica. Irónicamente, sin embargo, las raíces coloniales y el legado cultural hispánico se reafirman a pesar del fuerte nacionalismo de muchos argentinos, sobre todo de los porteños, como se llama a los residentes de Buenos Aires. Quizás el individualismo hispánico sea una de las causas del chauvinismo **platense** y del pertinaz[63] militarismo argentino.

La mediterraneidad[64] del Paraguay, la fuerte tradición guaraní-jesuita y los gobiernos despóticos han sido las causas de su subdesarrollo y regionalismo. Por razones históricas, el paraguayo tiende a ser más beligerante y apasionado que sus hermanos hispanoamericanos. La guerra, el exilio y el bajo porcentaje de población masculina han impedido que el Paraguay supere[65] su etapa de reorganización política y de economía incipiente, basada en la agricultura y las maderas.

La crisis político-económica de los países del Plata, aunque aparentemente tan disímil en cada uno de los tres estados, es básicamente la misma. Descansa en la imposibilidad de liberarse de los factores negativos del pasado. Hay quienes creen que la respuesta a la problemática **platense**[66] no se encontrará en Europa y sus sistemas económicos o políticos. Será fácil imitar a los europeos culturalmente en el campo de las letras y de las artes, pero las conquistas intelectuales de su élite, difícilmente resuelven las condiciones económicas de su población. La búsqueda de lo argentino, de lo uruguayo y de lo paraguayo, que en último análisis son facetas de la gran búsqueda de la personalidad latinoamericana, llevará al hallazgo de un estilo nacional que se identifique con el modelo latinoamericano continental anhelado por los promotores de la unión continental. Irónicamente el mismo deseo de alcanzar la universalidad, que ya denotan[67] artistas y escritores, podría conducir al encuentro de una personalidad iberoamericana que conjugue todos los diversos aportes culturales.

10.12 SUMARIO

I. **Exploraciones y fundaciones en el siglo XVI:**
   A. Sebastián Caboto nombra Río de la Plata al Mar Dulce de Díaz de Solís
   B. Pedro de Mendoza funda Buenos Aires (1535), la destruye y viaja a Asunción

---

[62] *allegados*   attached
[63] *pertinaz*   obstinate
[64] *mediterraneidad*   lack of seacoast
[65] *han impedido...supere*   have prevented Paraguay from surpassing
[66] *problemática platense*   serie de problemas del Río de la Plata
[67] *denotan*   muestran

C. Domingo Martínez de Irala (¿1500?–56), padre del Paraguay

D. Juan de Garay lleva a cabo la segunda fundación de Buenos Aires (1580)

II. **Período colonial:**

   A. El absolutismo Habsburgo (siglos XVI y XVII) limita el desarrollo

   B. El despotismo ilustrado de los Borbones en los siglos XVIII y XIX:

      1. Reformas económicas y educacionales y prosperidad del pastoreo

      2. Creación del Virreinato del Río de la Plata en 1776

      3. Bucareli desaloja a los ingleses de las Malvinas en 1762

      4. Comerciantes se enriquecen con la exportación de carnes y sebo

      5. Los gauchos ayudan a expulsar a los ingleses en 1806 y 1807

      6. Desintegración virreinal:

         a. Buenos Aires unitaria y prepotente vs. provincias federalistas

         b. Artigas y las guerras de independencia del Uruguay

         c. El Dr. Francia independiza (1811) y aísla al Paraguay (1814–40)

III. **Las Provincias Unidas del Río de la Plata (1810–53):**

   A. En cabildo abierto (1810), renuncia el virrey y los criollos eligen una junta de gobierno integrada por Cornelio Saavedra, Mariano Moreno y Manuel Belgrano

   B. En Tucumán, mestizos y criollos proclaman la independencia en 1816

   C. Guerra civil entre Buenos Aires unitaria y las provincias federales

   D. Guerra con el Brasil y la independencia del Uruguay en 1828

   E. Juan Manuel de Rosas, gobernador de Buenos Aires, domina el país (1835–52)

   F. El general Urquiza (1801–70) derrota a Rosas en 1852 y promulga la Constitución de 1853

IV. **La República Argentina (1861 hasta el presente):**

   A. Bartolomé Mitre, presidente provisional y nacional (1861–68)

   B. Domingo Faustino Sarmiento, segundo presidente nacional (1868–74)

   C. Inmigración, ferrocarriles, alambre de púas, frigoríficos y elevadores

   D. Gobiernos oligarcas absolutistas con maquillaje democrático

E. Fundación de partidos: Unión Cívica Radical (1891) y Socialista (1896)

F. Aburguesamiento de los radicales en el poder (1916–30)

G. Retorno de la oligarquía y militarismo (1930–43)

H. La era de Perón (1943–55 y 1973–76)

I. Juntas de Gobierno Militar: despotismo, terrorismo y desaparecidos

J. La derrota en las Malvinas (1982) conduce a elecciones generales

K. La crisis económica durante los gobiernos de Raúl Alfonsín (1983–89) y Carlos Saúl Menem (1989–99)

V. **La República Oriental del Uruguay (1928 hasta el presente):**

A. Luchas fratricidas entre los partidos Blanco (conservador) y Colorado (liberal)

B. Presidencia progresista de José Batlle y Ordóñez (1903–07 y 1911–15)

C. La Constitución de 1951 establece el Consejo Nacional de Gobierno

D. La crisis económica restablece el poder ejecutivo personal en 1966

E. Guerra a muerte entre tupamaros y autoritarismo militarista

F. Constitución militarista es rechazada en el plebiscito de 1980

G. Tras 11 años de dictadura militar, se retorna al régimen constitucional civil: presidencia de Julio María Sanguinetti (1985–90 y 1995–)

VI. **República del Paraguay (1811 hasta el presente):**

A. Gaspar Rodríguez (Dr. Francia) y otros proclaman la independencia (1811)

B. Dictadura de Gaspar Rodríguez Francia, «El Supremo» (1814–40)

C. El gobierno absolutista del caudillo Carlos Antonio López (1842–62)

D. Dictadura de Francisco Solano López (1862–70)

   1. Colaboración íntima de Madame Elisa Lynch

   2. Guerra contra la Triple Alianza (1865–70) y muerte del caudillo

E. Anarquía, golpes, dictaduras y la Guerra del Chaco (1932–35)

F. Al gobierno febrerista le suceden regímenes provisionales despóticos

G. Dictadura del general Alfredo Stroessner (1954–89)

H. Retorno de los presidentes civiles Juan Carlos Wasmosy (1993–98) y Raúl Cubas (1998–99)

10.13 CUESTIONARIO, PREGUNTAS Y VIDEOS

Cuestionario

1. ¿Qué importancia tuvieron las primeras fundaciones en el estuario del Plata?
2. ¿Cuál fue la principal ocupación en el Plata durante la Colonia?
3. ¿Qué área abarcó el Virreinato de Buenos Aires y por qué se creó?
4. ¿Cuál fue la labor histórica de José Gervasio Artigas?
5. ¿Por qué se le llama «El Supremo» a Gaspar Rodríguez Francia?
6. ¿Cuál es el papel histórico de Juan Manuel de Rosas?
7. ¿Por qué se dice que el Uruguay es un estado-tapón?
8. ¿Qué es el ejecutivo colegiado?
9. ¿Cuáles fueron los resultados de la Guerra de la Triple Alianza?
10. ¿Quiénes lucharon en la Guerra del Chaco y por qué?

Preguntas y temas de expansión

1. ¿Por qué Buenos Aires fue fundada dos veces?
2. ¿Cómo benefició a Hispanoamérica el despotismo ilustrado de los Borbones?
3. ¿Por qué se enfrentaron los políticos del interior contra los de Buenos Aires?
4. ¿Cómo se juzga la dictadura de Rosas?
5. ¿Por qué cree Ud. que fue tan popular Evita Perón?
6. ¿Cuál es el significado del papel del gaucho en la historia argentina?
7. ¿Cómo es la herencia histórica de los jesuitas del Paraguay?
8. Evalúe la importancia de José Batlle y Ordóñez.
9. Contraste el despotismo en Paraguay con la democracia en Uruguay.
10. Compare las causas de la desintegración del Virreinato del Río de la Plata.

Films y videos

Vea nuestras sugerencias en la página 409.

10.14 RECOMENDACIÓN BIBLIOGRÁFICA

Argentina

Amaral, Samuel. *The Rise of Capitalism on the Pampas.* Cambridge: Cambridge University Press, 1998.

Botana, Natalio R. *Domingo Faustino Sarmiento.* Buenos Aires: Fondo de Cultura Económica, 1996.

Di Tella, Torcuato S. *Historia argentina: desde los orígenes hasta 1830.* Buenos Aires, Argentina: Editorial Troquel, 1994.

Halperín Donghi, Tulio. *La larga agonía de la Argentina peronista.* Buenos Aires: Ariel, 1994.

Luna, Félix. *La emancipación argentina y americana.* Buenos Aires: Planeta, 1998.

Lynch, John. *Massacre in the Pampas, 1872: Britain and Argentina in the age of migration.* Norman: University of Oklahoma Press, 1998.

Mansilla, Lucio. *An Expedition to the Ranquel Indians.* Trans. Mark McCaffrey, Austin: Texas University Press, 1997.

O'Donnell, Guillermo. *Bureaucratic Authorianism: Argentina, 1966–1973.* Trans. J. McGuire. Berkeley and Los Angeles: University of California Press, 1988.

Rock, David. *Argentina 1516–1982: From Spanish Colonization to the Falkland War.* Berkeley: University of California Press, 1985.

Uruguay

Ardao, Arturo. *La tricolor revolución de enero.* Montevideo: Biblioteca de Marcha: FCU, 1996.

Brito, Alexandra Barahona de. *Human Rights and Democratization in Latin America.* New York: Oxford University Press, 1997.

Chasteen, John Charles. *Heroes on Horseback: A Life and Times of the Last Gaucho Caudillos.* 1st ed. Albuquerque: University of New Mexico Press, 1995.

Filgueira, Carlos. *Movimientos sociales en el Uruguay.* Montevideo: Ediciones de la Banda Oriental, 1985.

Quijano, Carlos. *Cultura, personalidades, mensajes.* Cámara de Representantes, República Oriental del Uruguay, 1992.

Sanguinetti, Julio María. *El temor y la impaciencia.* Buenos Aires: Fondo de Cultura Económica, 1991.

Sosnowsky, Saúl, Comp. *Represión, exilio y democracia: la cultura uruguaya.* Montevideo: Banda Oriental, 1987.

Verdesio, Gustavo. *La invención del Uruguay: la entrada del territorio y sus habitantes a la cultura occidental.* Montevideo: Editorial Trazas, 1996.

Paraguay

Acevedo, Edberto Oscar. *La Intendencia del Paraguay en el Virreinato del Río de la Plata.* Buenos Aires: Ediciones Ciudad Argentina, 1996.

Amaral, Raúl. *Los presidentes del Paraguay (1844–1954).* Asunción: Centro Paraguayo de Estudios Sociológicos, 1994.

Cubas Grau, Raúl. *Paraguay: Atlas de necesidades básicas insatisfechas.* Asunción: Presidencia de la República, 1995.

Lezcano G., Carlos María. *Fuerzas armadas y democracia: a la búsqueda del equilibrio perdido: Paraguay, 1989–1993.* Asunción: Centro de Documentación y Estudios, 1994.

Lewis, Paul H. *Paraguay under Stroessner.* Chapel Hill: University of North Carolina Press, 1980.

González, Natalicio. *Solano López y otros ensayos.* Asunción, Paraguay: Editorial Cuadernos Republicanos, 1991.

Valiente, Hugo. *Servicio militar y derechos humanos: Paraguay informe 1989–1995.* Asunción: Servicio Paz y Justicia, 1996.

Wisner, Francisco. *El dictador del Paraguay Jose Gaspar de Francia.* Asunción, Paraguay: Instituto Cultural Paraguayo-Alemán, 1996.

Los países andinos meridionales

 http://latinoamerica.heinle.com

Vocabulario autóctono y nuevo

- pelucones
- pipiolos
- chilenización

- aprista
- frentista
- yunga

11.1 CHILE EN SUS PRIMERAS DÉCADAS DE VIDA REPUBLICANA

Consolidada la independencia de Chile con la intervención del Ejército Libertador de San Martín, el primer jefe de estado electo (1818) fue el héroe chileno Bernardo O'Higgins (1778-1842). Para implementar un programa gubernamental progresista, O'Higgins se proclamó Director Supremo y gobernó con mano fuerte al medio millón de chilenos de entonces. Como modificó la ley de la herencia de propiedades agrarias, salió a su encuentro la oligarquía criolla. La campaña opositora obligó al Director Supremo a renunciar (1823) y exiliarse en el Perú hasta su muerte. En el desorden político de los siguientes siete años se disputaron el poder los conservadores y los liberales. En 1830 la fuerza de las armas impuso en el gobierno a Diego Portales (1793–1837), el político chileno que más contribuyó al establecimiento de una era de tranquilidad y progreso cauteloso, que duró, como la Constitución conservadora de 1833, hasta 1925, respetada y observada de 1876 a 1891 aun por los gobiernos liberales.

Cronología comparativa

1824 La Batalla de Ayacucho sella la independencia de Sudamérica

1836–39 Confederación Perú-Boliviana

1879–84 Guerra del Pacífico: Chile derrota a Bolivia y Perú

1932–35 Guerra del Chaco entre Bolivia y Paraguay

1973–90 Dictadura del general Augusto Pinochet

1998 Pinochet es detenido en Londres a pedido de España

•••

1810 Apogeo de Napoleón

1823 La Doctrina Monroe

1836 La República de Texas

1898 Guerra entre EE.UU. y España

1990 Disolución de la URSS

1997–98 Crisis financiera mundial

Chile

- Población: 14,787,781
- Capital: Santiago
- Área: 756,950 km²
- Moneda: el peso
- Índice de alfabetización: 95.2%

Perú

- Población: 26,111,110
- Capital: Lima
- Área: 1,285,220 km²
- Moneda: el nuevo sol
- Índice de alfabetización: 88.7%

Bolivia

- Población: 7,826,352
- Capitales: Sucre (constitucional), La Paz (administrativa)
- Área: 1,098,580 km²
- Moneda: el boliviano
- Índice de alfabetización: 83.1%

La vida política relativamente sosegada y disciplinada le permitió a Chile conseguir poderío militar superior al de sus vecinos. Cuando en 1836 se estableció la Confederación Perú-Boliviana para reunir lo desunido por los bolivaristas,[1] el gobierno de Chile consideró al nuevo estado como una amenaza potencial a sus aspiraciones geopolíticas e intervino militarmente hasta disolverlo. En los años siguientes la reorganización de las fuerzas políticas conservadoras gobernantes continuó con la ayuda sustantiva del humanista venezolano Andrés Bello, renovador de la enseñanza y reorganizador de la Universidad Nacional (1842). El ritmo histórico chileno del siglo XIX lo marca la lucha enconada entre dos fuerzas políticas: la de los «**pelucones**» (conservadores) y la de los «**pipiolos**» (liberales), ambas dominadas principalmente por criollos y mestizos de las altas esferas sociales. Los pelucones,[2] defensores de los intereses de los grandes propietarios de tierras, auspiciaban[3] el gobierno centralizado, capaz de imponer el orden y la organización social heredados de la Colonia. Los pipiolos, en cambio, influidos por los liberales ingleses y franceses, pregonaban reformas sociales, anticlericalismo y la participación popular en la administración pública. El socialismo saintsimoniano[4] ganó adeptos brillantes, sobre todo con Francisco Bilbao (1823–65), quien, tras una dinámica labor propagandista, fue excomulgado y exiliado al Perú, Ecuador, Francia y Argentina hasta su muerte. No obstante el predominio de los pelucones, el país abrió sus puertas a los refugiados políticos extranjeros, muchos de los cuales no comulgaban con las ideas conservadoras, tal como sucedió con los románticos argentinos enemigos de Rosas, participantes en el famoso debate literario con Bello y los pelucones (1842), defensores del neoclasicismo.

Bajo la mano dura y disciplinada de los conservadores, el país continuó progresando, industrializándose e invirtiendo capital propio y británico en las salitreras[5] de la costa boliviana.

11.2 La Guerra del Pacífico (1879–83)

La estabilidad política que Chile había conseguido antes que sus vecinos le permitió aplicar a su programa nacional las ideas positivistas[6] difundidas

---

[1] *bolivaristas*   followers of Bolívar

[2] During the nineteenth century the Chilean conservative politicians were known as «pelucones» (wig-wearers), while the liberals received the name of «pipiolos» (novices).

[3] *auspiciaban*   promoted

[4] *Socialismo saintsimoniano* es el nombre que se le de a la ideología política que predicó Claudio Enrique Saint Simón (1760–1815), pensador francés que deseaba organizar la sociedad siguiendo el principio «A cada cual según su capacidad, a cada capacidad según sus obras».

[5] *salitreras*   nitrate beds

[6] *Positivismo* es la filosofía establecida por el pensador francés August Comte (1798–1857), que admite únicamente el método experimental, hace de la razón una diosa y desprecia las llamadas «dictaduras republicanas».

en el mundo occidental. Con ejército y marina mejor adiestrados, el país declaró la guerra a Bolivia por la posesión del territorio vecino, rico en nitrato en gran parte explotado por capital operado desde Chile. En cumplimiento de un pacto secreto de ayuda mutua con Bolivia, el Perú intervino en el conflicto y así los tres países se vieron combatiendo en la más sangrienta guerra internacional sudamericana. Militarmente mejor preparado y equipado, Chile derrotó con facilidad primero a los bolivianos y después a los peruanos. La guerra le costó a Bolivia sus provincias del Pacífico limítrofes con el norte chileno y el sur peruano, quedando desde entonces sin salida al mar. El Perú también perdió permanentemente un extenso territorio además de dejar en poder del vencedor la ocupación de las provincias de Tacna y Arica hasta 1929, año en que, con la mediación estadounidense, terminó el conflicto fronterizo. La Guerra del Pacífico le permitió a Chile extender su territorio nacional en un 33 por ciento y limitar al norte con el Perú. El salitre de las tierras anexadas le sufragó a Chile, por mucho tiempo, la mayor parte del presupuesto nacional.[7]

11.3 Chile después del Tratado de Ancón (1883)

La guerra con el Perú terminó oficialmente con la firma del Tratado de Ancón, que reconoció la anexión de los territorios salitreros peruanos a Chile y dispuso el retiro de sus fuerzas de ocupación. El vencedor entonces se dedicó a consolidar su progreso, gobernado por la oligarquía responsable de la estabilidad política sólo interrumpida durante los meses de guerra civil de 1891. Con el correr de los años, las fuerzas laborales más inquietas, azuzadas[8] por dinámicos predicadores marxistas, como Luis Emilio Recabarren (1876–1924), fundador del Partido Comunista de Chile (1921), y por los narradores de las injusticias sociales, obligaron al gobierno y a los patrones a reconocerles muchos derechos.

Desde 1920 la política chilena ha despertado interés internacional. En ese año fue elegido presidente Arturo Alessandri (1868–1955), rico político popular que sí cumplió algunas de sus promesas electorales: impuesto moderado a la renta,[9] nacionalización de la industria salitrera y leyes sociales a favor de los obreros. Lo más positivo de su administración fue probablemente la promulgación de la Constitución de 1925, la cual, además de declarar que la propiedad privada está limitada por el bien social, determinó la elección popular directa del presidente del país, a quien le otorgó mucho más poder ejecutivo. La intensa resistencia conservadora a las reformas

---

[7] *le sufragó…nacional*   for a long time supplied Chile with funds for most of its national budget

[8] *azuzadas*   stirred up

[9] *impuesto moderado a la renta*   moderate income tax

sociales perturbó la tranquilidad nacional al generar la lucha enconada que culminó en 1932 con el establecimiento de una república socialista, la primera de las Américas. La intervención del ejército puso fin a los cien días de gobierno socialista y desencadenó un breve período de anarquía. Con posterioridad, en el mismo año, Arturo Alessandri fue reelegido presidente, esta vez el reformador de ayer se reconcilió con los oligarcas y puso más énfasis en el orden que en el bienestar del pueblo. Por esta política, los izquierdistas le retiraron su apoyo y organizaron el Frente Popular,[10] cuyo candidato presidencial, Pedro Aguirre Cerda, triunfó en 1938, dándole a las Américas el primer régimen de ese frente. El primer presidente frentista concentró su atención en el programa de recuperación del país de los daños causados por el violento terremoto de 1939, ocurrido a poco tiempo de la toma de posesión del mando. Subsecuentemente se esforzó en industrializar el país, modernizar las minas y el sistema de transporte, estimular la pesca y la ganadería, y continuar el programa social a favor de los obreros, incluyendo seguro médico y fondos para accidentados y ancianos.

En 1941 el Frente Popular se desintegró debido a la lucha entre los comunistas, nuevos aliados de los nazis, y los izquierdistas opuestos al fascismo. El presidente Aguirre Cerda murió en ese año, siendo sucedido por Juan Antonio Ríos, quien igualmente murió antes de terminar su mandato. Gabriel González Videla, el nuevo presidente, reactivó el Frente Popular completando su gabinete[11] ministerial con tres comunistas. Pero antes de los dos años de la nueva convivencia entre derechistas e izquierdistas, González Videla rompió con sus aliados estalinistas, los despidió de su gabinete y proscribió al Partido Comunista.

Después, Chile tuvo una serie de presidentes conservadores, cuya principal preocupación fue detener la desenfrenada inflación. En medio de esta crisis económico-social aparece como fenómeno nuevo la Democracia Cristiana, que en 1964 llevó al poder a Eduardo Frei Montalva (1911–82). Este primer régimen demócrata cristiano del Hemisferio puso en marcha un programa socialista cristiano, cuyos objetivos incluían la «**chilenización**» del cobre, la reforma agraria y la reestructuración evolutiva de la nación para disminuir los efectos de la brecha económica entre la mayoría pobre y la minoría privilegiada.

Al terminar su período presidencial, Frei Montalva se encontró con la fuerte oposición de los descontentos con la inflación económica y los serios problemas domésticos. En las elecciones nacionales de 1970 triunfó el socialista Salvador Allende (1908–1973), candidato de Unidad Popular, alianza política de socialistas, comunistas y disidentes del partido

---

[10] *El Frente Popular*, coalición política de izquierdistas, propuesta por los comunistas, gobernó Francia (1936–1939), España (1936) y Chile (1938–1941, 1946–1948).
[11] *gabinete* cabinet

Demócrata Cristiano. Este primer presidente marxista del Hemisferio Occidental elegido en elecciones libres nacionalizó las industrias básicas y los bancos, reconoció a Cuba, la República Popular China y otros regímenes comunistas, y se enfrentó a poderosos intereses económicos nacionales y extranjeros. Esto contribuyó a crear un ambiente de desasosiego político[12] y crisis económica, agravada por la inflación galopante, negación de crédito en el extranjero, escasez de artículos de primera necesidad, frecuentes huelgas y sabotajes. En septiembre de 1973 este presidente constitucional fue derrocado por un golpe militar organizado en parte por la CIA y por la ITT, conforme a las declaraciones de testigos importantes ante el Congreso de los Estados Unidos. Allende murió defendiendo el palacio presidencial La Moneda. La junta militar presidida por el general Augusto Pinochet asesinó, torturó, encarceló y exilió a decenas de miles de ciudadanos defensores del régimen constitucional de su patria.

Uno de los casos más sonados de violencia contra un miembro del gabinete de Allende tuvo lugar en Washington, D.C.: el asesinato de Orlando Letelier, ex ministro de defensa del gobierno de Allende, y su ayudante estadounidense, en un acto terrorista llevado a cabo por oficiales del gobierno militar chileno. Como el general Pinochet rehusó cooperar en la aclaración de este acto criminal, el presidente Jimmy Carter suspendió la ayuda militar a Chile. Debido en parte a la asistencia militar y económica reiniciada por el presidente Ronald Reagan y a la eficiente labor de sus economistas, Chile mejoró la economía nacional, pese a la oposición democrática de la mayoría ciudadana y de las acciones revolucionarias del Frente Patriótico Manuel Rodríguez.

El triunfo del pueblo chileno en el plebiscito conducido en 1988 por la dictadura para prolongarse en el poder, obligó al régimen limitada actividad política y a convocar elecciones generales en diciembre de 1990 en las cuales el demócrata cristiano Patricio Alwyn, de 71 años de edad, candidato de una alianza que incluía a los socialistas, obtuvo el triunfo por mayoría absoluta, derrotando al candidato conservador de los partidos Renovación Nacional y Unión Democrática Independiente. En 1994 a Alwyn le sucedió en la presidencia el demócrata cristiano Eduardo Frei Ruiz-Tagle (n. 1942), candidato de la Coalición de Partidos por la Democracia ganador de las elecciones de diciembre de 1993 para el período presidencial de seis años.

En noviembre de 1998 y marzo de 1999, los jueces del comité judicial de la Cámara de los Lores de Inglaterra decidieron revocarle la inmunidad a Augusto Pinochet, por entender que los crímenes contra la humanidad (genocidio, terrorismo y tortura) de los que el juez español Baltasar

---

12 *desasosiego político*   political unrest

Vista panorámica de Santiago, la capital de Chile.

Garzón acusa al ex dictador chileno no están amparados por las leyes británicas. La decisión de los lores fue aclamada en el mundo como un triunfo legal significativo que permitiría juzgar en cualquier país a quienes cometan crímenes contra la humanidad, aunque sean ex jefes de estado.

11.4 Perfil de Chile y su gente

Chile no es uno de los países más grandes de Sudamérica, pero sí es uno de los más desarrollados económicamente, no obstante la pobreza de la gente de las barriadas urbanas y del campesinado.[13] Con una superficie algo mayor que la de Texas, se extiende entre los Andes y el Pacífico, a lo largo de 2,900 millas, con un ancho aproximadamente treinta veces menor que su largo. Tiene tres zonas principales: (1) el norte, donde se encuentran los desiertos más secos del mundo, ricos en salitre y cobre; (2) el centro, donde viven dos tercios de la población, zona eminentemente agrícola, rica en el cultivo de cereales y vid; y (3) el sur, donde están los numerosos lagos y los bellos paisajes meridionales, famosos por sus florestas, pastos,[14] minas de hierro y yacimientos petrolíferos. A Chile le pertenecen algunas islas del Pacífico, como Rapa Nui,[15] a unas 2,000 millas al oeste de sus

---

[13] *gente…campesinado*   slum dwellers and peasants
[14] *pastos*   pastures
[15] *Rapa Nui* es conocida en inglés con el nombre de «Easter Island».

costas, conocida por sus gigantescas estatuas de piedra, y Juan Fernández, escenario[16] de *Robinson Crusoe* (1719) de Daniel Defoe. Otras islas suyas son las de los archipiélagos de Chiloé y la isla de Tierra del Fuego, que comparte con la Argentina.

Una de las principales fuentes de divisas del país proviene de la exportación del cobre, en la producción del cual el país ocupa el tercer puesto en el mundo, después de los Estados Unidos y Zambia. La importancia económica del nitrato chileno disminuyó desde que los alemanes durante la Primera Guerra Mundial descubrieron la manera de hacer nitratos sintéticos para la manufactura de pólvora y fertilizantes. Uno de los derivados del salitre que sigue teniendo importancia es el yodo.[17] Chile todavía produce el 47 por ciento del yodo del mundo. Además son importantes en la economía nacional la exportación del hierro, frutas frescas y envasadas[18] y vinos. Lo más valioso de Chile no es su «loca geografía», como la ha llamado uno de sus escritores, sino el espíritu industrioso del pueblo, heredado, según se dice, principalmente de vascos,[19] catalanes y alemanes. El espíritu belicoso, manifestado en conflictos internacionales tanto como en luchas intestinas, aparentemente se parece al de los araucanos, quienes hasta 1882 combatieron a los invasores de sus tierras.

Lamentablemente el desarrollo del país se ha visto obstaculizado por la distribución desigual de las tierras agrícolas. Todavía la mayor parte de los fundos[20] del país pertenecen a una reducida minoría que explota a sus inquilinos.[21] Hay un marcado contraste económico entre el rico propietario, industrial, comerciante o político y los millones de guasos y rotos[22] que viven en la miseria. Conforme pasan los años, la población, de más de 14.7 millones, en su mayoría blanca y mestiza, está concentrándose en las grandes ciudades. La zona metropolitana de Santiago, la capital, tiene 5 millones 2 cientos mil de habitantes. Otros centros urbanos importantes son: Concepción-Talcahuano, con 840,000 habitantes; Valparaíso, el puerto principal, unido al balneario de Viña del Mar, con 800,000 habitantes; Antofagasta, puerto industrial del norte y Temuco, centro agropecuario tienen cada una tienen alrededor de 250,000; Valdivia, urbe[23] sureña donde viven decenas de millares de chilenos de origen alemán; y Punta Arenas, una de las ciudades más meridionales del globo. Muchos de los exiliados acogidos[24] en el país han contribuido al

---

[16] *escenario*   setting
[17] *yodo*   iodine
[18] *envasadas*   canned
[19] *vascos*   Basques
[20] *fundos*   farms
[21] *inquilinos*   tenant farmers
[22] *guasos y rotos*   peasants and members of the lower classes
[23] *urbe*   urban center
[24] *acogidos*   recibidos

desarrollo cultural. Sirven de ejemplo el venezolano Andrés Bello, ciudadano chileno por decisión del Congreso; los románticos argentinos, desterrados por el régimen de Rosas; los peruanos, expulsados de su patria por las dictaduras; los republicanos españoles y los bolivianos y centroamericanos de diferentes matices[25] políticos.

11.5 BOLIVIA DURANTE SU PRIMER SIGLO DE INDEPENDENCIA

Aparentemente el país nació como creación temporal. Bolívar, promotor de la unidad latinoamericana, permitió que el general Antonio José de Sucre lo constituyera a expensas del Perú, país donde la oligarquía conspiraba contra el Libertador. El Congreso de Chuquisaca le dio nacimiento legal a Bolivia, adoptó la Constitución Bolivariana en 1826 y declaró presidente perpetuo al Libertador y vicepresidente a Sucre. Mas el gran caraqueño al poco tiempo abandonó el país para hacer frente a las disensiones ya en marcha en la Gran Colombia y dejó a Sucre a cargo de la presidencia. Aunque sagaz militar, este general venezolano no fue lo suficientemente diplomático para apaciguar[26] las ambiciones de los caudillos bolivianos. Así, en 1828 un alzamiento militar lo depuso y lo expulsó del país. Asumió el mando el general Andrés de Santa Cruz, quien más tarde, en 1836, logró establecer la Confederación Perú-Boliviana, disuelta dos años después por la intervención chilena.

La agitada historia republicana de Bolivia se caracteriza por los cambios bruscos de gobierno y constituciones, los numerosos golpes militares y los frecuentes asesinatos políticos. Muchos citan a Bolivia como ejemplo de la inestabilidad política latinoamericana semejante al de El Salvador.

En el siglo XIX en Bolivia la tempestad política la desencadenaron hombres ambiciosos, incumplidores de sus programas y reacios a efectuar los cambios básicos en la estructura económica dominada por la aristocracia criolla, heredera del poder español. Alcides Arguedas (1879–1946), importante escritor boliviano, es autor de una extensa historia del país, en la cual llama «caudillos bárbaros» a los gobernantes ignorantes y egoístas ejemplificados por Mariano Melgarejo (presidente de 1864 hasta 1871), acerca de quien se han tejido una serie de leyendas y anécdotas. Una de ellas afirma que al estallar la guerra franco-prusiana, sus simpatías por los franceses lo llevaron a ordenar a su ejército marchar en ayuda de Francia, olvidándose o desconociendo la geografía y la distancia. Se cuenta igualmente que cuando la reina Victoria se enteró de que su ministro en La Paz, había sido paseado por la ciudad, amarrado a un burro, la imperiosa inglesa, enfurecida, se lanzó sobre el mapa de Sudamérica y perforándolo exclamó «¡Bolivia ya no existe!»

---

[25] *matices* nuances, colors
[26] *apaciguar* pacificar

Durante esta agitada época de la historia boliviana, el período presidencial lo determinaba la habilidad de los caudillos para sobrevivir frente a tantas tempestades políticas. Aunque esta existencia precaria también se vive en otros países latinoamericanos, en Bolivia la violencia parece haberse arraigado con mayor facilidad. La Guerra del Pacífico o del salitre (1879–83) le costó a Bolivia la pérdida de su costa oceánica. Desde entonces ese país sufre su mediterraneidad y sus gobiernos de vez en cuando reviven el tema de la salida al mar en sus esfuerzos para recuperar parte del territorio cedido a Chile. La hipótesis de la existencia de petróleo en el Chaco, inmensa región selvática reclamada por Bolivia y Paraguay, produjo la guerra entre estos dos países (1932–35). En el parecer de algunos historiadores, esta guerra tan perjudicial fue promovida por la rivalidad entre dos compañías de petróleo extranjeras: una estadounidense y otra europea.

Después de la Guerra del Chaco se hicieron intentos por transformar la economía del país, controlada principalmente por los barones del estaño:[27] Simón Patiño, Mauricio Hochschild y Carlos Víctor Aramayo, cuyos ingresos anuales superaban el presupuesto nacional boliviano. Los llamados «caudillos bárbaros», como el general Enrique Peñaranda (1892–1969), poco hicieron en beneficio del país antes del triunfo de la Revolución boliviana en 1952.

11.6 LA REVOLUCIÓN BOLIVIANA (1952–64) Y SU MAJESTAD LA COCA

La transformación populista boliviana iniciada por Víctor Paz Estenssoro (n. 1907) fue cronológicamente el segundo gran alzamiento popular latinoamericano después de la Revolución mexicana de 1910.

El régimen populista nacionalizó las minas, estableció la reforma agraria y reformó el ejército y la policía y creó milicias populares. La situación económica nacional, lamentablemente, empeoró. Las minas nacionalizadas comenzaron a dejar un déficit financiero por el alto costo de producción y la guerra internacional al estaño efectuada por refinerías y consorcios extranjeros. Entretanto la reforma agraria, insuficientemente planificada y sin la ayuda técnica y financiera necesaria, produjo una baja en la producción agrícola. Ambas situaciones contraproducentes[28] afectaron mucho la economía del país.

En medio de la crisis económica y su galopante inflación, Paz Estenssoro modificó la Constitución para ser reelegido presidente después de reorganizar las fuerzas armadas. Poco después de iniciar su tercer período presidencial, su compadre, protegido y vicepresidente,

---

[27] *barones del estaño*   tin barons
[28] *contraproducentes*   self-defeating

Mujeres bolivianas de ascendencia indígena tejen e hilan cerca del Lago Titicaca.

René Barrientos y el general del Ejército Alfredo Ovando derrocaron a Paz Estenssoro e impusieron una junta de gobierno dirigida por ambos. Para muchos, la Revolución Boliviana terminó en 1964, y Barrientos fue el iniciador del período de reajuste conservador, durante el cual se asesinó a Ernesto «Che» Guevara (1928–67). Barrientos, responsable de represiones sangrientas, murió en abril de 1969 en un accidente de helicóptero. El ejército boliviano siguió gobernando, primero con un civil, y después con generales nacionalistas de derecha, de izquierda moderada, o evidentemente oportunistas. Al general Hugo Banzer, que gobernó dictatorialmente (1971–78), le sucedieron varios presidentes civiles y militares que gobernaron por varios meses cada uno hasta 1982, cuando el Dr. Hernán Siles Suazo asumió el poder y gobernó hasta 1985.

Como ningún candidato presidencial obtuvo la mitad más uno de los votos en las elecciones generales del 14 de julio de 1985, el Congreso Nacional eligió presidente constitucional a Víctor Paz Estenssoro, entonces de 77 años de edad. Por cuarta vez asumió la presidencia el 6 de agosto siguiente. Los principales problemas del nuevo régimen fueron: (a) la lucha contra el poder de los narcotraficantes y (b) la crisis económica agravada por la deuda internacional de 4,000 millones de dólares. En 1989 el Congreso eligió presidente del país a Jaime Paz Zamora para gobernar hasta 1993, cuando le sucedió González Sánchez de Lozada, candidato de la oposición elegido por el Congreso, a quien, a su vez, le sucedió, en 1997, el general Hugo Banzer, elegido por el Congreso para gobernar hasta 2002.

11.7 PERFIL DE BOLIVIA Y SU GENTE

Bolivia, con un área igual a la de Texas y California juntas, se divide en tres regiones: (1) la meseta andina donde se encuentra el lago Titicaca; (2) la región de los **yungas** o valles interandinos; y (3) el oriente tropical y semitropical, región plana entre los Andes y la meseta del Mato Grosso brasileño. La tercera región abarca el 70 por ciento del territorio nacional y es la menos poblada. De los casi ocho millones de bolivianos, 54 por ciento son indígenas, 32 por ciento mestizos y 14 por ciento caucásicos. La población analfabeta llega al 17 por ciento. Los datos para Bolivia, como para muchos otros países latinoamericanos, no son precisos ni exactos. Sí se sabe con certeza que en Bolivia el ingreso per cápita ($1,100 en 1997) y el promedio de vida de los habitantes se encuentran entre los más bajos de Latinoamérica.

Varias son las ciudades mundialmente conocidas. La Paz, capital de facto del país, donde funcionan el poder ejecutivo y el Congreso, tiene casi la décima parte de la población del país, alrededor de un millón de habitantes, y se encuentra a 3,600 metros (11,800 pies) sobre el nivel del mar, muy cerca del lago Titicaca. Le sigue en importancia Sucre, todavía capital oficial del país a lo largo de cuya historia ha tenido tres nombres: La Plata (por encontrarse cerca de la famosa mina de Potosí), Charcas y Chuquisaca. Allí funcionan el tribunal supremo, el archivo nacional y la universidad más antigua del país. Destacan igualmente Cochabamba, situada en un hermoso valle de excelente clima, y Santa Cruz, capital de la región selvática, al sureste del país, la segunda ciudad más poblada del país (alrededor de 700,000).

Históricamente la tragedia boliviana ha girado en torno a dos metales: la plata durante el período colonial y el estaño durante la república. La explotación de aquél, sobre todo en las universalmente conocidas Minas de Potosí, dio motivo a[29] la frase «¡Vale un Potosí!» como sinónimo de gran valor monetario. Las minas de plata, así como las de plomo y azogue[30] rindieron mucho durante la Colonia, pero fueron la causa de la muerte de centenares de miles de indígenas y mestizos. En este siglo, el estaño trajo paradójicamente más miserias al país, al mismo tiempo que enriqueció a varias familias y compañías extranjeras. Con todo, la minería hasta hace poco era básica en la economía de Bolivia; rendía el 95 por ciento de las

---

[29] *dio motivo a*   gave birth to
[30] *plomo y azogue*   lead and mercury

exportaciones, dos tercios de ese porcentaje de estaño. En la década de los años ochenta, sin embargo, gracias al soborno, la exportación ilegal de coca devino en la principal fuente de ingresos del país. El país también es rico en plomo, antimonio, bismuto y tungsteno,[31] así como en caucho, maderas y petróleo. No obstante la importancia de la minería, la mayor parte de la población es agrícola, aunque los métodos de cultivo no han cambiado mucho desde la época colonial. Sin embargo, como el país produce únicamente el 20 por ciento de los granos que necesita para consumir, se ve obligado a dedicar un tercio de las importaciones a productos alimenticios.

11.8 LA REPÚBLICA DEL PERÚ HASTA LA GUERRA DEL PACÍFICO (1879–83)

El primer gobernante del Perú independiente fue el general José de San Martín, jefe de la expedición libertadora argentino-chilena. Quienes afirman que dos de los primeros gobernantes del país no fueron oriundos[32] del Perú actual (Bolívar nació en Venezuela y José de San Martín en Ecuador) olvidan que ambos nacieron en territorios que por más de dos siglos pertenecieron al Virreinato del Perú. De 1836 a 1838 el país fue gobernado por el general Andrés de Santa Cruz, creador de la Confederación Perú-Boliviana disuelta por la intervención armada de Chile.

Los años siguientes son testigos de nuevos golpes revolucionarios y del establecimiento de regímenes castrenses[33] efímeros. El único caudillo militar de labor positiva fue Ramón Castilla, presidente de 1845 a 1851 y de 1855 a 1862. Frente a los desmanes[34] de los militares ambiciosos, ilusionados en que la presidencia era el grado militar más alto, conquistable por la fuerza, se estableció el Partido Civil, defensor de los intereses de los señores feudales y de la incipiente burguesía surgida al amparo de la espada.[35] En 1872 comienza el período «civilista», durante el cual los presidentes, civiles y militares, gobernaron principalmente para beneficio suyo y de la oligarquía. Los golpes de estado periódicos se producían a consecuencia de mezquinas diferencias entre el centenar de familias poderosas del país. Así continuó la monótona historia peruana hasta el estallido de la Guerra del Pacífico. La derrota del Perú puso de manifiesto la gravedad de su descomposición cívica.

---

[31] El antimonio, el bismuto y el tungsteno son elementos metálicos usados en aleaciones (*alloys*) principalmente. El antimonio y el bismuto también son usados en medicina; en cambio el tungsteno se emplea en la producción de los filamentos para las bombillas (*bulbs*) eléctricas.

[32] *oriundos*   natives

[33] *castrenses*   military

[34] *desmanes*   excesses

[35] *al amparo de la espada*   had prospered under the protection of the armed forces

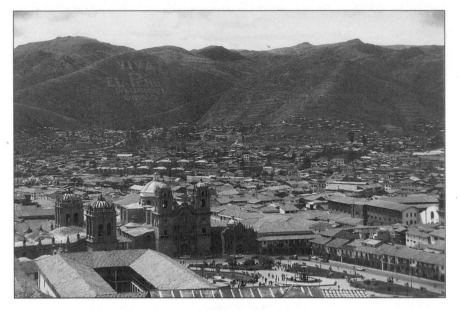

Vista panorámica de Cuzco, Perú.

11.9 EL PERÚ DESDE 1884

Aunque la conciencia nacional comenzó a despertarse a raíz de la derrota y de los discursos fogosos[36] de Manuel González Prada, la historia peruana de posguerra se caracterizó por la lucha sangrienta entre los diversos grupos de oligarcas, apoyados algunos por masas de gente de poca educación. Don Manuel, como popularmente llamaban a González Prada, escribió discursos y ensayos radicales en favor del indígena, del obrero, del explotado peruano, al mismo tiempo que criticó el orden socioeconómico nacional.

Poco a poco, conforme se construían ferrocarriles, se establecían algunas industrias, llegaba más capital extranjero y nuevas familias se enriquecían con jugosos contratos, la rama[37] burguesa del civilismo tomó las riendas del gobierno. Los discípulos de González Prada, especialmente Víctor Raúl Haya de la Torre y José Carlos Mariátegui, continuaron criticando el desgobierno y la situación del indígena en la sociedad peruana. Con Mariátegui como director, los intelectuales de vanguardia fundaron la revista *Amauta* (1926–1930), pronto de renombre internacional. Esta revista y los numerosos artículos de su fundador aparecidos en publicaciones limeñas contribuyeron a resaltar la urgencia de los problemas nacionales. El temprano fallecimiento de Mariátegui dejó un vacío en la vida del país.

---

[36] *discursos fogosos*   fiery speeches
[37] *rama*   branch

Augusto B. Leguía, civilista disidente, gobernó despóticamente 11 años, hasta 1930, cuando una rebelión castrense lo arrojó del poder y restauró el militarismo. A partir de ese año la historia del país estuvo íntimamente ligada a la participación del APRA (Alianza Popular Revolucionaria Americana) en la vida política nacional. Para impedir el triunfo electoral de Víctor Raúl Haya de la Torre, carismático jefe del APRA, se establecieron dictaduras militares o gobiernos civiles fantoches,[38] hasta 1945, cuando, debido en parte a la euforia del triunfo aliado en la Segunda Guerra Mundial, ganó las elecciones de ese año el Frente Democrático Nacional, constituido por **apristas** y algunas agrupaciones conservadoras. Como aquéllos obtuvieron mayoría de votos en la Cámara de Diputados, la oligarquía se las arregló en 1948 para persuadir al presidente **frentista** de proscribir al PAP, sigla[39] del Partido Aprista Peruano. Eliminado el más poderoso defensor del gobierno civil de transición, el militarismo retornó al poder y se mantuvo en él hasta 1956, cuando nuevamente se instaló el gobierno conservador de Manuel Prado, quien al fin devolvió al PAP el derecho a participar en la vida nacional.

En las elecciones presidenciales de 1962 la mayoría de votos obtenidos por Haya de la Torre no bastaron para reconocerle el triunfo oficial. Para impedir que el Congreso eligiera presidente al jefe aprista, un golpe de estado impuso una junta militar de gobierno. Ésta convocó a elecciones al año siguiente y proclamó vencedor a Fernando Belaúnde Terry (n. 1912), candidato de Acción Popular, partido nuevo con organización y parte del programa aprista, apoyado por la rama progresista de la oligarquía. Durante la nueva administración se estableció e inició un programa de cautelosas reformas económicas. Ellas no satisficieron a los pequeños partidos radicales que organizaron alzamientos guerrilleros. Cuando el país se preparaba para las elecciones presidenciales en las que el APRA se perfilaba como posible ganador, en octubre de 1968 un golpe militar impuso un gobierno de facto nacionalista dirigido por el general Juan Velasco Alvarado. Iniciador de un programa revolucionario, el gobierno militar, para sorpresa de muchos, decretó una reforma agraria, estatizó las refinerías de la International Petroleum, la minería y la compañía de teléfonos de la ITT, expropió el Banco Popular, controló las divisas e inició la reforma de la educación, la industria, el comercio y la prensa.

En 1975 un golpe de estado de la facción conservadora del ejército impuso la presidencia del general Francisco Morales Bermúdez para llevar a cabo una supuesta «segunda fase» revolucionaria. Entonces se adoptaron medidas conservadoras en respuesta a una seria crisis económica desencadenada por la fuerte deuda internacional de más de 8,000 millones de

---

[38] *fantoches* puppets
[39] *sigla* acronym (set of initials pronounced as a word)

dólares, contraída mayormente para adquirir armamentos. En 1978 Morales Bermúdez convocó a un congreso constituyente que al siguiente año aprobó la constitución peruana de ese año, la cual entró en vigencia al inaugurarse el segundo período presidencial del arquitecto Belaúnde Terry, triunfador en las elecciones de 1980.

De julio de 1985 a julio de 1990 gobernó Alan García (n. 1949), del Partido Aprista. No obstante el relativo éxito gubernamental de los dos primeros años de su administración, García concluyó su mandato con una popularidad tan baja como la tenida por su antecesor al final de su segundo período presidencial. Durante el régimen de Alan García, el Perú experimentó la peor crisis económica de su historia, sumido en la hiperinflación, el desempleo, el subempleo, la recesión, el narcotráfico, el deterioro de los servicios públicos y, sobre todo, el terrorismo desarrollado por la rama del Partido Comunista del Perú conocido como Sendero Luminoso y por el Movimiento Revolucionario Túpac Amaru simpatizante de la Revolución Cubana. El presidente, algo distanciado de su propio partido que criticaba su autoritarismo, fue más efectivo en limitar los gastos públicos, luchar contra el narcotráfico y comenzar un programa de descentralización.

En las elecciones generales del 8 de abril de 1990, el famoso escritor Mario Vargas Llosa, candidato de un Frente Democrático (Fredemo), obtuvo menos del tercio del total de votos, menos de la mitad más uno requerida constitucionalmente para ganar la presidencia, pero un 2 por ciento más que Alberto Fujimori, candidato del nuevo partido Cambio 90. Luis Alva Castro, candidato aprista, ocupó el tercer lugar. El resultado de la primera vuelta indicaba claramente que el pueblo había votado contra los partidos tradicionales. Los opositores de Fredemo cerraron filas y le dieron el triunfo a Fujimori en la segunda vuelta electoral llevada a cabo en junio de 1990. Así llegó a la presidencia del Perú el primer peruano de ascendencia japonesa para gobernar por un quinquenio.

El autogolpe de estado de abril de 1992 disolvió el Congreso y los gobiernos regionales y asumió el control del poder judicial. Subsecuentemente el gobierno convocó a elecciones para elegir un Congreso Constituyente que dictó la Constitución de 1993. Ella le otorgó más poderes al presidente y le permitió un segundo período presidencial consecutivo. Alberto Fujimori inició en 1995 su segundo período presidencial de cinco años después de derrotar a Javier Pérez de Cuéllar, ex Secretario General de las NN.UU. Pese a la captura de Abimael Guzmán y Víctor Polay, máximos dirigentes de Sendero Luminoso (SL) y del Movimiento Revolucionario Túpac Amaru (MRTA), respectivamente, en diciembre de 1996 un pequeño grupo de este último movimiento subversivo ocupó la residencia del embajador del Japón durante una recepción diplomática a la que asistían más de 500 invitados. Los terroristas exigieron la liberación de sus

El colorido mercado al aire libre de Pisac, Perú.

compañeros detenidos en las prisiones del país. Tras 126 días de negocia-ciones y de periódicas liberaciones de rehenes, el 22 de abril de 1997, los comandos de las fuerzas militares asaltaron la embajada y liberaron a 71 de los 72 rehenes que quedaban. El otro murió junto con sus captores durante el asalto de los comandos.

En septiembre de 1998, mientras el país sufría los efectos devastadores de la Corriente del Niño y del conflicto fronterizo con el Ecuador, la mayoría del Congreso votó en contra de la propuesta de llevar a cabo un referéndum nacional para decidir la legalidad de un tercer período gubernamental con-secutivo del presidente Alberto Fujimori, elegido para gobernar hasta el año 2000. En octubre de 1998 Perú y Ecuador firmaron un tratado de paz que permitía el incremento del comercio entre los dos países.

11.10 PERFIL DEL PERÚ Y SU GENTE

Con una costa de 1,410 millas, el Perú es de un área parecida al territorio combinado de los estados de Arizona, Nuevo México y Texas. Se divide en tres zonas geográficas muy distintas: (1) la Costa angosta, en realidad un largo desierto, interrumpido por pequeños valles regados por los ríos que bajan de los Andes; (2) la Sierra, con elevadas cadenas de montañas, de topografía escarpada, de extremos climáticos rigurosos y con estrechos valles; y (3) la Montaña, nombre que los peruanos dan a la selva situada al este de los Andes.

La población del Perú (70 por ciento urbana), de alrededor de 26 millones de habitantes, es 45 por ciento india, radicada mayoritariamente en la sierra; 37 por ciento mestiza, esparcida en la costa y la sierra; 14 por ciento blanca, establecida principalmente en la costa; y 4 por ciento de descendientes de africanos y asiáticos, concentrados sobre todo en la costa.

Hasta 1980 en que comienza la lucha armada en el país, el peruano era considerado relativamente pacífico, indiferente a los cambios políticos, cuyo conservatismo lo rezagó para conseguir la independencia de España y para reaccionar contra la minoría oligárquica por tanto tiempo hegemónica en el país. El gobierno tradicionalmente había estado en manos de los herederos de la Colonia o de los descendientes de inmigrantes que usufructuaron el erario[40] y se mantuvieron en el poder valiéndose de las fuerzas armadas y de una propaganda inescrupulosa respaldada por la adulteración de datos estadísticos. El mismo general Velasco Alvarado admitió que el ejército había sido «el perro guardián de la oligarquía». La violencia, que durante la década de los años 80 causó 18,000 muertos y daños materiales equivalentes a los de la deuda internacional, obliga a un reexamen de la sicología del peruano y de las condiciones económicas, políticas y sociales del Perú.

El mar ha sido el gran proveedor del país. En el siglo pasado, el guano, formado de los excrementos de las aves marinas en las islas de la costa, fue la principal fuente de riqueza. Después de la Segunda Guerra Mundial, cuando se desarrolló la industria pesquera, el Perú ocupó por casi tres décadas el primer puesto en el mundo en la exportación de harina de pescado.[41] Actualmente son importantes productos de exportación legal los minerales, el petróleo, el algodón y la harina de pescado. La exportación ilegal de la coca lleva al país fuertes cantidades de dólares.

La ciudad más poblada del Perú es Lima, la capital, situada a cinco millas del Callao, primer puerto del país. La zona metropolitana de Lima, que abarca al Callao, tiene alrededor de 7,000,000 de habitantes. Le siguen en importancia en la costa, Trujillo, Chimbote y Huacho, y en la sierra, Arequipa, Huancayo y Cuzco, cada una con una población de alrededor de medio millón de habitantes. La ciudad principal de la selva es Iquitos, situada en el Amazonas, con unos 100,000 habitantes. A sus muelles[42] llegan barcos grandes provenientes del Atlántico por la boca del Amazonas, a 2,300 millas de distancia.

El Perú es un país sumamente importante por sus ruinas arqueológicas. Las asombrosas ciudades de Machu Picchu, cerca del Cuzco, y de Chan Chan, cerca de Trujillo, y Pachacamac, cerca de Lima, son muy visitadas

---

40 *usufructuaron el erario*   enjoyed the state treasury
41 *harina de pescado*   fishmeal
42 *muelles*   docks

por los extranjeros. Hay asimismo restos de fortalezas famosas como las de Sacsahuamán y Ollantaytambo, cerca de Cuzco, y Paramonga, al norte de Lima. Los ejemplos de arquitectura incaica y colonial son muy numerosos en todo el país. Machu Picchu, edificada de piedra, una de las maravillas del mundo, permaneció en lo alto de los Andes, junto al río Urubamba, aislada y desconocida desde la derrota de los incas, hasta que en 1911 Hiram Bingham la descubrió ayudado por indígenas lugareños en un viaje de estudios arqueológicos patrocinado por la Universidad de Yale. Chan Chan es una maravilla en adobes. El área inmensa que ocupan sus ruinas nos lleva a la conclusión de que fue una de las ciudades precolombinas más grandes. Sus paredes continúan erectas desafiando el tiempo, el clima y los movimientos sísmicos. El terremoto del 31 de junio de 1970 que afectó la región, derrumbó las obras de reconstrucción y reparación realizadas con la ayuda de la técnica moderna, pero dejó en pie sin mayores daños las paredes antiguas construidas por los indígenas de la civilización Chimú. De estas ciudades y de las fortalezas mencionadas nos ocupamos en el capítulo dedicado a la arquitectura.

11.11 SUMARIO

I. **La República de Chile hasta la Guerra del Pacífico (1818–83):**
   A. Bernardo O'Higgins, Director Supremo (1818–23)
   B. Guerra para disolver la Confederación Perú-Boliviana (1836–38)
   C. Andrés Bello (1781–1865) asesora a los conservadores, escribe el Código Civil, reorganiza la Universidad y debate con los románticos chilenos y argentinos (1842)
   D. Los «pelucones» (conservadores) vencen a los «pipiolos» (liberales)
   E. La Guerra del Pacífico (1879–83) añade el 33% al territorio chileno

II. **Chile después de derrotar a Perú y Bolivia, de 1884 hasta el presente:**
   A. Regímenes de consolidación conservadora y progreso liberal
   B. La era de Arturo Alessandri (1920–38):
      1. Se instituye el impuesto a la renta y se nacionaliza el salitre
      2. Constitución de 1925: el bien social limita la propiedad privada
      3. Cuartelazos y los 100 días de la República Socialista (1932)
      4. Aproximación a la oligarquía y distanciamiento de la izquierda
   C. Pedro Aguirre Cerda, primer presidente del Frente Popular (1938–41)

D. El presidente Gabriel González Videla (1946–52) nombra 3 ministros comunistas, los despide y proscribe a su partido en 1948

E. Gobierno demócrata-cristiano de Eduardo Frei Montalva (1964–70)

F. El Presidente socialista Salvador Allende muere en palacio (1973)

G. Dictadura del general Augusto Pinochet (1973–90) vs. democracia civil

H. La justicia española solicita la extradición de Pinochet para juzgarlo por sus crímenes

III. **Perfil de Chile y su gente:**

A. Norte desértico, valles andinos fértiles y «loca geografía» sureña

B. Laboriosidad heredada de múltiples ancestros

C. En los fundos, los terratenientes explotan a inquilinos y guasos

D. En las urbes, la oligarquía prospera con el sudor de los rotos

E. Generosa hospitalidad a los exiliados durante los períodos democráticos

F. Aportes de historiadores, poetas, narradores y críticos literarios

IV. **Bolivia**

A. Caudillos organizadores, bárbaros y la rosca oligárquica:

1. Bolívar, Sucre, Santa Cruz y la Confederación Perú-Boliviana (1836–38)

2. Mariano Melgarejo, prototipo del caudillo bárbaro (1864–71)

3. La Guerra del Pacífico le arrebata las provincias costeñas

4. La Guerra del Chaco (1932–35) y los barones del estaño

5. Golpes de estado, caos institucional e inflación empeoran la suerte del pueblo

B. La Revolución boliviana (1952–64) y los regímenes posteriores:

1. Víctor Paz Estenssoro nacionaliza las minas y reforma el agro

2. Reconstituido el ejército, los generales Ovando y Barrientos derrocan a Paz Estenssoro

3. El «Che» Guevara es asesinado

4. Gobiernos de Jaime Paz Zamora (1989–93), Gonzalo Sánchez de Lozada (1993–97) y Hugo Banzer (1997–).

V. **Perfil de Bolivia y su gente:**

A. Altiplano, yungas (valles semitropicales) y oriente (70% del país)

B. Casi ocho millones de habitantes (indígenas 63%, mestizos 29% y caucásicos 9%)

C. Su majestad la coca y el narcotráfico corruptor y prepotente

VI. **La República del Perú:**

A. Siglo anterior a la aparición del aprismo, de 1824 a 1924:

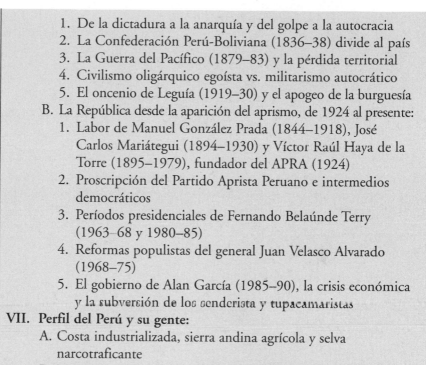

1. De la dictadura a la anarquía y del golpe a la autocracia
2. La Confederación Perú-Boliviana (1836–38) divide al país
3. La Guerra del Pacífico (1879–83) y la pérdida territorial
4. Civilismo oligárquico egoísta vs. militarismo autocrático
5. El oncenio de Leguía (1919–30) y el apogeo de la burguesía
B. La República desde la aparición del aprismo, de 1924 al presente:
   1. Labor de Manuel González Prada (1844–1918), José Carlos Mariátegui (1894–1930) y Víctor Raúl Haya de la Torre (1895–1979), fundador del APRA (1924)
   2. Proscripción del Partido Aprista Peruano e intermedios democráticos
   3. Períodos presidenciales de Fernando Belaúnde Terry (1963–68 y 1980–85)
   4. Reformas populistas del general Juan Velasco Alvarado (1968–75)
   5. El gobierno de Alan García (1985–90), la crisis económica y la subversión de los senderista y tupacamaristas
VII. Perfil del Perú y su gente:
A. Costa industrializada, sierra andina agrícola y selva narcotraficante
B. Importancia arqueológica de las ruinas precolombinas
C. Pugnas interraciales y conflictos clasistas agravados por la economía.

11.12 CUESTIONARIO, PREGUNTAS Y VIDEOS

Cuestionario

1. ¿Cuál es el papel histórico de Bernardo O'Higgins?
2. ¿Qué labor cultural realizó Andrés Bello en Chile?
3. ¿Cuáles fueron las causas de la Guerra del Pacífico entre Chile, Perú y Bolivia?
4. ¿Cómo se desarrolló el Frente Popular en Chile?
5. ¿Por qué se trató de reunificar al Perú y Bolivia?
6. ¿A quiénes llamó Alcides Arguedas «caudillos bárbaros»?
7. ¿Qué importancia histórica ha tenido la llamada Revolución boliviana?
8. ¿Cuáles fueron las contribuciones de Manuel González Prada?
9. ¿Quién fue Víctor Raúl Haya de la Torre?
10. ¿Qué representa el aprismo en la historia del Perú?

Preguntas y temas de expansión

1. ¿Cuáles son las razones históricas de los conflictos armados de Chile con sus vecinos?

2. ¿Por qué se creó el Frente Popular en Chile?
3. ¿Qué importancia tuvo el gobierno de Eduardo Frei y su democracia cristiana?
4. ¿Cuál fue el papel histórico de Salvador Allende?
5. ¿Qué importancia tuvo Tiahuanaco en la historia precolombina boliviana?
6. Prepare un juicio crítico acerca de los caudillos bárbaros bolivianos.
7. Contraste la Revolución boliviana con la labor de los últimos gobiernos bolivianos.
8. Haga una evaluación del civilismo oligárquico peruano.
9. Escriba una lista de los acontecimientos más importantes en el Perú desde la aparición del aprismo y explique por qué cree que son tan importantes.
10. Compare la ideología de José Carlos Mariátegui con la de Víctor Raúl Haya de la Torre.

Films y videos

Vea nuestras sugerencias en la página 409.

11.13 RECOMENDACIÓN BIBLIOGRÁFICA

Chile

Collier, Simon, and William F. Sater. *A History of Chile, 1808–1994*. Cambridge and New York: Cambridge University Press, 1996.

French-Davis, Ricardo, and Dagmar Raczynski. *The Impact of Global Recession on Living Standards: Chile*. CIEPLAN Technical Notes No. 97. Santiago: CIEPLAN, 1987.

Garretón, Manuel Antonio. *The Chilean Political Process*. Trans. Sharon Kellum. Winchester, MA: Unwin Hyman, 1989.

Gatica Barros, Jaime. *Deindustrialization in Chile*. Boulder, CO: Westview Press, 1987.

Hojman, David E. *Chile: The Political Economy of Development and Democracy in the 1990's*. Pittsburgh: Univeristy of Pittsburgh Press, 1993.

Monteon, Michael. *Chile and the Great Depression*. Tempe, AZ: Center for Latin American Studies Press, Arizona State University, 1998.

Petras, James, et al. *Democracy and Poverty in Chile*. Boulder, CO: Westview Press, 1994.

Valenzuela, J. Samuel. *The Origins and Transformations of the Chilean Party System*. Notre Dame, IN: The Helen Kellogg Institute for International Studies, 1995.

Villalobos R., Sergio. *A Short History of Chile*. Santiago de Chile: Editorial Universitaria, 1996.

Bolivia

Baptista Gumucio, Mariano. *Breve Historia Contemporánea de Bolivia*. Mexico: Fondo de Cultura Económica, 1996.

Gill, Lesley. *Peasants, Entrepreneurs, and Social Change: Frontier Development in Lowland Bolivia.* Boulder, CO: Westview Press, 1987.

Klein, Herbert S. *Bolivia: The Evolution of a Multi-Ethnic Society.* New York: Oxford University Press, 1982.

Larson, Brooke. *Colonialism and Agrarian Transformation in Bolivia: Cochabamba, 1550–1900.* Princeton: Princeton University Press, 1988.

Crespo, Alfonso. *Hernán Siles Zuazo.* La Paz: Plural Editores, 1997.

Siles Salinas, Jorge. *La independencia de Bolivia.* Madrid: Editorial MAPFRE, 1992.

Yeager, Gertrud M., comp. *Bolivia.* Oxford, England: Clio Press, 1988.

Perú

Cameron, Maxwell A. *Democracy and Authoritarianism in Peru: Political Conditions and Social Change.* New York: St. Martin's Press, 1998.

Chang-Rodríguez, Eugenio, and Ronald G. Hellman, eds. *APRA and the Democratic Challenge in Peru.* New York: Bildner Center for Western Hemisphere Studies, CUNY, 1988.

Gonzales de Olarte, Efraín, ed. *The Peruvian Economy and Structural Adjustment.* Coral Gables: University of Miami, North-South Center Press, 1996.

Gorriti Ellenbogen, Gustavo. *The Shining Path.* Chapel Hill: University of North Carolina Press, 1999.

Hudson, Rex, ed. *Peru: A Country Study.* Washington, D.C.: Federal Research Division, Library of Congress, 1993.

McClintock, Cynthia. *Revolutionary Movements in Latin America:* Washington, D.C.: United States Institute of Peace Press, 1998.

Ossio A., Juan M. *Los Indios del Perú.* Madrid: Editorial MAPFRE, 1992.

Palmer, David Scott, ed. *The Shining Path of Peru.* 2nd. ed. N.Y.: St. Martin's Press, 1992.

Peloso, Vicente. *Peasants on Plantations: Subaltern Strategies of Labor and Resistance in the Pisco Valley, Peru.* Durham, NC: Duke University Press, 1998.

Pike, Fredrick B. *The Politics of the Miraculous in Peru: Haya de la Torre and the Spiritualist Tradition.* Lincoln: University of Nebraska Press, 1986.

Quiroz, Alfonso W. *Domestic and Foreign Finance in Modern Peru, 1850–1950: Financing Visions of Development.* Pittsburgh: University of Pittsburgh Press, 1993.

Starn, Orin, C.I. Degregori, and R. Kirk. *The Peru Reader: History, Culture, Politics.* Lima: Durham, NC: Duke University Press, 1995.

Stern, Steve J. *Shining and Other Paths: War and Society in Peru, 1980–1995.* Durham, NC: Duke University Press, 1998.

Thurner, Mark. *From Two Republics to One Divided: Contradictions of Postcolonial Nation making in Andean Peru.* Durham, NC: Duke University Press, 1997.

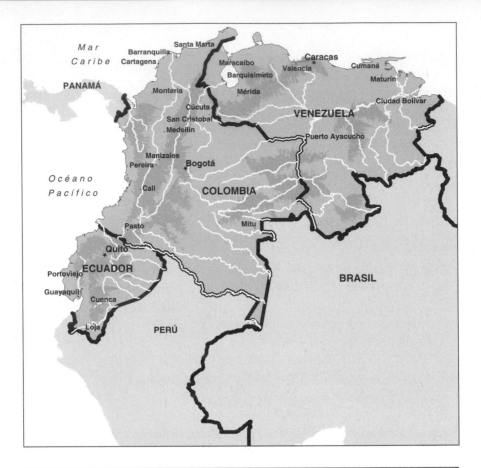

Ecuador

- Población: 12,336,572
- Capital: Quito
- Índice de alfabetización: 90.1%
- Área: 283,560 km²
- Moneda: el sucre
- Principales productos de exportación: petróleo y sus derivados, bananas, cacao, café, tagua, azúcar, tabaco

Colombia

- Población: 38,580,949
- Capital: Bogotá
- Índice de alfabetización: 91.3%
- Área: 1,138,910 km²
- Moneda: el peso
- Principales productos de exportación: café, bananas, flores, algodón, tejidos, esmeraldas, petróleo

Venezuela

- Población: 22,803,409
- Capital: Caracas
- Índice de alfabetización: 91.1%
- Área: 912,050 km²
- Moneda: el bolívar
- Principales productos de exportación: petróleo, hierro, oro, diamantes, cobre, carbón

Los países andinos septentrionales

  http://latinoamerica.heinle.com

Vocabulario autóctono y nuevo

- el bogotazo
- la Violencia
- extraditables

12.1 EL ECUADOR INDEPENDIENTE

El Ecuador nace como país independiente en 1830 al separarse de la Gran Colombia, creada en 1821 cuando Bolívar libertó el Virreinato de Nueva Granada. Antes, con el nombre de Audiencia de Quito, había formado parte del Virreinato del Perú desde 1563 hasta 1739, cuando pasó a integrar el reconstituido Virreinato de Nueva Granada: hechos históricos necesarios al estudiar los conflictos territoriales fratricidas ocurridos desde los albores de la independencia. Juan José Flores (1801–64), ex general venezolano del ejército de Bolívar, fue responsable de la secesión, mostrando así cómo, a veces, los libertadores de ayer devienen[1] dictadores. La Convención Constitucional del Ecuador le concedió a Flores la «ciudadanía de nacimiento» y lo proclamó primer «presidente constitucional». Sus tres períodos administrativos fueron autocráticos, alternados por golpes, conspiraciones y administraciones inestables hasta que en 1861 Gabriel García Moreno (1821–75) llegó al poder con la ayuda de

---

[1] *devienen*   llegan a ser

12

Cronología comparativa

1821–31 La Gran Colombia sucesora del Virreinato de Nueva Granada

1830 Nacimiento de Ecuador y Venezuela

1903 Panamá se separa de Colombia

1946 El "bogotazo" comienza la Violencia en Colombia

1948–58 Dictadura del general Marcos Pérez Jiménez en Venezuela

1998 Ecuador y Perú firman un tratado de paz para poner fin a su histórica disputa fronteriza

•••

1819 EE.UU. compra la Florida

1829 Andrew Jackson inaugurado séptimo presidente de los EE.UU.

1945 El gobierno de Franco excluido de las NN.UU. por sus vínculos con Hitler

1998 La social democracia gana las elecciones en Alemania

conservadores clericales. Durante su gobierno despótico consagró el Ecuador al Sagrado Corazón de Jesús y organizó un ejército para defender al Papa del gobierno de Roma. En 1875, cuando se preparaba para «aceptar la reelección» fue asesinado por estudiantes universitarios, admiradores de Juan Montalvo (1832–89), el gran escritor opositor de su dictadura. Le sucedieron gobernantes improvisados, enfermos de poder.

Afortunadamente para el país, desde fines del siglo XIX y primera década del siglo XX fue presidente en dos oportunidades Flavio Eloy Alfaro (1867–1912), recordado porque introdujo reformas económicas y puso freno[2] a los privilegios clericales otorgados durante los gobiernos conservadores. El período liberal iniciado por él terminó cuando la depresión económica llegó al Ecuador en la década de 1930. Entonces se sucedieron presidentes personalistas o juntas militares que a veces gobernaban por medio de presidentes civiles títeres.[3] No sucedió esto durante la presidencia de Galo Plaza, que de 1948 a 1952 instituyó muchas reformas sociales. Tampoco durante los períodos presidenciales del carismático José María Velasco Ibarra, el último de los cuales concluyó en 1972 con un golpe de estado que impuso a una junta militar nacionalista, presidida primero por un general y después por un vicealmirante.

En 1979 el joven populista Jaime Roldós fue elegido presidente por mayoría abrumadora. Gobernó con eficiencia hasta su muerte en 1981 en un inexplicable accidente aéreo. Terminó su período gubernamental su vicepresidente Osvaldo Hurtado, a quien le sucedió, en 1984, el guayaquileño León Febres Cordero, del Frente de Reconstrucción Nacional, partido conservador. Le tocó recibir la visita del Papa Juan Pablo II, quien en su visita a Latacunga, donde lo esperaba una vistosa fiesta popular y tradicionales bailes indígenas, pronunció un discurso en quechua. De 1988 a 1996 gobernaron el país por períodos de cuatro años Rodrigo Borja Cevallos, perteneciente al partido Izquierda Democrática, y Sixto Durán Ballén, a quien le sucedió Abdalá Bucaram Ortiz, que fue destituido por el Congreso en 1997 y reemplazado por Fabián Alarcón. En las elecciones convocadas por el presidente interino ganó Jamil Mahuad (n. 1949), candidato por el partido demócrata cristiano y ex alcalde de Quito que asumió la presidencia en agosto de 1998. A los pocos meses de inaugurado su gobierno, Ecuador firmó con Perú un tratado de amistad y comercio que se espera que termine con el histórico conflicto fronterizo entre los dos países hermanos.

12.2 PERFIL DEL ECUADOR Y SU GENTE

El Ecuador es un país principalmente selvático (50 por ciento) y montañoso (33 por ciento); el resto lo forman la costa fértil y las Islas

---

[2] *puso freno*   refrained, checked
[3] *civiles títeres*   puppet civilian

La Calle de la Ronda en Quito todavía conserva su aspecto colonial con balcones y techados de tejas.

Galápagos, a 580 millas mar afuera. Con un área de unas 283,560 kilómetros cuadrados (un poco más pequeño que Nevada), el país se extiende entre Colombia y Perú alrededor de 400 millas, siguiendo las dos cadenas de montañas que forman los Andes. Los mestizos constituyen el 41 por ciento de la población de unos 12 millones de habitantes. Los indios puros representan el 39 por ciento, los caucásicos sólo el 10 por ciento y los negros también el 10 por ciento. Casi toda la población ecuatoriana reside en la costa y en la sierra del país y sólo 1 por ciento en la selva. En el Ecuador le llaman Oriente al territorio selvático situado al este de los Andes, donde nacen varios afluentes del Amazonas y viven algunas tribus indígenas, como las de los jíbaros y los aucas. El país ha sido tradicionalmente agrícola, no obstante que sólo se cultiva el 5 por ciento de su territorio. Los principales productos de exportación son petróleo y sus derivados, bananas, café, cacao, tagua (marfil[4] vegetal), azúcar y tabaco. El arroz, base de la dieta nacional, ha generado la expresión ecuatoriana «Sin arroz no hay Dios». El sombrero de Jipijapa, manufacturado por los indígenas del norte, es famoso en el exterior con el nombre de sombrero de Panamá. La explotación de petróleo en la selva ha permitido que el Ecuador se convierta en uno de los principales productores de ese oro negro en el Hemisferio. Desde hace pocos años el petróleo es la más importante fuente de divisas del país.

---

[4] *marfil*   ivory

El Ecuador sufre las consecuencias de la rivalidad entre las dos grandes ciudades: Quito y Guayaquil. Los limitados medios de comunicación y transporte complican esta situación. Quito, la capital, situada en los Andes a más de 9,000 pies de altura, casi en la línea ecuatorial, fue, durante la Colonia, uno de los grandes centros artísticos del hemisferio, donde florecieron, sobre todo, las artes plásticas. A esta ciudad llegaron numerosos cuadros de pintores destacados de la España y la Italia de los siglos XVI, XVII y XVIII (Murillo, Zurbarán, Velázquez, Rafael y Tiziano), adquiridos por quiteños de buen gusto y amor al arte. Con clima primaveral y cerca de millón y medio de habitantes, es una de las ciudades más hermosas y pintorescas de Sudamérica. Sus iglesias coloniales, tan ricas en oro, joyas y cuadros, se encuentran entre las mejores del continente. Guayaquil, con una población de cerca de un millón de habitantes, es su principal puerto, cuya ubicación geográfica la ha puesto en contacto con las nuevas ideas del exterior y ha orientado a sus intelectuales a desarrollar una literatura con fuerte inclinación sociopolítica. Guayaquil, el puerto principal del país, tiene alrededor de dos millones de habitantes.

Las cumbres serranas, algunas cubiertas de nieve perpetua, forman a lo largo del valle interandino, una especie de «avenida de volcanes», entre los que se destacan el Chimborazo, de 20,577 pies y el Cotopaxi, de 19,347 pies, ambos conocidos universalmente por su belleza. Cuenca, Ambato y Riobamba, situadas en los valles andinos, son ciudades importantes. Las Islas Galápagos, declaradas por la UNESCO como Patrimonio Natural de la Humanidad, son famosas por las numerosas especies de animales estudiadas por Darwin en su viaje de investigación a Sudamérica.

12.3 COLOMBIA INDEPENDIENTE

El sueño de Bolívar fue unificar a Hispanoamérica en una gran entidad política, y con ese fin dio el primer paso cuando creó la llamada Gran Colombia en 1821. La desconfianza, la envidia y la traición produjeron disensiones intestinas en el nuevo Estado. Arrastrado por el torrente de los acontecimientos, el Libertador, decepcionado y enfermo, murió en Santa Marta, previendo lo que ocurriría después de su partida final. En 1830 dos generales venezolanos fragmentaron la Gran Colombia: José Antonio Páez separó Venezuela y Juan José Flores, el Ecuador. Colombia, propiamente hablando, siguió por largo tiempo el ritmo azaroso[5] de las usuales luchas internas y agitaciones políticas del continente. Militares ambiciosos la gobernaron para provecho personal o en nombre de los terratenientes, con la oposición de los pocos oficiales que respaldaban a los intelectuales del liberalismo del siglo XIX.

---

[5] *azaroso*   arriesgado

En 1858 se crea la Confederación Granadina que se disuelve tres años más tarde. Después, el país se baña en sangre con las luchas fratricidas que culminan en la famosa Guerra de los Mil Días (1899–1902), responsable de la muerte de más de 100,000 colombianos. Los liberales y conservadores se alternaban en el poder y en la persecución mutua. Durante una de las guerras civiles, la de 1903, ocurrió la independencia de la provincia de Panamá, pergeñada por la política del garrote [6] de Theodore Roosevelt. Los conservadores, en el poder hasta 1930, se dividieron antes del proceso electoral de ese año. Entonces las riendas del gobierno pasaron a manos de los liberales hasta 1946, cuando la historia vuelve a repetirse: los liberales participan divididos en las elecciones presidenciales y los conservadores resultan triunfantes.

La división del liberalismo se debió en gran parte a la decepción de quienes se opusieron a la política de los últimos ministros millonarios de ese régimen. En 1948, mientras se celebraba la Conferencia Panamericana, el líder de la rama izquierda del liberalismo, Jorge Eliécer Gaitán, cayó asesinado. El pueblo se amotinó, destruyó gran parte del centro de la ciudad y dio muerte a mucha gente. El «**bogotazo**», como se le conoce a esta conmoción cívica, inicia un nuevo capítulo de la historia de Colombia: «**la Violencia**». Se hicieron intentos para poner fin al caos por medio de un gobierno conservador inspirado en el falangismo[7] de Franco. Ese gobierno fracasó y fue depuesto por el general Gustavo Rojas Pinilla. Para mantener su dictadura con el asentimiento de los Estados Unidos, su gobierno envió un ejército colombiano a luchar al lado de los estadounidenses en Corea. Ninguno de estos regímenes despóticos tuvo éxito. Al hacerse difícil la situación, tanto para los liberales como para los conservadores, se concertó un pacto para poner fin a la dictadura militar. Mediante este convenio se inauguró el período de regímenes del Frente Nacional. En virtud de este acuerdo de convivencia, cada cuatro años, de 1958 a 1974, se alternaron en la presidencia liberales y conservadores, compartiendo el poder en las otras ramas del gobierno en proporción al número de votos obtenido por cada partido

La oposición a esta transacción tildada[8] de «conveniencia entre burgueses», prolongó la violencia armada en el interior. Combatieron el orden establecido las fuerzas de extrema izquierda, interesadas en organizar un gobierno revolucionario semejante al de Cuba. En los meses más críticos de la violencia aparecieron zonas de guerrilleros autodenominadas «repúblicas socialistas», las cuales poseían sus propias fuerzas armadas, su propia moneda y hasta sus propios sellos de correo.[9] En estas luchas

---

[6] *política del garrote*   big stick policy
[7] *falangismo*   fascismo español
[8] *tildada*   branded
[9] *sellos de correo*   postage stamps

murieron unos 300,000 colombianos, incluyendo el padre Camilo Torres, catedrático universitario de distinguida familia, quien, convencido de la inutilidad de la reforma pacífica, se unió a las guerrillas del interior y cayó muerto en 1966, en uno de los encuentros armados con el ejército. La década del 80 ha visto recrudecer las actividades guerrilleras tanto en el campo como en los centros urbanos. Secuestros, asaltos a bancos y hasta a sedes diplomáticas extranjeras muestran las tácticas de los guerrilleros empeñados en combatir al gobierno, entre los que destacan las Fuerzas Armadas Revolucionarias de Colombia (FARC), el M–19 y el Ejército de Liberación Nacional (ELN).

De 1982 a 1986 gobernó el país el ingeniero Belisario Betancur (n. 1923), del Partido Conservador. Entre los acontecimientos más importantes ocurridos durante su período presidencial fueron: (a) la destrucción de gran parte de la ciudad de Popayán por un terremoto el 31 de marzo de 1983, (b) el ataque del 7 de noviembre de 1985, por parte de fuerzas de la policía y del ejército, al Palacio de Justicia en Bogotá, ocupado el día anterior por sesenta guerrilleros del M–19, y la consecuente muerte de cien personas, incluyendo once jueces de la Corte Suprema y los sesenta guerrilleros; y (c) las dos erupciones seguidas del volcán Nevado de Ruiz (13 de noviembre de 1985), que causaron varias avalanchas de agua y fango sobre Armero y trece aldeas y pueblos donde murieron 25,000 colombianos.

El tráfico ilícito de drogas de Colombia al exterior, principalmente Estados Unidos, ha afectado la economía y, sobre todo, la moralidad del país. En respuesta a la serie de medidas gubernamentales para frenar este creciente mal, los grandes carteles de la droga, particularmente de Medellín y Cali, aceleraron sus ataques a las instituciones gubernamentales en 1984, al asesinar al ministro de justicia. Desde entonces la nueva violencia desencadenada por los narcotraficantes ha sido puntualizada con el asesinato del ministro de justicia, de más de cincuenta jueces, 170 empleados judiciales y decenas de otros ciudadanos distinguidos, como Guillermo Cano, director de *El Espectador*, el diario más importante del país, después de *El Tiempo*. Cuando en agosto de 1989 cayó asesinado Luis Carlos Galán, precandidato presidencial del Partido Liberal, el gobierno decidió enfrentar con mayor vigor el problema de la droga. En desesperación, los jefes del narcotráfico, ante la pérdida de más de 200 millones de dólares causada por el gobierno, respondieron con ataques dinamiteros a bancos, radiodifusoras y haciendas de recreo de prominentes hombres de negocios y dirigentes políticos, como parte de su anunciada «guerra total» al gobierno decidido a extraditar a los narcotraficantes reclamados por la justicia estadounidense. De entre ellos, los **«extraditables»** intensificaron su respuesta terrorista con actos desesperados, como la destrucción de un avión de Avianca y su centenar de pasajeros y la explosión, al mes siguiente, de un

En los llanos de Colombia y Venezuela viven los llaneros, cuya vida ganadera (*cattle raising*) se asemeja a la de los gauchos (brasileños, uruguayos y argentinos), huasos chilenos, chalanes peruanos, charros mexicanos y vaqueros (*U.S. cowboys*). El hombre a caballo es un personaje histórico de Norte y Sudamérica.

camión-bomba con media tonelada de dinamita que destruyó el edificio de la policía secreta, dañó severamente a una veintena de edificios vecinos, mató a noventa e hirió a varios centenares de bogotanos. Un millón de colombianos han sido desplazados por la violencia desencadenada tanto por los narcotraficantes como por los guerrilleros antigubernamentales.

La violencia desencadenada por el narcotráfico y las guerrillas también ha sido el problema más serio que han tenido que enfrentar los gobiernos de Virgilio Barco Vargas (1986–90), César Gaviria (1990–94), Ernesto Samper (1994–98) y Andrés Pastrana (1998–). Las conversaciones realizadas en 1999 entre el el Presidente Pastrana y Manuel Marulanda (n. 1930), con el nombre de guerra de "Tirofijo", jefe de la FARC, para poner fin a la guerra civil fueron muy alentadoras, particularmente para los familiares de los 452 prisioneros de esta importante fuerza revolucionaria.

12.4 PERFIL DE COLOMBIA Y SU GENTE

Colombia, el único país nombrado en honor a Cristóbal Colón, ocupa 1,138,910 kilómetros cuadrados del noroeste de Sudamérica, un área semejante a la de los Estados de Texas, California y Arkansas juntos o de Francia y España unidos. Por su situación estratégica en las costas del Pacífico y del Atlántico, por su tamaño, porque en una de sus antiguas provincias se construyó el Canal de Panamá, y por ser sede de importantes carteles de narcotraficantes, Colombia recibe especial consideración del gobierno de los Estados Unidos.

Las tres ramas de la cordillera andina y las dos costas marítimas dividen al país en seis regiones geográficas: (1) la norteña, bañada por el Atlántico,

(2) la costeña del Pacífico; (3) la andina occidental; (4) la andina central; (5) la de los llanos orientales, y (6) la de la selva amazónica, que abarca casi la mitad del país. La tercera y la cuarta, económicamente más importantes, se extienden a lo largo de dos grandes ríos: el Magdalena y el Cauca. Aquél, uno de los ríos más largos del mundo, recorre unas 1,000 millas del territorio nacional y sirve de principal medio de comunicación y transporte entre Barranquilla, puerto del Caribe, y Bogotá, la capital del país. El viaje fluvial en barco tarda nueve días. Por la naturaleza montañosa del territorio, el transporte aéreo se ha desarrollado mucho. Colombia, como el Brasil, es uno de los países latinoamericanos que más utiliza la aviación.

La población de Colombia pasa de los 38 millones. De ellos, la mitad es mestiza, el 22 por ciento blanca, el 26 por ciento negra y el 2 por ciento india. La mayoría de la población vive en la sierra andina; los afrocolombianos, principalmente en la costa. Las principales ciudades de la región andina occidental son Medellín y Cali, cuyas áreas metropolitanas tienen una población de 2 millones y medio y 2 millones de habitantes, respectivamente. En la región central se encuentran Bogotá, Bucaramanga y Tunja, cuyas áreas metropolitanas cuentan con 6 millones, 600,000 y 250,000 de habitantes, respectivamente. En la región caribeña también hay importantes centros urbanos: Barranquilla, Cartagena y Santa Marta, cada una con algo más de un millón, 600,000 y 250,000 habitantes.

Desde el punto de vista cultural e industrial, la meseta bogotana, Antioquia y el Valle de Cauca, son más importantes que la costa. Bogotá es el centro político e intelectual del país. Por su actividad cultural algunos escritores bogotanos la han llamado «Atenas[10] de Sudamérica». Sus filólogos, gramáticos y literatos se enorgullecen de hablar lo que muchos llaman «el mejor castellano de las Américas». En la actualidad, el Instituto Caro y Cuervo, con sede en Yerba Buena, cerca de Bogotá, es un influyente centro de estudios lingüísticos del mundo de habla castellana. Su nombre honra a[11] dos distinguidos filólogos: Rufino José Cuervo (1844–1911), autor del famoso *Diccionario de construcción y régimen*, y a Miguel Antonio Caro (1843–1909), poeta traductor de la *Eneida* y autor de una *Gramática latina*.

Medellín, capital de la rica región de Antioquia y pujante[12] ciudad industrial, compite en poder económico con Bogotá. Cali, la ciudad principal del Valle del Cauca, es otro de los centros laboriosos del país. Barranquilla y Cartagena siguen en dinamismo comercial. Esta última fue famosa durante la Colonia por sus fortificaciones y mercado de esclavos. En el Pacífico, Buenaventura, con una fuerte población de origen africano, es un puerto de creciente actividad.

---

[10] *Atenas*   Athens
[11] *honra a*   honors
[12] *pujante*   vigorous

No obstante los grandes esfuerzos por industrializarse, la agricultura en Colombia todavía pesa en la economía nacional: la pobreza extrema del campesino[13] constituye un grave problema nacional. Como en otras partes de Latinoamérica, en las últimas tres décadas, la sociedad colombiana es ahora más alfabetizada (91.3 por ciento) y urbana (70 por ciento) que rural (30 por ciento). Si se descuentan los ingresos de miles de millones de dólares obtenidos por el narcotráfico, los principales productos de exportación son: café, petróleo, tejidos, bananas, flores frescas, esmeraldas y algodón. Colombia es, después del Brasil, el país que más café exporta. El café colombiano es de superior calidad y recibe mejor precio en el mercado internacional. Un cuarto de millón de colombianos trabaja en los cafetales.[14] Buen número de los productos de exportación del país se encuentran en manos de compañías extranjeras. La United Brand, por ejemplo, controla la producción de bananas o plátanos. La ganadería es la segunda industria legal del país.

La influencia de la religión en la población colombiana, sobre todo en las clases populares, es mayor que en casi todo el resto de Latinoamérica. Hasta los políticos se ven obligados a mostrar su adhesión pública[15] a la Iglesia. Los colombianos, tan amantes de los chistes y las bromas,[16] aseguran que la única diferencia entre liberales y conservadores radica en que aquéllos van a misa[17] a la seis de la mañana y éstos a las once. Los liberales asisten tan temprano para que no los vean; los conservadores van a media mañana para ser vistos por todos.

El antioqueño, frugal y prolífico, es probablemente el mejor hombre de negocios del país. Sobresale por su dinamismo, espíritu de empresa y habilidad financiera. Medellín, la ciudad principal de la región, es la más industrializada del país. Decenas de millares de antioqueños han emigrado a otras provincias, sobre todo a Caldas y Tolima, gozando en ellas de privilegiada posición económica, gracias a sus propios esfuerzos y no al azar[18] de la política. El industrial antioqueño, menos interesado en el quehacer[19] literario que el bogotano, es muy activo en la vida social.

12.5 La República de Venezuela

Venezuela nace como país independiente con el llanero José Antonio Páez, general de las guerras de independencia, famoso por castigar a los

---

[13] *campesino*   peasant
[14] *cafetales*   coffee plantations
[15] *adhesión pública*   public support
[16] *los chistes y las bromas*   puns and practical jokes
[17] *misa*   mass
[18] *azar*   hazard, fate
[19] *quehacer*   work

soldados que no le mostraban sangre enemiga en la punta de las lanzas. Ya prácticamente había gobernado Venezuela en nombre de Bolívar durante su ausencia de 1819 a 1829. Cuando separó a Venezuela de la «Gran Colombia», Páez tomó las riendas del gobierno de la nueva república y dominó la política nacional hasta 1846. Gobernó con tino y mano fuerte, separándose cada vez más de las masas para identificarse con los intereses de la oligarquía. El conservatismo centralista con los años encontró mayor oposición de parte de los liberales federalistas hasta que se desencadenó la llamada «Guerra Federal» (1858–63), que ayudó a romper muchas barreras raciales. Páez, más reaccionario que antes, volvió a gobernar dictatorialmente de 1861 a 1863.

El caos y la prepotencia militar culminan con los gobiernos tiránicos de Antonio Guzmán Blanco, de 1872 a 1888, Cipriano Castro, de 1899 a 1908, y Juan Vicente Gómez, de 1908 a 1935. Este último fue uno de los más funestos gobernantes latinoamericanos: asesinó, desterró, aprisionó y torturó a sus oponentes. Cuando en 1920 se descubrió petróleo en el lago Maracaibo, Gómez concedió su explotación a compañías extranjeras que le pagaron fuertes sumas de dinero, ayudándolo a convertirse en uno de los hombres más ricos del mundo. Durante su dictadura aparecieron teóricos del régimen despótico. José Gil Fortoul (1862–1943), escribió *El hombre y su historia*, obra representativa del positivismo venezolano y en favor de las «dictaduras republicanas», y la *Historia constitucional de Venezuela*, apasionada defensa legal y sofística[20] de la autocracia. Laureano Vallenilla Lanz (1870–1936), fue el autor de la más elocuente defensa del despotismo latinoamericano: *Cesarismo democrático* (1919), traducida al italiano por orden de Mussolini para mostrar una feliz anticipación del sistema fascista.

Cuando murió Gómez, a los 78 ocho años de edad, se produjo un alborozo[21] general algo prematuro pues le sucedieron dos generales que gobernaron uno tras otro con mano fuerte hasta 1945, cuando un grupo de militares jóvenes convertidos a la causa constitucional se alzó con la ayuda y dirección de Acción Democrática (AD), partido fundado por Rómulo Betancourt (1908–81). El movimiento triunfante estableció un régimen de transición presidido por Betancourt, que convocó a elecciones libres y por primera vez en la historia del país el jefe de estado fue elegido por voto popular directo. En 1947 el pueblo eligió al escritor Rómulo Gallegos (1884–1969), autor de la novela *Doña Bárbara*, ataque simbólico a la tiranía de Gómez. A los pocos meses, su gobierno constitucional fue derrocado por el ejército. Tras un período de confusión inicial, emergió triunfante el general Marcos Pérez Jiménez, quien gobernó

---

20 *sofística*   fallacious
21 *alborozo*   mucha alegría

con mano de hierro hasta 1958, cuando una insurrección general lo destituyó. Durante su presidencia el dictador y sus lacayos[22] se enriquecieron vertiginosamente.[23]

En las últimas décadas los presidentes constitucionales civiles se han esforzado por hallar una solución pacífica a los problemas nacionales, especialmente Rómulo Betancourt de 1959 a 1964, Raúl Leoni, de 1964 a 1969, Rafael Caldera, de 1969 a 1974, Carlos Andrés Pérez de 1974 a 1979 y Jaime Lusinchi, de 1984 a 1989. Durante esta etapa Venezuela gozó de relativa prosperidad económica gracias a los impuestos de exportación al petróleo. En 1960, por iniciativa de Venezuela, un grupo de países exportadores del oro negro formaron la Organización de Países Exportadores de Petróleo (OPEP).

Durante las décadas de los años 50 y 60 la mala distribución de la riqueza, el analfabetismo y el aumento de la población causaron insurrecciones armadas y la aparición de focos[24] guerrilleros. No obstante la construcción de la ciudad universitaria y las grandes obras públicas emprendidas por Acción Democrática, Caracas no votó por los dos primeros candidatos de ese partido. Los campesinos del interior, favorecidos por la reforma agraria de AD, sí votaron por sus candidatos en las elecciones locales y nacionales. Como este partido perdió su ala izquierdista antes de las elecciones de 1968, el candidato demócrata cristiano, Rafael Caldera, resultó elegido para el período presidencial 1969–1974. Caldera indultó a la mayoría de los guerrilleros y su política de conciliación con los comunistas menos radicales consiguió la disminución de la beligerancia guerrillera y lo llevó a apoyar la reincorporación de Cuba al seno de la Organización de Estados Americanos. Le sucedió el adeco (de AD) Carlos Andrés Pérez, quien continuó una dinámica política reformista y nacionalista cuyas principales medidas fueron la nacionalización del hierro y del petróleo. En 1989 Carlos Andrés Pérez fue reelegido para gobernar hasta 1994. En 1993, sin embargo, el Senado, por unanimidad, autorizó el enjuiciamiento de Pérez por corrupción y nombró como vicepresidente provisional a Ramón J. Velázquez Mujica. A él en 1994 le sucedió Rafael Caldera, candidato independiente ganador de las elecciones presidenciales. En diciembre de 1998, otro candidato independiente, Hugo Chávez, ex teniente coronel que encabezó un golpe de estado en 1992, tras ganar la elecciones presidenciales, declaró que después de asumir la presidencia resolverá la grave crisis económica del país y que gobernará democráticamente.

---

[22] *lacayos*   lackeys
[23] *vertiginosamente*   very rapidly
[24] *focos*   centros

Vista panorámica de Caracas mostrando algunos de los altos edificios construidos durante el auge (*boom*) del petróleo.

12.6 PERFIL DE VENEZUELA Y SU GENTE

La patria de Bolívar es el único país sudamericano cuyas costas se encuentran totalmente en el Caribe. Es dos veces más grande que California, es decir, del área de Texas y Oklahoma juntos. Tiene jurisdicción sobre setenta y dos islas, incluyendo Margarita, que tiene una extensión de unas 40 millas de largo por 20 millas de ancho. El río Orinoco y sus tributarios forman el segundo sistema fluvial más importante de Sudamérica. El Orinoco tiene una extensión de 1,500 millas, de las cuales 700 son navegables. El río divide el país en dos mitades. En la del norte se encuentran las grandes sabanas (llanos) y más al norte la región andina, con sus ciudades y minas. En la mitad del sur se encuentra la sierra de la Guayana, con su floresta tropical.

La población actual es el doble de la de hace veinte años: más de 22 millones de habitantes, de los cuales 70 por ciento son mestizos, 15 por ciento negros y mulatos, 10 por ciento blancos y 5 por ciento indios. La mayoría indígena vive en las llanuras y selvas; la mayoría de herencia africana en la costa; y la mayoría de origen europeo en el área de Caracas, Maracaibo y Valencia. El 68 por ciento de la población es urbana.

Los productos venezolanos más importantes son: petróleo, hierro, oro, diamantes, cobre y carbón. Venezuela es uno de los más importantes productores de petróleo del mundo. Este oro negro provee al país con el 90 por ciento de sus divisas y el 63 por ciento de su presupuesto. Desde la Segunda Guerra Mundial, el gobierno está tratando de desarrollar la explotación del hierro, especialmente del Cerro Bolívar, en el noreste del país, cerca del río Orinoco y del Salto Ángel, la catarata más alta del mundo (3,298 pies). Los principales productos agrícolas son: café, azúcar, arroz, tabaco y algodón.

Venezuela ha sido, desde principios del siglo pasado, mucho más importante de lo que pudiera sugerir su población. Cuando Miranda, Bello y Bolívar nacieron, la Capitanía General de Venezuela tenía menos de un millón de habitantes, sin embargo, su contingente de combatientes y de generales fue fundamental en la lucha por la independencia de Colombia, Ecuador, Perú y Bolivia, todos los cuales fueron gobernados por generales venezolanos durante los primeros años de vida independiente. Se cree que en las guerras de la independencia, Venezuela perdió alrededor de la tercera parte de sus hombres. Hoy día Venezuela ocupa un importante lugar en la historia y en el desarrollo de Latinoamérica tanto por sus contribuciones a la emancipación de España como por ser uno de los países más ricos e influyentes de la región.

La moderna Caracas tiene una población de más de dos millones y medio de habitantes, incluyendo los centenares de miles de gente muy pobre que viven en los cinturones[25] de miseria urbana en las afueras de la ciudad. Maracaibo, en la zona petrolera del lago del mismo nombre, tiene más de un millón de habitantes. Barquisimeto, Valencia y Maracay, ciudades situadas al oeste de Caracas, son también de creciente importancia.

12.7 SUMARIO

I. Ecuador:
  A. La Audiencia de Quito en el Virreinato del Perú (1563–1739)
  B. Virreinato de Nueva Granada (1739–1822) y la «Gran Colombia» (1822–30)
  C. Períodos autocráticos del general Juan José Flores de 1830 a 1845
  D. El despotismo conservador de Gabriel García Moreno (1861–75)
  E. Gobierno progresista de Eloy Alfaro (1895–1901 y 1905–06)
  F. Juntas militares y regímenes constitucionales de 1976 al presente
  G. Perfil del Ecuador y del pueblo:
    1. Riquezas naturales de la costa, valles interandinos y selva
    2. Doce millones de mestizos (41%), indios (39%), blancos (10%) y negros (9%). Gobernados por blancos y mestizos
    3. Petróleo, plátanos, cacao, arroz, café, mariscos, tagua

---

[25] *cinturones* belts

II. **Colombia:**
  A. La Gran Colombia (1821–30) y la Confederación Granadina (1858–61)
  B. Conservadores contra liberales: la Guerra de los Mil Días (1900–02)
  C. Independencia de Panamá (1903) auspiciada por Theodore Roosevelt
  D. El predominio liberal (1930–46)
  E. Apogeo conservador (1946–57), el «bogotazo» (1948) y la «Violencia»
  F. La convivencia en el Frente Nacional (1958–74)
  G. Las guerrillas, el narcotráfico y el terrorismo de los «extraditables»
  H. Perfil de Colombia y su gente:
    1. Importancia estratégica del país y la presión demográfica
    2. El tercer país más poblado de hispanohablantes: 38 millones
    3. Importancia de Bogotá, Medellín, Cali, Barranquilla y Cartagena
    4. Cocaína, café, esmeraldas, ganado, oro, plata y platino

III. **Venezuela:**
  A. La era autocrática del llanero José Antonio Páez (1830–63)
  B. «Cesarismo democrático» y pseudodemocracia castrense:
    1. Dictaduras de Guzmán Blanco (1872–88), Cipriano Castro (1899–1908), Juan Vicente Gómez (1908–35)
    2. El Intermezzo democrático (1945–48) y la dictadura del general Marcos Pérez Jiménez (1948–58)
    3. La Acción Democrática, la Democracia Cristiana y los políticos independientes
  C. Perfil de Venezuela y su gente:
    1. Bellas islas, costa, Andes, sabanas (llanos), selva y el río Orinoco
    2. 22 millones de habitantes: minoría rica, clase media creciente y mayoría pobre
    3. Importancia de Caracas, Maracaibo, Barquisimeto, Valencia y Maracay

12.8 CUESTIONARIO, PREGUNTAS Y VIDEOS

Cuestionario

1. ¿Qué países sudamericanos formaban la Gran Colombia?
2. ¿Cuáles son las diferentes regiones del Ecuador?
3. ¿A qué se debe la rivalidad entre Guayaquil y Quito?

4. ¿Quiénes fueron los dos Camilo Torres?
5. ¿Por qué se ha llamado a Bogotá la «Atenas de Sudamérica»?
6. ¿Cuáles son las regiones más importantes de Colombia?
7. ¿Quiénes son los filólogos y escritores colombianos más conocidos?
8. ¿A qué se le ha dado el nombre de cesarismo democrático?
9. ¿Cuál ha sido el papel histórico de Acción Democrática?
10. ¿Quién fue Rómulo Gallegos?

Preguntas y temas de expansión

1. ¿Por qué se desintegró la Gran Colombia?
2. ¿Qué papel histórico desempeñó el Presidente Gabriel García Moreno?
3. ¿Cuáles fueron las causas y las consecuencias del bogotazo?
4. ¿Quién hizo la apología del cesarismo democrático en Venezuela y por qué?
5. ¿Qué características tiene la violencia en Colombia?
6. ¿Cuáles son las causas de la rivalidad entre guayaquileños y quiteños?
7. Haga una evaluación del espíritu de empresa del antioqueño en la sociedad colombiana.
8. Explique por qué es tan prestigioso el Instituto Caro y Cuervo.
9. Contraste el papel histórico de los conservadores con el de los liberales de Colombia.
10. Explique las causas de la influencia de Venezuela en la historia latinoamericana.

Films y videos VIDEO

Vea nuestras sugerencias en la página 409.

12.9 RECOMENDACIÓN BIBLIOGRÁFICA

Ecuador

Castro, Manuel. *Encuentros actuales con la historia.* Quito: Corporación Ecuatoriana de Estudios Políticos y Sociales, 1996.

Coello Vázquez, Teodoro. *Universidad, estado y sociedad.* Quito: Corporación Editora Nacional, 1994.

Cueva, Agustín. *The Process of Political Domination in Ecuador.* Trans. D. Salti. New Brunswick: Rutgers University Press, 1981.

Echeverría, Julio. *La democracia bloqueada.* Quito, Ecuador: Letras, 1997.

Hurtado, Osvaldo. *Political Power in Ecuador.* Trans. Nick D. Mills, Jr. 2nd. ed. Boulder, Co.: Westview Press, 1985.

Martz, John D. *Regime, Politics and Petroleum: Ecuador Nationalist Struggle.* New Brunswick, N.J.: Transaction Books, 1986.

Pineo, Ronn F. *Social and Economic Reform in Ecuador. Life and Work in Guayaquil.* Gainesville: University of Florida Press, 1996.

Quintero López, Rafael y E. Silva Charvet. *Ecuador, una nación en ciernes.* Quito: Editorial Universitaria, 1995.

Schodt, David W. *Ecuador: An Andean Enigma.* Boulder, Co.: Westview Press, 1987.

Colombia

Arciniegas, Germán. *América nació entre libros.* Bogotá: Presidencia de la República, 1996.

Brusco, Elizabeth E. *The Reformation of Machismo: Evangelical Conversion and Gender in Colombia.* Austin: University of Texas Press, 1995.

Calero, Luis Fernando. *Chiefdoms under Siege.* Albuquerque: University of New Mexico Press, 1997.

Castro, Jaime. *Reforma constitucional y crisis política.* Santa Fe de Bogotá: Ediciones Jurídicas Gustavo Ibáñez, 1997.

Fals-Borda, Orlando. *Región e historia.* Bogotá: TM Editores, 1996.

Grahn, Lance Raymond. *The Political Economy of Smuggling.* Boulder, CO: Westview Press, 1997.

Morales Benítez, Otto. *Teoría y aplicación de las historias locales.* Manizales, Colombia: Universidad de Caldas, 1995.

Rappaport, Joanne. *The Politics of Memory: Native Historical Interpretation in the Colombian Andes.* Durham, NC: Duke University Press, 1998.

Zamosc, Leon. *The Agraria Question and the Peasant Movement in Colombia.* Cambridge and New York: Cambridge University Press, 1986.

Venezuela

Alexander, Robert J. *Rómulo Betancourt and the Transformation of Venezuela.* New Brunswick, N.J.: Transaction Books, 1982.

Bland, Gary. *Lessons of the Venezuelan Experience.* Washington, D.C. and Baltimore: Woodrow Wilson Center Press and Johns Hopkins University Press, 1995.

Camache, Damarys J., and M. R. Kulisheck, eds. *Reinventing Legitimacy. Democracy and Political Change in Venezuela.* Westport, CT: Greenwood, 1998.

Coppedge, Michael. *Strong Parties and Lame Ducks: Presidential Patyarchy and Factionalism in Venezuela.* Stanford, CA: Stanford University Press, 1994.

McCoy, Jennifer et al., eds. *Venezuelan Democracy under Stress.* Miami: North-South Center Press, University of Miami, 1995.

Romero, Aníbal. *Decadencia y crisis de la democracia. ¿A dónde va la democracia venezolana?* Caracas: Panapo, 1994.

México y su revolución

 http://latinoamerica.heinle.com

Vocabulario autóctono y nuevo

- ejido
- halcones
- pelao
- porfiriato

13.1 LA ERA DE SANTA ANNA (1829–55)

Fusilado el ex emperador Agustín Iturbide en 1824, Guadalupe Victoria asumió la presidencia de México. Durante sus cuatro años de gobierno las dos ramas masónicas influyentes en la política nacional se combatieron violentamente. Lo más significativo de este período turbulento fue la abolición de la esclavitud, proclamada antes que en la mayor parte de las Américas.

España intentó reconquistar el país en 1829, pero las fuerzas mexicanas dirigidas por el general Antonio López de Santa Anna (1791–1876) frustraron estos planes. Desde entonces hasta 1855, dominó la política nacional este militar más afortunado en la guerra que en la administración pública. Gobernó con mano dura y luchó contra los anticlericales una vez que se sintió seguro en el poder. Comandó la expedición para impedir la secesión de Texas, donde inmigrantes angloamericanos rebelados proclamaron su independencia con la ayuda de los Estados Unidos. En la intervención armada de Francia conocida como la Guerra de los Pasteles (1838–39), causada por una exagerada reclamación

13

Cronología comparativa

1829–55 La era de Santa Anna

1855–72 Leyes de reformas anticlericales

1876–1910 Gobierno de Porfirio Díaz

1911–20 Etapa bélica de la Revolución mexicana

1920–40 Etapa organizadora de la Revolución mexicana

1940– Etapa conservadora de la Revolución mexicana

•••

1829 Fernando VII se casa con María Cristina de Nápoles

1863 Emancipación de los esclavos en los EE.UU.

1873 Proclamación de la Primera República en España

1914–18 Primera Guerra Mundial

1939–45 Segunda Guerra Mundial

1998 Crisis financiera en Asia y Rusia

1999 La OTAN ataca a Serbia por sus crímenes de guerra contra los albano-Kosovares

México

- Población: 98,552,776
- Área: 1,972,550 km²
- Capital: Ciudad de México
- Moneda: el peso
- Índice de alfabetización: 89.6%
- Principales productos de exportación: plata, plomo, antimonio, petróleo crudo, maquinarias y equipos de transporte, café, tomates, ganado vivo, productos químicos, derivados del petróleo, gas natural, algodón, cobre, camarones congelados

de pasteleros franceses, Santa Anna se distinguió como héroe patriota, pero ello no le ayudó a mejorar su imagen política negativa. Aprovechándose de la situación interna de México, los políticos expansionistas estadounidenses consiguieron que su gobierno le declarara la guerra a México, lo venciera y le impusiera el Tratado de Guadalupe-Hidalgo (1848) que anexó a Estados Unidos la mitad del país derrotado. Después de esa contienda injusta, criticada por Ralph Waldo Emerson y Henry David Thoreau, en 1853, Santa Anna se hizo nombrar presidente permanente. Se recuerda entre sus desatinos la venta a Washington de la región de la Mesilla (*Gadsden Purchase*, 1853). En 1854 derrotó y fusiló al organizador francés de la secesión del Estado de Baja California. Al año siguiente, una rebelión puso fin a este gobierno centralista y exilió al déspota.

13.2 La Reforma (1855–72)

Cuando México se independizó, la Iglesia era el terrateniente más rico: poseía un tercio de las tierras agrícolas. Como las guerras civiles y extranjeras habían causado una crisis económica, los liberales mexicanos, en cuya vanguardia se encontraban los masones influyentes, iniciaron una campaña tendente a limitar el poder económico y político de la Iglesia, aliada de las fuerzas conservadoras. Apenas los liberales llegaron al poder en 1855, aprobaron la Ley Juárez para limitar la jurisdicción de las cortes militares y eclesiásticas. En 1856 promulgaron la Ley Lerdo que disponía la venta de las tierras de la Iglesia. Al año siguiente, la Constitución de 1857 estableció la supremacía del Estado. En el mismo año asumió la presidencia Benito Juárez (1806–72), orgulloso de ser indio zapoteca. Él promulgó las llamadas Leyes de Reforma que establecían la supresión de la órdenes religiosas, la confiscación de las propiedades eclesiásticas y la obligatoriedad del registro civil de nacimiento, matrimonio y muerte. La reacción conservadora apeló a las armas y desencadenó una guerra fratricida de varios años.

Aprovechándose de la guerra civil norteamericana, que dificultaba la intervención estadounidense en el exterior, Napoleón III de Francia, *manu militari*[1] impuso a Maximiliano de Habsburgo como emperador de México (1862–67). Carlota, su ambiciosa esposa, fue responsable de muchas arbitrariedades gubernamentales, apoyada por la aristocracia conservadora. El pueblo, en cambio, acudió al llamado a las armas de Benito Juárez. Tras una lucha sangrienta, el ejército francés fue derrotado y obligado a retornar a su país. Aunque abandonado por el ejército galo, Maximiliano continuó la lucha con endebles fuerzas mexicanas dirigidas

---

[1] *manu militari* por la fuerza de las armas

por generales felones,[2] pero la suerte ya estaba echada: sufrió serios reveses[3] militares y al fin fue capturado, sumariamente condenado a muerte y ejecutado en Querétaro. Benito Juárez continuó la labor de reconstrucción nacional hasta que un ataque cardíaco le quitó la vida en 1872.

13.3 La Pax[4] Porfiriana (1876–1910)

A los tres años de la muerte de Juárez, Porfirio Díaz (1830–1915), destacado general en la lucha contra Maximiliano, llegó a asumir la jefatura suprema de la nación, usando el grito de «Sufragio efectivo; no reelección», lema irónico si se tiene en cuenta que gobernó por treinta y cuatro años. Díaz era un conservador vanidoso, acostumbrado a usar polvo de arroz para emblanquecerse[5] la cara. A él se le atribuye la frase: «Pobre México, tan lejos de Dios y tan cerca de los Estados Unidos». Su gobierno autocrático benefició a sus partidarios y a los poderosos inversionistas[6] extranjeros. Deseoso de transformar el país «científicamente», en conformidad con la filosofía positivista, organizó un gabinete ministerial con expertos «científicos».

Durante el **porfiriato**, como se conoce la era de Díaz, se construyeron ferrocarriles, se comenzó la industrialización, se creó la policía federal, (montada y rural) y se abrieron las puertas de par en par[7] a las inversiones extranjeras. Con artimañas[8] legales, se despojó a los indígenas de sus tierras privadas y comunales, y se entregaron a varios extranjeros grandes extensiones del territorio nacional. La pobreza general, contrastada con el enriquecimiento de los inversionistas del exterior, permite parafrasear[9] al Inca Garcilaso de la Vega: «La presidencia de Díaz fue madre de los extranjeros y madrastra de los mexicanos». Aunque Díaz era mestizo, lo indio le avergonzaba.[10] Cuando se reunió en México la Conferencia Panamericana (1901–02), se prohibió a los indígenas servir en los grandes hoteles «para no dar a los extranjeros la impresión que México era un país de indios».

La tiranía, el pauperismo, la corrupción y la ignorancia impulsaron a muchos ciudadanos a oponerse a la reelección presidencial, resucitando el grito de «¡sufragio efectivo; no reelección!»[11] Poco después de haber gastado

---

[2] *galo...felones* French . . . traitors
[3] *reveses* defeats
[4] *Pax* Paz
[5] *polvos...emblanquecerse* rice powder to whiten
[6] *inversionistas* investors
[7] *de par en par* ampliamente
[8] *artimañas* engaños
[9] *parafrasear* paraphrase
[10] *lo indio le avergonzaba* everything Indian was shameful
[11] *¡Sufragio...reelección!* Clean elections; no reelection!

Emiliano Zapata, héroe de la Revolución mexicana, combatió con el grito «Tierra y libertad».

millones de dólares para celebrar su cumpleaños, en 1910, el octogenario Díaz se declaró vencedor de las elecciones presidenciales. Ante este acto fraudulento, Francisco Madero (1873-1913), el candidato de la oposición, lanzó el famoso Plan de San Luis de Potosí, propuesta política considerada como un llamado a la rebelión.

13.4 LA REVOLUCIÓN MEXICANA: LA LUCHA ARMADA (1911–20)

El alzamiento revolucionario iniciado por Madero en 1911 pronto se extendió por todo el país y obligó al dictador a huir a Europa. Madero fue proclamado presidente provisional. Aunque el entusiasmo era general y el apoyo popular muy grande, el nuevo jefe de estado, un hacendado adinerado, idealista, vegetariano y espiritista,[12] enfocó su atención principalmente en asuntos puramente políticos. Hombre inexperto en administración pública, varias veces postergó la prometida reforma agraria y ciegamente se confió en algunos generales del ejército para hacer frente al descontento de enemigos y amigos. El general Victoriano Huerta, ministro de guerra, aprovechó la decepción popular para traicionar a Madero. Después de asesinarlo, el general felón se proclamó jefe supremo (1913), pero al año estallaron varias rebeliones. En el norte, los caudillos revolucionarios principales fueron Francisco (Pancho) Villa, Venustiano

---

[12] *espiritista* spiritualist (a person who communicates with the spirits of the dead through a *medium* or individual susceptible to their influence)

Carranza y Alvaro Obregón. En el sur, el revolucionario más popular fue el noble indígena analfabeto Emiliano Zapata. El choque entre federales y revolucionarios bañó en sangre a México.

Al fin Huerta huyó del país, pero los caudillos triunfantes no se pusieron de acuerdo sobre quién debería gobernar México. Sus representantes se reunieron en la Convención de Aguascalientes en 1915 para dictar una nueva Constitución y resolver el impasse. La mayoría votó a favor de Carranza. Villa y Zapata no acataron la decisión y continuaron la guerra civil, logrando ocupar brevemente la capital mexicana. Se cuenta que el legendario Villa apenas ingresó al Palacio de Gobierno se apresuró a sentarse en la silla presidencial e inmediatamente se puso de pie y riéndose dijo en alta voz: «¡Y cómo es que dicen que la silla se pega al trasero!»[13]

Poco a poco Carranza consolidó su poder. Entre los hechos más importantes ocurridos durante su gobierno (1915–20), se encuentran la expedición punitiva estadounidense contra Pancho Villa y la aprobación de la Constitución de 1917. Villa, interesado en crearle dificultades a Carranza, atacó Columbus, Nuevo México, matando a varios estadounidenses. El gobierno de Washington despachó un ejército a las órdenes del general John J. Pershing para castigar al caudillo mexicano.

La histórica Constitución de 1917 señala las pautas legales de la Revolución. Los artículos más importantes declaran que (a) la Iglesia no puede adquirir, poseer, ni administrar bienes inmuebles; (b) la tierra y el subsuelo pertenecen al Estado; (c) es derecho laboral el organizar gremios;[14] (d) el estado protegerá la educación secular.

Tras arduos combates, Carranza logró dominar la oposición y obligó a Villa a retirarse de la política. En el sur, Zapata continuó la lucha por «Tierra y Libertad»," convencido de que «es preferible morir de pie que vivir de rodillas», lema adoptado después como consigna[15] republicana en la Guerra Civil de España (1936–39). Continuó luchando hasta que cayó acribillado[16] a balazos en una emboscada tendida por Carranza. El proverbio «Quien a hierro mata a hierro muere» se cumplió: en una de las rebeliones, Carranza también cayó asesinado cuando huía en un tren cargado de oro. Con él termina en 1920 la etapa bélica de la Revolución.

13.5 LA ETAPA ORGANIZADORA DE LA REVOLUCIÓN MEXICANA (1920–40)

En 1920 triunfó en las elecciones presidenciales el candidato oficial: el general Alvaro Obregón. Durante sus cuatro años de gobierno se

---

[13] *cómo...trasero*   why do they say the presidential chair sticks to the buttocks
[14] *derecho laboral...gremios*   the workers have the right to organize labor unions
[15] *consigna*   watchword
[16] *acribillado*   perforado

realizaron importantes obras de construcción nacional, sobre todo en el campo cultural. El ministro de educación, el escritor José Vasconcelos, reorganizó la universidad y protegió las artes. Estimuló a los muralistas Diego Rivera, José Clemente Orozco y David Alfaro Siqueiros. Estableció mil escuelas rurales y distribuyó, con fervor idealista, ejemplares de los clásicos europeos. Colaboraron con él, distinguidos intelectuales de otras partes de Hispanoamérica: Gabriela Mistral, Pedro Henríquez Ureña y Víctor Raúl Haya de la Torre, entre otros latinoamericanos que se distinguirían con los años. El dinamismo constructor normalizó las relaciones internacionales, sobre todo después de que el gobierno revolucionario recibiera el reconocimiento diplomático estadounidense en 1923.

Creyendo erróneamente que la Revolución sólo podría continuar si gobernaban únicamente hombres escogidos, en 1924 Obregón entregó el mando al candidato oficial triunfante: Plutarco Elías Calles (1877–1945), Gobernador racista del Estado de Sonora. En el curso de sus cuatro años de administración, las relaciones con los Estados Unidos volvieron a deteriorarse. Empeoraron la situación: (a) la rebelión de los cristeros, esto es, de los católicos conservadores opuestos al anticlericalismo de Calles; y (b) la controversia agraria con los Estados Unidos causada por la expropiación de tierras pertenecientes a compañías estadounidenses. Para sorpresa general, en las elecciones presidenciales de 1928, el ex presidente Obregón fue designado anticonstitucionalmente candidato oficial. Obregón triunfó pero al poco tiempo un fanático religioso lo asesinó. De 1928 a 1934 se sucedieron otros gobiernos interinos hasta la presidencia del general Lázaro Cárdenas (1934–40).

Cárdenas realizó más en pro de las clases desposeídas que sus predecesores revolucionarios. Implementó la Constitución de 1917, expropió tierras y distribuyó cuarenta y cinco millones de hectáreas,[17] sobre todo a los «**ejidos**» o comunidades indígenas. Con el apoyo oficial, Vicente Lombardo Toledano (1894–1968) organizó la Confederación de Trabajadores Mexicanos, llamada a tener mucha influencia en la vida política nacional. Aprovechando la crítica situación internacional motivada por la crisis europea, Cárdenas nacionalizó el petróleo y los ferrocarriles, desencadenando otro conflicto diplomático con Washington, que la Segunda Guerra Mundial ayudó a resolver. El pueblo, entusiasmado, apoyó a su presidente y, orgulloso de él, le llevaba pollos y huevos para ayudar a pagar la deuda que imponía el arreglo del conflicto por el petróleo. La integridad administrativa y el dinamismo de Cárdenas le conquistaron mucha popularidad. Las masas mexicanas veían en él la conciencia de la Revolución. Aun sus enemigos admiten que su período

---

[17] *hectáreas*   hectares (1 hectare = 10,000 m. = 2.471 acres)

Mural del edificio de la Biblioteca de la Universidad Nacional de México en la Ciudad Universitaria.

gubernamental fue el más fructífero de la historia de México en el siglo XX. Con Cárdenas termina la etapa organizadora encaminada a sentar[18] las bases permanentes de la Revolución mexicana.

13.6 LA ETAPA CONSERVADORA DE LA REVOLUCIÓN MEXICANA (1940–)

La etapa conservadora se inició con el general Manuel Ávila Camacho en 1940, con quien recrudeció la corrupción administrativa y la llamada Revolución comenzó a perder su ímpetu. En 1946 a Camacho le sucedió el licenciado Miguel Alemán (1902–83), primer mandatario civil de la Revolución. Los historiadores señalan como hechos significativos de su administración: (a) el cambio de nombre del partido oficial a Partido Revolucionario Institucional (PRI); (b) el establecimiento de 50,000 firmas industriales; y (c) la construcción de la famosa ciudad universitaria en las afueras de la ciudad de México. Su sucesor, Adolfo Ruiz Cortínez, de 1952 a 1958, continuó el programa de industrialización que permitió la consolidación de la clase media y la multiplicación de los revolucionarios millonarios. La tranquilidad interna se alteró cuando los estudiantes y fuerzas de extrema izquierda combatieron al conservatismo gubernamental en las calles de la capital. La siguiente administración, la de Adolfo López Mateos (1958–64), siguió la política conservadora de las tres precedentes. La tranquilidad general aceleró el proceso de inversiones y facilitó la llegada de más

---

18 *encaminada a sentar*   set out to establish

capital estadounidense. Al concluir este período administrativo, se recrudeció la exigencia al conformismo político y el control del país por el partido único. El estancamiento de la reforma democrática llevó a muchos jóvenes mexicanos a gritar: «La Revolución ha muerto: ¡Viva la Revolución!»

Durante la presidencia siguiente, la de Gustavo Díaz Ordaz (1964–70), ocurrió la tarde triste del universitario, es decir, el ataque a los estudiantes por la policía y por la guardia política de choque con el siniestro nombre de «**halcones**», en la Plaza de las Tres Culturas, en Tlatelolco, en 1968, casi cuatro siglos después de «la noche triste» de Cortés. Este encuentro dejó a varias decenas de estudiantes muertos y muchos heridos muy cerca del lugar donde la leyenda dice que Cortés lloró la expulsión de los españoles de Tenochtitlán. El ataque oficial ocurrió cuando los estudiantes desfilaban en apoyo de la autonomía universitaria y los derechos estudiantiles. El conflicto entre fuerzas gubernamentales y estudiantiles mostró el continuo distanciamiento entre gobierno y juventud. La oposición antigubernamental se basaba en el desequilibrio de la política económica oficial, favorable a un sector minoritario de la nación.

El triunfo electoral de Luis Echeverría en 1970 probó una vez más que el partido oficial siempre gana por abrumadora mayoría. El gobierno de José López Portillo (1976–82) se inclinó a mejorar las relaciones con los Estados Unidos a la vez que aceleró la explotación del petróleo para conseguir más divisas para el desarrollo de la economía. En la esfera de las relaciones internacionales, México continuó su tradicional política independiente, como lo había demostrado en 1961 al ser el único país del hemisferio en rechazar la presión estadounidense para romper las relaciones diplomáticas con Cuba cuando la Organización de Estados Americanos (OEA), presionada por los Estados Unidos, condenó a esta nación.

El presidente Miguel de la Madrid Hurtado (1982–88) continuó la política conservadora. Sin embargo, el peso de la deuda externa, la baja del precio internacional del petróleo, el traslado de centenares de millones de dólares del capital privado a bancos situados fuera de México y la corrupción administrativa obligaron al gobierno en 1982 a devaluar el peso en un 555 por ciento, nacionalizar la banca privada y establecer un estricto control sobre la moneda. A pesar de estas medidas, la inflación continuó con el consecuente deterioro del valor internacional del peso. La crisis económica empeoró cuando en setiembre de 1985, un terremoto de 7.8 grados en la escala de Richter causó en la ciudad de México más de 6,000 muertos, serios daños materiales y dejó sin hogar a 30,000 personas.

Tras un fuerte movimiento de oposición a la corrupción de la cúpula gubernamental del PRI y de las irregularidades gubernamentales y electorales en la mayoría de los Estados, en 1988 se impuso la elección del candidato oficial, Carlos Salinas de Gortari, pese a la acusación de fraude electoral hecha por el candidato perdedor, Cuauhtémoc Cárdenas, hijo de Lázaro

Monumento de la Independencia en el Paseo de la Reforma de México, una de las ciudades más pobladas del mundo.

Cárdenas. Cuatro acontecimientos históricos ocurrieron en 1994: (a) entró en vigor el Tratado de Libre Comercio de América del Norte (NAFTA), establecido entre México, Estados Unidos y Canadá; (b) el inicio de la lucha armada en Chiapas por el Ejército Zapatista de Liberación Nacional; (c) el asesinato de Luis Donaldo Coloso, candidato del PRI en las elecciones presidenciales de ese año, que fueron ganadas por Ernesto Zedillo, su reemplazante; d) el asesinato de Francisco Ruiz Massieu, secretario general del PRI. Poco después de la inauguración de Zedillo ocurrieron dos hechos de repercusión internacional: (1) la devaluación del peso puso en evidencia la aguda crisis económica del país, cuyo «efecto tequila» repercutió en Latinoamérica y necesitó de fuertes préstamos de dinero del exterior, especialmente de Estados Unidos; y (2) el arresto de Raúl Salinas de Gortari, hermano de Carlos, acusado de ser el autor intelectual de la muerte de Ruiz Massieu y de haber recibido sobornos de más de 100 millones de dólares particularmente de los narcotraficantes.

13.7 PERFIL DE MÉXICO Y SU GENTE

México ocupa la parte sur de Norteamérica y la parte norte de Centroamérica. Aunque todavía muchos lo consideran país norteamericano, políticamente dejó de serlo en 1848 al perder la mitad de su territorio norteño. En la actualidad es un puente entre América del Norte y América Central. México es el único país latinoamericano que limita con los Estados Unidos. Por su área, ocupa el tercer lugar en Latinoamérica y el séptimo en el mundo, y por sus 98 millones de habitantes, es el país más poblado de habla castellana en el mundo.

Casi el 85 por ciento del país es abrupto, formado por cadenas de montañas, mesetas y valles. Las regiones más importantes son: la meseta central, que goza de un clima templado agradable, las costas tropicales y el desierto del norte del país. El 90 por ciento de su población es indígena y mestiza; el 9 por ciento es blanca y el 1 por ciento de otras razas. El 10 por ciento de los mexicanos son analfabetos. Se calcula que un millón de mexicanos no habla el castellano sino uno o más idiomas amerindios de las treinta y tres familias lingüísticas existentes en el territorio nacional.

La ciudad de México, capital del país, es una de las urbes más grandes del mundo: tiene más de 20 millones de habitantes en su área metropolitana; esto es, más de la quinta parte de la población total del país. Otras ciudades principales son Guadalajara (con 2.5 millones de habitantes), Monterrey (cerca de 2 millones), Puebla (más de un millón), Ciudad Juárez (700,000), Acapulco (650,000), León (600,000), Tijuana (550,000) y Mérida (250,000). La primera de las nombradas es la capital del pintoresco estado de Jalisco, cuyas plazas, palacios, iglesias y casonas muestran mucho de su pasado colonial. Monterrey, en cambio, es una ciudad industrial, diferente de Puebla y Mérida, conocidas por su bella arquitectura colonial. Puebla es famosa por el vestido típico del país, el de la china poblana, atribuido por la leyenda a una princesa asiática traída en el famoso Galeón de Manila. Veracruz, en el Atlántico, y Acapulco en el Pacífico, son los puertos más activos y más visitados por los extranjeros. Las playas de Yucatán, como Cancún, atraen a muchos turistas.

Desde la época colonial, México ha sido el principal productor de plata del mundo. Además tiene minas de oro, cobre, plomo y zinc. México ocupa el primer lugar del mundo en la producción de plomo y antimonio y es un importante exportador de petróleo. Las cosechas más lucrativas son las de algodón, café, caña de azúcar, garbanzo, cacao, tabaco y cáñamo.[19] Yucatán solamente abastece al mundo la mitad de sus necesidades de cáñamo. Los productos agrícolas de mayor consumo popular son: maíz, fríjoles, aceitunas, frutas, café, caña de azúcar y verduras. El país poco a poco se va industrializando y ahora manufactura muchos de los artículos importados antes: productos químicos y eléctricos, tejidos de algodón, lanas y telas sintéticas. No obstante el progreso notable hasta hoy realizado, México todavía depende en gran parte de su agricultura. El petróleo y el turismo son los grandes proveedores de divisas. En 1997 los principales productos de exportación fueron: material para manufactura, 86 por ciento; petróleo y sus derivados, 10 por ciento; productos agrícolas, 3 por ciento. El 84 por ciento de las exportaciones fueron enviadas a los Estados Unidos.

El mexicano medio se caracteriza por su fuerte nacionalismo y gran amor a la patria, como lo expresan los frecuentes gritos de «¡Viva México!», «¡Como México no hay dos!» y «¡Soy puro mexicano!» En realidad su carácter tiene mucho en común con el de los demás indoamericanos según sea su

---

[19] *garbanzo...cáñamo*   chickpea . . . hemp

condición social y composición étnica. Samuel Ramos y Octavio Paz publicaron los mejores estudios del alma de su pueblo. Ambos recalcan la importancia de la experiencia histórica como condicionadora de la personalidad y la influencia en el comportamiento del pasado y presente indígenas, la herencia colonial hispánica, las revoluciones republicanas y la omnipresencia de la civilización estadounidense. A muchos no les convence la tesis de Paz de que el mexicano vive enmascarado en el laberinto de su soledad. Como otras generalizaciones, ésta parece ser una semiverdad sospechosa que las paredes oyen. La cortesía mexicana no es siempre un mecanismo defensivo para enfrentarse al mundo circundante como en otras latitudes. Ella se ha desarrollado en el curso de los milenios de experiencia histórica de sus antepasados, como ha ocurrido con su hospitalidad, cariño a la familia, imaginación y amor por las fiestas religiosas y cívicas. Su fuerte fervor religioso, manifestado a menudo, se puso en evidencia durante las visitas papales de 1979 y 1999, cuando millones de personas fueron a oír misa y ver a Juan Pablo II.

En resumidas cuentas, el verdadero perfil de la cultura y el hombre mexicanos se confunde con el del indoamericano medio, salvo ciertos trazos característicos menores. El de la clase media piensa, siente y reacciona como sus hermanos del Sur. El «**pelao**» (pelado), como se conoce al hijo del pueblo pobre, tiene mucho en común con los ladinos guatemaltecos y mestizos andinos de igual nivel económico y cultural. Después de todo, la cultura de la pobreza condiciona la personalidad y el pensamiento de la mayoría de indígenas y mestizos mexicanos.

13.8 SUMARIO

I. **El caos inicial y la era del general Antonio López de Santa Anna (1821–55):**
  A. Fusilado Iturbide, Guadalupe Victoria asume la presidencia (1824–28)
  B. Santa Anna derrota la expedición española de reconquista (1829)
  C. La anexión de Texas (1836) y la Guerra de los Pasteles (1838–39)
  D. Guerra con EE. UU. (1846–48) y Tratado de Guadalupe-Hidalgo (1848)
  E. Venta de la Mesilla para cubrir deudas personales de Santa Anna (1853)
  F. La rebelión de 1855 obliga a Santa Anna a abandonar México
II. **La Reforma anticlerical y antimilitarista (1855–72):**
  A. La Ley Juárez (1855) limita a las cortes militares y eclesiásticas

3. Adolfo Ruiz Cortines (1952–58) y los revolucionarios millonarios
4. Ataque a los universitarios en la plaza de Tlatelolco en 1968
5. Terremoto de México: 6,000 muertos y 30,000 personas sin hogar
6. Gobierno de Carlos Salinas (1988–94) y Ernesto Zedillo (1994–)

V. **Perfil del país y su gente:**
  A. El país más poblado de habla castellana: 98 millones de habitantes
  B. Rico en plata, plomo (principal productor del mundo) y petróleo
  C. Pasado indohispánico y omnipresencia estadounidense condicionan su presente

13.9 CUESTIONARIO, PREGUNTAS Y VIDEOS

Cuestionario

1. ¿Cuál fue el papel histórico de Santa Anna?
2. ¿Por qué es recordado con tanto aprecio Benito Juárez en México?
3. ¿Por qué apoyaron los mexicanos conservadores al emperador Maximiliano?
4. ¿Qué significa la frase «¡Pobre México, tan lejos de Dios y tan cerca de los Estados Unidos!»?
5. ¿Quiénes fueron los «científicos» y por qué se los llamó así?
6. ¿Por qué dijo Zapata «Es preferible morir de pie que vivir de rodillas»?
7. ¿Por qué es importante la Constitución de 1917?
8. ¿Cuál fue la obra cultural de José Vasconcelos?
9. ¿Por qué Lázaro Cárdenas era «la conciencia de la Revolución»?
10. ¿Cuales son las etapas de la Revolución mexicana?

Preguntas y temas de expansión

1. ¿Qué ocurrió en México durante la era de Santa Anna?
2. ¿Qué opina Ud. sobre el significado de la Reforma mexicana?
3. ¿Cómo se comparan los dos experimentos monárquicos en México?
4. ¿Cuáles fueron las características sustantivas de la Pax Porfiriana?
5. ¿Por qué es importante históricamente la Constitución de 1917?
6. Evalúe la labor educacional de José Vasconcelos.
7. Contraste la obra de dos de los principales pintores de la Revolución mexicana.
8. Escriba un juicio crítico de la obra del presidente Lázaro Cárdenas.
9. Explique los rasgos fundamentales del carácter del mexicano.
10. Compare al Partido Revolucionario Institucional (PRI) con otro partidos políticos mexicanos.

Films y videos

Vea nuestras sugerencias en la página 409.

13.10 RECOMENDACIÓN BIBLIOGRÁFICA

Aguayo Quezada, Sergio. *Myths and [Mis]Perceptions: Changing U.S. Elite Visions of Mexico*. Trans. J. Brody. San Diego: University of California, 1998.

Benjamin, Thomas. *A Rich Land, a Poor People: Politics and Society in Modern Chiapas*. Albuquerque: University of New Mexico Press, 1996.

Bonfill Batalla, Guillermo. *México profundo: Reclaiming a Civilization*. Trans. P. A. Dennis. Austin: University of Texas Press, 1996.

Bustamante, Carlos María de. *El nuevo Bernal: Memorias de la guerra México-Estados Unidos*. México: Fondo de Cultura Económica, 1997.

Cornelius, Wayne. *Mexican Politics in Transition*. San Diego: University of California, 1998.

Cosío Villegas, Daniel. *Historia mínima de México*. México, 1994. Trans. Marjorie Mattingly Urquidi. México: Fondo de Cultura Económica, 1995.

Collier, George, with E.L. Quarantiello. *Basta! Land and the Zapatista Rebellion in Chiapas*. Oakland, CA: Food First, 1994.

Domínguez, Jorge, and Alejandro Poiré, eds. *Toward Mexico's Democratization*. New York: Routledge, 1999.

Guardino, Peter F. *Peasants, Politics, and the Formation of Mexico's National State*. Stanford: Stanford University Press, 1996.

Krauze, Enrique. *Biography of Power. A History of Modern Mexico, 1810–1996*. Trans. Hank Heifetz, New York: HarperCollins, 1997.

Lomnitz-Adler, Claudio. *Exits from the Labyrinth: Culture and Ideology in Mexican National Space*. Berkeley and Los Angeles: University of California Press, 1992.

Human Rights Watch. *Waiting for Justice in Chiapas*. New York: Human Rights Watch, 1994.

Paz, Octavio. *El laberinto de la soledad*. Madrid: Cátedra, 1993.

Purcell, Susan Kaufman, and L. Rubio, eds. *Mexico Under Zedillo*. Boulder, CO: Lynne Rienner, 1998.

Phillip, George. *The Presidency in Mexican Politics*. New York: St. Martin's Press, 1992.

Ross, John. *Rebellion from the Roots: Indian Uprising in Chiapas*. Monroe, ME: Common Courage, 1994.

Salas, Elizabeth. *Soldaderas in the Mexican Military*. Austin: University of Texas Press, 1998.

Zavala, Silvio. *Apuntes de historia nacional, 1808–1974*. México: Fondo de Cultura Económica, 1995.

Guatemala

- Población: 12,007,580
- Área: 108,890 km²
- Capital: Ciudad de Guatemala
- Moneda: quetzal
- Índice de alfabetización: 55.6%
- Principales productos de exportación: café, azúcar, bananas, algodón, frutas

Centroamérica republicana

14

 http://latinoamerica.heinle.com

Vocabulario autóctono y nuevo

- Mano Blanca
- Sandinista
- Contra
- tico
- minifundio

14.1 PERÍODO DE UNIFICACIÓN (1821–42)

En la Capitanía General de Guatemala, situada entre los virreinatos de Nueva España y Nueva Granada, también se experimentó a principios del siglo pasado la fiebre independentista del resto del continente, aunque con menos resultados visibles. El sentir revolucionario no consiguió mucho hasta la intervención mexicana. Asegurada la emancipación de México, el gobierno de Iturbide envió una expedición militar afirmando que su propósito era ayudar a los independentistas centroamericanos, pero en realidad venían para aprovecharse de la situación. En efecto, las fuerzas de Iturbide anexaron primero la provincia guatemalteca de Chiapas y después incorporaron a su imperio el resto de Centroamérica hasta la frontera con Panamá, entonces parte de Colombia.

El derrocamiento de Iturbide puso fin a las aspiraciones mexicanas de ejercer su antigua autoridad sobre la ex Capitanía General de Guatemala. Eliminado el peligro del norte, los centroamericanos establecieron las Provincias Unidas de Centroamérica

Cronología comparativa

1823–40 Provincias Unidas de Centroamérica Gobiernos dictatoriales despóticos

1873–75 Guatemala: Rufino Barrios

1898–1920 Estrada Cabrera

1931–44 Ubico

1933–49 Honduras: Carías

1931–44 El Salvador: Hernández Martínez

1893-1909 Nicaragua: Santos Zelaya Gobiernos Progresistas

1944–54 Guatemala: Arévalo y Arbenz

1948– Costa Rica

1957–63 Honduras: Villeda Morales

1998 El Huracán Mitch devasta Centroamérica

• • •

1823 Declaración de la Doctrina Monroe

1860–65 Guerra Civil en EE.UU

1939–45 Segunda Guerra Mundial

1963 Asesinato de John F. Kennedy

1989 Caída del Muro de Berlín

1999 El Senado juzga al Presidente Bill Clinton

el 24 de junio de 1823. Desde esa fecha hasta 1840, la naciente república trató de mantenerse unida, gracias principalmente al esfuerzo patriótico del hondureño[1] Francisco Morazán, a quien muchos consideran «Padre de la Patria». El gobierno liberal del nuevo estado proclamó la Constitución de 1824, en la cual se designaba a la ciudad de Guatemala capital de las provincias unidas y se abolía la esclavitud. Morazán, elegido presidente de la federación en 1830, adoptó el código criminal redactado[2] por el estadounidense Edward Livingston, rechazado en Louisiana por razones políticas domésticas.

La oposición conservadora al gobierno liberal de Morazán no tardó en manifestarse. Apoyó principalmente al ladino[3] guatemalteco Rafael Carrera (1814–65), que se alzó en armas en 1838 con el grito de «¡Viva la religión y mueran los extranjeros!» Apoyado por grupos exacerbados y fanáticos, Carrera logró derrocar al gobierno de Morazán en 1840. El patriota hondureño se exilió en el Perú y de este país volvió dos años más tarde para tratar de recapturar el poder y establecer la confederación. Su segundo intento unificador fue inmediatamente combatido por los conservadores, quienes pronto lo derrotaron, capturaron y ejecutaron sumariamente. Su muerte señala el fin de la confederación centroamericana pese a frustrados esfuerzos unificadores posteriores. De la desintegración de la federación nacieron las repúblicas de Guatemala, Honduras, El Salvador, Nicaragua y Costa Rica. Tradicionalmente el estudio histórico de Centroamérica incluye a la República de Panamá creada en 1903.

14.2 LA REPÚBLICA DE GUATEMALA

Rafael Carrera, autor principal de la disolución de la confederación, gobernó tiránicamente Guatemala desde 1844 hasta 1865. Aunque impuso un largo período de tranquilidad favorable al desarrollo comercial, se lo recuerda más por la persecución de los liberales, las concesiones a los oligarcas y al clero, y por firmar el primer concordato con la Santa Sede.[4] El Papa, por supuesto, lo condecoró por sus servicios a la fe. Sin embargo, la historia ha sido menos generosa con él porque lo considera como uno de los déspotas más ignominiosos de Centroamérica, el primero de los muchos tiranos de la región. Su «presidencia vitalicia»[5] terminó con su muerte en 1865, víctima, al parecer, de sus excesos alcohólicos.

La historia posterior de Guatemala siguió una trayectoria de violencia y dictadura. Mientras más tiempo permanecían en el poder los autócratas

---

[1] *hondureño*   Honduran
[2] *redactado*   drafted
[3] *ladino*   mestizo (término antes aplicado a los indígenas que hablaban español)
[4] *concordato…Sede*   agreement with the Holy See. (Concordat is an agreement between the Pope and a secular government.)
[5] *«presidencia vitalicia»*   «presidency for life»

eran más arbitrarios. Resalta entre ellos el anticlerical Justo Rufino Barrios, cuyo gobierno (1873–85), contagiado por la fiebre positivista racista de moda, discriminó a los indígenas, expulsó a los jesuitas, a la vez que construyó ferrocarriles, aumentó la producción del café, alentó la inmigración y estableció algunas escuelas. Entusiasmado en el restablecimiento de la unidad centroamericana, combatió y murió por ella en 1885. Otros autócratas que han dominado gran parte de la historia republicana de Guatemala han sido Manuel Estrada Cabrera y Jorge Ubico. Estrada gobernó durante veintidós años (1898–1920) con mano de hierro en perjuicio de los intelectuales enemigos y de los indígenas. A éstos les impuso una especie de trabajo forzado,[6] mientras que centenares de miles de acres de tierras agrícolas pasaban a ser propiedad de alemanes y de la United Fruit Company. La atmósfera de terror imperante durante su tiranía casi lunática ha sido brillantemente captada[7] en la novela *El señor presidente* (1946), de Miguel Angel Asturias, escritor guatemalteco ganador del Premio Nobel de Literatura en 1968.

El gobierno del general Ubico también duró mucho, alrededor de trece años (1931–44). Como el dictador se imaginaba parecerse a Napoleón, se encariñó con[8] Hitler hasta que se dio cuenta de lo lucrativo que sería plegarse a la causa de los aliados.[9] La era de Ubico concluyó cuando triunfó una conspiración organizada por estudiantes, militares jóvenes e intelectuales. Fue ingeniosa la manera cómo triunfaron los jóvenes rebeldes. Durante una manifestación callejera[10] se tomaron muchos presos políticos. Por la noche, cuando el tirano y sus defensores dormían, los presos fueron libertados y armados por los oficiales comprometidos, y así pudieron apoderarse de los cuarteles desde adentro y tumbar al gobierno.[11] Los patriotas guatemaltecos establecieron una junta de gobierno democrática que convocó a elecciones. Triunfó Juan José Arévalo, ex exiliado en la Argentina y profesor de filosofía en una de sus universidades. Durante su período presidencial (1945–51) inició la transformación social de su patria, mejoró la educación y creó un Instituto de Seguridad Social. La política indigenista de Arévalo permitió la mayor participación de los indígenas guatemaltecos en el gobierno local y llevó a cabo estudios conducentes a proyectar la reforma agraria. Las fuerzas laborales se organizaron y apoyaron al Presidente Arévalo.

Jacobo Arbenz, candidato revolucionario triunfante en las siguientes elecciones nacionales, asumió el poder en 1951. Al año siguiente su gobierno

---

[6] *forzado*   obligatorio
[7] *captada*   captured
[8] *se encariñó con*   he grew fond of
[9] *plegarse…aliados*   to join the allied camp
[10] *manifestación callejera*   street demonstration
[11] *apoderarse…gobierno*   to occupy the barracks from the inside and to topple the government

aprobó la Ley de Reforma Agraria, en virtud de la cual se favorecieron centenares de miles de familias. La United Fruit Company combatió tenazmente esta ley y desencadenó una campaña de desprestigio internacional del gobierno liberal de Arbenz, exagerando la infiltración comunista en los distintos ministerios. Washington apoyó a la United Fruit y a su instrumento político, el coronel Carlos Castillo Armas. Este desconocido militar, ayudado por los dictadores de Honduras y de la República Dominicana, en 1954 invadió Guatemala con varios centenares de mercenarios. Derrocado Arbenz, Castillo asumió el poder y procedió a perseguir a sus opositores.[12] Gobernó sumiso a los caprichos de la oligarquía y de la United Fruit. El país retornó a la estructura agraria tradicional, en la cual el 2 por ciento de propietarios poseían un 80 por ciento del total de las tierras. Además, el nuevo dictador desbandó los cuadros sindicales[13] y restableció el sistema de privilegios. Aunque gobernó en nombre de los oligarcas, en 1957 un guardia personal, comprometido con los ultraconservadores, lo asesinó. Al año siguiente asumió la presidencia el general conservador Miguel Ydígoras Fuentes, quien también fue desalojado del poder, en 1963, por no ser lo suficientemente sumiso a los intereses reaccionarios nacionales y extranjeros. Lo reemplazó el Coronel Enrique Peralta Azurdía, quien reactivó el clima de terror y violencia policial, además de mantener el *status quo* en favor de los privilegiados. La respuesta se llevó a cabo en forma de guerrillas campesinas en la región montañosa más cercana al Caribe. Irónicamente los dos jefes guerrilleros guatemaltecos más destacados de este período, Marco Antonio Yong Sosa, de ascendencia china, y Luis Augusto Turcio Lima, jefe de las Fuerzas Armadas Rebeldes, fueron entrenados en los Estados Unidos, como muchos militares latinoamericanos. En 1966, con un vago programa liberal, ganó el candidato civil Julio César Méndez Montenegro, a quien la oligarquía y el ejército le permitieron llegar a la presidencia, confiados en su habilidad para aplastar[14] a los rebeldes. Las guerrillas, sin embargo, continuaron actuando con mayor porfía[15] cuando se agravó la situación con la aparición de la «**Mano Blanca**», organismo clandestino ultrarreaccionario, acusado del asesinato de miles de ciudadanos liberales. Por la represión interna y la desesperación de la mayoría pobre, los rebeldes conquistaron nuevos adeptos.[16] Se agravó la situación cuando el alto mando militar impuso a sus candidatos[17] en la elecciones de 1974, 1978 y 1982 y cuando candidatos presidenciales liberales, como un ex alcalde de Ciudad Guatemala, fueron asesinados. En la década de los años 80, el ejército y la oligarquía siguieron controlando el país con gobiernos

---

12 *opositores* enemies, opponents, rivals
13 *cuadros sindicales* labor unions
14 *aplastar* to crush
15 *porfía* insistencia
16 *adeptos* followers
17 *impuso a sus candidatos* forced its candidates (on the people)

Trabajadores de una bananera guatemalteca en un cuadro pintado por su compatriota Antonio Tejeda Fonseca.

de facto, como el del excéntrico evangelista Efraín Ríos Montt (1982–83) y el del general Oscar Humberto Mejía Víctores (1983–86), mientras la violencia bañaba de sangre al país. Durante el gobierno de facto de Ríos Montt se inició una campaña militar que arrasó centenares de villas mayas y mató a varios miles de sus habitantes.

Causó sorpresa que las fuerzas armadas de Guatemala le permitieran al democristiano Marco Vinicio Cerezo (n. 1943) tomar posesión de la presidencia de la República en 1986, después de sobrevivir tres intentos de asesinato y ganar las elecciones generales. Cerezo inició durante su primer año administrativo la distribución de tierras no cultivadas o estatales a los campesinos sin tierra. Aparentemente, por ser el primer gobernante civil desde 1972 y por encontrarse a merced del ejército, Cerezo gobernó con mucha cautela, procurando no antagonizar a aquellos que podrían derrocarlo. En 1991 le sucedió Jorge Serrano ganador de las elecciones presidenciales de segunda vuelta. El nuevo mandatario reconoció la independencia de Belice en 1992 y al año siguiente disolvió el Congreso y la Corte Suprema. Al poco tiempo la fuerte oposición a su autogolpe obligó a Serrano a huir del país. Entonces el Congreso eligió a Ramiro de León Carpio para que terminara el período presidencial de Serrano. Su principal gestión gubernamental fue promover la paz entre el gobierno y las guerrillas. En 1996 comenzó su período presidencial de cuatro años Alvaro Arzú Irigoyen, del Partido Avance Nacional (PAN) de orientación política centro-derechista. Firmada la paz definitiva con los guerrilleros, el gobierno trata de conciliar las diversas fuerzas contendoras del país y de aliviar la situación económica muy afectada por el huracán-tormenta tropical Mitch que azotó a gran parte de Centroamérica a fines de octubre y principios de noviembre de 1998. Las lluvias y los vientos originados por el Huracán Mitch a lo largo del Caribe centroamericano asoló a gran parte de Centroamérica.

14.3 PERFIL DE GUATEMALA Y SU GENTE

Guatemala, el más septentrional y más poblado de los países centroamericanos, es el tercero en tamaño en toda la región, con un área parecida a la de Tennesee. De sus 12 millones de habitantes, 53 por ciento son ladinos (mestizos) 44 por ciento son indígenas y el resto caucásicos de extracción hispánica principalmente. La topografía guatemalteca es típica de Centroamérica. Se distinguen dos zonas más o menos de igual extensión: una baja, tropical, muy lluviosa, al norte, y una montañosa de clima menos riguroso, donde reside el 83.3 por ciento de la población. La región alta la forman cadenas de montañas volcánicas que encierran valles fértiles donde se cultiva la mayor parte del café guatemalteco. Como en toda la América Central, la agricultura es la actividad primordial de la población. Al café, principal producto de exportación, le siguen en importancia el azúcar, el plátano, el algodón, las frutas y las verduras. También como los otros países del área, Guatemala tiene una minoría rica que ejerce el poder y una inmensa mayoría que vive en la miseria. Datos estadísticos reveladores son: crecimiento anual de la población, 2.7 por ciento; desocupados, 5 por ciento; semidesocupados, 40 por ciento; y analfabetos 45 por ciento.

Las dos ciudades principales son Guatemala, la capital, con más de millón y medio de habitantes, Mixco, con 500,000, y Quezaltenango, con 100,000 habitantes. El 41 por ciento de la población es urbana. En el país, las principales lenguas son el español y el maya-quiché; y las principales religiones: el catolicismo, el maya y el protestantismo en varias de sus ramas.

Honduras

- Población: 5,861,955
- Área: 112,090 km²
- Capital: Tegucigalpa
- Moneda: el lempira
- Índice de alfabetización: 72.7%
- Principales productos de exportación: bananas, café, mariscos, carne congelada, frutas, caoba, azúcar, tabaco y ganado

14.4 La República de Honduras

En este país han nacido los más activos defensores de la confederación centroamericana. Francisco Morazán asumió el mando de las Provincias Unidas de Centroamérica y a él y a sus compatriotas principalmente estuvo dirigido el grito fanático de Carrera: «¡Mueran los extranjeros!»

La historia republicana de Honduras se asemeja a la de los países vecinos. Un gran factor determinante de la vida republicana del último siglo ha sido la United Fruit Company. La retahíla[18] de presidentes autocráticos (casi uno por año) ha gobernado para beneficio de las minorías oligárquicas y de los intereses extranjeros, convirtiendo al país en lo que algunos llaman despectivamente «república bananera». El dictador que por más tiempo retuvo el poder (1933–49) fue el general Tiburcio Carías (1876–1969). Cansado de su propio gobierno, el caudillo le cedió la presidencia a Juan Manuel Gálvez, quien, para sorpresa de todos, gobernó sin tener en cuenta los antojos[19] de su ex protector. Gálvez mejoró el transporte y la educación e intentó la diversificación de la economía. Sus reformas no fueron del agrado de la United Fruit Company. Derrocado Gálvez, se sucedieron juntas militares y regímenes civiles que han tratado de mantener el *status quo* para beneficio de las clases y empresas tradicionalmente todopoderosas. Una excepción la ofreció el Dr. Ramón Villeda Morales (1908–71), cuyo gobierno (1957–63) resultó ser el más democrático y progresista del último siglo de historia hondureña.[20]

A pesar de las dificultades internas, los demócratas del país hacen esfuerzos por llevar el progreso a su patria. Hay quienes incluyen en este grupo a Roberto Suazo Córdova, considerado por sus amigos norteamericanos como un presidente moderadamente liberal, resuelto a oponerse a las fuerzas políticas conservadoras, tradicionalmente apoyadas por las fuerzas armadas. Sin embargo, a partir de 1981, su gobierno permitió en la zona fronteriza con Nicaragua el establecimiento de campamentos de entrenamiento guerrillero para desestabilizar al gobierno sandinista nicaragüense. En 1985 le sucedió José Azcona Hoyo, el primer civil que en los últimos cincuenta años recibió el poder de manos de otro presidente también elegido por voto popular. En enero de 1990, el economista conservador Rafael Leonardo Callejas, del Partido Nacional, fue juramentado como Presidente en la primera trasmisión de mando de un partido a otro desde 1932. Cuatro años después asumió la presidencia Carlos Roberto Reina, del Partido Liberal. Otro miembro del mismo partido,

---

[18] *retahíla*   series
[19] *antojos*   whims, caprices
[20] Véase mi artículo «Una esperanza entre la espada y la mordaza,» en Stefan Baciu, *Ramón Villeda Morales. Ciudadano de América* (San José, Costa Rica: A. Lehmann, 1970), pp. 194–196.

Carlos Roberto Flores Facusse, le sucedió el 27 de enero de 1998, elegido para gobernar hasta el año 2002. La principal gran tarea del nuevo presidente ha sido la reconstrucción del país tras la destrucción de la mayor parte de sus infraestructuras por el huracán Mitch, causante del peor desastre natural de Centroamérica en los últimos siglos, con daños por valor de varios miles de millones de dólares. El desastre nacional de proporciones históricas generó en varios puntos del territorio hondureño una verdadera calamidad pública. Honduras fue el país más afectado por el desastre: 5,600 muertos, 8,000 desaparecidos, 11,762 heridos, 1,393,669 damnificados y 2,127,480 evacuados.

14.5 PERFIL DE HONDURAS Y SU GENTE

Honduras, con un área parecida a la de Tennessee, es el segundo país más grande de Centroamérica. Tiene cerca de 6 millones de habitantes, en su mayor parte mestizos (90 por ciento), descendientes de los mayas, que edificaron la imponente ciudad de Copán, en el territorio occidental de la actual Honduras alrededor del siglo V. Las minorías son de diversos orígenes: amerindio, 7 por ciento, africano, 2 por ciento; y europeo, 1 por ciento. El 94 por ciento de la población es católica y el resto en su mayoría protestante. El castellano es la lengua oficial. El analfabetismo abarca al 27 por ciento de los hondureños. El 15 por ciento están desocupados y el 40 por ciento semidesocupados. La capital, Tegucigalpa, tiene más de un millón de habitantes. Los principales productos de exportación son: café (22 por ciento), bananas (19 por ciento), camarones y langostas (17 por ciento), carne congelada (5 por ciento) y frutas (5 por ciento). Honduras también exporta madera, especialmente caoba,[21] y azúcar. El tabaco y el ganado son también importantes en la economía nacional.

El Salvador

- Población: 5,752,067
- Área: 21,040 km²
- Capital: San Salvador
- Moneda: el colón salvadoreño
- Índice de alfabetización: 71.5%
- Principales productos de exportación: café, caña de azúcar, algodón, bálsamo del Perú, mariscos

---

[21] *caoba*   mahogany

14.6 La República de El Salvador

El Salvador es la república más pequeña pero la más densamente poblada de Centroamérica y la única que no posee costa en el Atlántico. Es el país que más se beneficiaría con la reunificación político-económica de Centroamérica. Después de la disolución de la Confederación, apoyada por la mayoría de los salvadoreños, algunos de sus descendientes han intentado sin éxito restablecerla.

Durante el resto del siglo XIX y primeras décadas del XX, la pequeña república ha tenido también una vida política sumamente agitada por las arbitrariedades de sus caudillos despóticos, que, en apuros políticos domésticos, promovían[22] conflictos con los países vecinos para distraer la atención del pueblo. De 1931 a 1944, gobernó el país un militar excéntrico: Maximiliano Hernández Martínez, teósofo, a quien conmovía más la muerte de un insecto que[23] la desaparición de un ser humano. Sus amigos aseguraban haberle oído afirmar que es peor crimen matar a una hormiga que a un hombre porque éste se reencarna después de muerto mientras que aquélla muere para siempre. Las agitaciones políticas de 1944 lo obligaron a renunciar y desde entonces la oligarquía y el ejército reanudaron[24] el gobierno del país por medio de militares o de civiles.

El presidente Carlos Humberto Romero fue derrocado en 1979 por oficiales jóvenes reformistas. Cuando los esfuerzos democratizantes fueron frustrados por la alta jerarquía militar, los ciudadanos más liberales abandonaron el gobierno. En 1980 José Napoleón Duarte, antiguo candidato a la presidencia por el Partido Demócrata Cristiano fue nombrado presidente de una junta cívico-militar, que suspendió las garantías constitucionales e impuso la ley marcial. Para combatir el Frente de Liberación Nacional Farabundo Martí (FMLN) y terminar con la sangrienta guerra fratricida que había concitado[25] la atención mundial, Duarte recibió ayuda de los Estados Unidos. Gobernó constitucionalmente (1984–89) hasta la inauguración de su sucesor: Alfredo Cristiani, de la Alianza Republicana Nacionalista (ARENA). Esta organización conservadora fue fundada por el oficial del ejército Roberto D'Aubuisson, acusado de haber cometido muchos crímenes. Defensores de los derechos humanos en el extranjero y en el propio El Salvador culpan a las fuerzas gubernamentales y ejércitos privados ultraderechistas por la mayoría de las desapariciones y asesinatos de hombres, mujeres y niños, incluyendo los del arzobispo Oscar Arnulfo Romero y Galdámez (1980) y de seis jesuitas (1989). Entre

---

[22] *promovían*   started. (Según un historiador norteamericano, «el ejército (hondureño) es algo así como un estado dentro del estado que ejerce el poder fundamental.»)
[23] *a...que*   who was moved more by an insect's death than by
[24] *reanudaron*   resumed
[25] *concitado*   stirred up

esas dos fechas, 70,000 salvadoreños perdieron la vida en la guerra civil que ensangrentó al país.

En 1989, Alfredo Cristiani, miembro de ARENA, asumió la presidencia para gobernar hasta 1994. Su principal acto gubernamental fue firmar en la sede neoyorquina de las Naciones Unidas el convenio de paz con el FMLN que puso fin a la guerra civil en 1993. Al siguiente año le sucedió Armando Calderón Sol, elegido para gobernar por cinco años. El problema más serio que tiene este gobierno es la lucha contra la delincuencia generada por la pobreza, fuertemente afectada a fines de 1998 por las inundaciones causadas por el Huracán Mitch. El gigantesco impacto del huracán, que destruyó gran parte de Centroamérica, exige la movilización de todos los recursos para rescatar y reconstruir el país.

14.7　Perfil de El Salvador y su gente

Con un área de 21,040 kilómetros cuadrados, parecida a la del Estado de Massachusetts, El Salvador es, después de Haití, la república americana más densamente poblada. El 94 por ciento de sus casi 6 millones de habitantes son mestizos; el 5 por ciento, indígenas y el 1 por ciento, caucásicos. El café es fundamental en la economía nacional: su exportación rinde el 54 por ciento de las divisas. El Salvador ocupa el séptimo lugar entre los grandes países cafetaleros del mundo. El algodón y el azúcar también son importantes. Otro producto de valor es el llamado bálsamo[26] del Perú, obtenido únicamente de un árbol leguminoso de las laderas de los volcanes de El Salvador. Este producto es utilizado en la preparación de medicamentos y perfumes. La reforma agraria efectuada por el gobierno de Duarte para redistribuir parte de la tierra arable en manos de 50 familias fue saboteada por ellas y sus aliados. Junto con el aumento demográfico, los problemas de la tierra y de la dependencia de la economía nacional en la exportación de café representan serios problemas para el futuro desarrollo económico del país. Las remesas de dólares remitidas por los centenares de miles de salvadoreños que viven legal e ilegalmente en Estados Unidos ayudan mucho a la economía de El Salvador, donde el 28 por ciento son analfabetos y la desocupación ha crecido considerablemente desde noviembre de 1998 cuando fue azotado por el Huracán Mitch.

---

26 *bálsamo*　fragrant exudation from a shrub or tree of warm and arid country

Nicaragua:

- Población: 4,583,379
- Área: 129,494 km²
- Capital: Managua
- Moneda: el córdoba oro
- Índice de alfabetización: 65.7%
- Principales productos de exportación: café, maderas, algodón, azúcar, bananas, sésamo, maíz, arroz

14.8 LA REPÚBLICA DE NICARAGUA

La historia republicana de Nicaragua también se parece mucho a la de los estados vecinos. Destruida la Confederación Centroamericana, el país entró en una era de conflictos internos entre los conservadores, que tenían por centro principal la ciudad de Granada, y los liberales, que operaban principalmente desde la ciudad de León. Así transcurrieron los años hasta que en 1855 entró en escena el aventurero estadounidense William Walker, agente de poderosos intereses económicos norteamericanos. El aventurero soñó establecer un imperio esclavista en Centroamérica para lo cual convenientemente se hizo elegir presidente de Nicaragua en 1850. Percatándose[27] del peligro, los demás gobiernos centroamericanos, con la ayuda de dinero peruano, combatieron al famoso filibustero hasta derrotarlo y fusilarlo (1860).

Debido a su posición geográfica y a la naturaleza del territorio, el país ofrece muchas ventajas para una posible ruta interoceánica. Durante el siglo XIX, capitales norteamericanos e ingleses contemplaron llevar a cabo la construcción de un canal. Las naciones extranjeras que miraban al país como un posible centro de mayores inversiones se disputaron la región para establecer su supremacía. Las condiciones domésticas favorecieron el establecimiento de una de las dictaduras más inescrupulosas de la región: la de José Santos Zelaya. Impuso 16 años (1893–1909) de tranquilidad de presidio, durante los cuales se beneficiaron los pocos dueños de las industrias cafetalera y bananera. De 1909 a 1903, Nicaragua sufrió fuertemente la intervención estadounidense, guiada por la diplomacia del dólar. Estados Unidos impuso primero el control de sus aduanas y después ocupó el país con destacamentos de infantería de marina,[28] de 1912 a 1925 y de 1926 a 1933. La ocupación continuó sin contendientes[29] hasta 1927, cuando el general Augusto César Sandino se alzó en armas y combatió las fuerzas de ocupación y sus aliados nicaragüenses, alentado por la

---

[27] *percatándose*   Dándose cuenta
[28] *infantería de marina*   marines
[29] *contendientes*   challengers

opinión pública latinoamericana. En 1933 los estadounidenses llegaron a un acuerdo con el patriota nicaragüense: él cesaba sus hostilidades y las fuerzas norteamericanas abandonaban el país. Todo se cumplió bien y el país comenzaba a recuperarse política y económicamente hasta 1934, cuando el protegido de las fuerzas militares norteamericanas, Anastasio «Tacho» Somoza, jefe de la guardia nacional creada por ellas, mandó asesinar al héroe Sandino y a los dos años se instaló en el palacio presidencial con poderes omnímodos.[30] Su dictadura duró hasta 1956, año en que él a su vez cayó asesinado por Rigoberto López Pérez, un joven poeta. Heredó la presidencia su hijo Luis Somoza, apoyado por su hermano Anastasio, hijo «Tachito», comandante en jefe de la guardia nacional. En 1967 comenzó el turno de éste, después de ser declarado vencedor en las elecciones presidenciales de ese año. Sin el menor indicio de vida democrática, Nicaragua se hundió gradualmente en la miseria y el terror. «Tachito», más sanguinario que su hermano, ordenó en 1978 el asesinato de Pedro Joaquín Chamorro, director del diario *La Prensa*. El crimen puso en marcha un fuerte proceso antidictatorial. La dinastía Somoza fue combatida primero débilmente por guerrilleros continuadores del ideario de Sandino.[31] La opresión y corrupción les ganó a los Somoza el repudio popular; finalmente los diferentes sectores, olvidando diferencias ideológicas, se unieron para derrotar a «Tachito» Somoza en 1979. El tirano se refugió primero en los Estados Unidos y después en Paraguay, donde cayó asesinado. Durante los siguientes once años Nicaragua estuvo regida por el Partido **Sandinista**, comprometido a realizar transformaciones sociales dentro de un clima democrático para el beneficio de la mayoría de los ciudadanos. Sus errores y contradicciones, sin embargo, fueron aprovechados por los conservadores nicaragüenses y estadounidenses para acusar al presidente constitucional Daniel Ortega Saavedra de obrar en colusión con Cuba y la Unión Soviética para exportar la revolución, enviar ayuda a los guerrilleros de El Salvador y poner en peligro la seguridad de los Estados Unidos. Empero, México y los regímenes democráticos de Europa Occidental continuaron apoyando al gobierno sandinista, precisamente para proteger la democracia y animar la continuidad de una sociedad pluralista.

En 1988 el gobierno sandinista y los dirigentes de los **Contra** (contrarrevolucionarios) firmaron un acuerdo para cesar el fuego, permitir libertad de acción a la oposición gubernamental y llevar a cabo elecciones presidenciales en febrero de 1990 para elegir un gobierno que pusiera fin a la guerra civil responsable de más de 25,000 muertos desde 1981 y la hiperinflación. El proceso de paz centroamericana iniciado por el Presidente Oscar Arias, de

---

[30] *omnímodos*   all embracing
[31] *ideario de Sandino*   Sandino's ideology

Costa Rica, en agosto de 1987, no obstante los múltiples obstáculos puestos en su camino, forjó las condiciones para que se llevaran a cabo las elecciones libres el 26 de febrero de 1990, en las cuales resultó triunfante Violeta Barrios de Chamorro, la candidata de la coalición de 14 partidos de oposición. La primera presidenta de Nicaragua asumió el poder el 26 de abril de 1990. A ella le sucedió en 1996, para gobernar un período de seis años, el ex alcalde de Managua, Arnoldo Alemán, de la derechista Alianza Liberal. Las fuertes pérdidas humanas y materiales causadas por el Huracán Mitch en 1998 han requerido la ayuda económica internacional para poder aliviar el sufrimiento del pueblo. Nicaragua como los otros países centroamericanos atraviesa por una situación crítica como consecuencia del paso del Huracán Mitch. La economía del área sufre los efectos directos de pérdidas de infraestructura, daños a la producción y alteraciones relevantes en las corrientes comerciales de bienes y servicios. La descapitalización y las pérdidas registradas en la base productiva del sector agropecuario pesan sobre su economía.

14.9 Perfil de Nicaragua y su gente

Nicaragua es el estado más extenso de Centroamérica (poco más grande que el Estado de Nueva York), pero el de menos densidad de población (26.48 por kilómetro cuadrado). De los cuatro millones y medio de habitantes, 70 por ciento son mestizos, 17 por ciento blancos, 7 por ciento negros de origen jamaiquino, 5 por ciento amerindios y el resto asiáticos. El nicaragüense más brillante de su historia ha sido el famoso Rubén Darío (1867–1916), a quien muchos consideran como el poeta más importante en castellano desde el fin del Siglo de Oro.

La mayor parte del territorio es montañoso. En él se destaca un rosario de volcanes cuya lava y ceniza han fertilizado la zona baja del norte de la república. En 1835 la violenta erupción volcánica del Cosegüina oscureció el sol en un radio de 35 millas. El polvo de una nueva montaña creada por la erupción cayó en Jamaica, a 700 millas de distancia. De importancia histórica y económica es la región baja de la república, deseada desde el siglo pasado por los Estados Unidos y la Gran Bretaña para construir ahí un canal interoceánico. En esa zona baja se encuentran dos grandes lagos de agua dulce que desaguan en[32] el Mar Caribe. Para zanjar la histórica rivalidad entre los conservadores de Granada y los liberales de León, en 1858 se fundó una nueva ciudad capital en un punto equidistante entre estas dos ciudades: Managua.

El 44 por ciento de la población de la república es rural, dependiente de la producción de café, maderas, y azúcar, principales fuentes de divisas, y de otros productos agrícolas de importancia comercial, el plátano, el

---

[32] *lagos...en* fresh-water lakes, which drain into

Trabajadores ticos (*Costa Rican*) preparan los racimos de plátanos para la exportación. Las bananeras se encuentran en la costa del país. Carlos Luis Fallas (n. 1911) en su novela *Mamita Yunai* trata de la explotación de los bananeros por la United Fruit Co.

algodón, el sésamo,[33] el maíz y el arroz, así como de la cría de ganado. El 56 por ciento de los nicaragüenses viven en ciudades, como Managua, la capital (1 millón), León (110,000) y Granada (90,000). El 16 por ciento están desocupados y el 36 por ciento subempleados. El 95 por ciento son católicos, el 5 por ciento protestantes y el 34 por ciento analfabetos.

Costa Rica

- Población: 3,604,642
- Área: 51,100 km²
- Capital: San José
- Moneda: el colón
- Índice de alfabetización: 94.8%
- Principales productos de exportación: café, bananas, ganado y carne, caña de azúcar

14.10 LA REPÚBLICA DE COSTA RICA

Al principio de la historia de la República de Costa Rica, los habitantes de la ciudad de Cartago deseaban la unión con Colombia, mientras que

---

33 *sésamo* (*sesame*) es una planta herbácea tropical, cuyas pequeñas semillas ovaladas son comestibles y producen aceite.

los de Heredia preferían la unión con México. Costa Rica formó parte de la Confederación Centroamericana hasta la disolución de ésta. Entonces la nueva república tenía alrededor de 70,000 habitantes. Más tarde, sus propias querellas[34] domésticas degeneraron en conflictos internacionales con los vecinos. En 1856 tuvo una activa participación en la lucha contra el aventurero estadounidense William Walker que se había apoderado del gobierno nicaragüense y amenazaba toda la región. Y así continuó la vida republicana del país, conmovida por la lucha entre liberales y conservadores, hasta que en 1889 el país comenzó a estabilizarse con gobernantes civiles y a sentar las bases de su democracia.

Por esa época el gobierno de San José, deseoso de facilitar la exportación del café con la construcción de un ferrocarril, buscó la ayuda de Henry Meiggs, el «Pizarro yanqui» que se hizo famoso con la construcción del Ferrocarril Central en los Andes peruanos. Meiggs envió a su sobrino Minor C. Keith. Este empresario[35] estadounidense no sólo completó en 1891 el ferrocarril de Puerto Limón a la capital sino que también desarrolló la industria bananera[36] y ayudó a fundar la United Fruit Company en 1899. En 1909 Costa Rica llegó a ser el principal exportador de plátanos del mundo. La compañía bananera, por el desprestigio[37] de su nombre, ahora se llama United Brand Co.

Desde principios de este siglo hasta 1947, la tranquilidad y el sosiego[38] estaban asegurados por los políticos tradicionalistas y los ricos propietarios de tierras. Al siguiente año, fuerzas reformistas desafiaron el poder de la oligarquía. José Figueres Ferrer, propietario cafetalero, organizó un Ejército de Liberación Nacional, que con la fuerza de las armas hizo que se respetara el veredicto del pueblo expresado en los comicios[39] de 1948. En las siguientes elecciones nacionales de 1953, don Pepe fue elegido presidente. Su gobierno reformista dio un ejemplo de dedicación al pueblo y a sus intereses. El partido de Liberación Nacional pertenece a la llamada izquierda democrática latinoamericana que persigue la transformación democrática gradual de los países. Tras varios períodos presidenciales durante los cuales su partido político alternó el poder con la oposición conservadora, Pepe Figueres Ferrer volvió a ser elegido presidente en 1970. Su segundo gobierno se asemejó mucho al primero, por su programa reformista interno, aunque en su política exterior se tornó más anticomunista. Costa Rica ha mantenido su estabilidad democrática en medio de una zona geográfica latinoamericana marcada por dictaduras y guerras civiles.

---

[34] *querellas* disputas
[35] *empresario* entrepreneur
[36] *industria bananera* banana industry
[37] *desprestigio* discredit
[38] *sosiego* calmness
[39] *comicios* elections

El gobierno de Luis Alberto Monge (1982–86), del partido de Liberación Nacional, trató de mantener el curso democrático del país, pese a la severa crisis económica causada en gran parte por el aumento excesivo del precio del petróleo que Costa Rica importa para su consumo interno. Le sucedió su compañero de partido Oscar Arias Sánchez (n. 1942), perteneciente a una de las familias cafetaleras más ricas, doctorado en ciencias políticas por la Universidad de Essex, en el Reino Unido. Sus principales preocupaciones se las dieron la deuda externa de 4,000 millones de dólares y el problema de la paz. Por su plan de pacificación de Centroamérica, el presidente Arias recibió el Premio Nobel de la Paz en 1987. En 1991, durante la presidencia del demócrata cristiano Rafael Caldera, hijo (1990–94), México, Costa Rica, El Salvador, Guatemala, Honduras y Nicaragua acordaron integrar la economía de los seis países en los próximos seis años.

José María Figueres (n. 1954), hijo de don Pepe, y perteneciente al PLN, asumió la presidencia de Costa Rica en 1994. En los cuatro años siguientes su gobierno prestó especial atención a la educación, para ofrecer clases de inglés y computación en las escuelas públicas, y mejoró los sectores de salud pública y vivienda. En 1998 Miguel Angel Rodríguez del Partido Social Cristiano asumió la presidencia.

14.11 PERFIL DE COSTA RICA Y SU GENTE

Con un área de 51,100 kilómetros cuadrados, el doble del estado de Vermont, Costa Rica, después de Panamá, es la república hispanoamericana de menos habitantes: poco más de tres millones y medio. La población aumenta anualmente en un 1.8 por ciento, una de las tasas de crecimiento[40] más altas del mundo. Una cadena central de montaña, que forma una meseta, separa las dos costas planas del Pacífico y del Caribe. El clima es predominantemente tropical, caliente y húmedo y con abundantes lluvias en la costa caribeña y tierras bajas, frío en las regiones montañosas. El 80 por ciento de los costarricenses son de origen europeo; el 17 por ciento, mestizo; el 2.5 por ciento, afroamericano; y el resto, indígena. Casi las dos terceras partes de los «**ticos**», como cariñosamente se llama a los costarricenses, viven en la meseta central donde se encuentra San José, la capital. Esta ciudad propiamente dicha tiene cerca de 250,000 habitantes mientras que su área metropolitana cuenta con casi 450,000 almas. Otras ciudades importantes son Cartago (80,000) y Limón (50,000). El 93 por ciento de los ticos son católicos y el 5 por ciento analfabetos.

---

[40] *tasa de crecimiento*   growth rate

Costa Rica es una de las democracias latinoamericanas más viables por haber sido uno de los primeros países en conseguir estabilidad política, basada en el gobierno civil, la educación popular y la inexistencia de un ejército. Desde 1949 el país ya no tiene ejército y ahora los «ticos» se enorgullecen de tener más maestros que policías y de invertir la mayor parte de su presupuesto en la educación del pueblo. Últimamente la inflación y el narcotráfico han amenazado la economía y la estabilidad costarricenses. En 1970, por ejemplo, un saco de café de 60 libras compraba 30 barriles de petróleo; actualmente la misma cantidad de café compra menos de tres barriles. En Costa Rica el campesino vive mejor que en la mayoría de los países latinoamericanos, en gran parte debido al alto número de propietarios de tierra. En la zona central, por ejemplo, el 56 por ciento de los cafetaleros es propietario de sólo dos acres de terreno. El **minifundio** no es antieconómico cuando hay orientación y asesoría estatal y de las asociaciones agrícolas.

Panamá

- Población: 2,735,943
- Área: 78,200 km²
- Capital: Ciudad de Panamá
- Moneda: el balboa
- Índice de alfabetización: 90.8%
- Principales productos de exportación: caoba, bananas, camarones, azúcar

---

14.12 LA REPÚBLICA DE PANAMÁ

Aunque geográficamente pertenece a Centroamérica, a Panamá no siempre se la asocia políticamente con esa región. Históricamente ha estado por más tiempo vinculada a Sudamérica. Desde que Colombia se independizó de España, en 1821, Panamá era una de sus provincias, aunque grupos de políticos de tiempo en tiempo abogaban por cierta autonomía administrativa local. En 1903, el presidente norteamericano Theodore Roosevelt, influido por los empresarios del proyectado canal en Panamá, al no conseguir del gobierno de Colombia las concesiones necesarias para su construcción, consiguió que esa región colombiana se independizara con el nombre de República de Panamá. La nueva república apenas tenía unos 250,000 habitantes. Uno de sus actos presidenciales que más enorgulleció a Teddy Roosevelt, según confesión propia, fue el haber manipulado la independencia de Panamá, no obstante el tratado existente, mediante el cual Estados Unidos reconocía la soberanía colombiana de esa región.

El Canal de Panamá fue construido por trabajadores que llegaron desde diversas partes del mundo, principalmente de las islas de las Antillas, de Europa y Asia, y que fueron empleados por los Estados Unidos (1904–1914). El Canal tiene 80 kilómetros (50 millas) de largo desde el Mar Caribe hasta el Pacífico. Al mediodía del 31 de diciembre de 1999, el Canal será transferido a la República de Panamá, en conformidad con el Tratado de 1977 firmado por el Jefe de Gobierno de Panamá, Omar Torrijos, y el Presidente de Estados Unidos, Jimmy Carter.

Desde que surgió como país independiente, la República de Panamá tuvo dificultades con el Coloso del Norte.[41] Mediante el tratado Hay-Bunau-Varilla de 1903, Estados Unidos consiguió de ese país el «arrendamiento»[42] a perpetuidad de la famosa Zona del Canal, ofreciendo el pago de 10 millones más 250,000 dólares anuales de alquiler.[43] El canal fue inaugurado en 1914 y desde ese año constituye la principal fuente de ingresos del país. Arnulfo Arias, perteneciente a una de las familias prominentes del país, se atrevió a desafiar la influencia norteamericana cuando llegó a la presidencia en 1940 pero fue depuesto al año siguiente. En 1949 volvió a ser elegido presidente pero nuevamente fue derrocado. Lo mismo ocurrió en 1968, cuando después de once días de gobierno, una junta militar lo depuso y se instaló en el poder. Poco después y hasta 1981 el carismático general Omar Torrijos dominó la política nacional imponiendo un programa de reformas populistas opuestas por la oligarquía que tradicional y egoístamente había gobernado el país. Él fue el principal gestor de un nuevo tratado con Estados Unidos para la devolución del Canal de Panamá. Pocos años después de firmar ese tratado murió inexplicablemente en un

---

41 *Coloso del Norte*   Colossus to the North, United States
42 *arrendamiento*   lease
43 *alquiler*   rental

accidente de aviación. Desde entonces la política del gobierno panameño se tornó menos nacionalista y menos interesada en antagonizar la política latinoamericana de Washington, hasta que se produjo una ruptura entre el general Manuel Antonio Noriega, eminencia gris del gobierno panameño, y sus colaboradores norteamericanos. Ni la oposición civil interna, ni la presión del exterior, ni el alzamiento de parte de su ejército lograron derrocarlo. Su habilidad para sobrevivir y mantenerse como el hombre con más poder en Panamá parecían señalar los límites de la democracia cuando los dictadores son apoyados inicialmente por políticos y militares estadounidenses ilusionados por sus promesas. Ante esta situación, el presidente George Bush ordenó la invasión de Panamá en diciembre de 1989, acto censurado por la Organización de Estados Americanos y la mayor parte del mundo. De todas maneras, tras la destrucción de parte de la ciudad de Panamá, el general Noriega se rindió a las fuerzas estadounidenses, que inmediatamente lo condujeron a Miami, donde fue enjuiciado por tráfico de drogas y condenado a 40 años de prisión. Guillermo Endara, candidato triunfante en las elecciones panameñas de 1989, fue juramentado como presidente de Panamá en una base norteamericana, hecho censurado por muchos gobiernos latinoamericanos, especialmente por los del Perú y Venezuela. En 1994 le sucedió en la presidencia Ernesto Pérez Balladares, cuyas aspiraciones a la reelección fueron eliminadas en un referéndum nacional llevado a cabo en 1998.

14.13 PERFIL DE PANAMÁ Y SU GENTE

Con un área de 78,200 kilómetros cuadrados, algo más pequeña que Carolina del Sur, Panamá, ocupa el famoso istmo del mismo nombre, tan importante durante el período colonial por encontrarse ahí uno de los puertos del comercio entre España y Sudamérica. El tráfico internacional ha sido durante gran parte de su historia la principal fuente de su economía y su razón de ser. El 85 por ciento de sus casi 3 millones de habitantes es católica y el 15 por ciento evangelista. La composición étnica es la siguiente: mestizos 70 por ciento, negros 14 por ciento, blancos 10 por ciento, indígenas 6 por ciento. Aunque el español es el idioma oficial, un 15 por ciento de los panameños habla inglés y algunos idiomas amerindios. Panamá es admirada por su rica tradición folclórica, bailes populares, artesanía indígena y trajes nacionales de vivos colores usados durante los carnavales y otras fiestas. El clima es tropical lluvioso en las costas y templado lluvioso en las montañas.

Establecida en 1948, la Zona Comercial Libre de Colón importa anualmente alrededor de 5,000 millones de dólares y exporta unos 5,500 millones de dólares. En la actualidad la vida económica de la mayoría de sus habitantes depende principalmente de la exportación de caoba, plátanos, cacao, azúcar, camarones,[44] y sobre todo del Canal y de la activísima y sospechosa actividad de los numerosas sucursales de bancos extranjeros. Periódicamente, los políticos panameños interesados en conseguir concesiones económicas de Estados Unidos, permitían disturbios populares causados por la discriminación racial y la injusticia económica de la zona del Canal. En varias ocasiones esta política tuvo éxito al obtener de Washington un aumento del pago anual por el uso de la zona del Canal, pero los beneficiados siempre fueron los políticos porque esos arreglos no redundaban[45] en beneficio del pueblo.

En 1964 se produjo un grave incidente con motivo de izarse[46] la bandera de Estados Unidos sola en la zona del Canal. En los disturbios que siguieron hubo más de 20 muertos y centenares de heridos. La crisis amainó[47] cuando el presidente Lyndon Johnson declaró, en diciembre de ese año, que su país estaba preparado a negociar la firma de un nuevo tratado, reconociendo la soberanía panameña de la zona del Canal. Después de largas negociaciones el nuevo tratado se firmó en 1977 bajo la presidencia de Jimmy Carter. El tratado reconoce la soberanía panameña sobre el Canal y señala que para el año 1999 todas sus operaciones pasarán a manos panameñas.

14.14 SUMARIO

> I. **Período de unificación (1821–42):**
>   A. Independencia de la Capitanía General de Guatemala (1821)
>   B. Anexión mexicana de Chiapas (1821) y Centroamérica (1822)
>   C. Las Provincias Unidas de Centroamérica (1821–47):
>   1. Constitución Federal de 1824: Guatemala, capital de la Federación
>   2. Gobierno anticlerical de Francisco Morazán (1829 y 1830–40)
>   3. Adopción del código criminal de Louisiana
>   4. El guatemalteco Rafael Carrera se alza contra la Federación
> II. **República de Guatemala (1842–hasta el presente):**
>   A. La era del conservador Rafael Carrera (1840–65)
>   B. Gobierno anticlerical del liberal Rufino Barrios (1873–85)
>   C. Dictaduras de M. Estrada Cabrera (1898–1920) y Jorge Ubico (1931–44)

---

[44] *camarones* shrimp
[45] *redundaban* resultaban
[46] *izarse* hoisting
[47] *amainó* subsided

F. El gobierno sandinista combate a los Contra (contrarrevolucionarios)

G. Perfil del país y su gente:
1. El más grande y el menos densamente poblado de Centroamérica
2. Producción de algodón, café, maderas, plátanos y azúcar

VI. **República de Costa Rica (1942–hasta el presente):**
A. Liberales y conservadores se disputan el poder (1849–89)
B. Gobiernos civiles progresistas desarrollan la democracia (1889–1948)
C. Liberación Nacional y el reformismo de los presidentes Pepe Figueres, Monge y Oscar Arias, Premio Nobel de la Paz (1987)
D. Perfil del país y su gente:
1. 3 millones 6 cientos mil de ticos: 80% caucásicos, 17% mestizos y 2.5% de origen africano
2. Democracia sin ejército y con más maestros que policías

VII. **República de Panamá (1903–hasta el presente):**
A. La declaración de independencia (1903) auspiciada por EE. UU.
B. El Tratado Hay-Bunau Varilla (1904) impuesto al nuevo país
C. Intervenciones armadas de EE.UU. de 1905, 1912 y 1918
D. El Tratado Torrijos-Carter (1977) devuelve la soberanía del canal
E. El general M. Noriega y su trágico desalojo del poder
F. Perfil del país y su gente:
1. Importancia histórica del istmo y del canal
2. Oligarcas y EE.UU. influyen en su vida socioeconómica

14.15 CUESTIONARIO, PREGUNTAS Y VIDEOS

Cuestionario

1. ¿Cuáles han sido los esfuerzos de unificación en Centroamérica?
2. ¿Cuál fue la obra positiva de Juan José Arévalo en Guatemala?
3. ¿Qué papel histórico tuvo Jacobo Arbenz?
4. ¿Por qué es Costa Rica el país más democrático de Centroamérica?
5. ¿Cuál es la importancia histórica de Pepe Figueres?
6. ¿Por qué Centroamérica repudió a William Walker?
7. ¿Cómo pudo gobernar tanto tiempo la familia Somoza en Nicaragua?
8. ¿Qué importancia tiene la United Fruit en Centroamérica?
9. ¿Cómo explica las intervenciones de EE.UU. en los países centroamericanos?
10. ¿Cuáles fueron las causas de la independencia de Panamá?

Preguntas y temas de expansión

1. ¿Cuáles son los principales intentos históricos de la unificación de Centroamérica?
2. ¿Por qué hay rivalidad entre ladinos e indígenas en Guatemala?
3. ¿Cómo se realizó el experimento democrático de Juan José Arévalo?
4. ¿En qué se basó la popularidad del gobierno progresista de Jacobo Arbenz?
5. ¿Por qué se venera en Nicaragua al guerrillero Augusto Sandino?
6. ¿Cuál es la importancia del Canal de Panamá en el comercio mundial?
7. Evalúe el desarrollo de la democracia en Costa Rica.
8. Crítica de la aventura de William Walker en Centroamérica.
9. Compare la familia Somoza en Nicaragua con otras familias poderosas de Centroamérica.
10. Escriba un juicio crítico de los gobiernos castrenses en El Salvador.

Films y videos

Vea nuestras sugerencias en la página 410.

14.16 RECOMENDACIÓN BIBLIOGRÁFICA

Guatemala

Burgos, Elizabeth. *Me llamo Rigoberta Menchú y así me nació la conciencia*. México: Siglo XXI, 1994.

Carlsen, Robert S., et al. *The War for the Heart and Soul of a Highland Maya Town*. Austin: University of Texas Press, 1997.

Domínguez, Jorge and M. Lindbergh, eds. *Democratic Transitions in Central America*. Gainesville: University of Florida Press, 1997.

Fischer, Edward, and R. McKenna Brown. *Maya Cultural Activism in Guatemala*. Austin: University of Texas Press, 1996.

Gerrard-Burnet, Virginia. *Protestantism in Guatemala*. Austin: University of Texas Press, 1998.

McCreery, David. *Rural Guatemala: 1760-1940*. Stanford: Stanford University Press, 1994.

Perera, Víctor. *Unfinished Conquest: The Guatemalan Tragedy*. Berkeley and Los Angeles: University of California Press, 1993.

Honduras

Development Group for Alternative Policies. *Structural Adjustment in Central America: The Case of Costa Rica*. Washington, D.C.: Development Group for Alternative Policies, 1993.

Macdonald, Mandy. *In the Mountains of Morazán*. London: Latin American Bureau; New York, NY: Distribution in North America by Monthly Review Press, 1995.

Peterson, Anna Lisa. *Martyrdom and the Politics of Religion*. Albany: State University of New York Press, 1997.

Peckanham, Nancy, and Annie Street, eds. *Honduras: Portrait of a Captive Nation*. Westport, CT: Praeger, 1985.

Randall, Stephen J, and G. S. Mount. *The Caribbean Basin*. New York: Routledge, 1998.

Roy, Joaquín, ed. *The Reconstruction of Central America: The Role of the European Community*. Miami: North-South Center Press, University of Miami, 1992.

El Salvador

Lentner, Howard. *State Formation in Central America: The Struggle for Autonomy, Development, and Democracy*. Westport, CT, and London: Greenwood Press. 1993.

Menzel, Sewall H. *Bullets versus Ballots: Political Violence and Revolutionary War in El Salvador, 1979-1991*. New Brunswick, NJ: Transaction Publishers, 1994.

Paige, Jeffery M. *Coffee and Power*. Cambridge, MA: Harvard University Press, 1997

Velásquez de Aviles, Victoria Marina. *Informe sobre la evolución de los derechos humanos en El Salvador*. San Salvador, El Salvador: Procuraduría para la Defensa de los Derechos Humanos, 1996.

Williams, Philip J. *Militarization and Demilitarization in El Salvador's Transition to Democracy*. Pittsburgh, PA: University of Pittsburgh Press, 1997.

Nicaragua

Close, David. *Nicaragua: The Chamorro Years*. Boulder, CO: Lynne Rienner, 1999.

Field, Les W. *The Grimace of Macho Raton: Artisans, Identity, and Nation in Late-twentieth Century Western Nicaragua*. Durham, NC: Duke University Press, 1999.

Horton, Lynn. *Peasants in Arms*. Athens: Ohio University Center for International Studies, 1998.

Gordon, Edmund Taylor. *Disparate Diasporas: Identity and Politics in an African Nicaraguan Community*. Austin: University of Texas Press, Austin, Institute of Latin American Studies, 1998.

Malone, Michael. *A Nicaraguan Family*. Minneapolis: Lerner Publications Co., 1998.

Ramírez, Sergio. *Estás en Nicaragua*. Barcelona: Muchnik, 1985.

Wrobel, Paulo S. *Managing Arms in Peace Processes—Nicaragua and El Salvador*. New York: United Nations, 1997.

Costa Rica

Hiltunen, Mavis, R. Biesannz, and K. Zubris. *The Ticos: Cultural and Social Change in Costa Rica*. Boulder, CO: Lynne Rienner, 1998.

Lara, Silvia. *Inside Costa Rica*. Albuquerque, NM: Resource Center Press, 1995.

Miller, Eugene D. *A Holy Alliance?* Armonk, NY: M.E: Sharpe, 1996.

Paige, Jeffery M. *Coffee and Power*. Cambridge, MA: Harvard University Press, 1997.

Wilson, Bruce M. *Costa Rica*. Boulder, CO: Lynne Rienner, 1998.

Rowles, James P. *Law and Agrarian Reform in Costa Rica*. Boulder, CO: Westview Press, 1985.

Sanders, Sol. *The Costa Rican Laboratory*. Winchester, MA: Allen & Unwin, 1986.

Panamá

Barry, Tom. *Inside Panama*. Albuquerque, NM: Resource Center Press, 1995.

Falcoff, Mark. *Panama's Canal*. Washington, D.C.: AEI Press, 1998.

Guevara Mann, Carlos. *Panamanian Militarism*. Athens: Ohio University Center for International Studies, 1996.

Howe, James. *A People Who Would not Kneel*. Washington, D.C.: Smithsonian Institution Press, 1998.

Priestley, George. *Military Government and Popular Participation in Panama: The Torrijos Regime, 1968–1975*. Boulder, CO: Westview Press, 1986.

Falcoff, Mark. *Panama's Canal*. Washington, D.C.: AEI Press, 1998.

Cuba

- Población: 11,050,729
- Área: 110,860 km²
- Capital: La Habana
- Moneda: el peso
- Índice de alfabetización: 95.7%
- Principales productos de exportación: azúcar, derivados del petróleo, níquel, cítricos, pescado, tabaco, café, aleación de oro y plata y carnes

República Dominicana

- Población: 7,998,766
- Área: 48,730 km²
- Capital: Santo Domingo
- Moneda: el peso
- Índice de alfabetización: 82%
- Principales productos de exportación: azúcar, café, cacao, tabaco, miel

Puerto Rico

- Población: 3,857,070
- Área: 9,104 km²
- Capital: San Juan
- Moneda: el dólar
- Índice de alfabetización: 89%
- Principales productos de exportación: productos químicos, derivados del petróleo, productos de metal y maquinarias, vegetales, textiles

La personalidad histórica de las Grandes Antillas

http://latinoamerica.heinle.com

Vocabulario autóctono y nuevo

- guajiro
- choteo
- borinqueño
- anticastrista

- afrocubanista
- taíno
- arauco
- caribe

15.1 CUBA COLONIAL

En su primer viaje, Colón visitó Cuba y la denominó Juana. Era una gran isla habitada por indios siboneyes y taínos pertenecientes a la familia de los arauacos[1] sudamericanos. Su colonización, sin embargo, no se llevó a cabo sino a partir de 1511 con Diego Velázquez. Desde entonces la isla fue un campo de adiestramiento y trampolín[2] para futuras conquistas. En ella los españoles combatieron a los indígenas que abandonaron el pacifismo en desesperado esfuerzo para evitar el exterminio de su raza. El cacique Hatuey, el más recordado de ellos, luchó heroicamente hasta que cayó preso y se le condenó a morir en la hoguera.[3] Se cuenta que cuando un sacerdote le ofreció el cielo si aceptaba al dios cristiano, el cacique le preguntó si allá iban a estar los conquistadores. Al contestarle el sacerdote afirmativamente,

---

[1] *arauacos*   Arawaks
[2] *adiestramiento y trampolín*   training and springboard
[3] *se le…hoguera*   He was condemned to be burned alive.

Cronología comparativa

1494 Fundación de Isabela

1496 Fundación de Santo Domingo

1514 Fundación de Santiago

1515 Fundación de La Habana

1697 España reconoce a Francia el derecho de administrar Santo Domingo Oriental en el Tratado de Ryswick

1762 Ocupación inglesa de La Habana

1821 Independencia de la República Dominicana

1898 Independencia de Cuba

1959– Gobierno revolucionario de Fidel Castro

•••

1492 Triunfo de los cristianos en Granada

1521 Muerte de Magallanes

1648 España reconoce la independencia de Holanda por la Paz de Westfalia

1789 La Revolución Francesa

1807 Napoleón invade España y Portugal

Hatuey declaró: «Si estos españoles van a estar en el paraíso, yo prefiero ir al infierno». Derrotada la rebelión indígena en 1513, Velázquez fundó varias ciudades, entre ellas Santiago (1514) y La Habana (1515).

Al no encontrar oro, gran número de los colonos abandonaron la isla de Juana, incorporándose a las expediciones conquistadoras y colonizadoras de nuevas tierras. Carente del atractivo de la fácil fortuna,[4] la isla sobresalió principalmente por su importancia estratégica y sobre todo por el puerto de La Habana. Durante mucho tiempo la actividad principal se redujo a la construcción de fortificaciones, presidios, torreones y murallas.[5] Durante los siglos XVI, XVII y XVIII se luchó contra los corsarios, bucaneros y piratas, al mismo tiempo que se agudizaban las querellas internas[6] causadas por la existencia de dos jurisdicciones administrativas: Santiago y La Habana. Aunque desde los primeros años de la colonización se introdujo el cultivo de la caña de azúcar, la industria azucarera no floreció sino hasta el siglo XVIII. Necesitó una fuerte importación de esclavos negros para reemplazar a la población indígena de la isla casi totalmente exterminada durante la defensa de sus hogares y por enfermedades europeas.

En el siglo XVII Cuba sufrió el filibusterismo de holandeses, franceses e ingleses, procedentes de las islas vecinas. En 1665 los franceses saquearon[7] la villa de Sancti Spíritus, y tres años después el filibustero inglés Henry John Morgan destruyó Puerto Príncipe. Las luchas contra los agresores seguían el ritmo de la política europea y las treguas[8] concertadas por algunos años eran, a veces, interrumpidas por nuevos combates navales e incursiones en tierras cubanas. En 1762 un ejército de 30,000 ingleses, transportado por 27 naves de guerra, ocupó La Habana y se apoderó de un cuantioso botín. La presencia inglesa duró varios meses y no fue del todo perjudicial: el comercio internacional prosperó tanto que durante ese breve plazo[9] ingresaron a la bahía más naves mercantes que durante el tiempo anterior de ocupación española. Gracias al Tratado de París, firmado al año siguiente, España recuperó La Habana, cedió la Florida a Inglaterra y obtuvo la Luisiana francesa.

La ocupación inglesa de La Habana puso en evidencia el nacionalismo isleño[10] y algunos rasgos de la personalidad cubana. Restituido el gobierno español, cien damas de la ciudad firmaron un documento que enviaron a Madrid, en el cual se quejaban de las autoridades, cuya falta de

---

[4] *carente del...fortuna*   lacking the quick-fortune attraction
[5] *presidios, torreones y murallas*   prisons, towers and walls
[6] *se agudizaban...internas*   domestic quarrels worsened
[7] *saquearon*   sacked
[8] *treguas*   truces
[9] *plazo*   term, time
[10] *nacionalismo isleño*   island nationalism

decisión y capacidad contribuyó a la caída de la plaza.[11] En las calles habaneras circulaban décimas irrespetuosas de las autoridades de la isla, reveladoras del carácter cubano. Al pedir el nombramiento de un nuevo gobernador, las décimas señalaban con sorna:[12]

> *Sabio, cristiano, prudente*
> *de experiencia y muy valiente*
> *y que no sea traidor,*
> . . . .
> *que el que hubo fue un halcón*[13]
> *sin justicia ni razón*
> *y que me ha dejado en suma*
> *cacareando*[14] *y sin plumas.*

Aparentemente el concepto de patria se estaba arraigando. Se afirma que cuando a los nacidos en Cuba se les preguntaba si preferían vivir bajo el pabellón[15] español o bajo el británico, protector del comercio internacional intensivo, ellos respondían que su patria era Cuba y no España ni Gran Bretaña.

Para 1774 la isla todavía no había prosperado mucho. Según el censo de ese año, tenía una población total de 96,430 habitantes blancos y 75,180 pardos (negros). En esta segunda cifra se incluía a 44,633 esclavos, esto es, a más de un cuarto de la población total.

La insurrección por la independencia de Haití de fines del siglo XVIII obligó a buen número de franceses residentes en esa colonia a emigrar a Santiago. Muchos llevaron consigo esclavos negros y la contradanza inglesa, en su versión modificada primero por los franceses y después por los haitianos. De ella, nos asegura Alejo Carpentier (1904–80) en su *Historia de la música en Cuba*, se deriva la contradanza cubana, madre del danzón, del bolero, de la rumba y, según él, hasta del tango. Como en 1795 España había cedido toda la isla Española a Francia, la guerra por la independencia de Haití afectó grandemente a los españoles de Santo Domingo, muchos de los cuales también emigraron a Santiago. Se calcula que entonces 30,000 franceses y españoles arribaron a esa ciudad cubana. Los nuevos colonos franceses construyeron grandes mansiones en las fincas cafetaleras y se hicieron famosos por su lujoso estilo de vida.

Cuando en 1826 Bolívar ya había libertado cinco repúblicas y era el hombre más poderoso de Iberoamérica, se aprestó a enviar[16] sus tropas

---

[11] *plaza* ciudad
[12] *las décimas…con sorna*: the tan-line poems indicated cunningly:
[13] *halcón* falcon
[14] *cacareando* crowing
[15] *pabellón* flag
[16] *se aprestó a enviar* he got ready to send

para independizar a Cuba. Lamentablemente, Estados Unidos, consciente ya de la importancia estratégica de la isla, se opuso a ese proyecto bolivariano. Consecuentemente Cuba tuvo que esperar otros tres cuartos de siglo para liberarse de España. Como los isleños siguieron entusiasmados por la causa independentista, el gobierno español estableció algunas reformas. Empero cuando después el absolutismo se restableció completamente en la metrópoli, Madrid envió autoridades despóticas a la isla. Contra ellas emergió el general venezolano Narciso López, quien, respaldado por centenares de hombres reclutados en Norteamérica, en 1850 invadió sin éxito Cuba. Al año siguiente, al intentar otra invasión, López fue capturado y enviado al patíbulo.[17] Los cadáveres de sus compañeros fusilados en La Habana fueron mutilados horriblemente por la muchedumbre monarquista.

La suerte de Narciso López y sus expedicionarios no desalentó a los cubanos, que siguieron conspirando. El desafío más serio al poder español lo llevaron a cabo Carlos Manuel de Céspedes y Máximo Gómez con la Guerra de los Diez Años, durante la cual proclamaron la independencia de Cuba el 10 de octubre de 1868. Las autoridades realistas combatieron encarnizadamente a los patriotas, apresando y fusilando a centenares de ellos. Después de este prolongado esfuerzo, el centro de rebelión se trasladó fuera de Cuba, a México y a Nueva York principalmente.

En 1895 José Martí (1853–95), uno de los patriotas exiliados en los Estados Unidos, dirigió la expedición libertadora a la isla con pleno conocimiento de lo arriesgado de la empresa. Su presentimiento expresado en una carta se cumplió y el patriota murió en el campo de batalla, legando a la posteridad su ansia de libertad, a la cual había dedicado su producción literaria y su vida. Este noble espíritu es el héroe máximo de los cubanos de todos los colores políticos.

A fines del siglo pasado, mientras España decaía, el poderío de los Estados Unidos crecía. Como históricamente este país había tenido pretensiones territoriales sobre las posesiones españolas del Caribe, la propaganda por la independencia de Cuba convenció a los políticos norteamericanos de que había llegado el momento oportuno para desmantelar los rezagos del imperio colonial español para anexarlos a la Unión. En 1898 la explosión del crucero «Maine» anclado en la bahía de La Habana ofreció el pretexto. Después del incidente, la contienda cubano-española-estadounidense no duró mucho tiempo. Concluyó con la derrota de España y el tratado de paz que reconoció la independencia de Cuba y cedió Puerto Rico y las Filipinas a los Estados Unidos.

---

[17] *patíbulo*   scaffold

15.2 CUBA REPUBLICANA DE 1902 A 1958

El ejército de ocupación estadounidense permaneció en Cuba hasta 1902. En virtud de la injusta Enmienda Platt de 1901, impuesta al tratado con Cuba de 1903, Estados Unidos adquirió la base naval de Guantánamo y se reservó el derecho de intervenir para mantener gobiernos sumisos a sus intereses.

La intervención estadounidense, sin embargo, tuvo su aspecto positivo en el campo de la salud pública, al extirpar la fiebre amarilla, enfermedad endémica que había azotado a la isla desde hacía siglos y cuya causa la descubrió el médico cubano Carlos Juan Finlay (1833–1915). El lado negativo estuvo principalmente en el campo económico, al imponer al país el monocultivo,[18] sobre todo si se tiene en cuenta que la mayoría de los ingenios de azúcar fueron a caer en manos de estadounidenses, cuya patria era el principal mercado de esa azúcar y la principal proveedora de alimentos y productos manufacturados necesarios en la isla.

Cuba republicana fue por mucho tiempo gobernada principalmente por políticos ambiciosos, asesorados por administradores corruptos e interesados. El gobierno y la administración pública resultaron el medio más lucrativo y el camino más rápido para el enriquecimiento. Se sucedieron los dictadores, se corrompieron las conciencias. Casi todo tenía su precio; quien no tenía influencia no prosperaba. Uno de los déspotas fue el general Gerardo Machado Morales, cuyo gobierno (1925–33) se hizo famoso por arrojar a sus enemigos a los tiburones.[19] La caída de Machado permitió, en 1934, la derogación de la odiada Enmienda Platt. Depusieron al tirano principalmente los intelectuales y estudiantes universitarios, aliados con algunos sargentos del ejército. Uno de ellos, Fulgencio Batista, taquígrafo del Estado Mayor,[20] dio el golpe definitivo a la dictadura, inaugurando a su vez un período durante el cual se convirtió en el gobernante absoluto o en la eminencia gris[21] de los regímenes sucesivos hasta 1952. En ese año, Batista asumió directamente el poder, esta vez como tirano sanguinario. Su gobierno duró hasta el 1 de enero de 1959, día del triunfo de Fidel Castro.

15.3 LA REVOLUCIÓN CUBANA

Es sumamente difícil historiar los acontecimientos de 1959 para adelante, por su contemporaneidad[22] y sobre todo por las pasiones en pro y en contra desencadenadas por el proceso revolucionario cubano. Lo que sí nadie

---

[18] *monocultivo*   one-crop farming
[19] *tiburones*   sharks
[20] *taquígrafo…Estado Mayor*   General Staff stenographer
[21] *eminencia gris*   power behind the throne
[22] *sumamente…contemporaneidad*   it is very difficult to write the history of recent events because they have taken place so close to our own time.

El Palacio de Gobierno en La Habana en vísperas del ingreso de Fidel Castro a esa capital en enero de 1959.

puede disputar es que somos testigos[23] de la revolución más radical de Latinoamérica. El régimen de Castro ha reestructurado completamente la economía, la política y la sociedad cubanas a tal punto que hoy la isla se parece poco a la de antes de 1959.

La dependencia cubana de la Unión Soviética, desde la adhesión de Castro al comunismo, desencadenó en 1962 la crisis de los misiles, que puso al mundo al borde de la guerra nuclear. Esa excesiva influencia concluyó en 1991 al disolverse la Unión Soviética. Desde entonces el gobierno de La Habana ha intensificado sus esfuerzos para atraer inversionistas de distintas áreas del mundo. En la actualidad las mayores inversiones provienen de España, Canadá, Italia, Gran Bretaña, México y Francia, pese a la Ley Helms-Burton y otras medidas del gobierno de Washington que sancionan el comercio internacional con Cuba. Frente al antagonismo del gobierno estadounidense, Castro ha desarrollado el turismo hasta convertirlo desde la década de los años 90 en una de las fuentes principales de divisas, complementaria de la exportación de azúcar muy disminuida en los últimos años. Un acontecimiento importante en Cuba en 1998 fue la visita del Papa Juan Pablo II por la creencia que ella podría, a la larga, influir en la reforma del sistema gubernamental revolucionario de la isla.

Ayudan a evaluar los acontecimientos y emitir juicios sobre los méritos o deméritos de lo realizado, dos de las interpretaciones más difundidas.

[23] *testigos*   witnesses

Los simpatizantes del cambio ven trascendencia histórica en las siguientes realizaciones de la Revolución Cubana:

1. La eliminación de las clases sociales, aunque hayan aparecido nuevos grupos de presión política, no basados en bienes muebles o inmuebles o blasones[24] familiares.
2. La nacionalización de las inversiones estadounidenses influyentes en la política internacional y doméstica de la isla.
3. La reforma de la educación, despojándola de la antigua orientación aristocrática para hacerla popular y universal, lo cual ha permitido una gran reducción del analfabetismo y la asistencia gratuita y obligatoria a las escuelas.
4. Aparición de una solidaridad revolucionaria, capaz de impulsar a muchos hacia la causa nacional y continental, sin miras a la recompensa material.
5. Desarrollo de una economía capaz de proveer casa y comida a los **guajiros** (campesinos) que antes sólo tenían oportunidad de trabajar durante la zafra.[25]
6. Disminución considerable del prejuicio racial, del sentimiento antifeminista y del prejuicio social clasista.
7. La Revolución ha convertido a Cuba en potencia militar del Caribe.
8. Implementación de un programa de industrialización y turismo complementarios a su rica agricultura.
9. La eliminación de la antigua corrupción administrativa.
10. La instalación de un programa de salud pública gratuito para todos.

Por su parte, los **anticastristas** señalan los siguientes aspectos negativos:

1. El régimen revolucionario cubano por más de un cuarto de siglo trocó imperialismos: de la sumisión al materialismo estadounidense se pasó al totalitarismo soviético.
2. Se ha impuesto un régimen de control mucho más tiránico que la dictadura combatida por la Revolución.
3. La regimentación en la vida diaria ha afectado la estructura familiar cubana, desquiciando matrimonios, hogares, parentescos y amistades.
4. La inexperiencia, la improvisación y la sumisión a las necesidades políticas y económicas del gobierno ha llevado a la economía cubana a un grado de subdesarrollo y dependencia perjudicial para el futuro del país.
5. La escasez de alimentos, medicinas, ropa y artículos básicos, a los cuales muchos cubanos estaban acostumbrados antes de 1959, ha llegado a extremos alarmantes.
6. El régimen revolucionario ha obligado a centenares de miles de cubanos a refugiarse en otros países, especialmente en los Estados

---

[24] *blasones* glorias
[25] *zafra* sugar harvest

Unidos, desarraigándolos de su tierra, hogar y tradición. Para corroborar esto, mencionan el éxodo de cubanos por el puerto de Mariel (1980) después de 20 años de vida en la Cuba socialista.

7. Hasta antes de la caída del Muro de Berlín, Cuba estuvo empeñada en exportar su revolución a otras partes de América y de África.

8. El gran número de presos políticos se debe al repudio general al régimen.

9. La dependencia política a favor de Rusia obligó al gobierno revolucionario cubano a enviar miles de soldados cubanos a servir en el exterior, especialmente en África.

15.4 PERFIL DE CUBA Y SU GENTE

La superficie de Cuba, semejante a la de Pennsylvania, abarca la mitad del área total de las Antillas. Sus 110,860 kilómetros cuadrados de territorio se extienden en forma de caimán,[26] de este a oeste por unas 784 millas. Su ancho varía entre las 25 y 120 millas.

Casi la mitad de su superficie, suficientemente plana y cubierta de rica tierra roja, es ideal para la agricultura tropical, especialmente del cultivo de la caña de azúcar. Desde 1900 Cuba ha sido el principal país exportador de azúcar del mundo. Durante la mayor parte del presente siglo la exportación de ese producto fue su principal fuente de divisas. El tabaco, en cambio, le ha rendido sólo el 9 por ciento. Una cuarta parte del país está cubierto de bosques, ricos en caoba y en cedro blanco del que se hacen las cajas de los cigarros puros. En sus sabanas del centro y del oriente prospera la industria ganadera.

Alrededor de la cuarta parte de la superficie de Cuba es montañosa, sobre todo el extremo sudeste de la isla, donde la Sierra Maestra llega a tener una elevación hasta de 8,000 pies. Aquí se encuentra la mayor parte de su riqueza minera: manganeso, níquel, cobalto, cromo y hierro. Cuba también tiene depósitos de cobre y petróleo.

Hoy día Cuba tiene alrededor de 11 millones de habitantes: 51 por ciento mulatos, 37 por ciento caucásicos, 11 por ciento negros y 1 por ciento chinos. El 70 por ciento de la población vive en las ciudades: en La Habana, alrededor de 2 millones de habitantes; en Santiago de Cuba, la antigua capital, Holguín y Camagüey, un cuarto de millón en cada una, y el resto de la población urbana reside en ciudades más pequeñas. El 30 por ciento de los cubanos vive en el campo.

Se ha dicho que la Revolución no ha cambiado la personalidad nacional, no obstante las características que muchos le atribuyen al cubano y al régimen gubernamental presente. Si examinamos cuidadosamente los rasgos

---

[26] *caimán*   alligator

atribuidos al cubano estereotipado, descubrimos que muchos no son aplicables a todos y que otros son extensivos a los habitantes del Caribe. La supuesta «verbosidad tropical», por ejemplo, si así se acepta llamar a la facilidad expresiva, también es don de muchos habitantes de otros países del Caribe y de Andalucía. La supuesta sensualidad, si así se conviene en llamar al gusto de vivir, también se extiende a millones de personas que viven en otras latitudes tropicales. En cuanto a la alegría vocinglera,[27] también la sienten muchos de los radicados en las zonas cálidas. Lo cierto es que el carácter del cubano nace de la manera de ser condicionada en gran parte por el medio, circunstancias históricas especiales y los componentes étnicos de la población. El medio ambiente modela en gran medida la manera de ser de todo pueblo.

Se dice que los rasgos fundamentales de la manera de ser del cubano se resumen en su «**choteo**», es decir, en esa característica muy suya de irrespetuosidad burlona, de reírse de todo, de no tomar la vida y sus problemas en serio. El relajo es la actitud optimista, alegre, que hace de toda la vida una perenne juerga.[28] Esto tiene probablemente origen andaluz y africano, modificado por la atmósfera tradicionalmente tranquila de la existencia cubana.[29] Ya vimos cómo en 1762, con motivo de la ineptitud de las autoridades coloniales para defender La Habana de los ingleses, los cubanos ya mostraban rasgos distintivos. El africano influyó fuertemente en la música, los bailes y en la filosofía de la vida. Las características del andaluz se mezclaron a las del africano y produjeron un tipo humano muy extrovertido.

A raíz de la crisis económica española de 1921, una fuerte ola migratoria fue a engrosar los sectores proletarios y los sectores medios de la sociedad cubana. Su adaptación, en la mayoría de los casos, a casi todas las actividades cotidianas[30] fue rápida y completa. Su amor a la tierra adoptiva devino más expresivo que el de muchos cubanos de nacimiento. Un gran porcentaje de ellos se amancebó o se casó con cubanas y después se nacionalizó. El que no cambió de nacionalidad inculcó a sus hijos la lealtad a Cuba. Estos hijos, al crecer, sintieron la urgencia de estampar su deseo de cambio y de mejoramiento, ingresando frecuentemente a la política.

La Habana, como las capitales de los otros países americanos, creció mucho durante esta época. Este fenómeno discernible ahora con mayor intensidad en otras partes de América, ya estaba en marcha en Cuba. Las ciudades se desarrollan a expensas de la región rural vecina y distante. Consecuencia de esta invasión campesina de las ciudades pudo ser la provincialización de la capital, acelerada a raíz de la crisis de los años 30,

---

[27] *vocinglera*   vociferous, loudmouthed
[28] *juerga*   fiesta, diversión
[29] *existencia cubana*   Cuban life
[30] *cotidianas*   diarias

cuando se intensificó lo anteriormente dicho en la cultura, como lo atestigua la penetración y difusión de una serie de vocablos[31] campesinos adoptados por los habaneros.

Durante las décadas de los años 20 y 30, en el mundo intelectual aumentó el interés en lo afrocubano, condicionado por la moda francesa de posguerra de estudiar las culturas primitivas, y por la difusión de la pintura revolucionaria mural mexicana, que también impresionó y sirvió de estímulo para el autoexamen nacional. Entonces los intelectuales al fin se contagiaron del interés en el afrocubano, promovido durante mucho tiempo por el famoso sociólogo cubano Fernando Ortiz (1881–1969). Vieron ellos la posibilidad de utilizar estéticamente la herencia cultural africana. Así se afianzó la tendencia **afrocubanista**,[32] con mucho éxito en la poesía, la música, el baile y la pintura. La revolución contra la dictadura de Gerardo Machado (1871–1939) complicó el fenómeno, acelerando el proceso del matrimonio entre personas de diferentes razas al caer muchas barreras sociales. El inmigrante, deseoso de disminuir sus vínculos con la tradición europea, fue el que más se mezcló con la «gente de color» (negros, mulatos, cuarterones o saltatrás).[33]

El cubano, ya sea blanco, negro o mulato, parece tener una manera peculiar de ser que muchos consideran típicamente cubana sin definirla con claridad. Los estudios realizados, como el de Jorge Mañach (1898–1961) sobre el «choteo», son esfuerzos parciales y provisionales de gran utilidad para el análisis comprensivo, global y científico aún por realizarse en el futuro.

El carácter extrovertido del cubano también se manifiesta en su fuerte propensión al tuteo.[34] Tan pronto conoce a alguien, no importa su categoría social, profesional o diplomática, el cubano lo comienza a tutear sin que esto conlleve irrespetuosidad. Al contrario, eliminada la barrera de la etiqueta,[35] el cubano se muestra afable, como si fuera viejo amigo.

15.5 SANTO DOMINGO COLONIAL DEL SIGLO XV AL SIGLO XVIII

Cristóbal Colón llegó en su primer viaje a la segunda isla más grande del Caribe y la nombró Española. Dos años más tarde fundó en su costa norte la villa Isabela, que pronto, como vimos antes, fue destruida. El primer establecimiento permanente en la Española y en todo el Hemisferio Occidental lo fundó su hermano Bartolomé en 1496. Lo llamó Santo Domingo para honrar al santo patrón de su padre. Pronto el nombre se

---

31 *vocablos* palabras
32 *se afianzó…afrocubanista* the Afro-Cuban tendency was rooted
33 *saltatrás* throwback
34 *tuteo* use of the pronoun «tú» instead of «usted» (being informal, familiar, chummy)
35 *etiqueta* formality

aplicó a toda la isla. Históricamente Santo Domingo se ha usado por mucho más tiempo que el nombre actual de la República Dominicana, de ahí que muchos latinoamericanos, incluyendo a muchos dominicanos, todavía lo empleen tanto para nombrar a la ciudad capital como a todo el país. Los piratas, bucaneros y autoridades francesas establecidos en el occidente de la isla durante el siglo XVII contribuyeron a la confusión al denominar Saint-Domingue a la colonia establecida en esa parte de la Española.

El mal trato dado a los indígenas llegó a alarmar a algunos consejeros del gobierno español, que vieron un peligro en el exterminio progresivo de los aborígenes. La esclavitud, con diversos nombres legales, y las enfermedades traídas por los europeos casi acaban en poco tiempo con la población nativa de la isla. Alarmada la Corona, en 1499 envió a Santo Domingo un gobernador con la orden de hacer cumplir las leyes. El gobernador, pasmado ante la crueldad de sus compatriotas, aprisionó a los hermanos Cristóbal y Bartolomé Colón y a Diego, hijo de aquél. Después remitió en cadenas a España a Cristóbal. Los amigos de éste consiguieron que la Corona enviara en 1502, a un nuevo gobernador. Aunque en 1503 se abolió la esclavitud de los indígenas para ser reemplazada por la encomienda, los abusos continuaron. Durante esta época, muchos padres franciscanos y dominicos llegaron a Santo Domingo con numerosos colonos ansiosos de enriquecerse rápidamente.

En 1509 Diego Colón fue nombrado gobernador de Santo Domingo. Entonces el exterminio de los indígenas se aceleró, no obstante las leyes aprobadas en su defensa y la prédica apasionada de Fray Antonio de Montesinos y Fray Bartolomé de Las Casas. Cuando la industria azucarera reclamó más y más trabajadores, se importaron esclavos de África. Así se dio comienzo a la ignominiosa trata de esclavos.

Desde la primera década de ocupación española, Santo Domingo fue la sede[36] del gobierno colonial del Caribe y punto de partida de muchas expediciones exploradoras y conquistadoras. La primera circunnavegación de Cuba probó cómo Cristóbal Colón se había equivocado al creer que ésta era una península asiática. De Santo Domingo también partieron las expediciones colonizadoras de Jamaica y Puerto Rico. Durante el gobierno de Diego Colón, Cuba fue colonizada por Diego Velázquez.

Santo Domingo llegó a ser por mucho tiempo un centro de experimentos coloniales, donde se ensayaron medidas administrativas para aplicarse después en otras posesiones españolas de América. La Casa de Contratación, establecida en Sevilla en 1503, se creó principalmente para regular el comercio con Santo Domingo. En esa isla se establecieron por primera vez en América: (1) la audiencia como tribunal de apelaciones (1511); (2) la Real Audiencia, con jurisdicción

---

[36] *sede*   asiento

sobre una extensa área (1526); (3) el ayuntamiento o corporación municipal; y (4) el cabildo o junta de ciudadanos notables, cuyas sesiones abiertas tuvieron gran importancia histórica.

El apogeo inicial de Santo Domingo, sin embargo, comenzó a declinar a medida que aumentaba a la prosperidad de las otras colonias antillanas. Su decadencia se aceleró cuando los colonos abandonaron la isla en busca de mejor suerte en México o en el Perú. Como el éxodo fue muy intenso y causó considerable daño a la economía isleña, las autoridades prohibieron la emigración. La rigidez del monopolio comercial español y el sistema de flotas a puertos fijos aceleró aun más la decadencia de Santo Domingo. Las flotas mercantiles y militares no tocaban la isla. Por no estar lo suficientemente defendida, fue atacada por piratas y bucaneros de las naciones enemigas. Francis Drake, por ejemplo, se apoderó de la ciudad de Santo Domingo en 1585. Durante el resto del siglo XVI y gran parte del siglo siguiente, la milicia local, compuesta de hombres libres de todos los colores y posiciones sociales, luchó desesperadamente por mantener la seguridad de la isla, constantemente amenazada por los piratas y bucaneros franceses, ingleses y holandeses.

En esa época, la isla francesa de Tortuga, situada muy cerca de la costa occidental de Santo Domingo se había convertido en refugio de piratas, filibusteros, bucaneros y prófugos de la justicia de diversos países. Cuando los ingleses ocuparon Tortuga, los franceses desplazados se refugiaron en el extremo occidental de la Española donde fundaron Port Margot. Cuando esta primera colonia francesa se apoderó de casi un tercio de la isla, los franceses desalojaron a los ingleses de Tortuga. En virtud del Tratado de Ryswick (1697), España reconoció a Francia el derecho de administrar el territorio que ocupaba en la Española.

Durante el siglo XVIII, Saint-Domingue llegó a ser la colonia europea más rica del Caribe, gracias a la producción de azúcar y al lucrativo tráfico de esclavos. Fue en medio de esta gran prosperidad económica cuando llegó la influencia de la Revolución Francesa. La población de origen africano se contagió del espíritu igualitario proclamado por el iluminismo francés y por los veteranos haitianos negros de la guerra por la independencia de los Estados Unidos. La minoría blanca, en cambio, tergiversó el significado de los ideales de la Revolución Francesa y reclamó la libertad para gobernar la isla de la manera que le diera la gana.[37]

Los gritos de libertad, igualdad y fraternidad exacerbaron a la población africana a tal punto que estalló, en 1791, una revuelta general dirigida por jefes expertos en vudú y en transmitir mensajes y órdenes por medio de tambores. Después se produjo un baño de sangre que afectó a decenas de miles de negros, blancos y mulatos. En estas circunstancias, miles de colonos franceses, acompañados de sus fieles sirvientes negros,

---

[37] *que...gana*   they pleased

emigraron a Santiago de Cuba. Un comisionado revolucionario de París arribó a Saint-Domingue, en 1792, con 6,000 soldados contagiados de los ideales jacobinos y simpatizantes de los rebeldes. El siguiente año se proclamó la abolición de la esclavitud: la primera proclamación de emancipación de esclavos efectuada en el Nuevo Mundo. En 1795, España le cedió toda la Española a Francia, la cual, bajo los efectos de la Revolución, declaró a Saint-Domingue provincia francesa. Esta cesión fue nominal porque en realidad los franceses ni siquiera controlaban su propia tercera parte de la isla.

Cuando Saint-Domingue se hallaba bajo el imperio de la violencia revolucionaria, se destacó la fuerte personalidad del patriota negro Toussaint Louverture (1743–1802), militar excepcional, que después de derrotar a las fuerzas francesas e inglesas contrarrevolucionarias, consiguió persuadir al nuevo gobierno parisino de que lo nombrara gobernador general. Entonces, Louverture llevó a cabo la ocupación militar de la parte española de la isla.

El advenimiento de Napoleón Bonaparte al poder en París repercutió en Saint-Domingue. En 1802, Napoleón, Primer Cónsul de Francia, despachó la expedición militar más poderosa hasta entonces enviada al Nuevo Mundo, bajo las órdenes de su cuñado, el general Víctor Leclerc. Toussaint, engañado, fue depuesto y remitido en cadenas a Francia, donde murió a los pocos meses. El triunfo napoleónico no duró mucho. El pueblo negro, enterado del inminente restablecimiento de la esclavitud, se rebeló dirigido por el ex esclavo Jean Jacques Dessalines (1758–1806), que derrotó al ejército francés. En 1803 las fuerzas napoleónicas abandonaron la isla después de haber perdido 50,000 soldados y haber experimentado su primera gran derrota militar. El primero de enero de 1804 Dessalines proclamó la independencia de su patria, a la cual llamó Haití, nombre indígena que probablemente significa lomas. Nació así el primer país latinoamericano libre y la segunda nación independiente del continente. Aparentemente la debacle francesa en Haití contribuyó a la decisión napoleónica de vender la Louisiana a los Estados Unidos en 1804.

15.6 LA REPÚBLICA DOMINICANA

Como en el resto de Hispanoamérica, en el antiguo Santo Domingo español los criollos se contagiaron del espíritu antifrancés al iniciarse la lucha contra las fuerzas napoleónicas en España. En 1808 el rico ganadero dominicano Juan Sánchez Ramírez expulsó a las fuerzas francesas y haitianas de ocupación y restauró la soberanía española en Santo Domingo. Pero en pocos años el absolutismo de Fernando VII decepcionó a los patriotas dominicanos, quienes, en 1821, dirigidos por un criollo, expulsaron al gobernador español, izaron la bandera de la Gran Colombia y solicitaron su anexión a esa nueva república creada por

Bolívar. Al año siguiente, la invasión de las fuerzas armadas de Jean Pierre Boyer frustró los esfuerzos libertadores de los dominicanos. La conspiración por la independencia tuvo como nuevo objetivo inmediato expulsar a las fuerzas haitianas de ocupación. Al fin, el 27 de febrero de 1844, Juan Pablo Duarte (1813–75) se levantó en armas y proclamó la independencia de Santo Domingo. Mas, Duarte fue pronto arrojado del poder y exiliado por el general Pedro Santana (1801–63). Este ambicioso militar se proclamó presidente, repelió varios intentos haitianos de invasión y le dio al país el nombre de República Dominicana.

A veces en países inmersos en una vida política caótica aparecen ambiciosos que ven en el protectorado extranjero la mejor manera de sacar provecho personal. En 1860, Santana, frustrado en su intento de imponer un régimen arbitrario y absoluto, solicitó a Isabel II de España el restablecimiento del poder español en Santo Domingo. Su traición fue compensada primero con el título de Capitán General y después con el de Marqués del Reino. Las tropas españolas se comportaron[38] en la isla con toda la arrogancia de las fuerzas de ocupación en un país reconquistado: fueron especialmente severas en la aplicación de la ley y los nuevos impuestos. No tardó mucho en producirse la reacción patriota que consiguió arrojar definitivamente a los españoles en 1865. A partir de este año marcan la vida política dominicana la intranquilidad y la acumulación vertiginosa de la deuda externa del país.

Buenaventura Báez, un ex títere de Santana, demostró el haber aprendido bien las lecciones de su protector, pues al poco tiempo de libertada su patria, desde la silla presidencial conspiró para conceder bases navales y derechos especiales a los Estados Unidos, como paso previo a su completa anexión. El presidente Ulysses S. Grant apoyó entusiastamente la anexión de esa república antillana, pero su propuesta fracasó gracias a la valiente intervención del senador Charles Sumner. Obstinado, Grant mantuvo las fuerzas navales norteamericanas en la República Dominicana hasta 1874. Apenas levó ancla la flota estadounidense,[39] el traidor Báez fue desalojado de la presidencia por los patriotas dominicanos.

La paz no duró mucho tiempo porque los períodos de tranquilidad impuestos por gobernantes despóticos fueron interrumpidos por los políticos ambiciosos que también deseaban participar en el banquete de los empréstitos extranjeros. Entre 1902 y 1916 se instalaron catorce presidentes, que para mantenerse en el poder conseguían préstamos en el exterior. Es interesante notar que entre los más importantes acreedores[40] se encontraba la Santo Domingo Improvements Company de Nueva York, que desde 1892

---

38 *se comportaron*   behaved
39 *apenas…estadounidense*   as soon as the American fleet sailed
40 *acreedores*   creditors

había ganado control de los préstamos holandeses a la desafortunada república. Esta compañía desempeñó un papel importante en la decisión de Estados Unidos de ocupar militarmente a la República Dominicana en 1916. La ocupación militar duró hasta 1924. Al año siguiente, Rafael Leonidas Trujillo (1891–1961), entrenado por el ejército estadounidense, fue impuesto como Comandante en Jefe de la Guardia Nacional, la única fuerza armada dominicana. En 1930 Trujillo asumió los poderes absolutos de su patria. Gobernó durante treinta años como si el país fuera su propio feudo. El tirano impuso el reino del terror en la República Dominicana, al mismo tiempo que sus agentes en el extranjero llevaban sus planes de tortura y muerte a los enemigos políticos. Así sucedió con el profesor de civilización latinoamericana en la Universidad de Columbia, el Dr. Jesús de Galíndez, que fue secuestrado en Nueva York, llevado secretamente a Santo Domingo para ser torturado y asesinado por haber escrito el libro *La era de Trujillo*.

Al fin el megalómano cayó asesinado en 1961. Tras un período crítico de transición, Juan Bosch (n. 1909), conocido escritor y fundador del Partido Revolucionario Dominicano (PRD), triunfó en las elecciones presidenciales. Gobernó brevemente de febrero de 1962 a septiembre de 1963, cuando fue depuesto por las fuerzas armadas. Tres años más tarde estalló un movimiento revolucionario constitucionalista que produjo la guerra civil y la intervención estadounidense. El 1⁰ de junio de 1966, con el amparo de las llamadas fuerzas interamericanas de ocupación, compuestas principalmente de estadounidenses, se llevaron a cabo, con un mínimo de irregularidades, las elecciones generales.[41] Sorpresivamente triunfó Joaquín Balaguer (n. 1906), candidato de los conservadores del país. Durante su gobierno, Balaguer consiguió que las fuerzas extranjeras abandonaran el país, pero no pudo o no quiso impedir que sistemáticamente centenares de dominicanos cayeran asesinados. En las elecciones generales de 1970 y 1974, Balaguer fue reelegido presidente. En 1978 triunfó Antonio Guzmán del PRD, durante cuyo gobierno se logró un clima de libertad política en medio del deterioro de la economía nacional. En las elecciones de 1982 triunfó su correligionario Salvador Jorge Blanco. Inexplicablemente, antes que éste asumiera el poder, el presidente Guzmán se suicidó. El problema más serio durante el régimen de Jorge Blanco (1982–86) también fue el económico. En 1983 el gobierno clausuró dos universidades privadas por expedir títulos «irregulares», especialmente a estadounidenses matriculados o falsamente inscritos. Balaguer fue reelegido en 1986 y 1990. Por irregularidades en el proceso electoral de 1994, un compromiso político prolongó la presidencia de Balaguer por cuatro años.

---

[41] Véase E. Chang-Rodríguez, ed. *The Lingering Crisis: A Case Study of the Dominican Republic* (New York: Las Américas Publishing Co., 1969).

Tumba de Cristóbal Colón en Santo Domingo. Todavía no se ha resuelto si los restos (*remains*) del gran navegante de 1492 se encuentran en esta tumba o en España.

Leonel Fernández Reyna, del Partido Liberal Dominicano (PLD), fue elegido presidente gracias al apoyo que recibió de los antiguos rivales Balaguer y Bosch, unidos temporalmente para impedir el triunfo del popular y carismático Francisco Peña Gómez (1937–98), candidato del PRD, del cual Bosch había renunciado para formar el Partido de la Liberación Dominicana (PLD) en 1978. En sus cuatro años de gobierno, el Presidente Fernández enfrenta problemas creados por los azotes de los huracanes, el alto interés a la propiedad inmueble y el desequilibrio fiscal causados por las pérdidas sufridas por las empresas públicas y el ineficiente sistema del cobro de impuestos.

15.7 PERFIL DE LA REPÚBLICA DOMINICANA Y SU GENTE

Este país de rica tradición histórica colonial tiene un área semejante a la de Vermont y New Hampshire juntos: 48,730 kilómetros cuadrados, de las cuales sólo el 17 por ciento es cultivable, 12 por ciento de pastos y 71 por ciento de zonas forestales. Cuatro cadenas de montañas la atraviesan casi paralelamente de este a oeste, haciendo a la parte occidental del país bastante quebrado y árido. Entre las cordilleras Central y Septentrional se encuentra la fértil región del Cibao, en la que sobresalen los valles de Santiago y de la Vega Real, donde se cultiva la caña de azúcar, vegetales y frutas. En las tierras bajas del este del país vive la mayor parte de los casi 8 millones de habitantes (73% mulatos, 11% negros y 16% blancos).

La Calle de las Damas, Santo Domingo, es la más antigua de las calles construidas por los europeos en el Nuevo Mundo.

El 65 por ciento de la población es urbana. Tres ciudades importantes son Santo Domingo, la capital, Santiago de los Caballeros y San Pedro de Macorís. La primera tiene una población de 2 millones y medio de habitantes, la segunda algo más de 500,000 y la tercera se acerca a los 200,000. La alta tasa de aumento poblacional ha forzado a muchos a emigrar, especialmente a los Estados Unidos en donde votan en las elecciones presidenciales de su patria, a la cual ayudan con las remesas de dinero a sus familiares. El 35 por ciento de los dominicanos vive en el campo, dedicado mayormente a la agricultura. Los principales productos de exportación son: ferroníquel, azúcar cruda, café, cacao, aleación de oro y plata y carnes.

15.8 PUERTO RICO

En el período precolombino habitaban la isla de Puerto Rico los **taínos**, descendientes de los **arauacos**, como los **caribes** de las islas vecinas. Su cacique cometió un grave error cuando llegó Cristóbal Colón en 1493: con toda buena voluntad le obsequió un adorno de oro. Estimulada la ambición, los españoles ocuparon la isla y la colonizaron mientras buscaban depósitos de ese codiciado metal.

Puerto Rico estuvo bajo la jurisdicción directa del gobierno de la Española hasta 1509. En ese año, Juan Ponce de León fue nombrado gobernador y desde entonces la isla prácticamente constituyó durante el dominio español una unidad administrativa aparte. En 1511 Ponce de León fundó la ciudad de San Juan que hasta hoy es su capital. La encomienda, los repartimientos y las nuevas enfermedades diezmaron la población indígena. Los indígenas se rebelaron sin éxito y los abusos continuaron con tanto rigor que para fines del siglo XVI la población indígena casi había sido exterminada.

Poco afectos al trabajo físico y sin mano de obra disponible,[42] los colonizadores comenzaron a traer esclavos de África, pero a pesar de esto, la economía no floreció mucho y la isla continuó siendo una de las posesiones menos lucrativas, cuya importancia radicaba principalmente en su estratégica posición militar. Empeoraron la situación la negligencia administrativa, los continuos ataques de los piratas y la emigración de quienes en busca de gloria y riqueza se marchaban a conquistar nuevos horizontes. Se calcula que a principios del siglo XVII la isla tenía apenas 1,000 habitantes entre españoles, negros, mulatos y mestizos. La pobreza, las malas comunicaciones con España y la autocracia militar desalentaron a los inmigrantes potenciales. Así languideció la vida de la hermosa isla hasta fines del siglo XVIII y principios del siglo XIX, cuando llegaron los que buscaban asilo para escaparse de las conmociones políticas de Haití, Sudamérica y México. Estos nuevos inmigrantes, muchos de ellos con experiencia en la agricultura tropical, contribuyeron grandemente al florecimiento del comercio internacional.

La revitalización económica de la isla, a principios del siglo XIX, le ganó representación en las Cortes de Madrid: concesión del gobierno español para evitar que en Puerto Rico se difundiera la fiebre independentista responsable de la liberación de gran parte del Nuevo Mundo.

El restablecimiento del absolutismo en España, en 1823, con su consecuente efecto negativo, perjudicial a la representación de los territorios de ultramar y sus libertades civiles, fueron golpes rudos para las Antillas españolas. En Puerto Rico los revolucionarios conspiraron repetidas veces en vano. Uno de los estallidos de mayor significado en favor de su independencia fue el «Grito de Lares» en 1867. Los movimientos revolucionarios fracasaron no tanto por la superioridad militar de los españoles, como por la división de los **borinqueños**.[43] No todos tenían el mismo punto de vista político. El partido más poderoso del siglo XIX, el Autonomista, perseguía mayor participación en el gobierno local y representación en España sin llegar a la independencia política: quería que la isla fuera tratada como una provincia española en la que todos tuvieran los mismos derechos. Muchos de los autonomistas pedían la separación de la economía de la autoridad militar, la abolición de la esclavitud y el derecho de elegir a las autoridades locales. Intensificaron su campaña autonomista hasta que en 1897 consiguieron lo que deseaban: España autorizó

---

[42] *mano de obra disponible*   labor force available
[43] *borinqueños*   puertorriqueños

el establecimiento de un gobierno insular, asesorado de un cuerpo legislativo bicameral, con derecho a firmar pactos comerciales internacionales previamente aprobados en Madrid. Fue un gesto tardío[44] porque la guerra entre España y Estados Unidos del año siguiente determinó la expulsión del poder español y la incorporación de Puerto Rico a los Estados Unidos. No obstante las promesas y oratoria en defensa de la democracia y del derecho a la libre determinación, el pueblo continuó insatisfecho porque se consideraba en peores condiciones que en 1897, y acusó al gobierno de ocupación de ser un gobierno de los estadounidenses, por los estadounidenses y para los estadounidenses.

Uno de los defensores de la completa independencia fue el más insigne de sus hombres de letras: Eugenio María de Hostos (1839–1903), que peregrinó por[45] Hispanoamérica haciendo campaña por la libertad de Puerto Rico y su federación política con Santo Domingo y Cuba. Hombre honrado, apóstol de la moralidad, dedicó su vida a la enseñanza, en la cual él veía la salvación de Latinoamérica. Decepcionado al ver que a Puerto Rico se le negaba la independencia después de la guerra de 1898, murió en el destierro voluntario que se impuso durante los últimos años de su vida en Santo Domingo.

Ante el clamor independentista puertorriqueño respaldado por amigos en los Estados Unidos, el Presidente Wilson firmó, en 1917, la ley que concede la ciudadanía[46] estadounidense a los nacidos en la isla. La ciudadanía era un pobre sustituto de la libertad, máxime cuando se la concedían[47] a los puertorriqueños en medio de la fiebre bélica, que pedía más soldados para los campos de batalla. Para 1930 la isla no mostraba prosperidad económica, no obstante la campaña de salubridad, beneficiosa tanto para las fuerzas norteamericanas de ocupación como para los isleños. Al contrario, la crisis durante la depresión económica aceleró el proceso de empobrecimiento y estimuló la corrupción. Los huracanes, que por esa época fueron de mayor intensidad y más perjudiciales que de costumbre, empeoraron la situación. En estas circunstancias, hizo su aparición el patriota Pedro Albizu Campos (1892–1965), educado en Harvard, fundador del Partido Nacionalista que proponía la completa independencia de Puerto Rico. Abnegado luchador por la autonomía de su isla, Albizu Campos participó sin éxito en las elecciones puertorriqueñas de 1932. Convencido de que la única manera de libertar a su patria era indudablemente la lucha armada, el Partido Nacionalista organizó y dirigió después de 1932 una serie de golpes revolucionarios. En 1936 tuvo lugar un acto de violencia independentista,

---

[44] *gesto tardío* belated gesture
[45] *peregrinó por* journeyed through
[46] *ciudadanía* citizenship
[47] *máxime...concedían* especially when it was awarded

Esta calle estrecha y adoquinada del viejo San Juan todavía conserva el gusto arquitectónico colonial. El gobierno de la capital puertorriqueña ha declarado esta zona urbana área histórica y prohíbe alterar su arquitectura.

a raíz del cual Albizu Campos fue encarcelado. Permaneció en la prisión, o en el hospital donde se le recluyó a consecuencia de los sufrimientos padecidos en la cárcel, hasta su muerte en 1965.

Pocos años después, en contraposición a la acción revolucionaria de Albizu Campos, surge Luis Muñoz Marín (1898–1980). Comenzó como patriota nacionalista, pero con el tiempo trocó su filosofía política reemplazándola por la concepción del Estado Libre Asociado,[48] es decir, la autonomía doméstica sin personalidad jurídica internacional. Muñoz Marín, después de ser expulsado del Partido Liberal, fundó en 1938 el Partido Popular Democrático que lo llevó a la gobernación de 1948 a 1964. En 1953 Estados Unidos reconoció al Estado Libre Asociado de Puerto Rico.

Posteriormente la isla ha progresado en el aspecto económico gracias al plan de industrialización iniciado en 1942. En las décadas siguientes, no obstante la aparente prosperidad, no todos los puertorriqueños simpatizaban con la idea del Estado Libre Asociado. Este, según muchos, no es ni estado, ni libre, ni asociado, porque la isla se encuentra completamente dominada por la economía estadounidense. Por su parte, el Partido Independentista, con miembros y simpatizantes de todas las clases sociales, persigue la independencia mediante un plan específico. El Partido Estadista, apoyado principalmente por la clase alta, considera económicamente ventajosa la transformación de la isla en un nuevo estado de la Unión Estadounidense.

---

[48] *Estado Libre Asociado*   Commonwealth

15.9 LA PROBLEMÁTICA CULTURAL EN PUERTO RICO

Puerto Rico ofrece un vivo ejemplo de cómo se encuentra arraigada la cultura hispánica en las antiguas posesiones españolas. No obstante los noventa y tantos años de vida asociada a la cultura anglosajona, que por décadas impuso el inglés como lengua de instrucción, los borinqueños todavía mantienen su personalidad hispanoamericana libremente expresada en castellano.

Cuando los españoles fueron expulsados, sólo el 8 por ciento de los niños de la isla asistía a la escuela. En el presente siglo la situación ha mejorado mucho con el lento y firme avance del programa educacional. Hoy día el número de niños matriculados en la escuela sobrepasa el 90 por ciento, de acuerdo con estadísticas oficiales desafiadas por algunos.

En 1903 se estableció la Universidad de Puerto Rico. Después se fundaron la Universidad Interamericana (1912), el Colegio Universitario del Sagrado Corazón (1935), la Universidad Católica de Puerto Rico (1948), el Puerto Rico Junior College (1949) y otras universidades y recintos universitarios en años posteriores. Desde 1970 los gastos generales en educación consumen casi un tercio del presupuesto[49] total de la isla. Desde 1948 la instrucción en todos los niveles se imparte[50] en castellano pero el inglés se estudia en cursos especializados.

La incorporación de Puerto Rico a la esfera política estadounidense significó al comienzo la imposición de la economía del monocultivo de la caña de azúcar. Al año de la llegada de las tropas estadounidenses, el 71 por ciento de la producción de azúcar estaba directamente en manos de firmas estadounidenses. Pronto se aceleró el proceso de expansión de la industria azucarera y se multiplicaron las inversiones a tal punto que en pocos años las tres cuartas partes de los puertorriqueños dependían de esa industria. La isla, que durante la ocupación española más o menos se abastecía de sus propios productos para su alimentación, con la llegada de los norteamericanos y el aumento de la población, comenzó a importar casi todos los productos de primera necesidad, agravando así el problema de la inflación.

El mejoramiento del sistema de salubridad pública, la extensión de los servicios médicos y la eliminación de las enfermedades endémicas han producido un rápido aumento de la población. Puerto Rico es una de las regiones más densamente pobladas del Nuevo Mundo. Su área, igual a dos tercios del estado de Connecticut, tiene una población de alrededor de 4 millones de habitantes. La política gubernamental de esterilización de las mujeres ha sido severamente criticada.

El Partido Popular Democrático estableció en 1942 la Administración de Fomento Económico, organizadora de la «Operación Bootstrap». En virtud

---

[49] *presupuesto*   budget
[50] *se imparte*   se da

de este plan, el gobierno ayuda al capitalista que desea establecer industrias en la isla: lo exime de impuestos por diez años, le extiende crédito, le facilita terreno y adiestra[51] a los trabajadores. Atraídos por la mano de obra barata con salarios más bajos que en los Estados Unidos, muchas industrias nuevas se establecieron en la isla. La principal fuente de ingresos es ahora la industria manufacturera. La agricultura sigue siendo una importante fuente de trabajo pero la importancia del azúcar ha declinado considerablemente, superada por la industria pecuaria[52] y sus derivados. Aunque el tabaco, el café, la piña[53] y la fruta en general constituyen importantes renglones[54] de la industria agrícola, la producción no abastece las necesidades locales. Por eso durante los meses de fuerte invasión turística, Puerto Rico se ve obligado a aumentar la importación de comestibles.[55]

El tráfico comercial con los Estados Unidos continental es intenso; registra el 94 por ciento de las exportaciones y el 90 por ciento de las importaciones. La industrialización ayudó por unas décadas a resolver parcialmente el problema del desempleo[56] que lanzó a dos millones de puertorriqueños a los Estados Unidos, sobre todo a Nueva York, donde hoy día vive más de un millón de ellos. El desempleo de 17.5 por ciento y el ingreso per cápita de menos de la mitad que el del Estado de Mississippi, el más pobre de Estados Unidos, han contribuido a aumentar el número de puertorriqueños en todo este país. No obstante estos cambios económicos significativos en comparación con otras regiones del Caribe, la mayoría puertorriqueña sigue la tradición patriarcal hispánica y resiste la cultura anglosajona, desconociendo en gran parte el idioma inglés. Como en el Brasil, el prejuicio racial es menor que en los Estados Unidos.

Todavía se debate apasionadamente la idea de independizar a Puerto Rico. En el plebiscito de 1967 sobre el destino político de la isla, organizado y administrado por el partido en el poder, los resultados anunciados favorecían al sistema del Estado Libre Asociado. Al año siguiente el Partido Popular Democrático perdió las elecciones. El nuevo gobernador, Luis Ferré, aunque del partido estadista,[57] respetó el arreglo político firmado por el partido de Muñoz Marín y los Estados Unidos. Pese a la campaña de los recientes gobiernos estadistas para que se acepte la idea de transformar Puerto Rico en un nuevo estado de la Unión Norteamericana, los independentistas siguen aumentando en número tanto en la isla como

---

[51] *adiestra*   entrena
[52] *pecuaria*   ganadera
[53] *piña*   pineapple
[54] *renglones*   items
[55] *comestibles*   foodstuffs
[56] *desempleo*   unemployment
[57] *estadista*   pro-statehood

en los Estados Unidos: en las elecciones de 1980 obtuvieron alrededor del 10 por ciento de los votos.

Además de ofrecer sólidos argumentos en favor de la completa independencia, ellos señalan los siguientes aspectos negativos de los actuales vínculos con los Estados Unidos:

1. Despersonificación del puertorriqueño y la adquisición de una mentalidad colonial;
2. Carencia de poderes para regular las comunicaciones, el sistema de transportes, las tarifas y aranceles aduaneros, el refinamiento del azúcar;
3. Impedimento para estructurar y operar una industria de refinería de petróleo;
4. Control de la mayoría de las haciendas azucareras por el capital ausentista, pese a lo dispuesto por las leyes Foraker y Jones que limitan la tenencia de las corporaciones a 500 acres;
5. Control del comercio mayorista, la banca, la industria manufacturera y el transporte aéreo por el capital no puertorriqueño.

Los puertorriqueños tendrán que decidir ellos mismos su futuro: continuar en calidad de Estado Libre Asociado, ser independientes, o convertirse en otro estado de la Unión. Para que la decisión sea válida, debe proporcionársele a cada grupo igual acceso a los medios de comunicación masiva para poder explicar al público las ventajas y desventajas de cada sistema. Conscientes los independentistas de constituir una minoría, como la que acompañó a Washington, Jefferson y Franklin en su rebelión contra Inglaterra, seguirán votando en los plebiscitos, unos por la emancipación y otros por el Estado Libre Asociado, como táctica para impedir la estatización de la Isla. La mayoría de los latinoamericanos, por su parte, simpatizan con la idea de una eventual independencia de Puerto Rico, al cual consideran parte de la gran nación cultural hispanoamericana por ahora desunida.

Los resultados de un referendo llevado a cabo en diciembre de 1998 revelaron que la mayoría de los puertorriqueños rechazaba la propuesta de convertir a la isla en un estado más de los Estados Unidos: 50.2 por ciento votó por retener la condición de estado libre asociado, 46.5 por ciento por la estadidad, medio porcentaje más que en el plebiscito de 1993 cuando sus principales rivales obtuvieron 49 por ciento.

15.10 Sumario

I. **Cuba:**
  A. Período colonial del siglo XV al XIX:
    1. Exterminio de los indígenas: heroísmo de Hatuey
    2. Importancia estratégica y comercial: Santiago vs. La Habana

3. Treinta mil ingleses ocupan La Habana en 1762
4. Censo de 1774: 96,430 blancos y 78,180 pardos (44,633 esclavos)
5. Arriban 30,000 franceses, españoles y esclavos negros de la Española
6. Estados Unidos veta la expedición libertadora bolivariana
7. Reformas españolas para apaciguar los ánimos fracasan
8. Conspiraciones y expediciones militares: Narciso López (1850–51)
9. La Guerra de los Diez años (1868–78) y la represión
10. Expedición heroica del apóstol libertador José Martí en 1895
11. Explosión del «Maine» y la guerra entre EE.UU. y España

B. Las primeras décadas de vida republicana (1898–1959):
1. La ocupación estadounidense (1898–1902) y la Enmienda Platt (1901)
2. Carlos Juan Finlay (cubano) descubre la causa de la fiebre amarilla
3. Su majestad el azúcar impone el monocultivo y agrava la dependencia
4. Tiranías corruptas y asesoradas por políticos ambiciosos
5. Dictaduras de G. Machado (1925–33) y Fulgencio Batista (1934–59)

C. La Revolución cubana (1959–hasta el presente):
1. Cambio radical de estructuras económicas, políticas y sociales
2. Nueva conciencia revolucionaria desborda la isla
3. Evaluaciones discrepantes del papel del caudillismo de Fidel Castro

D. Perfil de Cuba y su gente:
1. Once millones de cubanos en el 50% del área de las Antillas
2. Herencia andaluza y africana: «choteo», irrespetuosidad burlona a todo

II. Santo Domingo y la República Dominicana:
A. Piratas y franceses atacan la Audiencia de Santo Domingo
B. La independencia (1821) y el deseo de incorporarse a Colombia bolivariana
C. Boyer, dictador de Haití, conquista Santo Domingo
D. Se establece la República Dominicana (1848), nombre oficial hasta hoy
E. Militarismo, guerra con Haití, revueltas y dictaduras
F. Nueva ocupación española (1861–65), arbitrariedades y derrota española

G. Corrupción administrativa y plan de anexión a los Estados Unidos (1873)

H. Administración de aduanas y ocupación estadounidense (1905–24)

I. La era de Rafael Trujillo (1930–61) y gobierno de Juan Bosch (1963)

J. Militarismo, guerra civil (1963–65) e intervención estadounidense (1965–66)

K. J. Balaguer sucede a gobiernos del Partido Revolucionario Dominicano

L. Perfil de la República Dominicana y su gente:
   1. Población de casi 8 millones de habitantes (65% urbana y 35% rural)
   2. Exportan azúcar, aleación de oro y plata, café, cacao y tabaco

III. **Puerto Rico:**

A. Juan Ponce de León, gobernador (1509), funda San Juan (1511)

B. La Fortaleza rechaza piratas y corsarios durante la Colonia

C. Eugenio María de Hostos (1839–1903) lucha por la federación antillana

D. La ocupación de EE.UU. impone el inglés y trata de anglizar la isla

E. Pedro Albizu Campos, graduado en Harvard, y el Partido Independentista

F. El Estado Libre Asociado (1953–hasta el presente):
   1. La «Operación Bootstrap» del gobernador Luis Muñoz Marín
   2. Compiten estadistas, independentistas y el Partido Popular Democrático

G. Problemática cultural en Puerto Rico:
   1. La alta densidad poblacional envía millones de emigrantes a EE.UU.
   2. Personalidad hispanoamericana libremente expresada en castellano

15.11 Cuestionario, preguntas y videos

1. ¿Qué contribuciones intelectuales y políticas hizo José Martí?
2. ¿Cuáles han sido las causas de la Revolución Cubana?
3. ¿Qué es el choteo y qué opina Ud. de él?
4. ¿Qué ocurrió en la Española antes de su independencia?
5. ¿Qué significan los nombres Santo Domingo y República Dominicana?
6. ¿Por qué intervinieron los EE.UU. en la República Dominicana?
7. ¿Qué ocurrió en tierras dominicanas durante la nefasta era de Trujillo?
8. ¿Qué persigue el Partido Revolucionario Dominicano?

9. ¿Qué importancia tiene Hostos en la historia cultural del Caribe?
10. ¿Qué es el Estado Libre Asociado?

Preguntas y temas de expansión

1. ¿Cuál ha sido el papel de los Estados Unidos en la historia del Caribe?
2. ¿Qué encuentra en común en el desarrollo de los diferentes países caribeños?
3. ¿Cuáles fueron las consecuencias de la Enmienda Platt impuesta por Estados Unidos?
4. ¿En qué condiciones se encuentra Cuba después de la disolución de la Unión Soviética?
5. ¿Cuál es el legado histórico de Albizu Campos?
6. ¿Cuáles son los argumentos a favor y en contra de la Revolución cubana?
7. Escriba una evaluación crítica de Cuba colonial.
8. Contraste el desarrollo de la democracia en la República Dominicana con otro país latinoamericano.
9. Explique el proyecto de Eugenio María de Hostos para crear una Federación Antillana.
10. Comente sobre las ventajas y desventajas del Estado Libre Asociado.

Videos

Vea nuestras sugerencias en la página 410.

15.12 RECOMENDACIÓN BIBLIOGRÁFICA

Cuba

Arboleya, Jesús. *La contrarrevolución cubana.* La Habana: Editorial de Ciencias Sociales, 1997.

Bunck, Julie Marie. *Fidel Castro and the Quest for a Revolutionary Culture in Cuba.* University Park: Pennsylvania State University Press, 1994.

González, Edward. *Cuba.* Santa Monica, CA: RAND, 1996.

Levine, Robert M. *Tropical Diaspora: The Jewish Experience in Cuba.* Gainesville: University Press of Florida, 1993.

Liss, Sheldon. *Fidel Castro's Political Thought.* Boulder and Oxford: Westview Press, 1994.

Matera, Lia. *Havana Twist.* New York: Simon & Schuster, 1998.

Montaner, Carlos Alberto. *Cuba hoy.* Miami, FL: Ediciones Universal, 1996.

Moreno Fraginals, Manuel. *Cuba/España, España/Cuba: historia común.* Barcelona: Crítica, Grijalbo Mondadori, 1995.

Pérez, Jr., Luis A. *Essays on Cuban History: Historiography and Research.* Gainesville: University Press of Florida, 1995.

Pérez-Stable, Marifeli. *The Cuban Revolution.* New York: Oxford University Press, 1999.

República Dominicana

Betances, Emilio, and Hobart A. Spalding, Jr., eds. *The Dominican Republic Today: Realities and Perspectives.* New York: Bildner Center for Western Hemisphere Studies, 1996.

Calder, Bruce J., *The Impact of Intervention: The Dominican Republic During the U.S. Occupation of 1916–1924.* Austin: University of Texas Press, 1984.

Chang-Rodríguez, Eugenio, ed. *The Lingering Crisis: A Case Study of the Dominican Republic.* New York: Las Américas Publishing Co., 1969.

Diederich, Bernard. *Trujillo.* Princeton, NJ: Markus Wiener, 1998.

Hartlyn, Jonathan. *The Struggle for Democratic Politics in the Dominican Republic.* Chapel Hill: University of North Carolina Press, 1998.

Hillman, Richard S. *Distant Neighbors in the Caribbean.* New York: Praeger, 1992.

Nelson, William Javier. *Almost a Territory: America's Attempt to Annex the Dominican Republic.* Newark: University of Delaware Press, 1990.

Peña Gómez, José Francisco. *Primero la gente.* Santo Domingo: Editora de Colores, 1996.

Pimentel, Miguel A. *Poder y política en la era de Trujillo.* Santo Domingo: Imprenta Amiama, 1995.

Sang, Mu-Kien A. *Una utopía inconclusa.* Santo Domingo: Instituto Tecnológico de Santo Domingo, 1997.

Puerto Rico

García Ramírez de Arellano, Ileana. *La trayectoria de un prócer: Miguel Angel García Méndez.* Hato Rey, P.R.: Publicaciones Puertorriqueñas, 1998.

Cortes Zavala, María Teresa, coordinadora. *Albizu Campos y la nación puertorriqueña.* México: Departamento de Historia Latinoamericana, Universidad Michoacana de San Nicolás de Hidalgo. Ediciones y Distribuciones Estentor, 1992.

García-Passalacqua, Juan M. *Los secretos del patriarca: guerra civil en la conciencia de Luis Muñoz Marín.* San Juan, P.R.: Editorial Cultural, 1996.

Irizarry-Irizarry, Annabelle. *La estructura política y económica de Puerto Rico.* Arecibo, P.R.: A. Irizarry Irizarry, 1998.

Meléndez, Edgardo. *Partidos, política pública y status en Puerto Rico.* San Juan, P.R.: Ediciones Nueva Aurora, 1998.

Perusse, Roland I. *The United States and Puerto Rico: Decolonization Options and Prospects.* Lanham, MD: University Press of America, 1987.

Rivera, José A. *El pensamiento político de Luis Muñoz Marín.* San Juan, Puerto Rico: Fundación Luis Muñoz Marín, 1996.

Samoiloff, Louise Cripps. *Puerto Rico: the Case for Independence.* Dorado, P.R.: Borinquen Books, 1993.

Trias Monge, José. *Puerto Rico: The Trials of the Oldest Colony in the World.* New Haven, CT: Yale University Press, 1997.

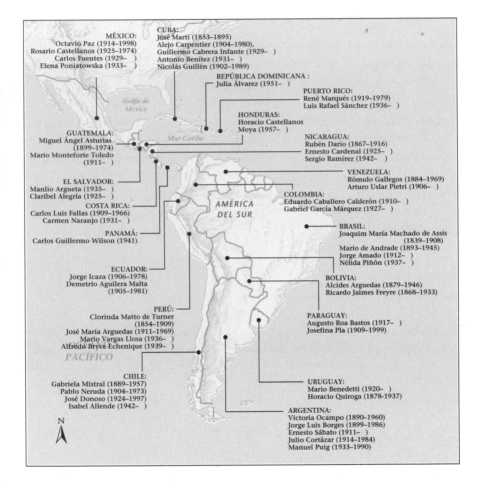

MÉXICO:
Octavio Paz (1914–1998)
Rosario Castellanos (1925–1974)
Carlos Fuentes (1929–)
Elena Poniatowska (1933–)

CUBA:
José Martí (1853–1895)
Alejo Carpentier (1904–1980),
Guillermo Cabrera Infante (1929–)
Antonio Benítez (1931–)
Nicolás Guillén (1902–1989)

REPÚBLICA DOMINICANA :
Julia Álvarez (1951–)

PUERTO RICO:
René Marqués (1919–1979)
Luis Rafael Sánchez (1936–)

HONDURAS:
Horacio Castellanos
Moya (1957–)

GUATEMALA:
Miguel Ángel Asturias
(1899–1974)
Mario Monteforte Toledo
(1911–)

NICARAGUA:
Rubén Darío (1867–1916)
Ernesto Cardenal (1925–)
Sergio Ramírez (1942–)

VENEZUELA:
Rómulo Gallegos (1884–1969)
Arturo Uslar Pietri (1906–)

EL SALVADOR:
Manlio Argueta (1935–)
Claribel Alegría (1925–)

COLOMBIA:
Eduardo Caballero Calderón (1910–)
Gabriel García Márquez (1927–)

COSTA RICA:
Carlos Luis Fallas (1909–1966)
Carmen Naranjo (1931–)

PANAMÁ:
Carlos Guillermo Wilson (1941)

BRASIL:
Joaquim María Machado de Assis
(1839–1908)
Mario de Andrade (1893–1945)
Jorge Amado (1912–)
Nélida Piñón (1937–)

ECUADOR:
Jorge Icaza (1906–1978)
Demetrio Aguilera Malta
(1905–1981)

BOLIVIA:
Alcides Arguedas (1879–1946)
Ricardo Jaimes Freyre (1868–1933)

PERÚ:
Clorinda Matto de Turner
(1854–1909)
José María Arguedas (1911–1969)
Mario Vargas Llosa (1936–)
Alfredo Bryce Echenique (1939–)

PARAGUAY:
Augusto Roa Bastos (1917–)
Josefina Pla (1909–1999)

CHILE:
Gabriela Mistral (1889–1957)
Pablo Neruda (1904–1973)
José Donoso (1924–1997)
Isabel Allende (1942–)

URUGUAY:
Mario Benedetti (1920–)
Horacio Quiroga (1878-1937)

ARGENTINA:
Victoria Ocampo (1890–1960)
Jorge Luis Borges (1899–1986)
Ernesto Sábato (1911–)
Julio Cortázar (1914–1984)
Manuel Puig (1933–1990)

AMÉRICA
DEL SUR

Golfo de
México

Mar Caribe

PACÍFICO

N

Del americanismo al universalismo literario

16

http://latinoamerica.heinle.com

Vocabulario autóctono y nuevo

- yaravíes
- sertão
- cauchero
- huasipungo
- newyorkina
- neorriqueño

- poesía gauchesca
- mundonovismo
- criollismo
- arielismo
- canudos
- chicano

16.1 EL DESEO DE INDEPENDENCIA INTELECTUAL

El deseo de independencia política afloró en algunos de los grandes pensadores americanos junto con el ansia de libertad intelectual. Hasta la primera década del siglo XIX el pensamiento iberoamericano había estado en gran parte subordinado a la manera de razonar hispano-lusitana, pese a las corrientes filosófico-científicas anglosajonas y francesas que se filtraron a Iberoamérica con el despotismo ilustrado de los Borbones. Con todo, las páginas originales de muchos pensadores hispanoamericanos desafiaron tímidamente los cánones literarios impuestos por el gusto hispánico, como ya vimos cuando tratamos de la vida intelectual durante la Colonia.

Al principio de la emancipación continental, don Andrés Bello, maestro de Bolívar, fue uno de los primeros iberoamericanos en hacer claramente

283

explícito el anhelo de independencia intelectual en su *Alocución[1] a la poesía*, que publicó en 1823 con carácter de programa editorial de la revista *Biblioteca Americana*, en Londres, al encontrarse allá cumpliendo misión diplomática en favor de las nacientes repúblicas latinoamericanas. En este discurso a la poesía, Bello recomienda el retorno a la naturaleza y el abandono de la «culta Europa», «región de luz i[2] de miseria». El humanista venezolano expresaba en forma neoclásica sentimientos saturados de atisbos[3] románticos.

No fueron los neoclásicos ortodoxos, como el ecuatoriano José Joaquín de Olmedo, sino los neoclásicos precursores del romanticismo los que mejor emplearon temas americanos para expresar con moldes europeos sentimientos sobre la patria. El mejor de ellos fue el cubano José María Heredia (1803–39), cuyos frustrados esfuerzos por conseguir la independencia política de su isla amargaron su vida, impregnándola de nostalgia, como se deduce del tono y la sonoridad especial de sus poemas *En el Teocalli de Cholula* (1820) y *El Niágara* (1824). Ambos están saturados de melancolía romántica, estimulada por la contemplación de la pirámide mexicana precolombina y de la catarata norteamericana. La naturaleza descrita por este angustiado poeta está cargada de lirismo.

16.2 LOS ESCRITORES ROMÁNTICOS HISPANOAMERICANOS

Si concordamos con Víctor Hugo en que el romanticismo es a la literatura lo que el liberalismo es a la política, es fácil comprender por qué el ansia de libertad intelectual se acentúa más en los escritores románticos. El patriota peruano Mariano Melgar, por ejemplo, fue uno de los primeros escritores del mundo hispánico en expresar sistemáticamente sentimientos autóctonos en versos castellanos. Sus *yaravíes* (poemas breves a la manera incaica) expresan el amor indio en un tono afín[4] al subjetivismo romántico.

Pero para ser independiente no bastaba únicamente la novedad temática; se necesitaba también forjar nuevas formas de expresión. Intentaron crearla la mayoría de los románticos, tanto los educados en París como los instruidos en España. Pero ellos no llegaron a cristalizar esa liberación intelectual porque siguieron dependiendo de las técnicas literarias europeas. Poco importa que el argentino Esteban Echeverría fuera menos español si devino, en cambio demasiado afrancesado. Aunque preceda cronológicamente a muchas obras españolas verdaderamente románticas, su poema *Elvira o la*

---

[1] *alocución*   address
[2] Entre las reformas ortográficas que Bello propuso para mejorar el arte de escribir el español estaba la de usar la letra *i* en vez de la conjunción *y*.
[3] *atisbos*   signs
[4] *afín*   akin

novia del Plata (1832) tiene de latinoamericano sólo el subtítulo. Él mismo se percató[5] de esto. En el prólogo a *Los consuelos* (1834) aboga por una poesía hispanoamericana original: reflejo de la naturaleza, las costumbres, las ideas y sentimientos americanos. Tres años más tarde, en el mejor de sus trabajos literarios, el poemario *Rimas*, incluye el cuento en verso *La cautiva*, donde ofrece una semblanza de la pampa argentina. Lástima solamente que estableciera allí el precedente antiindianista imitado después por muchos de sus compatriotas.

Los románticos argentinos no podían ser los abanderados[6] del americanismo literario, pues políticamente ofrecían la «civilización» (europea) para extirpar lo que ellos llamaban «barbarie» americana. Domingo Faustino Sarmiento, por ejemplo, en su apasionamiento romántico por «civilizar», propone norteamericanizar y anglogermanizar a Hispanoamérica. En *Facundo o civilización y barbarie* (1845) y en *Conflicto y armonía de las razas en América* (1883) da rienda suelta[7] a sus sentimientos antiindígenas y antiespañoles. *Facundo*, ensayo novelado sobre el caudillo gaucho Juan Facundo Quiroga (1793–1835), da su visión subjetiva de la Argentina desgarrada por las guerras civiles. Uno de sus objetivos es justificar un programa político que reemplace la barbarie (tradición colonial hispánica) con la civilización (angloamericanización). En el segundo libro mencionado, su autor abandona todo intento novelesco y ofrece escuetamente[8] ideas subjetivas y mal documentadas acerca del peliagudo[9] problema racial en América. Ahí sustenta la falacia[10] de la inferioridad hispánica, indígena y mestiza y recalca las virtudes intelectuales, morales y laborales de los anglosajones.

Sin embargo, este mismo Sarmiento y sus compatriotas exiliados en Chile defendieron en 1842, en la famosa polémica con don Andrés Bello y sus discípulos neoclásicos, el discurso del chileno José V. Lastarria (1818–88) sobre la necesidad de una literatura que sea la expresión auténtica de la nacionalidad. La literatura nacional auténtica no la hicieron los escritores que siguieron muy de cerca las pautas románticas francesas o inglesas. El argentino José Mármol (1817–71), por ejemplo, en su novela política *Amalia* (1851–55) narra las aventuras revolucionarias y amorosas de un enemigo de Rosas en el Buenos Aires dominado por este caudillo. El romanticismo americano, en cambio, sí logró adquirir algo de fisonomía propia al incorporar en su temática apasionadas descripciones de la exuberante naturaleza americana, teatro de nuevas costumbres.

---

[5] *se percató*   se dio cuenta
[6] *abanderados*   standard-bearer
[7] *da rienda suelta*   unleashes, gives a free rein
[8] *escuetamente*   plainly
[9] *peliagudo*   tricky
[10] *falacia*   fallacy

Algunos hispanoamericanos ganados por esa corriente desplegaron originalidad encomiosa, como la mostrada por el colombiano Gregorio Gutiérrez González (1826–72) en su extenso poema anunciador del realismo *Memoria sobre el cultivo del maíz en Antioquia* (1868), y por el ecuatoriano Juan Montalvo (1832–89), autor de *Siete tratados* y otros ensayos sobre diversos temas, escritos todos con una fuerte voluntad de estilo y elegancia premodernista. La mayoría, sin embargo, siguió los cánones literarios franceses y españoles. Merecen atención la novela sentimental *María* (1867), del colombiano Jorge Isaacs (1837–95) y dos novelas destacadas por la manera especial de presentar las peripecias de los protagonistas: *Cumandá* (1871), del ecuatoriano Juan León Mera (1832–94) y *Enriquillo* (1879–82), del dominicano Manuel de Jesús Galván (1834–1910). *María*, tan popular por mucho tiempo, es la historia de un idilio de juventud en una hacienda del Valle del Cauca, interrumpido románticamente por la muerte prematura de la heroína. *Cumandá*, en cambio, es la narración poética del amor de una supuesta «india» y un joven blanco en la selva amazónica del Ecuador del siglo XVIII. Después de la descripción de las costumbres y paisajes de la región, el lector descubre al final que se trata del amor entre dos hermanos separados en su infancia por una rebelión indígena precipitada por el abuso de los amos blancos. *Enriquillo*, en cambio, es una novela histórica de la rebelión de un cacique dominicano durante el primer siglo de colonización. Está escrita con emoción y recursos románticos pero con lenguaje de corte neoclásico.

La expresión literaria más original de este período es la **poesía gauchesca** desarrollada por escritores cultos de Argentina y Uruguay. Ellos utilizan el lenguaje de los gauchos para narrar su vida, aventuras y frustraciones. La crítica literaria reconoce como los mejores frutos de esta modalidad romántica a *Fausto* (1866), de Estanislao del Campo (1834–80), a *Santos Vega* (1872), de Hilario Ascasubi (1807–75), a *Martín Fierro* (1872–79), de José Hernández (1834–86) y a los cuatro poemas sobre el legendario payador Santos Vega (1887), de Rafael Obligado. El romántico más original del Perú fue don Ricardo Palma, autor de las famosas *Tradiciones peruanas*. Palma da a su estilo castizo el humor limeño[11] para narrar unas «tradiciones» que combinan la historia y el costumbrismo. Su éxito radica en gran parte en su ingeniosa habilidad para manejar con originalidad la técnica para reconstruir vívidamente el pasado peruano.

En el Brasil los poetas románticos más leídos fueron Gonçalves Dias (1823–64), cuyo poema *Canto del destierro* todavía lo recitan los niños de ese país, y Antonio de Castro Alves (1847–71), defensor de la emancipación de los esclavos y del sistema republicano de gobierno.

---

11 *limeño* of Lima

Como se ve, los románticos latinoamericanos tampoco consiguieron la completa liberación intelectual. Los partidarios de este movimiento lograron describir el paisaje, reconstruir el pasado, narrar las costumbres americanas con nueva forma de expresión, rica en imágenes originales, pero dependieron mucho de los escritores europeos. Les fue difícil crear una forma genuinamente americana para expresar su emoción, experiencia y concepción estética.

Como reacción antirromántica y superación de ella, aparece en el Brasil un grupo de escritores interesados en frenar la pasión lírica con una forma de expresión aprendida de los parnasianos franceses. De estos renovadores de las letras brasileñas de fines del siglo XIX, sobresale Joaquim María Machado de Assis (1839–1908), considerado por algunos críticos como el más eminente escritor brasileño y el mejor novelista latinoamericano del siglo XIX. El humor filosófico con dejo melancólico y la profunda exploración sicológica prefreudiana de su poesía aflora mejor en su narrativa: *Memórias póstumas de Bras Cubas* (1881) *(Epitaph of a Small Winner), Quincas Borba* (1890) *(Philosopher, or Dog?)* y *Dom Casmurro*, profundo análisis sicológico de varios tipos humanos.

16.3 EL TARDÍO REALISMO DECIMONÓNICO

El realismo surgió como reacción contra los excesos del romanticismo y se manifestó principalmente en la narrativa. A fines del siglo XIX y a principios del siglo XX coexistieron con el modernismo hispanoamericano. Los realistas fueron buenos discípulos de Balzac, los hermanos Goncourt, Zola, Dickens, Pereda y, sobre todo, Galdós. Aunque ofrecieron la realidad americana—flora, fauna, sociedad—, los escritores de esta escuela en Hispanoamérica no se destacaron como artistas originales. Sus obras reflejan progreso técnico en el arte narrativo pero no ofrecen una auténtica forma de expresión. Mencionemos unos cuantos en esta apretada síntesis.

Entre los iniciadores del realismo posromántico en castellano está el chileno Alberto Blest Gana, especie de Balzac americano, autor de catorce novelas que abren nuevos caminos a la narrativa continental. Entre sus mejores obras se encuentran *Martín Rivas* (1862), sobre la vida de la sociedad de Santiago de Chile a mediados del siglo pasado, y su obra maestra *Durante la Reconquista* (1897), novela histórica cuya trama se desarrolla durante la guerra por la independencia chilena. Otros realistas de importancia son José López Portillo (México, 1850–1923), autor de *La parcela*[12] (1898); Vicente Romero García (Venezuela, 1865–1917), autor de *Peonía* (1890); Federico Gamboa (México, 1864–1939), autor de *Santa* (1903); y Tomás Carrasquilla (Colombia, 1858–1941), autor de *Frutos de mi tierra* (1896). *La parcela* trata del amor de dos jóvenes jaliscienses,[13] pertenecientes a

---

[12] *parcela*   piece of ground
[13] *jaliscienses*   of Jalisco (Mexico)

familias de terratenientes en disputa por un terreno. *Peonía* es una novela costumbrista acerca de un amor interrumpido por el destierro y la muerte. *Santa*, novela naturalista con fuerte inclinación costumbrista, cuenta la vida de una prostituta parecida a la Naná de Emile Zola. *Frutos de mi tierra* es un libro de relatos costumbristas sobre Antioquia, escrito con el lenguaje regional de esa zona de Colombia.

El objetivo fundamental del realismo decimonono parecía ir en contra del ansia artística del hispanoamericano. Cuando ofrece con realismo una tajada de la vida, el escritor se ve imposibilitado de mostrar la realidad total americana que deseaba expresar en su obra. La nueva escuela tuvo en sí los ingredientes del fracaso, de ahí que no llame la atención la pobreza de sus contribuciones en el siglo XIX. Cuando en el siglo XX el neorrealismo muestra la selva, los llanos, las serranías, las minas y haciendas, las villas y ciudades de América, entonces consigue mejores triunfos artísticos aun sin lograr completamente la ansiada auténtica expresión hispanoamericana.

16.4 EL MODERNISMO HISPANOAMERICANO DE 1880 A 1916

Fracasados los intentos neoclásicos, románticos y realistas para conseguir la independencia intelectual con una manera americana de expresión artística, un grupo de poetas inició la revitalización del castellano. Su literatura pronto se impuso en Hispanoamérica e influyó en los escritores de España. Entonces se trocaron los papeles: los hispanoamericanos se convirtieron en maestros de los peninsulares. Adoptaron por símbolo el cisne,[14] aceptaron el nombre de modernistas y se impusieron en tres olas sucesivas. En la primera, la iniciadora, se destacaron los cubanos José Martí y Julián del Casal, el peruano Manuel González Prada, el colombiano José Asunción Silva, y los mexicanos Manuel Gutiérrez Nájera y Salvador Díaz Mirón. La segunda ola modernista nos lega una rica y variada producción literaria, comparable en importancia a los mejores períodos del pasado. Se distinguen entonces el nicaragüense Rubén Darío, a quienes muchos consideran como el poeta más importante en castellano desde el Siglo de Oro. Sus libros *Azul* (1888) y *Prosas profanas* (1896) marcan el apogeo del modernismo. Son sus compañeros de escuela: el argentino Leopoldo Lugones, el boliviano Ricardo Jaimes Freyre y el uruguayo Julio Herrera y Reissig. Los peruanos José Santos Chocano y José María Eguren, incorporado al movimiento algo más tarde, también sobresalieron.

La renovación modernista hace suyas las corrientes literarias francesas de las últimas décadas del siglo XIX: el parnasianismo y el simbolismo.[15]

---

[14] *cisne* swan
[15] *parnasianismo y el simbolismo* Parnasism was the literary movement that stressed form over emotion, aiming at attaining perfect form with sensual imagery. Symbolism was the late 19th century literary movement that sought to express or evoke emotions and ideas by the use of symbolic language, color and evocative and suggestive images.

Para liberarse de la tendencia provinciana y regionalista del mundo hispánico, los modernistas cultivan lo exótico, especialmente lo oriental; para combatir lo común y vulgar, los clisés y lo trillado,[16] los modernistas se tornan elegantes aristócratas de la forma. La sensualidad refinada y artificio estimulante los elevan a la torre de marfil, donde tratan de forjar un mundo de ilusión y formas caprichosas. Cuando parecía que los de la segunda ola habían desvirtuado el propósito original de hallar nuevas formas de expresión y nuevos derroteros para las letras hispanoamericanas, aparece la tercera y última ola modernista que abandona el cosmopolitismo artificial y explota las posibilidades estéticas del Nuevo Mundo, empleando temas americanos, cantando a su naturaleza y tratando de descifrar sus enigmas históricos. A este último período modernista se le ha dado el nombre de **mundonovismo**. Las obras de esta época son de carácter nacional y continental, compuestas con otra manera muy distinta de ver al hombre americano y su medio ambiente; ellas comparten la fe en el futuro de una patria continental.

Culmina esta última etapa con obras producidas con una trillada retórica modernista, como sucede con los poemas antiimperialistas de Rubén Darío *A Roosevelt, Salutación del optimista* y *Los cisnes*, incluidos después en su libro *Cantos de vida y esperanza* (1905). El primero es una oda escrita en 1904, seis años después del triunfo militar de los Estados Unidos sobre España y un año después de la creación de la República de Panamá usando una provincia de Colombia. Darío llama al presidente estadounidense: «cazador certero», «profesor de energía», símbolo del poderío yanqui, capaz de cazar el porvenir como una fiera más.[17] El poeta evoca el pasado ilustre de la América indohispana y advierte sobre el peligro de una invasión estadounidense a Latinoamérica. En *Salutación del optimista*, el autor lanza un grito de esperanza en el futuro, censura a los desconfiados del vigor hispánico, exhorta a los jóvenes a redescubrir la fuerza antigua de la raza y pide la unión de los pueblos de habla española. El poeta confía al cisne el mensaje de angustia y esperanza ante el inminente avance de los Estados Unidos. Declarándose defensor de su pueblo y «nieto[18] de España», Darío observa que «Brumas[19] septentrionales nos llenan de tristezas», y pregunta:

¿Tantos millones hablaremos inglés?
¿Ya no hay nobles hidalgos ni bravos caballeros?
¿Callaremos ahora para llorar después?

---

[16] *los clisés y lo trillado*   the hackneyed and trite expressions
[17] *capaz...más*   capable of hunting the future as though it were another wild beast
[18] *nieto*   grandson
[19] *brumas*   mists

16.5 LA RENOVACIÓN DEL REALISMO Y EL CRIOLLISMO

El mundonovismo bajo la influencia del realismo poco a poco engendró al **criollismo**, movimiento literario basado en el uso de temas latinoamericanos, especialmente el rural. Los criollistas se concentraron en el paisaje regional y en el pueblo, estimulados por periódicos y revistas nacionalistas, como *Caras y Caretas* (fundada en Buenos Aires en 1898) y *El Cojo Ilustrado* (publicada en Caracas, de 1892 a 1915). Desempeñaron papel importante en este movimiento los cuentistas chilenos Mariano Latorre (1886–1955), Baldomero Lillo (1867–1923), Rafael Maluenda (1885–1963) y el argentino Roberto J. Payró (1867–1928). El criollismo tampoco consiguió forjar una auténtica expresión americana, pese a haber transmitido lo criollo en valores estéticos y morales universales. Su fracaso se debió en gran parte a la excesiva influencia del realismo español obsesionado con el paisaje.

Coetáneo al criollismo hispanoamericano aparece en el Brasil un movimiento literario nacionalista intensamente preocupado por los problemas sociales. En 1902 Euclydes da Cunha (1866–1909) publicó uno de los mejores estudios sociológicos de la región ganadera del *sertão*.[20] *Os Sertões* narra la campaña militar para debelar la rebelión de los canudos (1897) y derrotar a su líder, un predicador religioso, Antonio Vicente Mendes Maciel (Antonio Conselheiro), sobre quien se ocupará también el escritor peruano Mario Vargas Llosa en *La guerra del fin del mundo* (1981). Ese mismo año aparece también la novela *Canaán*, de José Pereira de Graça Aranha (1868–1931), defensor de la tesis de la salvación del Brasil por medio de la inmigración blanca. Severa crítica de la plutocracia (gobierno de los ricos) hace Afonso Henriques de Lima Barreto (1881–1922) en sus novelas y cuentos apreciados póstumamente.

Lo que en ese país se conoce con el nombre de modernismo ocurrió después de la Primera Guerra Mundial: fue un movimiento anunciador y precursor del vasto proceso de transformación cultural y política. En su primera fase tomó como modelo inicial al futurismo de Marinetti[21] con su odio beligerante a la tradición. En el Brasil la renovación literaria con inspiración francesa no tiene el alcance ni la importancia del modernismo hispanoamericano. El modernismo brasileño fue menos radical y progresivo y dependió mucho más de la técnica parnasiana modificada por la influencia de los dadaístas Mário de Andrade (1893–1945), «el Papa del Modernismo», y Oswaldo de Andrade (1890–1954), fundador de la *Revista*

---

20 *sertão* terreno no cultivado
21 El escritor italiano Emilio Filipo Tamiz Marinetti (1876–1944) apasionadamente propuso el futurismo, teoría estética que propugna el ímpetu hacia el futuro y exalta la velocidad y la lucha en las artes.

Agustín Yáñez (1904–80), autor de la novela *Al filo del agua*, se destacó como narrador, gobernador del Estado de Jalisco, ministro de educación de su patria y director de la Academia Mexicana de la Lengua.

de Antropofagia (1928), cuyo interés en el primitivismo de su patria le hizo forjar la frase irónica y nacionalista «*Tupí or not tupí, that is the question*».[22]

16.6 EL ARIELISMO Y EL DESPOTISMO ESTÉTICO

Aunque la revolución literaria modernista consiguió sus mejores triunfos en la poesía, sus efectos en la prosa también fueron muy saludables. En 1900 se publicó uno de los libros más influyentes de la época: *Ariel*, del pensador uruguayo José Enrique Rodó (1871 1917). Utilizando el simbolismo shakesperiano de *The Tempest*, Rodó contrastó a Ariel (Latinoamérica) idealista, artista y humanista, con Calibán (Estados Unidos), sensual, pragmático y grosero.[23] Su espíritu latinoamericanista, basado en la idea de una patria continental e impregnado de un optimismo idealista, fue recibido en el Hemisferio como campaña de propaganda unificadora. Con su mensaje a la juventud latinoamericana, Rodó contribuyó a frenar la nordomanía[24] estimulada por Sarmiento, Alberdi, otros argentinos y algunos chilenos, y promovió el autoexamen espiritual, artístico e intelectual durante un período crítico de la historia iberoamericana que hace patente[25] la inferioridad material y militar latinoamericana frente al poder arrollador[26] norteamericano. *Ariel* sobresale en la historia literaria por su

---

[22] Tupí es el nombre de una importante tribu india que vive en el centro y norte del Brasil. Su lengua, también llamada tupí, es una especie de lingua franca del Valle del Amazonas.

[23] *grosero*   coarse

[24] *nordomanía*   slavish inclination to imitate the Yankees

[25] *patente*   clara

[26] *arrollador*   overwhelming

elocuente estilo expresivo que contribuyó a darle mejor forma al ensayo hispanoamericano, añadiéndole musicalidad, cadencia y recursos literarios hasta entonces generalmente asociados con la poesía. Pasados unos años, el excesivo elogio al pensador uruguayo fue censurado por quienes vieron en él al esteta aristócrata, culpable de la generalización y simplificación exagerada de las supuestas cualidades idealistas de los latinoamericanos y de las cualidades materialistas de los norteamericanos, ignorando a los indígenas y negros, y dependiendo demasiado de una filosofía vagamente humanista. Los críticos más acerbos[27] de Rodó y su **arielismo** fueron los indigenistas y los defensores de la literatura con contenido social.

16.7 EL NEORREALISMO Y EL INTERÉS SOCIAL

El interés folclórico de los criollistas poco a poco, conforme va perdiendo fuerza la preocupación estilística de los modernistas, da paso a una rica literatura neorrealista de fuerte preocupación sociopolítica. Responde su aparición a los grandes problemas históricos americanos: la Revolución Mexicana, la desaparición del gaucho, la explotación del trabajador en la selva, los llanos, los Andes y las ciudades.

La Revolución Mexicana, iniciada en 1910, ha inspirado a un gran número de escritores-testigos y artistas asombrados de sus consecuencias. La narrativa con el mismo tema ha dado obras tan importantes como *Los de abajo* (1915), de Mariano Azuela (1873–1952); *El águila y la serpiente* (1928) y *La sombra del caudillo* (1929), de Martín Luis Guzmán (1887–1976); *La vida inútil de Pito Pérez* (1938), de José R. Romero (1890–1952); y *Al filo del agua* (1947) y *Las tierras flacas* (1962), de Agustín Yáñez (1904–80). *Los de abajo (The Underdogs)*, la más popular de las obras de Azuela, trata de las aventuras de un revolucionario y sus compañeros de lucha. Es la mejor novela de este tema y la más traducida a idiomas extranjeros. Los dos libros de Martín Luis Guzmán mencionados son en realidad memorias noveladas[28] de uno de los mejores periodistas de esa etapa revolucionaria. *La vida inútil de Pito Pérez (The Useless Life of Pito Pérez)* es la biografía de un borrachín,[29] escrita a la manera de las novelas picarescas. Agustín Yáñez, el más innovador de los narradores de la revolución, escribe con prosa lírica, llena de simbolismo. Sus novelas más difundidas son *Al filo del agua* (*The Edge of the Storm*) y *Las tierras flacas (The Barren Lands)*. En la primera describe la vida religiosa de una aldea remota en vísperas del vendaval[30] revolucionario, y en la segunda trata del eterno problema de la escasez de tierras agrícolas.

---

[27] *acerbos* harsh
[28] *noveladas* in novel form, novelized
[29] *borrachín* poor drunkard
[30] *vendaval* strong wind

La inhumana explotación del **cauchero**[31] en la selva conduce al colombiano José Eustasio Rivera (1888–1928) a escribir la novela, *La vorágine* (1924) para evocar la selva amazónica y denunciar la explotación de los caucheros. La lucha entre civilización y barbarie en los llanos de Venezuela mueve a Rómulo Gallegos (1884–1969) a escribir otra gran novela simbólica sudamericana, *Doña Bárbara* (1929), acerca de una «devoradora de hombres» en los llanos de Venezuela. La protagonista, doña Bárbara, representa el atraso mientras que el héroe, Santos Luzardo, simboliza la civilización en el sentido general del término, no en el sentido restringido que le dio Sarmiento. Como en otras novelas suyas, Gallegos fusiona las técnicas realista y folclorista para utilizar mejor la mitología tradicional así como las leyendas y los cuentos populares europeos y americanos. La narrativa de este venezolano tipifica la llamada novela telúrica; esto es, reveladora influencia del suelo hispanoamericano en el modo de ser del personaje.

El rápido progreso de la Argentina, que cobra su alto precio en la pampa cuando obliga al gaucho a transformarse en campesino sedentario, compele a Ricardo Güiraldes a retratar simbólicamente el exterminio histórico de este importante personaje argentino. Lo hace en *Don Segundo Sombra* (1926), una de las obras maestras de la novelística hispanoamericana, apreciada por su valor estilístico.

16.8 Del indigenismo tradicional al neoindigenismo continental

El movimiento intelectual indigenista que busca integrar al aborigen americano y sus descendientes al moderno estado latinoamericano, ha atraído a sus filas a escritores de diversas tendencias. Algunos proponen darle marcha atrás al curso de la historia favoreciendo el restablecimiento de las naciones indígenas precolombinas al mismo tiempo que desechan las contribuciones culturales negativas procedentes de ultramar. Otros defienden al indio tanto como al mestizo, heredero étnico y cultural de dos civilizaciones. Para otros, en cambio, el «nuevo indio» es un ente[32] cultural, no importa si es indígena, mestizo o blanco, porque lo racial ha sido modificado por el mestizaje cultural, generador de otra manera de actuar, pensar y sentir. Hay quienes insisten en la importancia de la influencia telúrica, esto es, cómo la influencia de la tierra determina el carácter del latinoamericano. La mística adoración a la naturaleza es para muchos una fuerza liberadora y creadora, que ha tomado lo mejor de todas las culturas y ha forjado el verdadero estilo latinoamericano.

---

[31] *cauchero*   rubber worker
[32] *ente*   ser

El indigenismo en la narración se consolida con la peruana Clorinda Matto de Turner (1852–1909),[33] cuya obra *Aves sin nido* (1889) es la primera novela con indígenas de carne y hueso como personajes centrales que actúan de una manera muy diferente del indio decorativo del indianismo romántico. *Aves sin nido*, cuyas traducciones al inglés como *Birds without Nest: A Story of Indian Life and Priestly Oppression en Peru* (1904) y *Torn from the Nest* (1998), trata del amor de dos jóvenes mestizos que llegan a descubrir que son hermanos, hijos del mismo cura.

En su rica y larga trayectoria, el indigenismo ha dado sus mejores obras en los países de gran porcentaje de población indígena: México, Guatemala, Ecuador, Bolivia y Perú. En México, la ficción indigenista se confunde con la novela de la Revolución Mexicana y se la suele estudiar en esa importante agrupación literaria. En Guatemala, Miguel Ángel Asturias (1899–1974), es autor de las novelas: *El Señor Presidente* (1946), sobre el dictador hispanoamericano; *Hombres de maíz* (1949), en la que ausculta[34] la mente y sicología del indígena mediante la tradición mítica;[35] y *Mulata de tal* (1963), donde funde magia y realidad. En 1967 se le otorgó el premio Nobel por su valiosa contribución literaria.

Los narradores indigenistas más importantes del Ecuador son Jorge Icaza (1906–78) y Humberto Mata (n. 1904). Icaza, autor de varias novelas, dramas y cuentos, es uno de los más conocidos escritores iberoamericanos. Su novela *Huasipungo* (1934) ha sido traducida a más de doce idiomas, incluyendo el inglés (*The Tomb for the Corpse*, 1943). Trata ella de la más abyecta explotación del indígena ecuatoriano, reducido a un estado infrahumano en su **huasipungo**, es decir, en la pequeñísima parcela prestada por el patrón para tenerlo cerca de los trabajos no remunerados que debe desempeñar. Humberto Mata se comenzó a destacar con su novela *Sal* (1963), donde presenta una visión optimista del futuro del indígena que consigue mejorar su condición económica.

El Perú ha dado varios indigenistas de prestigio. Uno de los primeros en destacarse en esta modalidad literaria fue Manuel González Prada (1844–1918). Ejerció poderosa influencia en muchos escritores de su generación, incluyendo en Clorinda Matto de Turner. Las contribuciones de González Prada difundidas con mayor rapidez póstumamente son: su ensayo *Nuestros indios* y el poemario *Baladas peruanas*. Otros indigenistas peruanos sobresalientes son Enrique López Albújar (1872–1966), Ciro Alegría (1907–67) y José María Arguedas (1911–69). López Albújar, con estilo naturalista, revela el mundo de crimen y castigo del indio en

---

33 No nació en 1854 como muchos creen. Un cura del Cuzco certificó el 30 de diciembre de 1852 que la había bautizado a la edad de un mes y diecinueve días.
34 *auscultar* explorar
35 *mítica* mythic

Cuentos andinos (1920) y *Nuevos cuentos andinos* (1927); Ciro Alegría es famoso por sus novelas acerca de los indios y cholos explotados del norte del Perú. Desterrado a Chile por aprista, consiguió allá reconocimiento literario por sus dos primeras novelas, *La serpiente de oro* (1935) y *Los perros hambrientos* (1939). Su tercera obra, *El mundo es ancho y ajeno* (1941), ganó el primer premio en el concurso de novelas latinoamericanas auspiciado por Farrar & Reinhardt de Nueva York (1941) y fue traducida con el título de *Broad and Alien Is the World*. El libro narra con realismo conmovedor la usurpación de tierras de una comunidad indígena del norte del Perú y las peripecias de sus miembros enfrentados con la estructura semifeudal de la región. José María Arguedas fue un escritor-puente: une la modalidad indigenista a la nueva narrativa. En los cuentos de *Agua* (1935) y *Yawar Fiesta* (1941) muestra el mundo ambivalente del andino. En las novelas *Los ríos profundos* (1958) y *Todas las sangres* (1964) combina antiguos mitos quechuas con realidades actuales del indígena que, sobreponiéndose a la costumbre de sufrir en silencio, exterioriza su protesta. Su libro póstumo *El zorro de arriba y el zorro de abajo* (1971) es un agónico testimonio personal terminado poco antes de suicidarse. Dentro de la nueva escuela indigenista, sobresale la mexicana Rosario Castellanos (1925–74), quien, en la novela *Balún Canán* (1957) deja al lector ver el mundo indígena a través de los ojos de la protagonista, una niña de siete años criada por una sirvienta india. En *Oficio de tinieblas* (1962), el empleo de la tradición neoindigenista de crear personajes individualizados sin mensaje alguno le permite a la novelista mostrar mejor la manera de ser de los indios tzotziles de Chiapas.

Alcides Arguedas (1879–1946) destaca entre los mejores indigenistas bolivianos. Aunque su ensayo polémico *Pueblo enfermo* (1909) es de cariz[36] racista, su *Raza de bronce* (1919) es una excelente novela indigenista. *Raza de bronce* trata del idilio amoroso de dos indios del lago Titicaca que sufren la tiranía de los hacendados de la región.

16.9 LA INTERPRETACIÓN DE LA REALIDAD POR MEDIO DE LA FANTASÍA

En los años veinte el ensayista peruano José Carlos Mariátegui dio a conocer unas agudas observaciones sobre la función del artista y su concepción estética que adquieren actualidad unas décadas después, cuando la literatura continental, sobre todo la novela hispanoamericana, rinde una serie de obras de superior calidad e importancia universal. En 1924, por ejemplo, Mariátegui se adhirió a la idea de que la ficción no es anterior ni superior a la realidad, como sostenía Oscar Wilde; ni la realidad es anterior ni

---

[36] *cariz* aspecto

Jorge Luis Borges (1899–1986) es el escritor argentino más importante del siglo XX. Su obra ha sido traducida a muchos idiomas.

superior a la ficción, como quería la escuela realista. Mariátegui estaba convencido de que la ficción y la realidad se modifican, que el arte y la vida se nutren recíprocamente y por eso: «Es absurdo intentar incomunicarlos y aislarlos. El arte no es acaso sino un síntoma de plenitud de la vida».[37] En artículos reunidos más tarde en forma de libro, el pensador peruano expande su estética y sostiene que la forma no puede ser separada de su esencia y que «la experiencia realista no nos ha servido sino para demostrarnos que sólo podemos encontrar la realidad por los caminos de la fantasía», y, sin embargo, la fantasía cuando no nos acerca a la realidad nos sirve de bien poco: «En lo inverosímil[38] hay a veces más verdad, más humanidad que en lo verosímil».[39]

Empleando recursos clásicos olvidados o muy poco usados[40] y adaptando técnicas de narradores angloamericanos y franceses del siglo XX, los nuevos novelistas latinoamericanos enfocan ahora la acción, el pensamiento y el sentir de los personajes de manera cinematográfica, con discontinuidades y superimposiciones, presentando diversos niveles[41] de la realidad simultáneamente e invitando al lector a participar en la recreación artística. El cruce de planos temporales (pasado-futuro-presente), los cambios de nivel de la realidad (objetivo-subjetivo), la multiplicidad de perspectivas interiores y de

---

37 J. C. Mariátegui, *El artista y la época* (Lima: Biblioteca Amauta, 1959), p. 186.
38 *inverosímil*   improbable
39 *verosímil*   credible
40 Cf. Mario Vargas Llosa, «La estrategia narrativa de Tirant lo Blanc [sic],» *Amaru*, 7 (julio-setiembre, 1968), p. 41.
41 *niveles*   planos

focos narrativos que rompen el orden temporal y espacial reclaman insistentemente la ayuda del lector, que para ponerle orden al aparente caos artístico se convierte en un personaje importante de la novela que lee.

Entre los más destacados narradores innovadores del siglo XX se encuentran los argentinos Jorge Luis Borges, Ernesto Sábato y Julio Cortázar, el uruguayo Juan Carlos Onetti, los mexicanos Juan Rulfo y Carlos Fuentes, los cubanos Alejo Carpentier y José Lezama Lima, el paraguayo Augusto Roa Bastos, el colombiano Gabriel García Márquez, el peruano Mario Vargas Llosa y los chilenos José Donoso e Isabel Allende.

Jorge Luis Borges, repetidas veces candidato al premio Nobel de literatura, fue uno de los más exquisitos estilistas en castellano. Combinó en su estilo el humor, la fantasía y gran originalidad para conducirnos por los laberintos de su imaginación. Sus poesías, ensayos y cuentos policiales, así como su prosa tan ágil y culta, han tenido muchos seguidores en las últimas décadas. Su discípulo Julio Cortázar elaboró *Rayuela*[42] (1963), libro que puede comenzarse a leer en cualquier capítulo y continuarse leyendo con un orden arbitrario al gusto del lector, quien así deviene[43] en otro de sus personajes. Cortázar publicó otras novelas, *62. Modelo para armar* (1968), *El libro de Manuel* (1973) y libros misceláneos como *Un tal Lucas* (1979); pero donde muestra mejor su dominio de la técnica y su maestría narrativa es en sus cuentos recopilados en diversas colecciones, especialmente en *Todos los fuegos el fuego* (1966).

En su novela *Pedro Páramo* (1955), el mexicano Juan Rulfo ofrece un tiempo deshumanizado, congelado[44] en una eternidad donde se mueven los personajes todos muertos. A Pedro (piedra) Páramo (desierto) lo busca en el curso de la obra uno de sus numerosos hijos naturales: Juan Preciado. La odisea kafkiana[45] en el mundo del más allá se aclara con la intervención del lector cuando ordena las diferentes secuencias de la narración. Carlos Fuentes en las novelas *La región más transparente* (1958), *La muerte de Artemio Cruz* (1962) y *Cambio de piel* (1968), da su visión de la sociedad mexicana contemporánea utilizando una multiplicidad de técnicas modernas. En ellas, Fuentes parodia a las clases conservadoras mediante un novedoso lenguaje y diversos cambios de planos narrativos. Con nuevo estilo ha escrito *Terra Nostra* (1975), *Gringo viejo* (1985) y *La campaña* (1990), en las que ficcionaliza la historia de América para tratar de llegar a la esencia de lo mexicano, Alejo Carpentier ha sido elogiado por varias de sus excelentes novelas. En *El reino de este mundo* (1949)

---

[42] *Rayuela*   Hopscotch
[43] *deviene*   becomes
[44] *congelado*   frozen
[45] *kafkiana*   in Kafka-like style, nightmarish

narra aventuras verídicas e imaginadas que demuestran, cómo en América Latina, bajo el barniz[46] occidental, hay un fondo de fuerzas mitológicas no occidentales. En *Los pasos perdidos* (1953), un músico enajenado[47] y artísticamente esterilizado por la sociedad moderna encuentra la salvación y la felicidad en la selva del Orinoco. Lo real maravilloso[48] de la jungla sudamericana lo libera espiritualmente. En *El siglo de las luces* (1962), novela sobre los efectos de la Revolución Francesa en el Caribe, así como en otras obras suyas, *El recurso del método* (1974) y *Concierto barroco* (1974), se sirve de un estilo profuso en detalles denominado neobarroco por los críticos. En *La consagración de la primavera* (1978) vincula la historia europea y cubana para mostrar la continuidad del proceso revolucionario, mientras que su última novela, *El arpa y la sombra* (1979), parodia la biografía de Cristóbal Colón, ofreciendo dominio de la elaboración de fuentes y la intertextualidad. Carpentier aborda[49] los problemas universales en el tiempo y en el espacio por estar interesado en la vida en función de sus constantes intemporales. Su compatriota, José Lezama Lima ha escrito la novela *Paradiso* (1960) utilizando su larga experiencia de poeta refinado. Sus escritos dan la impresión de que el autor está contándose a sí mismo una larga confesión. Sus imágenes poéticas no ofrecen el mundo macrocósmico sino el yo microcósmico. Como los novelistas que consideran el manejo del lenguaje el mayor desafío, Lezama Lima nos ofrece su angustioso deseo de incorporar a su yo una nueva visión de la realidad con la que desea integrarse. El elaborado lenguaje de sus poemas y novelas lo entronca, como a Carpentier, con la tradición barroca.

Gabriel García Márquez en su obra maestra *Cien años de soledad* (1967), narra la historia de Macondo, pueblo aislado de Colombia. Utiliza varias secuencias temporales: el tiempo mítico de los fundadores, el tiempo histórico del coronel Aureliano Buendía y sus guerras, el tiempo cíclico de la madurez y muerte de los primeros personajes, y el tiempo decadente de Macondo. El tiempo artístico de García Márquez es como el de Borges, circular: da vueltas en círculo hasta retornar al punto de partida. La mezcla de ficción y realidad está iluminada por una poderosa imaginación que consigue darle universalidad a la historia del remoto pueblecito colombiano. En *El otoño del patriarca* (1975), García Márquez utiliza un personaje frecuente en la narrativa hispanoamericana: el dictador. En esta novela usa la hipérbole para retratar a un tirano mítico que ha gobernado por más de 200 años. En *Crónica de una muerte anunciada*

---

[46] *barniz*   varnish
[47] *enajenado*   alienated
[48] *real maravilloso*   magical realism (Spanish literary movement characterized by the introduction of fantastic elements to realist fiction)
[49] *aborda*   approaches

Gabriel García Márquez (n. 1928), escritor colombiano, Premio Nobel de Literatura en 1983, autor de la novela clásica *Cien años de soledad* (1967) y de *El general en su laberinto* (1989), novela histórica sobre los últimos meses de vida de Simón Bolívar.

(1981), relata las circunstancias que causaron la muerte del protagonista de una manera minuciosa, reminiscente de las relaciones y crónicas redactadas por los conquistadores en los siglos XVI y XVII. Muy merecidamente se le otorgó el Premio Nobel en 1983. Las novelas *El amor en los tiempos del cólera* (1985) y *El general en su laberinto* (1989) confirman su destreza en el arte de narrar una pasión amorosa y el ocaso de un héroe a lo largo del río Magdalena.

Mario Vargas Llosa en *La casa verde* (1966) mezcla los focos narrativos usando varios pronombres atados[50] con conjunciones que sirven de puertas a diferentes planos temporales y a desplazamientos[51] espaciales. Su rico bagaje de técnicas le da a su narración una aparente complejidad que el lector atento no tarda en ordenar mentalmente. Por esta novela se le otorgó en 1967 el Premio Rómulo Gallegos, también recibido por García Márquez y Fuentes. Después, Vargas Llosa consolidó su prestigio con *Pantaleón y las visitadoras* (1973), novela satírica y humorista sobre la burocracia militar en la selva peruana, y *La tía Julia y el escribidor* (1977), novela autobiográfica donde cuenta sus años de periodista y locutor radial en Lima. Cambiando de estilo, en *La guerra del fin del mundo* (1981), Vargas Llosa utiliza un tema histórico ya tratado por Euclides da Cunha en *Os Sertões* (1902): la rebelión de los **canudos** seguidores del fanático religioso Antonio Consejero. En *El hablador* (1987) Vargas Llosa vuelve a la amazonia peruana para mostrar la misteriosa relación de la ficción con la sociedad.

---

[50] *atados* tied
[51] *desplazamientos* shifts

El chileno José Donoso en *Coronación* (1962) y *El obsceno pájaro de la noche* (1969) ofrece una obra cuyo centro de visión se desplaza continuamente para llevarnos hasta lo más hondo del subconsciente en una experiencia de indagación y destrucción a propósito de la decadencia de la alta burguesía de su patria. Por su parte, Isabel Allende, cuya novela *La casa de los espíritus* (1982) ha recibido gran acogida en castellano y en traducción, sobre todo al alemán, también se interesa en el tema de la alta burguesía. Muy distinta es la narrativa del argentino Manuel Puig, en cuyas novelas *La traición de Rita Hayworth* (1968), *Boquitas pintadas* (1969), *The Buenos Aires Affair* (1973) y *El beso de la mujer araña* (1976) muestra un sagaz manejo del lenguaje y, como John Dos Passos, incorpora técnicas desarrolladas por la cinematografía. En *Tres tristes tigres* (1967) del cubano Guillermo Cabrera Infante el lenguaje con sus juegos de palabras es lo central en el arte de narrar, a tal punto que los críticos afirman que el idioma en cierto sentido es el protagonista. Las parodias, chistes y juegos de palabras muestran el carácter creador de un inventado dialecto con que se describe la vida nocturna habanera de antes de 1959. Continuadores de esta modalidad son sus compatriotas Severo Sarduy y Reinaldo Arenas, y los puertorriqueños Emilio Díaz Valcárcel y Luis Rafael Sánchez. La novela del último, *La guaracha del macho Camacho* (1976), fue traducida al inglés por Gregory Rabassa con el título de *Macho Camacho's Beat*. De modo muy diferente escriben la mexicana Elena Poniatowska y el cubano Miguel Barnet. La primera, valiéndose de grabadoras y cintas magnetofónicas a la manera de Oscar Lewis, en *Hasta no verte Jesús mío* (1969) reconstruye la vida de Jesusa, una simple y a la vez extraordinaria mujer que ha sobrevivido diversas etapas de la historia de México. Miguel Barnet ha escrito *Biografía de un cimarrón* (1966) traducida al inglés como *The Autobiography of a Runaway Slave*. Allí el protagonista cuenta su vida como esclavo, cimarrón, soldado en las luchas por la independencia y simple trabajador.

Como se ha visto, para algunos escritores, la búsqueda de lo latinoamericano se da a nivel del lenguaje; para otros, la ficcionalización de la historia, animada unas veces por sus actores más conocidos y otras por seres anónimos, es la forma de mostrar la esencia de lo latinoamericano. Los variados registros de la actual narrativa hispanoamericana abarcan y mezclan estas diversas modalidades. Todas éstas vocean su continuado vigor, como lo han demostrado últimamente el chileno Jorge Edwards, los nicaragüenses Sergio Ramírez y Omar Cabezas, los peruanos Julio Ramón Ribeyro, Manuel Scorza, Alfredo Bryce Echenique, José Antonio Bravo y Carlos Thorne, y los mexicanos Gustavo Sáinz y Héctor Aguilar Carmín.

Aunque los novelistas ocupan hoy un lugar preferencial en las letras hispanoamericanas, los cultivadores de otros géneros también han sobresalido. La poesía ha recibido reconocimiento universal con la adjudicación

Gabriela Mistral (1889–1957), maestra chilena, recibió el Premio Nobel de Literatura en 1945. Retrato de José María López Malquista.

del premio Nobel en 1945 y 1971 a los chilenos Gabriela Mistral y Pablo Neruda y en 1990 al mexicano Octavio Paz.

En las últimas décadas, con ensayos de temas americanistas y universales, han conseguido gran renombre: el dominicano Pedro Henríquez Ureña, los venezolanos Mariano Picón Salas y Arturo Uslar Pietri, el cubano Jorge Mañach, los colombianos Germán Arciniegas y Eduardo Caballero Calderón, los argentinos Ezequiel Martínez Estrada, Francisco Romero, Victoria Ocampo, Eduardo Mallea y Héctor A. Murena, los uruguayos Mario Benedetti y Ángel Rama y los mexicanos José Vasconcelos, el polígrafo erudito Alfonso Reyes, Leopoldo Zea, José Revueltas y Carlos Monsiváis; y los peruanos Luis Alberto Sánchez y Sebastián Salazar Bondy, entre otros.

Desde 1975 hasta el fin del siglo XX han sobresalido por su originalidad estilística y temática, además de los ya mencionados antes: los novelistas argentinos Tomás Eloy Martínez, por *La novela de Perón* (1985), *Santa Evita* (1995) y *Las Memorias del General* (1996); Luisa Valenzuela, por *Novela negra con argentinos* (1990); Mempo Giardinelli, por *Luna caliente* (1983); y Osvaldo Soriano, por *Cuarteles de invierno;* los narradores peruanos Isaac Goldemberg, escritor de *La vida a plazos de don Jacobo Lerner* (1978) *y Tiempo al tiempo* (1984) y Gregorio Martínez, por *Canto de la sirena* (1976) y *Crónica de músicos y diablos* (1991); y los novelistas mexicanos Fernando del Paso, autor de *Noticias del imperio,* sobre el emperador Maximiliano y su esposa Carlota; María Luisa Puga, autora de *Las razones del lago* (1992) y *La reina* (1995); y Angeles Mastretta, por *Arráncame la vida* (1992) y *Mal de amores* (1996).

16.10 LA LITERATURA ESCRITA POR LOS HISPANOAMERICANOS DE ESTADOS UNIDOS

Desde el siglo XIX, los hispanoamericanos residentes en EE.UU. han producido una obra literaria tradicionalmente incluida en la literatura de los países de donde emigraron o salieron hacia el exilio. En el siglo XX esa producción artística ha sido continuada por los exiliados económicos y políticos del mundo hispánico y sus descendientes nacidos en EE.UU. Ella constituye ahora un nuevo capítulo de la literatura mundial. Durante el siglo XIX, los más prominentes escritores procedentes de Cuba fueron José María Heredia, Cirilo Villaverde, Enrique Piñeiro y José Martí. Provenientes de Puerto Rico fueron: Ramón Betances, Eugenio María de Hostos, Francisco Gonzalo (Pachín) Marín y Arturo Alfonso Schomburg.

Heredia vivió en Filadelfia y Nueva York, en donde escribió *Poesías* (1825) y *Cartas sobre los Estados Unidos* (1926). Asilado en Nueva York desde 1849, Villaverde escribió artículos para revistas y periódicos y dirigió *La Verdad* (1853), *El Espejo Masónico* y *La Ilustración Americana* (1865–73), *El Espejo* (1874–94) y *El Tribunal Cubano* (1878). Su principal obra la realizó en 1882, cuando concluyó y publicó la edición definitiva de *Cecilia Valdés*, novela antiesclavista. De 1880 a 1895, el prolífico Martí escribió y publicó en Nueva York sus más importantes trabajos literarios: los poemarios *Ismaelillo* (1882) y *Versos sencillos* (1891), el ensayo *Nuestra América* (1891), la novela *Amistad funesta* (1885) y la mayor parte del poemario póstumo *Versos libres* (1920). Durante sus seis años en Nueva York (1870–74 y 1898–99), Hostos escribió parte de su *Diario* y laboró apasionadamente por la independencia de Puerto Rico. Su compatriota Pachín Marín dejó artículos sobre Nueva York y *Romances* (1892), y Arturo Alfonso Schomburg, desde 1891 víctima de la discriminación racial en Nueva York, escribió artículos, compiló bibliografías y recopiló las muestras de las contribuciones culturales de sus hermanos afroamericanos a la cultura universal conservadas hoy en el Schomburg Center for Research in Black Culture de Harlem, Nueva York.

En el siglo XX la producción literaria de los hispanohablantes de EE.UU. creció considerablemente. Los más conocidos escritores oriundos de Cuba han sido: Lino Novás Calvo, autor de *Maneras de contar* (1970), colección de cuentos sobre el exilio; el poeta Eugenio Florit, conocido también por su antología de la literatura hispanoamericana; Lydia Cabrera, cultivadora de temas afrocubanos; el novelista Enrique Labrador Ruiz; el poeta Heberto Padilla, autor de *La mala memoria* (1989), versión personal de su enfrentamiento contra el régimen revolucionario cubano; Antonio Benítez Rojo, escritor de *La Isla que se repite* (1989); el ya mencionado Reinaldo Arenas, autor de *El portero*, obra de ficción sobre sus experiencias en Nueva

York; los dramaturgos Matías Montes Huidobro y Dolores Prida, influida por el feminismo estadounidense; los poetas Octavio Armand y José Kozer; y Lourdes Casal, quien en *Palabras juntan revolución* llamó a Nueva York «patria chica» y sintetizó en 1981 el problema de la identidad con los versos: «Por eso siempre permaneceré al margen, / una extraña entre las piedras, / demasiado habanera para ser **newyorkina**, / demasiado newyorkina para ser, / —aun volver a ser— / cualquier otra cosa».

De los de origen puertorriqueño, sobresalen: René Marqués, conocido por su pieza teatral *La carreta* (1951), sobre una familia puertorriqueña desplazada a Harlem; José Luis González, autor de *En Nueva York y otras desgracias* (1973) y de otros cuentos acerca de la migración de sus compatriotas; Pedro Juan Soto, residente en Harlem por nueve años, escribió *Spiks*[52] (1956); Emilio Díaz Valcárcel, autor de *Harlem todos los días* (1978), sobre la angustia de los **neorriqueños** en El Barrio;[53] el narrador Luis Rafael Sánchez, ya discutido antes, y Julia de Burgos, autora de poemas sobre Nueva York, ciudad importante en su vida literaria. Entre los de origen dominicano, sobresalen Franklin Gutiérrez, conocido por sus *Voces del exilio* (1986), y los poetas Leandro Morales y Alexis Gómez Rosas, preocupados por el tema de la identidad, tema también explorado por Julia Álvarez en el poemario *Homecoming* (1984) y en la novela *How the García Girls Lost Their Accents* (1991).

Se aprecia mejor la literatura producida por los escritores estadounidenses de origen mexicano cuando se tienen en cuenta las obras escritas por los colonizadores hispanoparlantes de los territorios hoy pertenecientes a EE.UU. Entre ellas se encuentran: las crónicas *Relación* (1539) de Fray Marcos de Niza y *Naufragios* (1542) de Núñez Cabeza de Vaca; el poema épico *Historia de la Nueva México* (1610) de Gaspar Pérez de Villagrá; los libros etnográficos *Memorial* (1630) de Fray Alonso de Benavides y *Chinigchinich* (1831), sobre los indígenas en la misión de San Diego, California, de Fray Gerónimo Boscana; *Ensayos* (1831) y *Viaje a los Estados Unidos de Norteamérica* (1834) por el texano Lorenzo de Zavala; y el drama folclórico anónimo *Los tejanos,* escrito poco después de 1841, año de la derrota de la expedición del general Hugh McLeod a Nuevo México. Estos antecedentes ayudan a comprender las novelas escritas por autores nuevo mexicanos en las últimas década del siglo XIX: *La historia de un caminante, o sea Gervasio y Aurora* (1881), de Manuel M. Salazar (1854–1900); *El hijo de la tempestad* (1892) y *Tras la tormenta la calma* (1892), de Eusebio Chacón; y *Vicente Silva y sus cuarenta bandidos* (1896), de Manuel C. de

---

[52] *Spiks*   Spik or spic or spick is a disparaging and offensive name in slang given to Hispanics in the United States.
[53] *neorriqueños*   Nuyoricans or neoricans (N.Y. Puertoricans) in El Barrio [E. Harlem area where hundreds of thousands of Puerto Ricans live]

Clarice Lispector (1917–78), autora brasilera nacida en Ucrania, es conocida por la originalidad de su obra. Se le otorgó el premio Carmen Dolores Barbosa por su libro *A maça no oscuro.*

Baca. Asimismo, considerando lo anterior, es más fácil evaluar los todavía vigentes versos escritos en 1889 por el nuevo mexicano Jesús María Alarid: «Hermoso idioma español / ¿que te quieren proscribir? / Yo creo que no hay razón / que tú dejes de existir / [...] pues es de gran interés / que el inglés y el castellano / ambos reinen a la vez / en el suelo americano».

La producción literaria de los **chicanos** [54] durante el siglo XX es meritoria por su cantidad y calidad. Entre los más sobresalientes se encuentran: Rolando R. Hinojosa-Smith, autor de *Estampas del Valle y otras obras/Sketches of the Valley and Other Works* publicada en edición bilingüe en 1973, y ganador del prestigioso premio Casa de las Américas de 1976 por su novela *Klail City y sus alrededores* (1976); Sabine R. Ulibarrí, autor de *Tierra Amarilla: cuentos de Nuevo México* (1964), *Primeros encuentros* (1982) y *El cóndor and Other Stories* (1990); Fausto Avendaño, conocido por la pieza teatral *El corrido de California* (1979); el novelista Tomás Rivera, ganador del primer premio Quinto Sol en 1970; Rudolfo Anaya, autor de obras en inglés, como *Bless me, Ultima* (1971) y *Lord of the Dawn* (1987); Estela Portillo Trambley, apreciada por sus obras en inglés: la obra teatral *The Day of the Swallow* (1971) y los cuentos de *Rain of Scorpions and Other Writings* (1975); Luis Martín Santos, conocido por su novela *Peregrinos de Aztlán*[55] (1974); Aristeo Brito, autor de las nove-

---

54 *chicanos*   Mexican-Americans. Chicano is a shortened and altered form of <mexicano>.
55 *Aztlán*   The legendary homeland from which the Aztecs began their journey to Tenotchtitlan, the promised land. Since 1960's Chicano political activists resurrected the Aztec myth and placed Aztlán in the U.S. Southwest and other areas of large Mexican-American population.

las *El diablo en Texas* (1976) y *El sueño de Santa María de las Piedras* (1986); Ron Arias, apreciado por la novela *Caras viejas y vino nuevo* (1975); y Ernesto Galarza, conocido por *Barrio Boy* (1971) su autobiografía en inglés.

16.11 DEL REGIONALISMO A LA NUEVA NOVELA BRASILEÑA

El deseo de romper con la tradición que llevó a los modernistas brasileños a importar tendencias europeas produjo una reacción neorrealista y regionalista que comienza en 1926, en Recife, con motivo de la reunión del Primer Congreso de Regionalistas del Nordeste, en la cual tuvo destacada actuación Gilberto Freyre, autor de *Casa grande e senzala* (1933), estudio sociológico de la sociedad feudal brasileña. Los neorrealistas de este grupo describen los ambientes colectivos y muestran las fuerzas naturales y sociales que los impulsan a crear y actuar. José Lins do Rego pintó la vida en las plantaciones azucareras evocando recuerdos que condensan el drama de las masas rurales explotadas por los latifundistas. *Fogo morto* (1943) es su mejor novela. Jorge Amado es más conocido probablemente por la difusión de sus obras en el exterior que por el elogio intensivo que le han ofrecido sus camaradas del Brasil. Su *Gabriela, cravo e canela* (1958), traducida al inglés en 1962, se convirtió en un *best seller* en los Estados Unidos. El mejor estilista del grupo es probablemente Graçiliano Ramos, escritor mesurado y cauteloso, cuya obra maestra *Vidas sêcas* (1937), de muchos méritos estilísticos, narra las aventuras de una familia del noreste brasileño víctima de la sequía de la región.

João Guimarâes Rosa le dio al regionalismo neorrealista proyección universal adaptando las técnicas de la novela experimental. En *Grande Sertão: Veredas* (1956), juega con el tiempo y el espacio utilizando un lenguaje creador y poético. Erico Verissimo, aunque de la región gaucha brasileña de Río Grande do Sul, también pertenece al grupo de regionalistas resueltos a darle universalidad a sus novelas mediante el uso de técnicas narrativas innovadoras. João Guimarâes Rosa y Erico Verissimo, al adaptar con originalidad la técnica narrativa del *nouveau roman*,[56] han servido de escritores intermediarios entre el regionalismo neorrealista y el grupo que cultiva la nueva novela brasileña. Este grupo de narradores que comienza a publicar en el período de posguerra, busca las esencias de la realidad nacional y emplea un lenguaje poético basado en el poder mágico de las palabras. Dos destacadas representantes del movimiento son Clarice Lispector y Nélida Piñón. El libro que le dio fama a Lispector es *A maça no oscuro (The Apple in the Dark)* (1961) donde con sabia lentitud cuenta la agonía de un hombre que no sabe si ha asesinado a alguien. *A Paixão Segundo G. H.* (1964)

---

[56] *nouveau roman*   nueva novela francesa, rica en recursos estilísticos e innovaciones técnicas.

continúa la mezcla de angustia metafísica e imaginación poética. Nélida Piñón en *A Casa de Paixão* (1971) integra mitos y personajes alegóricos.

La novelística latinoamericana (brasileña e hispanoamericana) está experimentando un proceso de gran renovación y está ganando universalidad. Tiene un sitio especial en la narrativa mundial; su éxito en Europa y Norteamérica ha obligado a los críticos a considerarla como una de las más desarrolladas de nuestro tiempo, cuyo auge recuerda al de la novelística rusa de fines del siglo XIX y principios del XX.

16.12 SUMARIO

I. **Neoclasicismo y romanticismo, primeras corrientes literarias:**
   A. Andrés Bello (1781–1865) anhela independencia intelectual en 1823
   B. El americanismo en el neoclásico ecuatoriano Olmedo (1780–1841)
   C. Primicia romántica en los «*yaravíes*» del peruano Melgar (1791–1815), *La cautiva* (1837) de Echeverría (1805–51) y *Facundo* (1845) de Sarmiento (1811–88)
   D. Romanticismo francés de Mármol (*Amalia*, 1855) e Isaacs (*María*, 1867)
   E. Indianismo en *Cumandá* (1871) de Mera y *Enriquillo* (1879–82) de Galván
   F. Poetas gauchescos: Estanislao del Campo (*Fausto*, 1866), Hilario Ascasubi (*Santos Vega*, 1872), José Hernández (*Martín Fierro*, 1872–79) y Rafael Obligado (1851–1920)
   G. *Tradiciones peruanas*, del limeño Ricardo Palma (1833–1919)

II. **Tardío realismo decimonónico:**
   A. Tajada de vida americana con técnica europea por el chileno Blest Gana (1830–1920)
   B. Regionalismo del colombiano Tomás Carrasquilla (*Frutos de mi tierra*, 1896), de los mexicanos J. López Portillo (*La parcela*, 1898) y F. Gamboa (*Santa*, 1903) y del venezolano V. Romero García (*Peonía*, 1890)

III. **El modernismo hispanoamericano (1880–1916):**
   A. Primera ola iniciadora: Martí (1853–95), Gutiérrez Nájera (1859–95), Del Casal (1863–93), González Prada (1844–1918), Díaz Mirón (1853–1928) y Silva (1865–96)
   B. Segunda ola triunfadora: Rubén Darío (1867–1916), Leopoldo Lugones (1874–1938), Ricardo Jaimes Freyre (1868–1933), Julio Herrera y Reissig (1875–1910), J. S. Chocano (1875–1934) y José María Eguren (1874–1942)

B. Graçiliano Ramos (1892–1953): *Vidas sêcas* (1937) del noreste brasileño

C. *Grande sertão: Veredas* (1956), novela experimental de Guimarâes Rosa (1908–67)

D. Jorge Amado (n. 1912) y la popularidad de *Gabriela, cravo e canela* (1958)

E. Lenguaje poético en la narrativa de Clarice Lispector (1917–78)

16.13 CUESTIONARIO, PREGUNTAS Y VIDEOS

Cuestionario

1. ¿Cómo conseguiría Latinoamérica su independencia intelectual, según Bello?
2. ¿Qué clase de poesía hispanoamericana pide Esteban Echeverría?
3. ¿Por qué los neoclásicos y románticos no consiguieron independencia intelectual?
4. ¿Por qué el realismo no satisfizo a los buscadores del auténtico camino de expresión?
5. ¿Qué renovaciones literarias introdujeron los modernistas?
6. ¿Qué significa la frase «Tupí or not Tupí, that is the question»?
7. ¿Por qué combatieron los indigenistas el despotismo estético de los arielistas?
8. ¿Cuáles son las grandes novelas telúricas con contenido social?
9. ¿Qué diferencias hay entre indianismo e indigenismo?
10. ¿Cuáles son las características más sobresalientes de la nueva técnica de novelar latinoamericana?

Preguntas y temas de expansión

1. De todas las obras mencionadas en este capítulo, ¿cual es la más original y por qué?
2. ¿Tienen algo en común las obras de los autores del realismo decimonónico?
3. ¿Por qué cree Ud. que aparecieron los movimientos criollista y nacionalista brasileños al mismo tiempo?
4. En su opinión, ¿en qué forma, prosa o poesía, se consiguió la libertad intelectual con mayor éxito? ¿Por qué?
5. ¿Cómo se desarrollaron los movimientos indigenista y neoindigenista?
6. Compare y contraste el modernismo hispanoamericano con el modernismo brasileño.
7. Seleccione una obra del movimiento neorrealista y explique por qué es representativa del movimiento.
8. Explique cómo la historia se refleja en la literatura.
9. Compare la literatura del siglo XX escrita en Latinoamérica y en Estados Unidos.
10. Dé unas razones por las cuales la literatura brasileña es similar o diferente de la literatura del resto de Latinoamérica.

Videos

Vea nuestras sugerencias en la página 410.

16.14 RECOMENDACIÓN BIBLIOGRÁFICA

Alonso, Carlos J. *Julio Cortázar. New Readings.* Cambridge: Cambridge University Press, 1998.

Aching, Gerard. *The Politics of Spanish American Modernismo.* Cambridge: Cambridge University Press, 1997.

Chang-Rodríguez, Eugenio. *Poética e ideología en José Carlos Mariátegui.* Madrid: Porrúa Turanzas, 1983.

Chang-Rodríguez, Raquel, y Malva E. Filer, eds. *Voces de Hispanoamérica. Antología literaria.* 2a. Ed. Boston: Heinle & Heinle, 1996.

Coutinho, Carlos Nelson. *Literatura e ideología en Brasil: tres ensayos de crítica marxista.* La Habana: Casa de las Américas, 1987.

De Beer, Gabriella, ed. *Contemporary Mexican Women Writers.* Austin: University of Texas Press, 1996

Diantonio, Robert E. *Brazilian Fiction.* Fayetteville: University of Arkansas Press, 1989.

Franco, Jean. *An Introduction to Spanish American Literature.* 3rd ed. Cambridge: Cambridge University Press, 1995.

Fuentes, Carlos. *Tiempos y espacios.* México: Fondo de Cultura Económica, 1997.

González Echevarría, R., and E. Pupo-Walker, eds. *The Cambridge History of Latin American Literature. Vol. 1: Discovery to Modernism. Vol. 2: The Twentieth Century.* Cambridge: Vol. 3: *Brazilian Literature; Bibliographies.* Cambridge: Cambridge University Press, 1996.

Gutiérrez, Miguel. *Celebración de la novela.* Lima: Ediciones Peisa, 1996.

Henríquez Ureña, Pedro. *Humanismo de América.* México: Fondo de Cultura Económica, 1997.

Matto de Turner, Clorinda. *Torn from the Nest.* Trans. John H. R. Polo. New York: Oxford University Press, 1998.

Meyer-Mannesmann, Klaus. *La novela hispanoamericana de fin de siglo.* México: Fondo de Cultura Económica, 1997.

Rodríguez-Luis, Julio. *El enfoque documental en la narrativa hispanoamericana.* México: Fondo de Cultura Económica, 1997

Sirius, John, ed. *El ensayo hispanoamericano del siglo XX.* 2a ed. México: Fondo de Cultura Económica, 1997.

Stab, Martin S. *The Dissenting Voice: The New Essay of Spanish America, 1960–1985.* Austin: University of Texas Press, 1994.

La Catedral de Puebla se caracteriza por su sobria fachada y dos altas torres. Se la comenzó a contruir en 1575 y finalmente fue inaugurada en 1649. Uno de sus arquitectos fue Francisco Becerra, autor de los planos de las catedrales de Lima y Cuzco, las dos más importantes de Sudamérica.

La arquitectura

http://latinoamerica.heinle.com

Vocabulario autóctono y nuevo

- huaco
- incanato
- kantuta
- indobarroco

- quincha
- chirimoya
- tuna
- chibcha

17.1 LA ARQUITECTURA PRECOLOMBINA EN MESOAMÉRICA

Durante el período precolombino, la arquitectura en el Hemisferio Occidental es esencialmente religiosa y militar: responde al profundo espíritu místico y bélico de sus habitantes. Mientras que la arquitectura religiosa encuentra su máxima expresión en los templos, pirámides y centros de adoración, la civil se concreta principalmente en levantar palacios gubernamentales. Como lo revela la ciudad de Teotihuacán, las estructuras precolombinas se caracterizan por su magnitud; son expresiones de un arte simbólico, colectivo, sintético y altamente decorativo. En las antiguas culturas amerindias más avanzadas, la arquitectura fue el arte por excelencia. En la azteca y maya, la arquitectura religiosa alcanzó un alto nivel de desarrollo.

Del México prehispánico todavía quedan restos arquitectónicos clásicos y gigantescas obras toltecas y aztecas. La ciudad sagrada de Teotihuacán es apreciada por la majestad de las pirámides del Sol y de la Luna y las líneas armoniosas del templo de Quetzalcóatl (divinidad en forma de serpiente emplumada). Los

1503 La Torre del Homenaje de Santo Domingo, el más antiguo edificio del continente

1537–80 Estilos renacentista y barroco del convento de San Francisco en Quito

1539–60 Santuario gótico de San Agustín Acolman en México

1573–1656 El barroco de la Catedral en México

1698 Estilo mestizo de la Iglesia de la Compañía de Arequipa

1753 Influencia mudéjar del palacio de Torre Tagle en Lima

1785 El neoclasicismo de la Academia de San Carlos en México y las catedrales de Guatemala y Caracas

1809–11 Estilo neoclásico de las catedrales de Bogotá y Santiago, Chile

1827 Influencia italiana en Cuba del Templete

1927 Estilo purista del Palacio del Gobierno en Brasil

•••

1563–86 Juan de Herrera construye el Escorial

1630–80 Apogeo barroco en Italia

1840–60 Neoclasicismo de la Galería Nacional y el Parlamento en Londres

1841 El austriaco Otto Wagner inicia la arquitectura basada en el concreto armado

Escalinatas de una de los dos pirámides ciclópeas de Teotihuacán, centro religioso-comercial del Valle de México construido alrededor de un siglo antes de Jesucristo.

aztecas en 1325 fundaron la ciudad de Tenochtitlán, sobre cuyas ruinas los españoles levantaron la presente ciudad de México. Los cronistas peninsulares, pasmados ante la magnificencia de los edificios aztecas, afirmaron que la capital azteca era más grande que la mayoría de las urbes europeas y ninguna ciudad española se comparaba con ella. Admiraron sus numerosos templos y palacios de piedra, así como sus plazas, jardines y avenidas extendidas en relación con las gigantescas pirámides truncas.[1]

La arquitectura maya, en cambio, tan distintiva, tuvo variaciones determinadas por el espacio y el tiempo; o sea, desarrolló variantes regionales durante las dos etapas de su historia. Las mejores estructuras del Viejo Imperio maya (período clásico), se construyeron en la actual Honduras, en Copán, importante centro de estudio y observaciones astronómicas. Allá se levantaron las pirámides truncadas más perfectas. Veinte veces más pequeñas que la pirámide del Sol de Teotihuacán, ellas revelan que sus constructores prefirieron concentrarse más en el factor cualitativo que en el cuantitativo. Fue en este período clásico cuando se construyeron centros religiosos con plataformas parecidas a las del Acrópolis, y columnatas[2] formadas por columnas cuadradas o redondas, esculpidas en bajorrelieve.[3]

---

[1] *truncas*   truncadas
[2] *columnatas*   colonnades
[3] *bajorrelieve*   bas-relief

Del Nuevo Imperio, el último período maya, se han preservado ruinas en mejor estado, en la costa oriental de Yucatán y en las vecinas islas de las Mujeres y Cozumel. Estas ruinas ayudaron a los primeros cronistas españoles a opinar sobre la manera en que vivían los mayas de entonces. En el centro de las ciudades se encontraban los templos y las hermosas plazas; a su alrededor se alzaban las mansiones de los nobles y sacerdotes, y más allá, las casas del pueblo. Chichén Itzá, al noroeste de Yucatán, fue la metrópoli más imponente del período posclásico. Allá encontramos dos estilos distintos: uno típicamente maya y otro con reminiscencias del estilo tolteca. Debido a la influencia tolteca, pilares con forma de serpiente emplumada ornamentaban los templos. Hasta ahora se han descubierto siete pirámides y un inmenso castillo. Sus columnatas, usadas tal vez para los consejos de guerra y concilios religiosos, reúnen unas mil columnas alrededor de la inmensa plaza abierta que probablemente servía de mercado.

Los mayas no conocieron el arco, aunque construyeron edificios circulares, especialmente durante el período de influencia tolteca. Al final del Nuevo Imperio se desarrolló un estilo exageradamente elaborado y decorado. Después ocurrió la repentina destrucción de la civilización maya, cuyas causas aún no se han podido determinar. Entonces la exuberante vegetación comenzó a invadir y cubrir las gigantescas construcciones.

17.2 LA ARQUITECTURA PRECOLOMBINA EN SUDAMÉRICA

El esplendor arquitectónico precolombino en Sudamérica se ve principalmente en las civilizaciones peruanas, poseedoras de una voluntad estética manifestada en estructuras religiosas, militares y civiles de sobrias líneas que armonizan con la naturaleza. El espacio, el tiempo y la imaginación artística determinaron los estilos. Si se generaliza, se puede decir que las estructuras de la costa fueron principalmente de adobe; las de la sierra, de piedra; y las de las regiones inmediatas a la selva, de madera. La vivienda[4] del pueblo, se parecía a la de sus descendientes de hoy: era de forma rectangular; construida de adobe en la costa y en la sierra, y a veces de piedra en esta última región; tenía casi siempre un piso,[5] con una puerta baja y pequeña, sin ventanas ni chimenea. Su comodidad no era muy inferior a la casa del campesino europeo coetáneo. Cuando la familia indígena crecía con la incorporación de las familias de los hijos casados, las casas se agrupaban alrededor de un patio rectangular. Se rodeaba el grupo de edificios con una muralla de adobe o de piedra, según la región. Varios de estos grupos formaban una villa.

---

[4] *vivienda* casa
[5] *piso* story

La magnificencia arquitectónica se expresa particularmente en las estructuras públicas. Se distinguen principalmente tres estilos que corresponden: (1) a las culturas preincaicas de la costa, (2) a las civilizaciones preincaicas de la sierra y (3) a la arquitectura incaica. Los tesoros arquitectónicos más valiosos del primer estilo proceden de[6] la civilización Chimú, desarrollada al norte y centro de la costa peruana. Todavía se aprecian las importantes ruinas de Chan Chan, su capital, las pirámides del Sol y de la Luna, cerca de Trujillo, y la colosal fortaleza de Paramonga, cerca de Lima.

Chan Chan era una extensa ciudad de unas doce millas de largo por cinco de ancho, rodeada de imponentes murallas. Encerraba pirámides truncas, palacios, jardines, mercados, edificios militares y viviendas del pueblo. Todas estas estructuras se agrupaban en varias ciudadelas. Las paredes que todavía están en pie[7] muestran, en alto relieve, diseños semejantes a los tapices y tejidos de la época. Las pirámides del Sol y de la Luna, heredadas de los mochicas, a unas cuatro millas al sur de Chan Chan, eran las construcciones individuales más grandes de Sudamérica precolombina. En Paramonga, las murallas y baluartes[8] formaban un inmenso castillo. Las paredes estaban bellamente enlucidas[9] con barro, y decoradas con figuras de aves marinas y animales feroces, parecidos a los adornos de los **huacos**[10] de este período. Sus ocho fortalezas se extendían desde el mar hasta la cordillera de los Andes.

Otra confederación indígena costeña, desarrollada en el centro del Perú, construyó el santuario de Pachacámac, con su pirámide al Sol. En la sierra norteña del Perú preincaico se desarrolló la civilización Chavín de Huántar, quizá la más antigua en los Andes peruanos. Su arquitectura se caracteriza por el uso de las pirámides truncas hechas de piedra. En el sur, en la región vecina al lago Titicaca y en el territorio actual de Bolivia, floreció la civilización Tiahuanaco, que ha dejado el Templo del Sol y la famosa Puerta del Sol, íntegramente esculpida de una sola piedra gigantesca. Al parecer, la naturaleza majestuosa le dio el sentido de volumen y forma; la desarrollada industria textil de los antiguos peruanos, por su parte, proveyó[11] gran parte de la decoración.

En el período incaico, cada ciudad tenía por lo menos un templo. El Coricancha, situado en la plaza principal del Cuzco y uno de los templos más suntuosos, fue saqueado y desmantelado por los conquistadores españoles, quienes usaron sus cimientos[12] como base del monasterio de Santo Domingo que construyeron sobre sus ruinas en el siglo XVI.

---

[6] *proceden de* vienen de
[7] *en pie* standing
[8] *baluartes* bulwarks, protective ramparts
[9] *enlucidas* plastered
[10] *huacos* ceramics
[11] *proveyó* provided
[12] *cimientos* foundations

Chan Chan, capital del Reino Chimú, ubicada a dos kilómetros al norte de la actual Trujillo, Perú, era un complejo urbano de más de 14 kilómetros cuadrados de extensión que la hacía la ciudad de adobe más grande del mundo precolombino. Su elaborada red de acueductos subterráneos y eficientes botes y balsas le permitieron resistir un largo sitio antes de ser conquistada por los incas en el siglo XV.

Cuzco y sus alrededores ofrecen los mejores ejemplos arquitectónicos del **incanato**.[13] Además de las estructuras cuzqueñas, no muy lejos de ellas todavía se conservan las ruinas de Sacsahuamán, Ollantaytambo y Machu Picchu. Estos inmensos complejos de edificios fueron construidos con gigantescas piedras poligonales unidas sin argamasa[14] alguna. Se desconoce cómo esas piedras ciclópeas fueron transportadas a través de las montañas. A una distancia de 15 a 35 kilómetros (9 a 21 millas) se encuentran las canteras[15] más cercanas. De todas las estructuras, ninguna asombra tanto en todo el Hemisferio como la de Sacsahuamán, fortaleza defensora del Cuzco y ciudadela fortificada para albergar[16] a sus habitantes en caso de sitio. Una de sus piedras, de 8 metros (27 pies) de alto y 3.6 metros (12 pies) de grosor,[17] probablemente pesa unas 200 toneladas. En las terrazas superiores se construyeron edificios, torres y depósitos para las épocas de peligro.

Lamentablemente, los españoles desmantelaron la parte superior de Sacsahuamán para usar las piedras pequeñas en las construcciones suyas que levantaron en la ciudad del Cuzco, dejando solamente las bases, demasiado

---

[13] *incanato*   Inca Period
[14] *argamasa*   mortar
[15] *canteras*   quarries
[16] *albergar*   to shelter
[17] *grosor*   grueso

Convento e Iglesia de San Francisco, Lima. La pericia (*skill*) peruana combinó diversos estilos en la reconstrucción hecha tras cada terremoto (*earthquake*). Una alta cruz descansa sobre una pequeña cúpula con base octagonal de las dos torres barrocas. Los arcos de medio punto flanqueados por columnas corintias en el patio del convento son de mediados de siglo XVII; las columnillas, conchas y nichos son churriguerescos de fines del siglo XVII y principios del XVIII.

pesadas y difíciles de mover. En las ruinas de hoy, las piedras aún existentes se encuentran tan perfectamente unidas que, como repetidas veces se ha observado, ni siquiera la hoja[18] de una cuchilla puede penetrar.

17.3 LOS ESTILOS DURANTE LA COLONIA

Los españoles trajeron consigo los estilos arquitectónicos dominantes y de moda en su patria. Desde el principio, las estructuras que levantan en el Hemisferio Occidental siguen los estilos desarrollados o adoptados en España: gótico decadente, mudéjar, isabelino, barroco, plateresco o una mezcla de ellos. Mudéjar era el musulmán residente en tierras de los cristianos, políticamente vasallo de ellos, que conservaba sus leyes, costumbres, religión y gustos. El arte mudéjar nace en España, en el siglo XII, de la fusión de los elementos románicos y góticos con el arte árabe. La arquitectura mudéjar tiene una estructura gótica simplificada: usa el arco de herradura árabe pero con terminación en punta, como la ojiva.[19] El estilo isabelino, desarrollado durante la época de Isabel la Católica, combina los elementos arquitectónicos gótico y mudéjar. Durante el primer período del renacimiento español se desarrolló el estilo plateresco, llamado así porque añadía al arte italiano la minuciosidad del gótico florido y los adornos arabescos, recordando a simple vista, por lo recargado de su decoración, al trabajo de los plateros.[20]

---

[18] *hoja*   blade
[19] *ojiva*   pointed arch
[20] *plateros*   silversmiths

La influencia gótica se nota en las construcciones del siglo XVI. Son visibles, por ejemplo, en la Catedral de Santo Domingo, la primera iglesia mayor construida en el Nuevo Mundo. Aunque en realidad la catedral dominicana combina los estilos gótico, romano y renacentista italiano, se destacan en ella el trazado y disposición de la columnas que sostienen las bóvedas,[21] los arcos y las ventanas ojivales con vidrios multicolores. El santuario de San Agustín Acolman (1539–60), en México, tiene fachada plateresca, columnas renacentistas y nervaduras[22] góticas.

En la Hispanoamérica del siglo XVI, también se difundieron los estilos isabelino y herreriano. Este último, nombrado en honor de Juan de Herrera (1536–97), arquitecto del Escorial, se caracteriza por su austeridad y sobriedad. Un siglo después se arraigó[23] el estilo barroco que en Latinoamérica adquirió nuevos giros.[24] Contribuyó al desarrollo del barroco hispanoamericano el gusto precolombino de usar muchas decoraciones: la rica tradición ornamental indígena se fusionó con el anhelo[25] decorativo del artista barroco importado. Facilitaron su difusión: a) la abundancia de piedra blanda y b) el patrocinio[26] del gobierno civil y la Iglesia, los cuales, enriquecidos por la conquista militar, apoyaron a las artes[27] para hacerlas servir en la gigantesca empresa de la conquista espiritual y política gubernamental.

La obra,[28] el trabajo mismo de levantar los edificios diseñados por los artistas blancos primero y mestizos después, la realizaron los indígenas que pusieron en la obra su espíritu convulsionado y traumatizado por la conquista.[29] Su amargura, hostilidad y rebelión, sutilmente disfrazadas, quedaron estampadas en la arquitectura. Cuando el blanco se descuidó, o lo permitió, el artesano indígena puso a sus dioses, flora y fauna en los frontispicios[30] de las construcciones. A veces los indígenas aportaron ciertos principios técnicos precolombinos, como el terraplén rodeado de escalones para soportar el atrio[31] de la Iglesia (Yanhuitlán, México), o como las vigas[32] horizontales y verticales, recordadoras de las pirámides de Yucatán, para fortalecer las esquinas del edificio[33] (Atonilco de Tula).

---

[21] *bóvedas* domes
[22] *nervaduras* ribs, arches meeting and crossing each other in the Gothic vaulted space
[23] *se arraigó* took root
[24] *giros* direcciones
[25] *anhelo* yearning, desire
[26] *patrocinio* patronage, sponsorship
[27] *apoyaron a las artes* supported the arts
[28] *obra* job, task
[29] *su espíritu...conquista* their spirit convulsed and traumatized (shaken violently and injured by the Spanish conquest
[30] *frontispicio* frontispiece, façade
[31] *el terraplén...atrio* the rampart, surrounded by a staircase, serving to support the inner court
[32] *vigas* beams
[33] *para fortalecer...edificio* to strengthen the corners of the building

Altar mayor de la Iglesia de São Francisco en Salvador (Bahía). Muestra la extravagancia barroca con decoraciones de follaje tropical. En el barroco brasileño la sensualidad se manifiesta en ángeles con atributos femeninos y faunos con expresiones lúbricas (*lewd*).

Junto a los motivos tradicionales españoles añadieron primero pumas, monos, colibríes, garzas, papagayos, margaritas, mazorcas de maíz,[34] y más tarde, motivos ornamentales chinos, conforme llegaban al Nuevo Mundo a bordo del galeón de Manila.

Como expresión del decadentismo español, surgió en la Península y luego se difundió en su imperio colonial de ultramar un estilo excesivamente decorado, rebuscado,[35] complicado y ultra barroco: el churrigueresco, nombrado así en honor de su introductor y propagador, José Churriguera (1665–1723), escultor y arquitecto salmantino.[36]

Como ya hemos visto anteriormente, con los gobernantes Borbones llegó la boga[37] neoclásica en el siglo XVIII. En arquitectura el neoclasicismo imita las obras de la antigüedad clásica. Su ideal es el racionalismo, la disciplina, la perfección de las líneas y el rechazo[38] del adorno desenfrenado[39] del individualismo barroco. Como a todos los estilos anteriores y posteriores, el ambiente del Nuevo Mundo le impone modificaciones al neoclasicismo: se vuelve aún más discreto en sus formas.

---

34 *colibríes…mazorcas de maíz*   hummingbirds, cranes, parrots, daisies, ears of corn
35 *rebuscado*   affected, unnatural
36 *salmantino*   de Salamanca
37 *boga*   vogue
38 *rechazo*   rejection
39 *desenfrenado*   unbridled

17.4 LA ARQUITECTURA RELIGIOSA CON DECORACIÓN INDÍGENA

Las estructuras más antiguas e impresionantes del período colonial son las religiosas. Su historia empieza con las capillas abiertas.[40] Las construyeron para facilitar el trabajo de catequizar a las masas campesinas de México, Guatemala y Perú, países donde era relativamente menos difícil congregar buen número de indígenas inmediatamente después de la etapa bélica de la conquista. Luego se edificaron monasterios-fortalezas con capillas abiertas, cuyas entradas mostraban fusión de las formas españolas, moriscas e indígenas. Sus constructores amerindios se permitieron añadir querubines[41] con rasgos indígenas, cuerdas de frailes que terminaban en cabezas de serpiente, frutas y flores americanas (como la **chirimoya** y la **tuna**,[42] flor del cacto y la **kantuta**, flor imperial incaica). Además tallaban las fachadas[43] con motivos indígenas. La síntesis de teorías y prácticas europeas tuvo en el siglo XVI marcada influencia gótica, como lo demuestran las catedrales mexicanas. En el siglo XVII, en cambio la predominante tendencia fue renacentista. En todas ellas, sin embargo, la influencia nativa es evidente en los portales de las iglesias por el interés indígena en el espacio exterior. Temas, estilos y representaciones decorativas precolombinas fueron utilizadas por los artesanos indígenas.

Con el correr de los años[44] la arquitectura religiosa llegó a ser francamente mestiza. Consideremos algunos ejemplos notables. La capilla del Rosario de la iglesia de Santo Domingo (Tunja, Colombia, siglo XVIII) tiene muchos elementos indios: en la parte baja del altar aparece la cabeza de Dios, idealizada como el Sol, con decoraciones **chibchas**.[45] En el sur del Perú, entre los elementos zoomórficos, aparecen auquénidos[46] (llamas, vicuñas, alpacas, guanacos) guacamayos,[47] papagayos y pumas. La obra maestra de estilo mestizo en esta región es la Iglesia de la Compañía, de Arequipa (1698), estructura de dos pisos, decorada con parras[48] e imágenes del Sol y de la Luna. En Bolivia, las construcciones religiosas muestran diseños de fuerte sabor incaico. En Potosí, por ejemplo, las treinta y dos iglesias y diez monasterios construidos durante la Colonia estilísticamente pertenecen a una especie de barroco andino o **indobarroco**, es decir, a un barroco americano adaptado al medio indígena de los Andes, caracterizado más por su decoración que por sus planos de construcción.

---

[40] *capillas abiertas*   open spaces dedicated to Christian worship
[41] *querubines*   cherubs
[42] *la chirimoya y la tuna*   the cherimoya and the prickly pear
[43] *tallaban las fachadas*   they carved the façades
[44] *Con...años*   As years passed
[45] *chibchas*   Chibchan (from the ancient Chibcha civilization of Colombia)
[46] *auquénidos*   camel-like species of animal living in the Central Andean region
[47] *guacamayo*   macaws
[48] *parras*   grapevines

La fachada de la Iglesia de San Francisco, Quito, consta de dos niveles, ambos con columnas toscanas (dóricas romanas sin decoraciones). Su estilo arquitectónico luce un barroco moderado por la severidad del renacimiento tardío. Esta famosa iglesia ecuatoriana fue terminada poco después de 1580. Las dos torres que se ven en esta foto son de reciente construcción porque las originales fueron destruidas en el terremoto de 1868.

17.5 LAS IGLESIAS DE QUITO

La primera joya arquitectónica de importancia construida en la ciudad de Quito fue el convento de San Francisco (1537–80), erigido en una extensa propiedad del inca Huayna Cápac. Contiene un complejo de varios edificios en un área de 31,000 metros cuadrados: casa conventual con patios, jardines, huertos,[49] la iglesia de San Francisco y dos grandes capillas más. Es de varios estilos. La fachada es de diseño proveniente de la última etapa del renacimiento italiano, con un toque barroco y con arcos que hacen recordar a las mezquitas[50] musulmanas. El claustro principal se levanta alrededor de un extenso patio interior de tipo medieval, a cuyos lados hay dos galerías superpuestas, la inferior de las cuales descansa sobre 104 columnas dóricas, enlazadas por arcos de ladrillos[51] con adornos moriscos, sobre columnas panzudas,[52] características de la arquitectura quiteña.[53] El patio sirvió de modelo a las construcciones civiles del

[49] *huertos*   orchards
[50] *mezquitas*   mosques
[51] *ladrillos*   bricks
[52] *panzudas*   paunchy, big-bellied
[53] *arquitectura quiteña*   Quito architecture

Virreinato del Perú. Este convento ha recibido el nombre de El Escorial de los Andes, y aunque su construcción se inició antes que el monasterio edificado cerca de Madrid por Juan de Herrera, se cree que este famoso arquitecto pudo haber participado en la etapa final del diseño.[54] Es el convento franciscano más grande del mundo. Esta inmensa obra religiosa es principalmente de ladrillo. De piedra labrada son la fachada de la iglesia, el atrio, las columnas, y los pilares y pilastras de las galerías de los patios del convento. Las pilastras del templo principal, las bóvedas y techumbres[55] están cubiertas de madera tallada, pintada y dorada, original innovación arquitectónica imitada después en muchos templos de Iberoamérica. Al construir el atrio[56] de San Francisco, sus arquitectos resucitaron ese elemento que las antiguas basílicas cristianas tenían pero que luego con los siglos la arquitectura religiosa cristiana abandonó. Su construcción fue tan costosa que, según la leyenda, el monarca español Felipe II, al enterarse del monto de lo gastado,[57] subió al punto más alto de su palacio español para ver desde allá las torres de San Francisco.

Otra joya de la arquitectura colonial quiteña es la Iglesia de la Compañía de Jesús. Más homogénea que la estructura franciscana, se la considera como una de las iglesias más bellas del continente. Se la empezó a construir en 1595, en el estilo favorito de los jesuitas: el barroco italiano. En el siglo XVII se destruyó la estructura original para construir el templo que ahora existe, siguiendo el modelo de la iglesia de San Ignacio, en Roma, aunque más se parezca en realidad a la catedral de Murcia. Sus tres naves[58] forman una cruz latina. En las naves laterales se encuentran seis capillas. Los muros y las pilastras interiores son de piedra; las bóvedas de las altas naves tienen seis hermosas columnas salomónicas flanqueando[59] la entrada principal y dos pilastras de estilo romano-corintio flanqueando cada una de las puertas laterales. La ornamentación de la fachada barroca es estrictamente europea, sin innovaciones americanas. La ornamentación interior es de oro realzado[60] por los colores rojo y blanco.

Una tercera joya arquitectónica ecuatoriana es la iglesia de La Merced, construida en el primer cuarto del siglo XVIII. La campana de su torre, la más grande de Quito, recibe el nombre de Campana de la Virgen de La Merced. El terremoto[61] de 1773 afectó mucho a los edificios franciscanos

---

[54] *etapa...diseño* last stage of drawing the plan
[55] *Las pilastras...y techumbres* The pilasters (square pillars) of the main temple, the domes and ceilings
[56] *atrio* inner courtyard surrounded by arcades
[57] *monto de lo gastado* amount of money spent
[58] *naves* espacios a lo largo de los templos
[59] *columnas salomónicas flanqueando* twisted columns flanking
[60] *realzado* enhanced
[61] *terremoto* earthquake

La fachada de la Iglesia de Ocotlán, México, tiene la forma de una concha (*shell*). Los soportes laterales de las torres están cubiertos de pequeños azulejos (*tiles*) rectangulares de color rojo que dan la impresión de la piel de la serpiente (*snakeskin*). El juego arquitectónico de volúmenes, típico del barroco mexicano, hace creer que los soportes tienen menos magnitud que las torres y produce la sensación de desequilibrio.

y jesuitas pero no perjudicó a La Merced, gracias en parte a sus fuertes y gruesas paredes. Otro edificio quiteño de inestimable valor es la Catedral, una de las estructuras más antiguas, pues se la levantó poco antes de 1550. La primorosa puerta de su sacristía[62] tiene ornamentaciones parecidas a las de la fachada del templo de la Compañía, lo que hace suponer que fueron realizadas por las mismas manos. La parte superior del patio interior tiene un toque chinesco.[63]

17.6 MÉXICO Y SUS 15,000 IGLESIAS COLONIALES

De las 70,000 iglesias construidas en Hispanoamérica durante el período colonial, más del 20 por ciento, unas 15,000, fueron levantadas en México. En ese virreinato, como en las otras regiones del Nuevo Mundo de rica tradición arquitectónica, los estilos importados sufrieron significativas adaptaciones y se combinaron armoniosamente. De todos ellos, el estilo que mejor se impuso fue el barroco.

La arquitectura religiosa colonial de México empleó mucho la cúpula con base octogonal, frecuentemente recubierta de azulejos[64] de colores vivos. Las catedrales de México y Puebla son las dos joyas arquitectónicas más valiosas del Virreinato de Nueva España. La primera requirió 83 años para ser construida (1573–1656); la segunda, cerca de tres cuartos de siglo (1575–1649). Sabido es que cuatro de las ocho obras maestras de la arquitectura barroca del mundo se encuentran en México: el sagrario[65] de la catedral en la capital, el colegio de los jesuitas (1606–1762) en Tepoztlán, el convento de Santa Rosa, en Querétaro, y la iglesia de Santa Prisca (1751–58), en Taxco.

17.7 LA ARQUITECTURA MILITAR DURANTE LA COLONIA

Las construcciones militares levantadas por los españoles en América han sido obras resistentes a los castigos del tiempo y del hombre. Por todo el imperio colonial español se construyeron fortificaciones militares, especialmente en las Antillas mayores, cuyas costas fueron constantemente atacadas por los piratas, corsarios y marinas[66] de los países enemigos de España. Casi todos los puertos fueron amurallados,[67] defendidos por imponentes fuertes y castillos que todavía son admirados por sus gigantescas dimensiones y belleza artística.

---

[62] *primorosa…sacristía*   exquisite door of it sacristy
[63] *toque chinesco*   Chinese touch
[64] *azulejos*   tiles
[65] *sagrario*   a free standing vaulted canopy, supported by four columns, where the vessel for Eucharistic wafers is kept
[66] *marinas*   navies
[67] *amurallados*   walled

El alcázar de Colón fue construido en Santo Domingo en 1514 para Diego Colón y su esposa emparentada con el aristocrático Duque de Alba. Su estilo isabelino muestra arcos en forma de asa de canasta (*basket handle*). Las ventanas terminan en arcos ojivales (*ogee*), enmarcados (*framed*) con decoración mudéjar.

La Torre del Homenaje de Santo Domingo, el edificio más antiguo del continente, fue construida en 1503, el mismo año en que se comenzó a edificar la iglesia de San Nicolás de Bari (1503–08), primer templo occidental del Nuevo Mundo. Pocos años después se terminó, tras ardua labor, el Alcázar[68] de Colón (Casa del Almirante), construido en Santo Domingo para Diego Colón y su esposa, que pertenecía a la familia del Duque de Alba. En las otras islas mayores del Caribe, los españoles también levantaron imponentes edificios militares para la protección de sus puertos y de las naves que allí se guarecían.[69] En La Habana, por ejemplo, se edificó el famoso Castillo de los Tres Reyes, popularmente conocido con el nombre de El Morro, y la fortaleza de La Cabaña. Para defender la bahía de San Juan, Puerto Rico, se construyó el Castillo de San Felipe del Morro. Cartagena, el puerto sudamericano más importante del Caribe, expuesto al ataque de los enemigos de España, fue magníficamente fortificado. Sus murallas y torres defensivas son ejemplos elocuentes de lo avanzado de la ingeniería colonial. Las murallas son tan anchas que pueden servir de carreteras elevadas.

En el resto del imperio colonial español también se construyeron impresionantes edificios militares. Los mejores defendían los puertos, como el famoso Castillo del Real Felipe, protector del Callao (Perú). Era

[68] *alcázar*   castillo
[69] *guarecían*   took refuge

El Palacio de Torre Tagle, bella mansión lujosa de Lima de principios del siglo XVIII, unifica armónicamente contribuciones arquitectónicas mudéjares, criollas y chinas. Su fachada asimétrica conserva la tradición del siglo XVII. Aquí vemos la portada barroca, los balcones mudéjares, las columnillas delgadas con delicada ornamentación y las cornisas chinas.

tan inexpugnable[70] que el general español José Ramón Rodil (1789–1853) fue capaz de resistir en el castillo un sitio de dos años, durante las guerras de independencia.

17.8 La arquitectura civil en el período colonial

Las construcciones civiles de la Colonia no tuvieron la importancia y magnificencia de los edificios religiosos y militares, y, sin embargo, aún quedan estructuras dignas de admiración. Se destacan entre ellas los palacios virreinales de México y Lima, todavía usados por los presidentes de la República. Son también valiosas obras civiles los palacios de la Inquisición de México, Cartagena y Bogotá. En las capitales mexicana y peruana se encuentra la mayoría de los edificios civiles coloniales más importantes. Puebla, México, fundada en 1532, ofrece uno de los mejores ejemplos de la adaptación del estilo europeo a las condiciones locales. Su plano de tablero de ajedrez, promovido por los arquitectos renacentistas italianos fue el aplicado en las ciudades americanas fundadas por los españoles. La plaza integraba los edificios religiosos y políticos, cuya importancia estaba vinculada a su proximidad a ese centro cívico.

La arquitectura limeña colonial tuvo una fuerte influencia mudéjar. El mejor ejemplo lo ofrece el palacio de Torre Tagle (1753), hoy albergue[71]

[70] *inexpugnable*   impregnable, unconquerable
[71] *albergue*   house

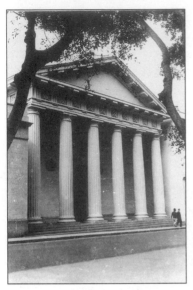

El Edificio de la Inquisición de Lima, erigido en estilo neoclásico, muestra sus columnas dóricas. Esta estructura colonial se encuentra simbólicamente a pocos metros del Congreso peruano y frente a la estatua de Bolívar.

de la Cancillería del Ministerio de Relaciones Exteriores de la república peruana. Los magníficos edificios civiles de Antigua, segunda capital de la Capitanía General de Guatemala, fueron destruidos por el terremoto del siglo XVIII, que obligó al gobierno a trasladarse a la actual ciudad de Guatemala. En su época, Antigua era la ciudad hispanoamericana más bella después de México, Lima y Quito.

La arquitectura colonial del Brasil tiene menos originalidad que la de Hispanoamérica. Los edificios siguen los modelos portugueses con insignificantes innovaciones de detalle. Las mejores estructuras fueron las de estilo barroco, especialmente las de Bahía, Recife de Pernambuco, Río de Janeiro y Minas Gerais.

17.9 EL NEOCLASICISMO ARQUITECTÓNICO EN IBEROAMÉRICA

El establecimiento de la Academia de San Carlos, en la ciudad de México (1785), marca el triunfo del estilo neoclásico en Hispanoamérica, caracterizado por el retorno a las formas romano-renacentistas. En América española el estilo neoclásico también ha dejado joyas arquitectónicas, como el famoso edificio de la Escuela de Minería de la capital mexicana construido por Manuel Tolsá (1757–1818).

Por ser más reciente este estilo se encuentra asociado con algunos distinguidos arquitectos, especialmente con Francisco Eduardo de Tresguerras (México, 1759–1833), recordado por muchas obras suyas en Guanajuato, pero sobre todo, por la construcción de la Iglesia del Carmen de Celaya.

En otras partes de Hispanoamérica, también se levantaron importantes estructuras neoclásicas, como las catedrales de Guatemala (1785) y Bogotá (1809–11) y la fachada de la catedral de Buenos Aires, inspirada en el estilo de los templos griegos. En el Perú, Matías Maestro construyó en Lima el baldaquino[72] del altar de la catedral, el interior de la iglesia de El Milagro y el altar de la iglesia de La Merced. En Santiago de Chile, el arquitecto italiano Joaquín Toesca (1752–99) dejó varias obras además de la Casa de la Moneda,[73] residencia del presidente de la República de Chile.

En el Brasil, el estilo neoclásico recibió el patrocinio real.[74] Con la protección gubernamental se estableció la Academia Nacional y se levantaron numerosos edificios en Río de Janeiro, tantos que la ciudad tiene hoy la mayor concentración de estructuras neoclásicas en Sudamérica. Se destacan el Palacio Imperial de João VI, la Biblioteca Nacional, el Seminario de São Joaquim, el Museo Nacional, el Palacio del Comercio, el Jardín Botánico y la fachada de la Academia de Bellas Artes.

17.10 LA INFLUENCIA FRANCESA E ITALIANA DE FINES DEL SIGLO XIX

Los estilos franceses e italianos de fines del siglo diecinueve influyeron en la arquitectura hispanoamericana de ese período. En México muestran este fuerte influjo el Paseo de la Reforma. Los edificios del Congreso Nacional en Buenos Aires, Montevideo, Bogotá, Caracas y Santiago de Chile también denotan[75] esta influencia. No así la Casa Rosada (palacio presidencial) de Buenos Aires que sigue el estilo neoclásico belga.

Lima también tiene muchas obras que reflejan las variaciones francesas e italianas del neoclasicismo. Sirven de ejemplo la Plaza Bolognesi, las fachadas de varios bancos, flanqueadas por columnas clásicas, y las residencias del Paseo Colón.

En Cuba, el neoclasicismo comienza a manifestarse a principios del siglo XIX. Llega, como los otros estilos, algo tarde. Su auge[76] se lleva a cabo durante su período colonial, a partir de 1826, cuando se desarrolla el barrio habanero de El Cerro. La capital cubana se extendió y se modernizó bajo el signo neoclásico. Un ejemplo representativo del nuevo estilo lo ofrece el Templete,[77] construido en 1827, en homenaje al cumpleaños de la reina Doña Amalia de Sajonia. Las mansiones de El Cerro eran réplicas de las villas italianas. El toque hispanocubano se

---

[72] *baldaquino*   canopy-like structure
[73] *Casa de la Moneda*   Mint
[74] *patrocinio real*   royal sponsorship
[75] *denotan*   muestran
[76] *auge*   vogue, boom
[77] *templete*   templo pequeño, kiosco

El plan de construcción de Brasilia sigue los contornos (*contours*) de un avión: los dos edificios altos forman las alas; el cuerpo ocupa la Avenida de los Ministerios que termina en la Plaza de los Tres Poderes donde se encuentran el Palacio Presidencial, la Corte Suprema y el Congreso.

encuentra en el uso intensivo de hierro forjado y fundido empleado en barandas[78] y rejas que obedecen más al gusto español que al italiano. Al mismo tiempo que desaparecieron los tejados[79] se inició la construcción de techos[80] planos de vigas de madera y losas de barro, con cielorraso[81] en el interior. Las mansiones se embellecieron con el uso más intensivo del mármol en los pisos, escaleras, fuentes, y estatuas. En los edificios privados y públicos, el elemento neoclásico recurrente es el portal[82] con columnas y arcos o sólo con arcos. La influencia finisecular francoitaliana acentuó el interés en adaptar al trópico los elementos europeos importados.

17.11 La arquitectura en el siglo XX

En el siglo XX dos movimientos artísticos facilitaron el desarrollo de la arquitectura moderna en Latinoamérica: el art deco y el nacionalismo. El art deco insistió en la geometrización, formas curvilíneas,[83] colores atrevidos, simplificación y el empleo de concreto reforzado. El estilo ecléctico, la primera manifestación del modernismo, se generalizó en gran parte, gracias a los latinoamericanos que estudiaron arquitectura en Europa y Estados Unidos, tales como el venezolano Carlos Villanueva y el chileno Emilio Duhart. También promovieron el modernismo varios republicanos españoles exiliados, como Félix Candela en México y Antonio Bonet en Buenos Aires. El nacionalismo del siglo XX se expresó con el estilo neocolonial en ciudades como Lima, México, Guadalajara y Guatemala. Ejemplos magníficos de esta nueva orientación arquitectónica nacionalista lo ofrecen el Palacio de Justicia de la capital mexicana, el Palacio Nacional de la Ciudad de Guatemala y varias estructuras limeñas: el Palacio del Arzobispado (concluido en 1924), el palacio presidencial (terminado en 1938), y el edificio municipal.

Para fines de la década de los años 1930, la arquitectura moderna ya se había difundido por toda Latinoamérica; de 1940 a 1965 el racionalismo de Le Corbusier influyó significativamente en los arquitectos nacionalistas latinoamericanos que edificaron hospitales, escuelas, universidades y complejos habitacionales. Poco a poco se impuso un estilo innovador, funcional y ultramoderno, que triunfó con resonancia primero en el Brasil, México y Venezuela y luego en el resto del continente.

En el Brasil se produjo una verdadera revolución arquitectónica. Flavio de Carvalho, por ejemplo, se destacó usando un estilo purista en el Palacio

---

[78] *hierro...barandas*   wrought and cast iron used in railings
[79] *tejados*   tile roofs
[80] *techos*   roofs
[81] *cielorraso*   flat ceiling
[82] *portal*   porch
[83] *curvilíneas*   bounded by curve lines

de Gobierno (1927) y en su propia casa de cemento. Cuando se prepararon los planos para la construcción del Ministerio de Educación (1937) de Río de Janeiro, Le Corbusier asesoró a los diseñadores y dejó muchos discípulos destacados por sus estructuras imaginativas e imponentes. Entre los arquitectos de fama universal debe mencionarse a Oscar Niemeyer (n. 1907), constructor de la Iglesia de San Francisco, en Belo Horizonte, responsable también de gran parte del Ministerio de Educación, de las estructuras de las Naciones Unidas, en Nueva York, y de las ultramodernas obras en Brasilia, cuyo plano fue diseñado, en gran parte por Lúcio Costa (1902–98), director de la Escuela de Bellas Artes de Río. Otro destacado arquitecto ha sido Roberto Burle Marx, constructor del Museo de Arte Moderno. En los últimos años han destacado João Batista Vilanova Artigas (1915–84) por sus contribuciones a la arquitectura modernista, y Sergio Bernardes, audaz urbanista, constructor del Centro de Exhibición São Cristôbal y de muchas hermosas casas palaciegas.

En México sobresalieron Juan O'Gorman (1905–82), José Villagrán García (1901–82) y Enrique de la Mora (n. 1907). El primero construyó la Biblioteca Central de la Universidad Nacional Autónoma, de bellas líneas modernas; el segundo ha dejado muchas obras funcionales con formas innovadoras, y el último terminó en Monterrey, en 1947, la iglesia más moderna del país. La ciudad universitaria y las mansiones residenciales de El Pedregal son los ejemplos más notables de la nueva arquitectura.

Venezuela, gracias a su petróleo, también ha experimentado en las últimas décadas un auge arquitectónico, especialmente en Caracas. Se han construido magníficas supercarreteras[84] y numerosos edificios públicos, comerciales y particulares de dimensiones ciclópeas.[85] Entre los muchos arquitectos que se han destacado se encuentran Carlos Raúl Villanueva (1900–75), que diseñó la Ciudad Universitaria de Caracas, y Moisés Benacerrat (n. 1924), a quien se le deben algunos de los rascacielos[86] de la capital venezolana.

De 1965 a 1980 la tradición y la herencia cultural contribuyeron a la experimentación de nuevas técnicas y estilos en la construcción de viviendas, centros comerciales, bancos y edificios públicos. Desde la década de los años 1990 el alto costo de la tecnología metálica obligó a los latinoamericano a limitar el uso de los materiales costosos y a promover la construcción rápida y la práctica ecléctica, la síntesis de formas y estilos. Entre los arquitectos más destacados de este período se encuentran los argentinos Juan Kurchan, Jorge Ferrari Hardoy, Alfredo Agostini, Federico Peralta Ramos, Mario Roberto Alvares, Flora Manteola, Josefina Santos, Justo Solsona y Rafael Vinoly.

---

[84] *supercarreteras* superhighways
[85] *ciclópeas* cyclopean, huge
[86] *rascacielos* skyscrapers

17.12 LA ARQUITECTURA PERUANA COMO CONTRIBUCIÓN ORIGINAL AMERICANA

Al estilo arquitectónico lo limitan siempre la imaginación y el gusto estético del artista y los elementos de construcción disponibles. Aunque en todas las regiones americanas de fuerte tradición arquitectónica precolombina los estilos traídos por los españoles experimentaron adaptaciones y recibieron fuertes decoraciones indígenas, en la costa del Perú, en Lima y en Trujillo principalmente, así como en Arequipa, los estilos coloniales llegaron a ser francamente mestizos. Los templos y las casas particulares constituyen la riqueza arquitectónica colonial de la costa peruana. Es mestiza también la arquitectura barroca del Convento e Iglesia de San Francisco de Lima. Si bien su profusa ornamentación está inspirada del arte europeo, los materiales responden a las condiciones locales. Los edificios gubernamentales no sobresalen, en parte debido a que las autoridades, por la distancia de España y por los azares de la política, no consideraban el Perú como hogar permanente, como lo hicieron los clérigos y nobles.

En la época colonial, Lima tenía cierto aspecto de ciudad musulmana, con balcones de madera salientes, cerrados como armarios[87] tallados, y con fachadas que se sucedían unas pegadas a otras, como si formaran una pared gigantesca de irregular altura, extendida por toda la cuadra.[88] Esta monótona pared lisa, pintada de colores suaves, se interrumpía cada cinco o siete metros para mostrar portadas rectangulares, ventanas largas, bajas y salientes, defendidas por barras de hierro. Interiormente, la mayoría de las casas seguía la estructura y disposición grecorromanas que el clima de Lima, sin lluvia y sin fuerte frío, adoptó mejor que España. Eran construidas de adobe las paredes fundamentales y de **quincha** las paredes secundarias y las del segundo piso, si lo había. La quincha es una pared forrada de cañas y enlucida con barro[89] y estructura de madera. Es ella precursora del cemento armado:[90] la madera y las cañas tienen la función del acero: el barro, la del concreto. Esta especie de barro armado era la mejor defensa contra los terremotos, como repetidas veces lo ha demostrado la Iglesia de San Francisco. En las casas señoriales, las paredes interiores estaban cubiertas a veces de telas[91] y brocados lujosos.

El palacio de Torre Tagle, construido a principios del siglo XVIII, es el mejor tesoro arquitectónico civil del Perú colonial. En vez de seguir el estilo churrigueresco de la época, muestra esencialmente el gusto mudéjar modificado con aportes criollos y algunas contribuciones orientales. La composición

---

87 *armarios* wardrobes
88 *cuadra* block
89 *forrada...barro* first covered with cane and then plastered with mud
90 *armado* reinforced
91 *telas* fabrics

asimétrica de la fachada es una adaptación peruana del barroco con ornamentación de fuerte parecido a la pagoda china. En el tallado de las ménsulas[92] que sostienen los balcones moriscos se observa la influencia chinesca. La puertas y los techos interiores, hechos de maderas finas, están bellamente tallados; sus muros estaban cubiertos de seda y brocados chinos, mientras que los pisos eran de roble[93] y de cedro centroamericanos.

Es importante señalar, sin embargo, que el palacio de Torre Tagle, como la Casa de Pilatos, la Quinta Presa—a menudo confundida con la «casa de la Perricholi»—[94], la Casa de Osambela, y unos pocos edificios limeños más, constituyen en realidad excepciones arquitectónicas. El prototipo de la construcción civil, la casa de uno o dos pisos, seguía los lineamientos descritos anteriormente. Con todo, la arquitectura colonial limeña es bastante original: graciosa, suave y liviana. La escasez de materiales de construcción disponibles determinó, por la ley de compensación, especialmente en las casas señoriales, una rica ornamentación interior. La fuerte influencia eclesiástica y morisca hizo afirmar al poeta José Santos Chocano que la casona limeña finge ser mitad oratorio y mitad harén.[95] La arquitectura civil trujillana y arequipeña[96] era en general semejante a la de Lima, con menos suntuosidad en las portadas y en los interiores pero con superiores ventanas salientes de reja.

Durante el período colonial, los frailes influyentes, que formaban el diez por ciento de la población de Lima, determinaron que en esa ciudad en cada dos o tres cuadras se levantara una iglesia, una capilla o un convento. Pero las estructuras religiosas limeñas no pueden compararse en magnificencia con las de Quito o México. El uso del adobe y la quincha, obligatorio en las cúpulas después del terremoto de 1746, así como la escasez de piedra y madera, les dio a las iglesias cierta modestia arquitectónica compensada con un lujo interior. La Catedral, levantada poco después de fundada la ciudad y restaurada después de los grandes terremotos de 1609, 1687, 1746 y 1970, sigue varios estilos, entre los que predomina el plateresco.

Las iglesias de Trujillo tampoco reflejan en sus fachadas la riqueza interior de sus primorosos altares y púlpitos. La Catedral, por ejemplo, tiene un tesoro artístico en las talladuras[97] barrocas de su coro y en sus altares churriguerescos. El mejor interior es el de la Iglesia del Carmen. Todos sus altares son de oro, excepto el retablo del altar mayor, que es de plata. Su conjunto interior es el ejemplo más importante que se conserva del barroco peruano.

---

92 *ménsulas*   corbels (a projection from the face of a wall, supporting a weight)
93 *roble*   oak
94 *La Perricholi* was the popular name given to Micaela Villegas, an actress, who became the mistress of Manuel Amat, Viceroy of Peru from 1762 to 1776. *Perricholi* is a mispronunciation of *perra* and *chola*.
95 *mitad...harén*   half chapel and half harem
96 *trujillana y arequipeña*   from Trujillo and Arequipa, cities of Perú
97 *talladuras*   carvings

En el primer siglo de vida republicana peruana, es decir desde la segunda década del siglo XIX hasta los años subsiguientes a la Primera Guerra Mundial, el país tuvo un hiato arquitectónico. Las pocas construcciones de la época imitaron los estilos neoclásicos franceses e italianos. En Trujillo, el palacio de los Iturregui es elocuente ejemplo de edificio con exterior neoclásico e interior colonial. En Lima, el Palacio de la Exposición exhibe un academismo neoclásico falso. La ausencia de inviernos crudos, de lluvia y de nieve acentuaron la artificialidad de las líneas equilibradas y sobrias del neoclasicismo europeo. Cuando el Canal de Panamá comenzó a funcionar en 1914, se facilitó el transporte de materiales de construcción (cemento, acero, vidrios y moderno equipo sanitario), se manifestó una reacción contra la imitación servil y se desarrolló interés en el pasado. Apareció entonces el estilo neocolonial de los palacios arzobispal, gubernamental y municipal, el Hotel Bolívar y gran número de residencias de fuerte sabor tradicional. Poco a poco el interés en la fusión de estilos y de materiales importados e indígenas dio lugar a un tipo de arquitectura muy original que combina con vigor imaginativo diversos elementos importados y locales. Desde mediados del siglo XX, la arquitectura verdaderamente peruana mantuvo mucho del mestizo barroco, equilibrado con proporción, plasticidad y comodidad. Ya no es una arquitectura española con decorados indígenas, sino una arquitectura verdaderamente mestiza en su estructura que combina elementos coloniales e indígenas en su exterior. Los edificios que rodean la Plaza San Martín y las mansiones residenciales de las afueras de Lima muestran la originalidad de la arquitectura peruana.

En conclusión, el Perú ha creado, como contribución original americana, su propia arquitectura. Ella equilibra los elementos estéticos del pasado precolombino y colonial y el funcionalismo moderno al mismo tiempo que utiliza materiales accesibles y técnicas contemporáneas. Combina concepciones espaciales del Chimú, de los incas, del ecléctico colonial y de Le Corbusier para ponerlas a tono con el espacio y el hombre peruano de hoy, su propio ritmo y forma.

17.13 SUMARIO

I. **La arquitectura precolombina en Mesoamérica:**
   A. Teotihuacán: pirámides del Sol y de la Luna y templo de Quetzalcóatl
   B. Pirámides truncas, templos y plazas mayas de Copán y Chichén Itzá

C. Templos, palacios, plazas, jardines y avenidas aztecas de Tenochtitlán

II. **La arquitectura precolombina en Sudamérica:**
   A. Mochica: numerosas pirámides además de las del Sol y de la Luna
   B. Chimú: decoraciones con barro en Chan Chan y el castillo de Paramonga
   C. Chavín: pirámides truncas de piedra, templos y palacios decorados
   D. Tiahuanaco: Templo y Puerta del Sol decorados con motivos textiles
   E. Inca: Sacsahuamán, Ollantaytambo y Machu Picchu, maravilla del mundo

III. **Estilos durante la Colonia:**
   A. Influencias gótica, mudéjar, isabelina y herreriana en el siglo XVI
   B. Apogeo del barroco americano en los siglos XVII y XVIII:
      1. Tradición ornamental precolombina e influencia indígena
      2. Abundancia de piedra blanda y apoyo estatal y eclesiástico
      3. Influencia china traída por el galeón de Manila a Acapulco
      4. En México están cuatro de las ocho obras maestras del barroco en el mundo
   C. Las iglesias de Quito:
      1. Adaptación de estilos en el Convento de San Francisco (1537–80)
      2. Iglesia de la Compañía (s. XVI y XVII): homogeneidad estilística
      3. La Iglesia de la Merced (s. XVIII) y su famosa campana
      4. La primorosa puerta de la sacristía de la Catedral (c. 1550)
   D. México y sus 15,000 iglesias:
      1. Un quinto de las 70,000 iglesias coloniales de Hispanoamérica
      2. Catedrales de México y Puebla: dos joyas de Nueva España
      3. Barroco ejemplar en la Iglesia de Santa Prisca (1751–58) en Taxco
   E. Arquitectura militar:
      1. La Torre del Homenaje (1503) y el Alcázar en Santo Domingo
      2. El Morro y La Cabaña en La Habana y El Morro en San Juan
      3. Las murallas y fortificaciones de Cartagena
      4. El Castillo del Real Felipe en Callao, Perú
   F. La arquitectura civil:
      1. Palacios virreinales (hoy casas del Presidente) de México y Lima
      2. Palacios de la Inquisición en México, Cartagena y Bogotá
      3. Palacio de Torre Tagle de estilo mudéjar en Lima

IV. **El neoclasicismo en Hispanoamérica y Brasil:**
   A. Fundación de la Academia de San Carlos (México, 1785)
   B. Manuel Tolsá (1757–1818) construyó la Escuela de Minas en México
   C. Tresguerras: Iglesia del Carmen de Celaya y edificios de Guanajuato
   D. Catedrales de Guatemala (1785) y Bogotá (1809–11)
   E. Patrocinio real del neoclasicismo en el Brasil:
      1. El mayor número de construcciones neoclásicas en Sudamérica
      2. Mejores ejemplos: Palacio Imperial de João VI, Biblioteca Nacional, Seminario de São Joaquim, Museo National, Palacio del Comercio, Jardín Botánico y fachada de la Academia de Bellas Artes
   F. Influencia francesa e italiana finiseculares:
      1. En el Paseo de la Reforma en México y en el Congreso Nacional de Buenos Aires, Montevideo, Bogotá, Caracas y Santiago de Chile
      2. La Casa Rosada de Buenos Aires sigue el estilo neoclásico belga
      3. Plaza Bolognesi, residencias del Paseo Colón y bancos de Lima
      4. El Templete (1827) y residencias del barrio El Cerro en La Habana
V. **La arquitectura latinoamericana en el siglo XX:**
   A. Auge del estilo neocolonial en México, Guadalajara, Lima y Guatemala
      1. Palacio de Justicia en México y Palacio Nacional de Guatemala
      2. Palacios de Lima: presidencial, arzobispal y municipal
   B. Triunfo del estilo innovador, funcional y ultramoderno:
      1. Innovaciones brasileñas influidas por Le Corbusier:
         a. Flavio de Carvalho construye el Palacio de Gobierno en 1927
         b. Oscar Niemeyer: Iglesia de San Francisco en Belo Horizonte
         c. Lúcio Costa diseña el plano de Brasilia
      2. Originalidad histórica mexicana:
         a. E. de la Mora construyó en Monterrey la iglesia más moderna
         b. Juan O'Gorman: Biblioteca Central de la Universidad Autónoma
         c. La Ciudad Universitaria y las mansiones de El Pedregal
      3. Ciudad Universitaria y rascacielos de Caracas

17.14 Cuestionario, preguntas y videos

Cuestionario

1. ¿Por qué es la arquitectura religiosa tan importante para los amerindios?
2. En su opinión, ¿cuáles son los grandes centros arquitectónicos de América precolombina?
3. ¿Qué estilos arquitectónicos se difundieron durante la Colonia?
4. ¿Cómo se manifiesta la influencia indígena en la arquitectura colonial?
5. ¿Cuáles son las iglesias más importantes de Quito?
6. ¿Cuáles son las cuatro obras americanas más importantes del barroco?
7. ¿Por qué fue la arquitectura militar tan importante durante la Colonia?
8. ¿Cuáles son algunas de las obras neoclásicas más destacadas del Brasil?
9. ¿Dónde se manifiesta la influencia finisecular francesa e italiana?
10. ¿Qué estilos predominan en Latinoamérica en el siglo XX?

Preguntas y temas de expansión

1. ¿Por qué es imponente la arquitectura religiosa precolombina?
2. ¿Cuáles fueron los principales estilos arquitectónicos del siglo XVI y por qué?
3. ¿En qué se basó el apogeo del barroco en Hispanoamérica?
4. ¿Por qué son tan valiosas las iglesias de Quito?
5. ¿Por qué durante el período colonial se construyeron 15,000 iglesias en México?
6. ¿Cómo han influido los estilos arquitectónicos latinoamericanos en la arquitectura de donde vive Ud.?
7. ¿Cuál es la importancia de la revolución arquitectónica en Brasil?
8. Compare y contraste las iglesias de Quito con las de México.
9. Compare el neoclasicismo de Hispanoamérica con el de Brasil.
10. Explique las razones históricas del surgimiento del estilo neocolonial en México y Lima.

Videos

Vea nuestras sugerencias en la página 410.

17.15 Recomendación bibliográfica

Castedo, Leopoldo. *Historia del arte iberoamericano.* 2 vols. Madrid: Alianza Editorial, 1989.

Coloquio Luso-Brasileiro de Historia da Arte. *III Coloquio Luso-Brasileiro de Historia da Arte.* Evora: Universidade de Evora, 1995.

Gasparini, G. and L. Margolies. *Inca Architecture.* Trans. Patricia J. Lyon. Bloomington: Indiana University Press, 1984.

Guarda, Gabriel. *El arquitecto de la Moneda: Joaquín Toesca, 1752-1799: una imagen del imperio español en América.* Santiago, Chile: Ediciones Universidad Católica de Chile, 1997.

Kelemen, Pál B. *Baroque and Rococo in Latin America.* 2nd ed. Magnolia, MA: P. Smith, 1968.

Kowalski, Jeff K. *The House of the Governor: A Maya Palace of Uxmal.* Norman: University of Oklahoma Press, 1987.

Markman, Sidney David. *Architecture and Urbanization of Colonial Central America.* 2 vols. Tempe, AZ: Arizona State University, 1995.

Mesa, José de, y Teresa Gisbert. *Arquitectura andina, 1530–1830: historia y análisis.* La Paz: Embajada de España en Bolivia, 1985.

Miller, Arthur G. *Maya Rulers of Time: A Study of Architectural Sculpture at Tikal, Guatemala.* Philadelphia: University of Pennsylvania, 1986.

Moore, Jerry. *Architecture and Power in the Ancient Andes.* Cambridge: Cambridge University Press, 1996.

Segre, Roberto, ed. *América Latina en su arquitectura.* México: Siglo Veintiuno, 1975.

Serroni, José Carlos, ed. *Arte y arquitectura del modernismo brasileño.* Traducción, Marta Traba. Caracas: Biblioteca Ayacucho, 1978.

Velarde, Héctor. *El barroco, arte de conquista; el neo-barroco en Lima.* Lima: Universidad de Lima, 1980.

Zavala, Silvio Arturo. *Una etapa en la construcción de la Catedral de México, alrededor de 1585.* México: Colegio de México, 1982.

Pequeños objetos esculpidos en piedra por los habitantes precolombinos de Guatemala.

Las artes plásticas

18

http://latinoamerica.heinle.com

Vocabulario autóctono y nuevo

- Aksu Mama
- goyesca
- poncho

- alpaca
- vicuña
- calavera

18.1 LAS BELLAS ARTES EN MÉXICO PRE-COLOMBINO

En México, como en otras partes del mundo, las primeras manifestaciones artísticas son de carácter religioso: productos del temor a lo desconocido, del respeto a lo incomprensible, de la interpretación mística del caos[1] del mundo. En su manifestación más nítida y lograda,[2] el arte, como gran parte de las actividades humanas, sirve para honrar a los dioses.

Los aztecas, herederos de las conquistas culturales de sus predecesores mexicanos, se manifestaron mejor en la arquitectura y en la escultura que en la pintura. Su concepción artística y su habilidad en el diseño arquitectónico pueden apreciarse ya en el Templo del Sol, en Teotihuacán, que ofrece la ilusión de la altura infinita y del espacio ilimitado. El indígena parado[3] al pie de la gigantesca escalinata[4] no podía ver a los religiosos situados en la parte superior del edificio. Sí veía las gradas[5] prolongarse hacia lo alto, como si se

---

[1] *caos*   chaos
[2] *lograda*   successfully finished
[3] *parado*   standing
[4] *escalinata*   escalera
[5] *Sí...gradas*   He did see the steps

proyectaran[6] hacia el infinito. El plano de la ciudad sagrada de Teotihuacán fue diseñado para combinar armoniosamente lo monumental con la altitud aparentemente infinita. Ni las pirámides de Egipto fueron construidas con tanto cuidado, ni producen esa ilusión del dominio del hombre por las fuerzas sobrenaturales. Lástima solamente que la labor destructora inicial de los conquistadores fuera tan perjudicial que hoy día resulta difícil reconstruir exactamente el desarrollo artístico de las civilizaciones precolombinas. El trabajo artístico de los amerindios fue meticuloso y bien hecho, capaz de resistir los efectos del tiempo y la incomprensión foránea. Hoy día las ruinas todavía permiten apreciar esa imaginación y pericia.

La escultura fue importante auxiliar de la arquitectura de la época. Las paredes de los edificios religiosos y públicos se encontraban generalmente cubiertas de multitud de ornamentos en alto y bajorrelieve. En algunos templos la arquitectura se combinó tan bien con la escultura que a veces el observador no sabe cuál apreciar más. El artista azteca esculpía[7] en relieve en gran escala o en miniatura. Tenía mucha habilidad para expresarse tanto en forma realista como simbólica, utilizando gran diversidad de materiales. Representaba a los hombres en actitudes pasivas, más frecuentemente sentados que de pie, con un equilibrio y proporción tan exactos que las reproducciones pequeñas de los trabajos masivos recibían igual atención y eran casi réplicas, en escala diminuta, de los grandes trabajos. La forma de los objetos en relieve y la minuciosidad del detalle requirieron siglos de desarrollo. El buen ojo artístico probablemente se desarrolló en el pueblo azteca gracias a su gran interés en la industria textil.

Las mejores esculturas representan a las divinidades observando las labores de la cosecha. La forma del hombre azteca esculpida muestra un cuerpo proporcionalmente más largo que las extremidades. Como algunos dioses tienen representaciones zoomórficas,[8] se deduce que el reino animal recibió especial atención. De todos los animales, el más reproducido fue la serpiente, emblema de Quetzalcóatl, símbolo de sus poderes misteriosos y del tiempo. Entre los materiales más usados se encontraban la madera, el hueso, el cristal de roca, la piedra corriente obsidiana, y las semipreciosas, como el jade y la amatista. El calendario azteca, esculpido en piedra alrededor de 1479, es una de las manifestaciones escultóricas mejor apreciadas hoy.

Porque la pintura es el arte más susceptible a la acción destructora del tiempo y del hombre, de la pintura precolombina se tiene hoy menos datos precisos. En el siglo XIX se descubrieron algunos frescos de no muy buena calidad artística. Muestran excesivo uso de colores y diseños convencionales.

---

[6] *como si se proyectaran*   as though they extended
[7] *esculpía*   sculpted
[8] *zoomórficas*   en formas de animales

Se colige de ellos,[9] como de los dibujos en los códices,[10] que aparentemente los aztecas de menos inspiración y destreza se dedicaban a la pintura, mientras que los de mejor habilidad artística se dedicaban a la arquitectura y a la escultura.

18.2 LAS BELLAS ARTES EN LA CIVILIZACIÓN MAYA

Durante la primera parte del período clásico los mayas no adornaban mucho las paredes de sus edificios públicos. Después emplearon la decoración con estuco a tal punto que con el correr de los años la ornamentación de las fachadas fue casi parte integrante de la arquitectura. Los materiales más utilizados fueron: la piedra, la madera, el estuco y la arcilla.[11] Las herramientas[12] eran principalmente de piedra, y a veces de madera. Cubrían muchas de las esculturas con pintura roja, obtenida del óxido de hierro de los hormigueros,[13] o con pintura azul.

Las esculturas de piedra más antiguas existentes datan del siglo IV de nuestra era. A fines del período clásico (731 a 889) la escultura maya llegó a su máximo desarrollo y alcanzó en el hemisferio occidental precolombino el más alto grado de perfección. En el período posclásico (s. X–XIV) la escultura se subordinó a la arquitectura, concentrándose principalmente en su embellecimiento. La pintura también llegó a ocupar un lugar importante en la civilización maya, aunque quizá no alcanzó el grado de desarrollo obtenido por la escultura. Así lo atestiguan los frescos que adornaban las paredes, las decoraciones policromadas de la cerámica y las ilustraciones de los códices. Sus pinturas eran de origen vegetal y mineral, y sus brochas,[14] de pelo humano. Los murales más antiguos que se conservan, desenterrados en 1937 en Uaxactún, muestran una ceremonia religiosa importante. Las pinturas más espectaculares e informativas, descubiertas en 1946 en Bonampak, Chiapas, datan de fines del siglo XIII. Su realismo es probablemente superior al alcanzado en otras partes de la América precolombina.

Otra manifestación pictórica de importancia es la realizada en la cerámica y en los códices. Los vasos y platos policromos tienen el mismo estilo de los frescos: representan escenas ceremoniales y ritualistas con muchos detalles sobre la vestimenta[15] sacerdotal y popular. Los colores principales fueron: rojo, amarillo negruzco[16] y blanco. La combinación de ellos, así como su

---

[9] *se colige de ellos*   one deduces from them
[10] *códices*   manuscritos antiguos
[11] *arcilla*   clay
[12] *herramientas*   tools
[13] *hormigueros*   anthills
[14] *brochas*   brushes
[15] *vestimenta*   ropa
[16] *negruzco*   blackish

distribución artística, se desarrolla considerablemente durante el período posclásico al impulsarse la industria textil. Cada pueblo tenía su propio estilo distintivo. El empleo de los colores era simbólico: el negro, color de la obsidiana,[17] representaba las armas; el amarillo, color del maíz, simbolizaba la comida; el rojo representaba la sangre; y el verde, la nobleza. Ya hemos visto cómo en la última etapa del período clásico, el arte devino[18] excesivamente decorado como posteriormente caracterizó al barroco del mundo occidental.

18.3 LAS BELLAS ARTES EN EL PERÚ PRECOLOMBINO

Las artes plásticas en el Perú precolombino no se desarrollaron tanto como las artes manuales menores, aplicadas, y las vinculadas con la industria textil. La escultura, por ejemplo, tuvo menos importancia que en las civilizaciones precolombinas de Mesoamérica. Las pocas piezas de escultura conocidas hoy han sido halladas principalmente en la sierra, como es natural, puesto que la costa, tan árida, carece de suficiente material para el escultor. Las esculturas existentes revelan poca imaginación e insuficiente dominio artístico. Los ejemplos plásticos descubiertos no pueden compararse en calidad estética con su joyería, cerámica y tejidos.[19] En estos últimos, los peruanos sobresalieron[20] tanto que difícilmente se encuentran ejemplos parecidos en otras partes del Nuevo Mundo. La capacidad creadora del peruano antiguo aparentemente se concentró principalmente en la industria textil, sobre todo en la región de Paracas, situada a unas cien millas al sur de Lima. Algunas de sus telas todavía no han sido superadas.[21]

La diversidad textil de los peruanos precolombinos sorprende y deleita al observador actual. Incluye telas simples, dobles y complejas; encajes y gasas, con decoraciones superpuestas[22] tan fijas que hoy día son imposibles de imitar. Los antiguos peruanos usaron algodón, lana de **alpaca**, llama y **vicuña**, y fibras de varias plantas. Los colores predominantes fueron: rojo, amarillo, pardo oscuro, azul, púrpura, verde, blanco y negro. Cada color básico aparece en varios matices.[23] Los motivos empleados en las decoraciones fueron tomados principalmente de la naturaleza. Junto a la flora y la fauna representaron actividades humanas y motivos geométricos. Las representaciones realistas, a veces tan estilizadas, son difíciles de reconocer. Los juegos geométricos utilizan líneas, círculos y pirámides

---

[17] *obsidiana*   hard volcanic glass
[18] *devino*   became
[19] *joyería...tejidos*   jewelry, ceramics and textiles
[20] *sobresalieron*   excelled
[21] *superadas*   surpassed, excelled
[22] *encajes...superpuestas*   laces and chiffons with printed decorations
[23] *matices*   shades

escalonadas.[24] La ornamentación de los tejidos se repite en las decoraciones de la arquitectura.

La industria textil incaica se basó en 3,000 años de tradición preincaica y estaba dedicada a **Aksu Mama**, dios de los textiles, en cuyo honor se ofrendaban preciosos tejidos. Se siguió la tradición milenaria de usar el hilo de los auquénidos y otras fibras de la región para hacer **ponchos**, alfombras y tapices de diferentes tamaños y formas con gran variedad de diseños en los colores del arco iris. Los productos de esa industria también sirvieron para fortalecer el comercio y los lazos políticos y sociales.

La cerámica mochica fue quizá la más desarrollada de la cerámica precolombina. Es sorprendentemente variada y realista con representaciones antropomórficas en una amplia gama de actividades: pesca, caza, combate, castigo, actos sexuales y ceremonias a sus divinidades. La expresión artística mochica es sorprendentemente informativa sobre los tipos humanos, sus rasgos faciales y corporales y sobre los detalles arquitectónicos de templos, pirámides, palacios y viviendas de esa sociedad desarrollada milenios antes de la aparición de los incas.

18.4 LAS ARTES PLÁSTICAS EN LA COLONIA

En el período colonial hispánico la arquitectura siguió siendo el arte por excelencia, pero en las artes auxiliares se produjo un cambio: desde el siglo XVI la pintura superó en calidad a la escultura. Durante los cuatro siglos de coloniaje,[25] los artistas blancos, mestizos e indios pintaron cerca de un millón de cuadros, la mayoría destinada a las 70,000 iglesias americanas. Cada templo tenía por lo menos diez cuadros, y muchos, alrededor de cien. En Quito y en el Cuzco, por ejemplo, se llegaron a producir lienzos en serie[26] para satisfacer las necesidades artísticas de Sudamérica. Después de siglos de exportación y tras más de siglo y medio de haber cesado esa dinámica actividad pictórica, en el Cuzco todavía encontramos en sus edificios públicos y en mansiones particulares un gran número de pinturas coloniales.[27]

Al comienzo del período colonial la pintura estuvo principalmente en manos de artistas blancos, excepto el trabajo de ilustración de los códices realizado por los indígenas. Más tarde aparecieron pintores mestizos y finalmente se permitió a los indios ingresar al gremio[28] artístico. Cuando

---

[24] *escalonadas*   outside stairways
[25] *coloniaje*   colonial system
[26] *producir...en serie*   mass-produce paintings
[27] Luis E. Valcárcel calcula en más de 15,000 los óleos coloniales que estaban en poder de particulares del Cuzco, en 1920. Véase su *Ruta cultural del Perú* (Lima: Ediciones Nuevo Mundo, s.f.), p. 174.
[28] *se...gremio*   Indians were admitted to the guild

éstos pintaban, lo hacían a la europea, generalmente con espíritu religioso y gusto propios. Con el correr de los años sobresalen cuatro importantes centros artísticos en Hispanoamérica colonial: México, Quito, Cuzco y Potosí. Los dos primeros denotan cierto intelectualismo pictórico; y los dos últimos, poderoso sentido decorativo y gran vuelo imaginativo.

Baltasar de Echave el Viejo estableció en el siglo XVIII la importante escuela mexicana. Entre sus discípulos se destacaron José Juárez, a quien se le ha dado el nombre de «Apeles[29] mexicano», y Baltasar de Echave el Mozo, nacido en México, recordado sobre todo por sus pinturas en la sacristía de la catedral de Puebla. A principios del siglo XVIII se destacaron José María Ibarra (1688–1756), el «Murillo de la Nueva España», y Miguel Cabrera (1695–1768), indio zapoteca, pintor de los murales de la iglesia parroquial de Taxco y de la reproducción del retrato de Sor Juana Inés de la Cruz.

En la escuela de Quito sobresalió Miguel de Santiago (c.1626–1706), genio atormentado, alrededor de quien se han tejido algunas leyendas. Ricardo Palma nos cuenta en una de sus tradiciones cómo este Apeles americano llegó a apuñalar[30] a su modelo para reproducir su gesto patético en el lienzo de Cristo agonizante. Nicolás Javier Goríbar, sobrino y discípulo de Santiago, revela la seguridad de sus trazos[31] y la elegancia de sus líneas en los cuadros conservados en la Iglesia de la Compañía en Quito.

La escuela cuzqueña ha legado a la posteridad numerosos óleos[32] de temas religiosos. Muchos de ellos revelan cierta originalidad en la perspectiva y una versión indianizada de los modelos europeos, sobre todo los de Jesús crucificado. El Señor de los Temblores[33] llegó a ser una de las imágenes más reproducidas, especialmente después del terremoto de 1651 en Lima. También se pintó a la Virgen y al niño Jesús rodeado de ángeles gorditos. En la parte inferior de los cuadros solían aparecer los devotos que habían pagado por la ejecución de la obra. Algunos óleos no religiosos muestran príncipes y nobles incaicos. En otros aparecen animales: aves, guacamayos de colores subidos[34] y auquénidos. Algunos lienzos grandes ofrecen representaciones históricas, como el sitio del Cuzco, durante la guerra civil entre conquistadores. Juan Espinosa de los Monteros fue uno de los más distinguidos pintores cuzqueños del siglo XVII.

La escuela de Potosí floreció en los siglos XVI y XVII, durante el apogeo de ese centro minero. Ofrece características semejantes a las de la

---

[29] *Apeles* (IV B.C.), el más famoso de los pintores griegos, vivió en la corte de Alejandro el Grande.

[30] *apuñalar*   stab

[31] *trazos*   strokes

[32] *óleos*   oil paintings

[33] *temblores*   tremors

[34] *aves…subidos*   birds, flashy macaws

escuela cuzqueña. Como en otras partes de Iberoamérica colonial, la pintura de Potosí, existente en los templos y palacios, es esencialmente aristocrática, alejada del pueblo.

La escultura propiamente dicha, subordinada a la arquitectura, tuvo la misión primordial de reproducir estatuas para adornar iglesias y palacios. Se utilizaron principalmente piedra, madera y estuco. Los entalladores[35] encargados de decorar en bajorrelieve las estructuras arquitectónicas tuvieron más importancia que los escultores de estatuas, pero menos que los imagineros,[36] artistas dedicados principalmente a esculpir santos. Los imagineros dejaron en las iglesias numerosas imágenes y retablos[37] esculpidos conforme a la tradición realista española, utilizando pelo y uñas del ser humano además de telas de diferentes clases. Por influjo de la policromía oriental, los imagineros quiteños emplearon el encarnado[38] brillante para hacer más realista el color de la tez humana. No usaron el color mate[39] utilizado por los españoles. Debido al carácter religioso de la escultura colonial y a la influencia medieval, el artista americano no esculpió desnudos.

Pese a la importancia limitada de la escultura, algunos se destacaron en este arte. Diego de Robles (1550–94) fue uno de los iniciadores de la llamada escuela quiteña. El indio ecuatoriano Manuel Chili, conocido con el apodo de «Caspicara», sobresalió como elegante intérprete del barroco. Los indios peruanos Jorge de la Cruz y su hijo Francisco Morocho participaron en 1610 en el labrado[40] y pintura de las sillas de cedro del templo franciscano de Cuzco. Gaspar de Zanguirama se destacó en la escultura tanto como en la arquitectura y la orfebrería.[41] El brasileño Antônio Francisco Lisbôa (1738–1814), conocido con el nombre de Aleijadinho (tullidito),[42] ha dejado trabajos importantes en casi todas las iglesias coloniales del estado de Minas Gerais al sudoeste de Brasil. Se lo reconoce como el mejor escultor del Nuevo Mundo de su época. En la última década del siglo XVIII, Alejaidinho elevó la escultura a la altura de la arquitectura: en la fachada de la iglesia de São Francisco de Asís, en Ouro Prêto, diseñada en 1774, las esculturas vinculan mejor la fachada con el interior.

El prejuicio racial durante la colonia se manifestó también en el terreno de las bellas artes. En Quito, por ejemplo, las cofradías[43] de escultores no

---

[35] *entalladores* carvers
[36] *imaginero* pintor o escultor de imágenes religiosas
[37] *retablos* altarpieces
[38] *encarnado* flesh-color
[39] *mate* brownish color
[40] *labrado* carving
[41] *orfebrería* gold and silver work
[42] *tullidito* little cripple
[43] *cofradías* brotherhoods

Corrida de toros, acuarela atribuida a Pancho Fierro (1810–79), humilde artista autodidacta que en sus centenares de composiciones pictóricas muestra con humor realista la vida y costumbres de sus compatriotas peruanos del siglo XIX.

permitieron la admisión de negros ni indios. Sólo en el siglo XVIII el despotismo ilustrado de las autoridades borbónicas permitió a las cofradías abrir sus puertas a todos los escultores de la región.

La influencia china en la escultura se manifiesta tanto en el empleo de la coloración rosada de las estatuas religiosas como en el uso del estofado, esto es el procedimiento de dorar la imagen, cubrirla con una capa de pintura de otro color y finalmente dibujar sobre ella con punzón.[44] Los quiteños, especialmente, trataron de imitar la laca[45] oriental y el empleo de los colores rojo, azul y verde en una combinación chinesca.

El neoclasicismo pictórico tiene su apogeo principalmente en México, sobre todo a partir de la fundación de la Academia de San Carlos, en 1785. Durante este período sobresale Francisco Eduardo de Tresguerras (1759–1833), artista múltiple, destacado tanto en la ingeniería como en la pintura, la escultura, la música y la poesía. El mejor trabajo neoclásico del período es probablemente la estatua ecuestre[46] de Carlos IV, realizada por el valenciano Manuel Tolsá. Esta escultura, conocida con el nombre de «el caballito», fue la primera estatua de su tipo en el continente.

---

[44] *punzón* engraver's burin (a pointed steel cutting tool)
[45] *laca* lacquer
[46] *ecuestre* a caballo

18.5 EL NEOCLASICISMO, EL ROMANTICISMO Y EL ACADEMISMO

La fuerza intelectual más poderosa en la revolución por la independencia fue neoclásica. La actitud revolucionaria en sí era romántica en su forma exterior, pero los modelos adoptados para imponerse en las nuevas repúblicas eran neoclásicos. Este espíritu predominante en el mundo intelectual se extendió al terreno de las artes.

El espíritu libertador de los padres de la emancipación y las corrientes literarias adoptadas por los escritores revolucionarios tuvieron su equivalente en el academismo galo[47] de las bellas artes. El romanticismo francés triunfante en Europa repercutió en las playas de América. La pintura romántica vino al Nuevo Mundo con los pintores europeos no académicos encargados de anotar detalladamente gentes y paisajes americanos para satisfacer la curiosidad de los europeos interesados en las expediciones científicas de Humboldt, Bonpland y Darwin. Sus imitadores iberoamericanos pintaron la flora, la fauna, el paisaje y las violentas acciones políticas de una manera algo diferente a la de sus maestros europeos. Sobresalieron en el período inicial republicano y durante el resto del siglo XIX los pintores que idealizaron a los héroes de la independencia y pintaron escenas de la vida de los gauchos, criollos, mestizos costeños[48] y vendedores en los mercados serranos, y escenas de la vida en los claustros[49] y haciendas. Muchos cuadros del período son anónimos o todavía no han podido ser identificados. Los pintores más destacados son probablemente los que se dedicaron a la caricatura social, como Pancho Fierro (1783–1879), en el Perú, Mariano Jesús Torres, en Morelia (México), y los argentinos Prilidiano Pueyrredón (1823–70) y Juan Manuel Blanes (1830–1901), famosos por sus escenas gauchescas. Los pintores no académicos, como el ecuatoriano Joaquín Pinto (1842–1906), pusieron especial atención en el detalle específico para precisar la descripción en vez de realzar lo pintoresco.

A mediados del siglo XIX, el gobierno colombiano patrocinó una Comisión Corográfica,[50] completada con cuatro artistas encargados de anotar y pintar en acuarela[51] la vida y el medio ambiente de los diferentes rincones del país. Los trabajos que nos han dejado son importantes ejemplos del arte latinoamericano de la época. A partir de 1875 los latinoamericanos volvieron a interesarse en el estilo académico y muchos de los artistas jóvenes se dirigieron a París a estudiar técnicas europeas. El resultado de esta búsqueda de una nueva expresión artística lo encontramos en los cuadros

---

[47] *galo*   francés
[48] *costeños*   de la costa
[49] *claustros*   cloisters
[50] *corográfica*   mapping, charting
[51] *acuarela*   watercolor

que muestran una técnica pulida,[52] desconocida hasta entonces. Sus óleos son retratos,[53] escenas de batallas y escenas narrativas.

La influencia francesa se manifestó fuertemente en numerosos pintores de renombre, la mayoría de los cuales se dividió entre los que siguen el arte tradicional y conservador y los que cultivan el más riguroso academismo, es decir, la técnica de pintar figuras tomadas del natural. Entre los primeros encontramos a dos destacados peruanos que retratan[54] a la aristocracia de sangre y de dinero de los diversos países: Daniel Hernández (1856–1932), muy popular con la sociedad de Nueva York, y Carlos Baca-Flor (1867–1941), dedicado a mantener la tradición pictórica romántica francesa. El brasileño Rodolfo Amoedo logró transformar el estilo académico en una especie de expresionismo local. En el cuadro «Marabá» de este último, el cuerpo sensual de la india Marabá evoca[55] la belleza primitiva. Otros artistas se dedicaron a pintar el paisaje. Los mejores paisajistas[56] de la época fueron el ecuatoriano Joaquín Pinto, que ha dejado cuadros preciosos de la naturaleza de su patria, tales como su magnífica versión del «Chimborazo» (1901). Merecen especial mención el mexicano José María Velasco (1840–1912), famoso por sus cuadros de los volcanes del Valle del Anáhuac, y el colombiano Epifanio Garay (1849–1903), que estableció la Escuela Nacional de Bellas Artes en Bogotá. El academismo se mantuvo hasta las primeras décadas del siglo veinte, aunque otros movimientos y escuelas lo combatían y ganaban más discípulos. En 1919, pese al progreso de las otras corrientes, Daniel Hernández fue nombrado primer director de la Escuela Nacional de Bellas Artes de Lima.

18.6 DEL IMPRESIONISMO AL MODERNISMO EN LA PINTURA

La moda impresionista vino a Latinoamérica directamente de Francia. Los discípulos de esta escuela imitaron tanto a sus maestros europeos que necesitaron mucho tiempo para dar algunos cuadros originales. Cuando esto ocurrió, el impresionismo había dejado de ser la escuela dominante en Latinoamérica. La primera etapa impresionista es, pues, demasiado artificial, de poca imaginación y de caprichoso despliegue[57] de colores. El impresionismo, más visual que imaginativo, no prosperó en Hispanoamérica, probablemente en parte porque se prefirió el derroche[58]

---

[52] *pulida*   refined
[53] *retratos*   portraits
[54] *retratan*   portray
[55] *evoca*   evokes
[56] *paisajistas*   landscape painters
[57] *despliegue*   display
[58] *derroche*   profusión

Pintura por Diego Rivera titulada «El florero», nombre que también se le da al vendedor de flores.

de colores más propio del expresionismo. Miguel Carlos Victorica (1884–1955), post impresionista argentino, por ejemplo, se especializó en desnudos de colores resplandecientes[59] y sensuales.

A partir de 1920, variedades del modernismo europeo fueron imitadas en Latinoamérica. En 1922 el modernismo pictórico se estableció con fuerza en el Brasil, pese a la fuerte oposición del público. En 1924, al llegar a Buenos Aires, el modernismo cubista sintético experimentó igual rechazo del público. No obstante la oposición popular a las diversas corrientes modernistas, la rama cubista-purista-concretista continuó siendo cultivada por algunos argentinos hasta 1930. Uno de los más importantes cultivadores de esta corriente fue el uruguayo Pedro Figari (1861–1938), abogado, catedrático, diputado y escritor, que comenzó a pintar a los 47 años de edad. Una serie de sus cuadros está dedicada al paisaje de la pampa con sus gauchos y bailes; otra, al interior doméstico del hogar uruguayo de alrededor de 1840; y otra, a los uruguayos descendientes de esclavos negros brasileños, cuyo mundo inmortalizó con técnica parecida a la de Gauguin. El impresionismo de Figari es a veces superior al de sus maestros franceses y mucho más apreciado que el de Teófilo Castillo (1857–1922), su contemporáneo peruano.

---

[59] *resplandecientes* brillantes

18.7 EL ARTE COMO EXPRESIÓN DE IDEALES SOCIALES

En el período de entre guerras los latinoamericanos se interesaron en el arte con contenido social. Aunque la orientación política y la protesta social suelen filtrarse en las artes hispanoamericanas desde el movimiento por la independencia, es probablemente con la Revolución mexicana cuando la connotación político-social llega casi a dominar las artes, especialmente la pintura.

El florecimiento de la pintura mexicana durante la Revolución tiene sus antecedentes. Así como en el terreno económico-político los dirigentes de la Revolución de 1910 se alzan contra la dictadura de terratenientes y burgueses,[60] en el campo de la pintura, los artistas se rebelan contra el academismo. Los mejores volvieron a contemplar al pueblo, todavía entusiasmado en los trabajos provincianos de retablos, lacas, máscaras rituales y murales de pulquería. Sus retablos (pequeñas pinturas al óleo hechas en madera en honor de un santo milagroso) y murales de pulquería (anuncios comerciales de las tabernas donde se vendía pulque,[61]) son trabajos anónimos de arte popular.

También desempeñaron papel importante en el florecimiento de la pintura el Dr. Atl, José Guadalupe Posada (1852–1913) y Francisco Goitia. Dr. Atl (agua, en náhuatl) es el nombre adoptado por Gerardo Murillo (1875–1964) al retornar de París para dirigir la Escuela de Bellas Artes y fundar una escuela de pintura al aire libre. El Dr. Atl animó a sus discípulos, entre los que se encontraba José Clemente Orozco (1883–1949), a rechazar el academismo europeo y pintar el paisaje y el pueblo mexicanos. Posada, primer maestro de Diego Rivera (1886–1957), era un conocido ilustrador de corridos[62] populares y caricaturista de humorismo macabro, famoso por sus «**calaveras**» del Día de los Difuntos,[63] (primero de noviembre), que representaban a los políticos y tenían un epitafio irónico. Goitia, artista oficial de las fuerzas villistas,[64] ganó prestigio con sus representaciones indígenas desesperados por la pobreza y la opresión.

Terminada la primera década revolucionaria, el gobierno de Jalisco envió a Europa en viaje de estudios a un grupo de pintores que incluía a Orozco y David Alfaro Siqueiros (1896–1974). En Europa, Diego Rivera, tras abandonar el cubismo, sostuvo con Orozco una discusión apasionada sobre política y arte. En 1921 Orozco publicó en Barcelona un famoso manifiesto para atacar los ideales europeos y defender la estética revolucionaria y el retorno al arte indígena. Poco más tarde, José Vasconcelos, Secretario de

---

60 *burgueses*   bourgeois
61 *pulque*   bebida alcohólica hecha de maguey
62 *corridos*   Mexican ballads
63 *difuntos*   deceased
64 *villistas*   partisans of Pancho Villa

La obra de David Alfaro Siqueiros (1898–1974) es dramática y comprometida. Utiliza con gran destreza contrastes impresionantes y temas revolucionarios. Despliega maestría en el manejo de las formas humanas, sobre todo cuando expresan dolor, como en el «Eco de un grito», su cuadro de 1937.

Educación de Obregón, en sus deseos de fomentar las artes, decidió encomendar[65] una serie de murales a los pintores mexicanos más distinguidos. Porque el interés en la pintura mural de raíces precolombinas había recibido el apoyo del espíritu innovador del Dr. Atl, el gobierno mexicano repatrió de Europa a Rivera, Alfaro Siqueiros y Orozco para encomendarles murales en diversos edificios públicos.

Antes de retornar a México, Diego Rivera viajó a Italia a estudiar los antiguos frescos de ese país, especialmente de Giotto (1266–1377) y sus predecesores. Llegó al país de Rafael cuando los trabajadores, afectados por la crisis económica de posguerra, ocupaban algunas fábricas y se oponían al fascismo. De vuelta a la capital mexicana, de 1923 a 1929, Rivera trabajó en la Escuela Preparatoria y en el edificio de la Secretaría de Educación en México. Los murales que pintó en esos lugares dan una coherente visión dialéctica de la vida activa del pueblo en el campo, en las minas, en la industria.

El hombre aparece dominando a la naturaleza, pero a su vez dominado por la concepción artística del capitalismo, el militarismo y el clericalismo. La crítica histórica del pintor mexicano es aguda y optimista: muestra las fuerzas positivas (el obrero, el campesino y los elementos populares) castigando a los opresores. Rivera ejecuta después, con gran maestría, los frescos del Salón de Actos de la Escuela Nacional de Agricultura, en Chapingo, cerca del Distrito Federal. Son poemas pictóricos de fuerza espectacular,

---

[65] *encomendar* to commission

verdaderamente impresionantes y monumentales, considerados como sus obras maestras. Rivera más tarde pintó, entre 1930 y 1936, una serie de frescos en el Palacio de Gobierno de la ciudad de México, en los cuales los protagonistas de la lucha son el indígena y el obrero anónimo. Las figuras históricas representadas ahí son más prototipos mexicanos que individuos integrados al proceso revolucionario. Tal vez porque da una visión dialéctica de la vida dinámica del pueblo mexicano, Rivera obtuvo especial acogida en los Estados Unidos, donde se apreció su arte y su labor política. En este país sobresalió por los murales que pintó en la escuela de Bellas Artes de San Francisco, en el Instituto de Bellas Artes de Detroit, en el Rockefeller Center y en la New Worker's School de Nueva York (New School for Social Research). En ellos no pudo evitar que su brocha trazara en colores fuertes su idealismo crítico de la sociedad actual, como si fuera una sinfonía pictórica revolucionaria.

Orozco, en cambio, empleó símbolos elocuentes, formas clásicas y colores modernos para expresar la tragedia del alma mexicana. Usó poco el tema revolucionario, pero cuando lo hizo, criticó cáusticamente el pasado y el presente para realzar la magnitud histórica de la Revolución. Sus figuras abstractas expresan emoción y patetismo. Sus mejores trabajos en México son los que se encuentran en la Escuela Nacional Preparatoria y el mural del Palacio de Bellas Artes, éste último considerado como su obra maestra. También son de importancia sus pinturas en los Estados Unidos: los óleos de Zapata, en el Art Institute de Chicago, y de unos zapatistas, en el Museo de Arte Moderno de Nueva York, y sus frescos en la New Worker's School de Nueva York y en Dartmouth College.

La obra pictórica de Siqueiros es más dramática y comprometida. Utiliza contrastes impresionantes y temas revolucionarios. Despliega maestría en el manejo de las formas humanas escultóricas de origen precolombino. Se ha interesado en el empleo de materiales nuevos, como la pintura al duco.[66] Son suyos unos frescos excelentes de la Plaza Art Center de Los Angeles. En 1921 Siqueiros organizó un congreso de artistas y soldados, y poco después, el Sindicato de Trabajadores Técnicos, Pintores y Escultores, el cual publicó un famoso manifiesto nacionalista, declarando que el propósito del arte es crear belleza para el pueblo porque el arte es colectivo y debe manifestarse en grandes murales. En las últimas obras de Siqueiros se nota cierto abandono de su antiguo optimismo agresivo. En este período pintó principalmente en caballete[67] paisajes y retratos con estilo controlado. «La marcha de la humanidad en Latinoamérica», su mural más grande, tiene 4,600 metros cuadrados (29,400 pies cuadrados), llenos de soldados y obreros marchando y subyugando a los opresores. Juan

---

[66] *pintura al duco*   painting with car paint
[67] *caballete*   easel

Carlos Mérida, el más importante pintor guatemalteco, participó en Europa en la revolucíon artística del cubismo. De regreso a Latinoamérica abrazó el indigenismo, adoptó el vértigo (*dizziness*) geométrico de los elementos decorativos de la arquitectura maya y expresó en sus cuadros la movilidad de un sistema de signos que aparecen, danzan y desaparecen. En este cuadro no figurativo pueden apreciarse formas triangulares y figuras geométricas.

O'Gorman, ya estudiado como arquitecto, también destacó por sus frescos, especialmente por los murales destruidos por sus imágenes políticas o anticlericales. No todos los artistas destacados del período revolucionario mexicano pintaron murales. Rufino Tamayo (1899–1991) utilizó el caballete para pintar óleos donde los colores y las formas se armonizan poéticamente. El guatemalteco Carlos Mérida (1893–1984), de larga residencia en México, se inició con pinturas indigenistas para pasar luego a la representación de formas abstractas. Su gusto por los temas zoomórficos lo tomó de los tejidos precolombinos. La pasión por la música influyó parte de su labor pictórica: pintó variaciones del mismo tema. Lo mejor suyo radica en la interpretación de la cosmogonía maya-quiché.

La pintura con significado social, especialmente la de temas indigenistas, también fue cultivada en el Perú. Su mejor exponente fue José Sabogal (1888–1956), fundador de una escuela neocostumbrista popular en la época en que colaboraba en la revista *Amauta* (1926–30) y dirigía la Escuela de Bellas Artes de Lima. Sus compañeros de escuela fueron Julia Codesido (1883–1979), Camilo Blas (José Alfonso Sánchez Urteaga, n. 1903), Enrique Camino Brent (1909–60) y Jorge Vinatea Reynoso (1900–31). El muralismo se extendió con mucho éxito en el Brasil, donde Cándido Portinari (1903–62) ejecutó magníficos frescos

José Sabogal (1888–1956) es el pintor indigenista peruano más importante.

en el Ministerio de Educación. Ellos, como sus impresionantes murales en el edificio de la Asamblea General de las Naciones Unidas (Nueva York) y en la Biblioteca del Congreso (Washington), analizan críticamente la sociedad y muestran con simpatía al pueblo oprimido.

18.8 EL INTERNACIONALISMO DE POSGUERRA

Desde fines de la Segunda Guerra Mundial, el arte latinoamericano tiende a internacionalizarse y subordinar el localismo, lo pintoresco, el nativismo y el indigenismo a un segundo plano de importancia artística. Se acepta, desde entonces, la riqueza del mundo fenomenal, limitada solamente por la unidad de la obra de arte en sí misma y por su organización expresiva. La primera dirección que tomó el internacionalismo artístico fue la del concretismo constructivista, arte curiosamente no objetivo, perteneciente a la tradición constructivista que, como las otras escuelas, vino de Europa algo tardíamente. Esta corriente, sumamente teórica en sus orígenes, estaba muy vinculada con la arquitectura y la tipografía, sometida a la exigente disciplina de la metodología y los valores del purismo universal. El uruguayo Joaquín Torres García (1874–1949) la introdujo en la Argentina con la cooperación de otros pintores.

En el Brasil, en medio del apogeo arquitectónico, el concretismo ganó mayor número de adeptos.[68] En Venezuela determinó una verdadera revolución artística. Se mantiene todavía en casi todos los países latinoamericanos, aunque con los años ha perdido algo de su rigidez, gracias a la flexibilidad personal mostrada individualmente por los pintores. El movimiento concretista es de importancia histórica por haber jugado un papel descollante en la labor planificadora de[69] los diseñadores de Brasilia y ciudades universitarias como las de México y Caracas. Los jardines de Roberto Burle Marx y los nuevos museos construidos en México muestran también la fuerte influencia del concretismo.

Otra forma del ansia artística de universalidad se manifiesta en el informalismo, nombre latinoamericano del internacionalismo pictórico interesado en la amplia libertad y la abstracción intuitiva. En Latinoamérica, el entusiasmo por el informalismo ha sido superior al obtenido por otras escuelas de pintura importadas. El informalismo es básicamente un expresionismo que permite exteriorizar emociones personales sin inhibiciones. Es un estilo extremadamente individualista, esotérico, impulsivo, automático, cuyos métodos accidentales satisfacen ampliamente la inclinación latinoamericana hacia las metáforas poéticas y el desorden consistente de formas artísticas. En el Brasil promovió esta tendencia Cándido Portinari. En el Perú, el

---

[68] *ganó...adeptos*   won more followers
[69] *papel...planificadora de*   outstanding role in the planning work done by

Frida Kahlo (1907–54), pintora surrealista mexicana. En varios de sus cuadros superó en originalidad las pinturas de su esposo Diego Rivera. (Kahlo, Frida, *Fulang-chang and me*, 1937)

internacionalismo por medio del cubismo lo cultivó Carlos Quizpez Asín (1900–83), severo crítico del indigenismo, como su compatriota Pedro Azabache (n. 1918), e introductor del muralismo renacentista en Lima. En Hispanoamérica se destacaron por cultivar un surrealismo modernista la mexicana Frida Kahlo (1910–54), esposa de Diego Rivera, y los peruanos Ricardo Grau (1907–70) y Sérvulo Gutiérrez (1914–61). Entre los más destacados informalistas se encuentran el brasileño Manabu Mabe (n. 1924), los argentinos Mario Pucciarelli (n. 1928) y Clorindo Testa (n. 1923), y el peruano Fernando de Szyszlo (n. 1925). En Argentina esta corriente ha engendrado una de las escuelas nacionales más fuertes de posguerra: el neofigurismo, que descubre fuerzas bárbaras escondidas bajo el barniz[70] de la civilización moderna para configurarlas en líneas y colores en loca algarabía,[71] dando la impresión de monstruos salidos de la televisión y de la propaganda mural.

El existencialismo pictórico de posguerra ha llevado a los artistas a recalcar los aspectos groseros del hombre moderno y a ofrecer seres deformados, desesperanzados y ridículos para protestar lo absurdo de la existencia humana. De la década de 1960 en adelante surge un nuevo tipo de arte figurativo también crítico de la sociedad y deseoso de captar sus partes más deformantes. Entre los cultivadores de esta tendencia se destacan en Colombia, Fernando Botero (n. 1932); en México, Pedro Coronel

---

[70] *barniz*   varnish
[71] *algarabía*   confusión

(n. 1923); y en la Argentina, Rómulo Macció (n. 1932). En particular Botero ha desarrollado un estilo especial pintando figuras de militares y políticos con caras y cuerpos de una redondez satírica.

El arte pop es probablemente la orientación extrema de protesta al tradicionalismo artístico y a la comercialización de nuestra civilización. A la América Latina ha llegado, como el arte op, por contagio. En los rincones más apartados, donde hay muy poco desarrollo técnico y comercial, el arte pop resulta incongruente y chocante. Sólo en tres países han aparecido destacados cultivadores de estas nuevas corrientes. En la Argentina, pintores como Roberto Squirru (n. 1934), hacen hincapié en la ironía social. En México, Alberto Gironella (n. 1929) utiliza con mucha originalidad con collages y efectos tridimensionales. En Venezuela, Alejandro Otero (n. 1921) y Jesús Soto (n. 1923) se han destacado por su construccionismo óptico, espacios multidimensionales y el empleo del aluminio.

18.9 EL MODERNO ABSTRACCIONISMO LATINOAMERICANO

El interés en lo abstracto y en las otras corrientes modernas de las artes plásticas y pictóricas no siempre ha encontrado fieles discípulos imitadores de las tendencias europeas y norteamericanas. Algunos pintores latinoamericanos, sobre todo donde existe una fuerte tradición indigenista y mucho interés en la protesta social, han usado las nuevas técnicas y corrientes para continuar una forma muy estilizada del nacionalismo continental. Han tratado de universalizar el americanismo artístico con la nueva metodología y filosofía estética. Sus interpretaciones cubistas y expresionistas de la realidad americana muestran hasta qué punto se puede ser internacionalista sin abandonar las fuertes raíces nacionales. Se han destacado en este moderno abstraccionismo de formas y técnicas contemporáneas que expresan la identidad cultural latinoamericana Alejandro Obregón (n. 1921), de Colombia, Oswaldo Guayasamín (1919–99), del Ecuador, Rodolfo Abularach (n. 1933), de Guatemala, y el ya mencionado Fernando de Szyszlo. El primero pinta objetos animados e inanimados del mundo americano con un cubismo y expresionismo muy personal. El arte del segundo se inspira en la cerámica precolombina de su patria y utiliza una técnica suya para captar la luz en forma plástica, añadiendo a sus cuadros arena y mármol molido. Además ha aplicado la técnica del expresionismo abstracto a la representación simbólica de la mitología incaica, basándose en los motivos de la cerámica y los tejidos del Perú precolombinos. En 1983 el embajador de Italia en Lima anunció que el autorretrato de Fernando de Szyszlo será incorporado en la colección de la Galería Uffizi de Florencia.

18.10 OTROS DESTACADOS PINTORES Y ESCULTORES

Además de los pintores ya mencionados, debemos considerar otros que la crítica internacional ha elogiado por su originalidad en el empleo especial de una o más técnicas modernas: los cubanos Amelia Peláez (1897–1968), Wifredo Lam (1902–82) y René Portocarrero (1912–86); el chileno Nemesio Antúnez (1918-93); el mexicano José Luis Cuevas (n. 1933); los peruanos Teófilo Castillo (1857–1922), pintor impresionista formado en Francia e Italia, Alberto Dávila (n. 1912); Carlos A. Castillo (n. 1913); Víctor Humareda (1921–87), José Milner Cajahuaringa (n. 1922), Tilsa Tsuchiya (1936–84) y Gerardo Chávez (n. 1936); los argentinos Sarah Grilo (n. 1920), José Antonio Fernández Muro (n. 1920), Raquel Forner (1902–88), Miguel Angel Vidal (n. 1928) y Ari Brizzi (n. 1930); la boliviana María Luisa Pacheco (1919–82); el tico Francisco Zúñiga (n. 1917); y los brasileños Iberé Camargo (n. 1914) y Emilio Castellar (n. 1930).

Con técnica surrealista y cubista aprendidas directamente de Picasso, Wifredo Lam pintó recuerdos y visiones caóticas del trópico en cuadros en que fantasmagóricamente se mezclan tallos de caña,[72] frutas, animales y hombres alumbrados por una luna tenue. En «La jungla» (1944), por ejemplo, ofrece una composición geométrica de la naturaleza del Caribe, unificando el caos tropical. Ahí los colores impresionantes sugieren la luz y la sensualidad tropicales y realzan las formas caprichosas. Hace unos años el director del Museo de Arte Moderno de Nueva York incluyó «La jungla» entre los cien cuadros más importantes de la pintura de este siglo. A partir de 1947, Lam abandonó los colores tropicales para ofrecer visiones diurnas y nocturnas, en blanco y negro principalmente, para sintetizar un mundo aterrorizado por monstruos erizados de púas.[73] Con razón ha escrito André Bretón: «Nunca como en mi amigo Lam se ha operado con tanta sencillez la unión del mundo objetivo y del mundo mágico».[74] Nemesio Antúnez, esencialmente abstracto, mostró la influencia de su larga residencia en París: sus cuadros con figuras ondulantes producen una sensación de vértigo. Fue director del Museo de Arte Contemporáneo de Santiago y Agregado Cultural de la Embajada Chilena en Washington. José Luis Cuevas tiene su propia versión del neofigurativismo. Se expresa en dibujos en blanco y negro de figuras **goyescas**[75] que ridiculizan la sociedad contemporánea y censuran, como lo hace en literatura su amigo Carlos Fuentes, el estancamiento[76] de la Revolución mexicana.

---

[72] *tallos de caña*   stalks of sugar cane
[73] *erizados de púas*   bristling with sharp points
[74] Citado por Edmundo Desnoes, *Lam: azul y negro* (La Habana: Editorial Nacional de Cuba, 1963), p. 11.
[75] *goyescas*   in the style of Goya
[76] *estancamiento*   stagnation

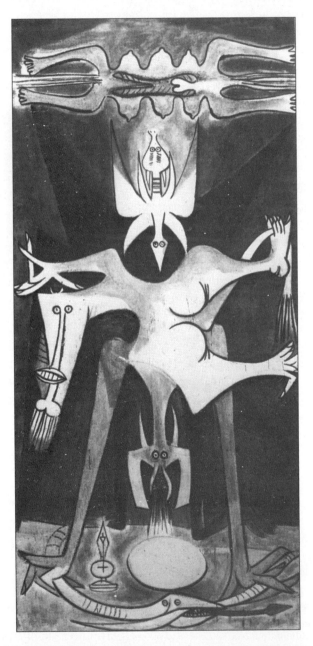

«La anunciación» (1947) del cubano Wifredo Lam, uno de los más importantes pintores latinoamericanos de este siglo. Sus cuadros surrealistas están influidos por el Picasso del
período de «Guernica».

Entre los otros pintores, merece especial mención Emilio Castellar por sus cuadros siderales[77] de paisajes interespaciales, colores crepusculares y formas planetarias. Como dice Jorge Amado, Castellar pinta «el misterio del universo conquistado». Tilsa Tsuchiya se destacó entre los pintores peruanos por su seguro dominio de la técnica, especiales combinaciones de colores suaves y distorsión del cuerpo humano, especialmente el femenino, en una angustiosa búsqueda de las esencias. Carlos Cajahuaringa ha mantenido la misma línea cromática con el repetido uso de tonos claros, ligeros y luminosos, especialmente cuando pinta el cielo campestre.

Entre los pintores y escultores más destacados de las últimas décadas se encuentran los pintores colombianos Alejandro Obregón (n. 1920) y Fernando Botero (n. 1932). Los dos cultivan el estilo figurativo, pero el segundo lo hace distorsionando las formas para acentuarlas. También han destacado la argentina Alicia Peñalba (n. 1918), cuyas estructuras se parecen al tótem; la boliviana Marina Núñez del Prado (n. 1910), que ha utilizado piedras y maderas de su patria; el peruano Víctor Delfín (n. 1927), que se vale de gran variedad de materiales para crear composiciones, productos de la más alta artesanía y la pura escultura, y el guatemalteco Roberto González Gyri (n. 1924), ganador del primer premio en escultura en un concurso centroamericano en 1964, el mexicano Francisco Toledo (n. 1940), continuador de la obra de Tamayo y el puertorriqueño Pancho Rodón (n. 1934), retratista de personalidades hispanoamericanas. Hay, por supuesto, muchos más cultivadores de las artes plásticas en Latinoamérica a quienes lamentablemente no mencionamos por las limitaciones de esta apretada síntesis que sólo permite ocuparse de los artistas más destacados y representativos de las diversas orientaciones. Mencionemos sin embargo, al pintor peruanos Carlos Revilla (n. 1940), pero sobre todo al boliviano Alfredo La Placa (1929), cuyo arte, saturado de misterio y sugestiones oníricas, es simultáneamente abstracto y representativo de formas andinas caprichosas, rico con derroche de colores.

18.11 Sumario

I. **Las bellas artes en México precolombino:**
   A. La escultura es superior a la pintura mediocre de frescos y códices
   B. El calendario azteca de 1479 es considerado la mejor obra plástica
II. **Las bellas artes en la civilización maya:**
   A. Su escultura es la mejor de América precolombina
   B. Frescos y decoraciones policromadas se inspiran en la cerámica

---

[77] *siderales* sideral, starry

C. Ilustraciones de los códices revelan el desarrollo de la pintura.
III. **Las bellas artes en el Perú precolombino:**
A. Las artes plásticas son inferiores a las artes aplicadas y manuales
B. Los tejidos de Paracas se encuentran entre los mejores del mundo
C. Los diseños textiles fueron usados en la ornamentación arquitectónica
IV. **La pintura y la escultura durante la Colonia (1492–1824):**
A. Casi un millón de cuadros pintados principalmente para las iglesias
B. Tras secular espera los indígenas son admitidos a los gremios de artistas
C. La escultura, subordinada a la arquitectura, usa el encarnado
D. México, Quito, Cuzco y Potosí: los más importantes centros artísticos
E. La escuela mexicana:
    1. Fundada en el siglo XVIII por Baltasar de Echave, el Viejo
    2. Labor de José Juárez, el «Apeles mexicano», y B. de Echave, el Mozo
    3. José María Ibarra (1688–1756), el «Murillo mexicano»
    4. El indio Miguel Cabrera (1695–1768) y sus murales de Taxco
F. La escuela de Quito:
    1. Cuadros realistas de Miguel de Santiago (¿1626?–1768), genio atormentado
    2. Pinturas sobresalientes de N. J. de Gorívar, sobrino de Santiago
G. Fuerte decoración en las obras de las escuelas de Cuzco y Potosí
H. Los escultores Diego de Robles, «Caspicara» y «Aleijadinho» (tullidito)
I. El triunfo del neoclasicismo:
    1. Fundación en México de la Academia de San Carlos en 1785
    2. Manuel Tolsá esculpe en México la estatua ecuestre de Carlos IV
V. **Del neoclasicismo al romanticismo durante el período republicano:**
A. Idealización de los héroes y las batallas por la independencia
B. Escenas gauchescas, criollas, mestizas y del paisaje iberoamericano
C. Persistencia del academismo: D. Hernández, C. Baca Flor y R. Amoedo
VI. **En la pintura:**
A. Salvo en P. Figari, predomina la estéril imitación de los europeos
B. Desnudos de M. C. Victorica (1884–1955), postimpresionista argentino

18.12 CUESTIONARIO, PREGUNTAS Y VIDEOS

Cuestionario

1. ¿Cuál de las bellas artes se desarrolló más en América precolombina?
2. ¿Quiénes fueron los grandes pintores de América colonial y por qué?
3. ¿Por qué se destacaron los escultores del período colonial latinoamericano?
4. ¿Cuáles fueron las escuelas pictóricas más importantes durante la Colonia?
5. ¿Por qué se le apodó el «Aleijadinho» a Antonio Francisco da Costa Lisboa?
6. ¿Cómo se expresó el neoclasicismo en América?
7. ¿Quiénes cultivaron el arte con contenido social?
8. ¿Qué características tiene el internacionalismo de posguerra?
9. ¿Cómo se manifiesta el abstraccionismo en Latinoamérica?
10. ¿Quiénes son los más destacados pintores latinoamericanos de hoy?

Temas y preguntas de expansión

1. ¿Como se desarrollaron las artes precolombinas?
2. ¿Cuáles fueron las grandes escuelas pictóricas de América colonial?
3. ¿Cómo influyó el arte indígena en la pintura colonial?
4. ¿Quién fue «Aleijadinho» en la escultura colonial brasileña?
5. ¿Por qué se difundió el neoclasicismo en las Américas?
6. ¿Cuál es la importancia de Wifredo Lam y el realismo mágico?
7. Evalúe la pintura de la Revolución mexicana.
8. Dé su opinión sobre la pintura indigenista.
9. Explique la originalidad en el abstraccionismo latinoamericano.
10. Compare y contrase a dos pintores latinoamericanos destacados de hoy.

Videos

Vea nuestras sugerencias en la página 410.

18.13 RECOMENDACIÓN BIBLIOGRÁFICA

Ades, Dawn, ed. *Art in Latin America*. New Haven: Yale University Press, 1989.

Bayón, Damián Carlos. *Artistas contemporáneos de América Latina*. París: UNESCO, 1981.

Bethell, Leslie. *A Cultural History of Latin America. Literature, Music and the Visual Arts in the 19th and 20th Centuries*. Cambridge: Cambridge University Press, 1998.

Breton, André. *El arte de Frida Kahlo*. México: Instituto Nacional de Bellas Artes, 1996.

Castedo, Leopoldo. *A History of Latin American Art and Architecture*. Trans. and edited by Phyllis Freeman. New York: Praeger, 1969.

Ciancas, María Ester y Barbara Meyer. *La pintura de retrato colonial, siglos XVI-XVIII.* México, D.F.: Instituto Nacional de Antropología e Historia: Museo Nacional de Historia, 1994.

Curiel, Gustavo et al., eds. *Arte, historia e identidad en América: visiones comparativas.* México: UNAM, 1994.

Fane, Diana. *Art and Identitity in Spanish America.* Brooklyn: Brooklyn Museum, 1994.

Folgarait, Leonard. *Mural Painting and Social Revolution in Mexico, 1920–1940.* Cambridge: Cambridge University Press, 1998.

Grieder, Terence. *Origins of Pre-Columbian Art.* Austin: University of Texas Press, 1983.

Kelemen, Pál. *Baroque and Rococo in Latin America.* 2d ed. Magnolia, MA: P. Smith, 1968.

Kubler, George. *Esthetic Recognition of Ancient Amerindian Art.* New Haven: Yale University Press, 1991.

Lauer, Mirko. *Introducción a la pintura peruana del siglo XX.* Lima: Mosca Azul, 1976.

Mesa, José de, y Teresa Gisbert. *Historia de la pintura cuzqueña.* Lima: Fundación A. N. Wiese, Banco Wiese, 1982.

Mosquera, Gerardo. *Exploraciones de la plástica cubana.* La Habana: Letras Cubanas, 1983.

Nicholson, Henry B. and Eloise Quiñones Keber. *Art of Aztec Mexico: Treasures of Tenochtitlan.* Washington: National Gallery of Art, 1983.

Oettinger, Marion. *Lienzos coloniales.* México: UNAM, 1983.

Widdiefield, Stacie. *The Embodiment of the National in Late Nineteenth-Century Mexican Painting.* Tucson: University of Arizona Press, 1996.

Zevallos, Andrés. *Tres pintores cajamarquinos.* Cajamarca: Asociación Editora Cajamarca, 1994.

Esta pieza de cerámica precolombina hallada en México representa a un músico con un instrumento de percusión de madera con muchas muescas *(notches)*.

La música

 http://latinoamerica.heinle.com

Vocabulario autóctono y nuevo

- huaca
- corrido
- huapango
- jarabe
- samba
- bossa nova
- clave
- criolla
- guajira
- danza
- habanera
- danzón
- charango

- huayno
- yaraví
- sanjuanito
- marinera
- carnavalito
- zamba
- gato
- bailecito
- meringue
- merengue
- cumbia
- bambuco
- joropo

- vallenato
- cueca
- zamacueca
- fado
- tango
- comparsa
- rumba
- bombo
- marimba
- cielito
- pajarito
- pollito

19.1 LA MÚSICA PRECOLOMBINA

Aunque la música en América precolombina estuvo vinculada con casi todas las actividades humanas (religiosa y secular, militar y civil), las fuentes de información acerca de ella son limitadas a causa de la ausencia de material escrito. La impresión de música amerindia más antigua es la que hizo en 1578 el francés Juan de Léry en su *Histoire d'un voyage fait en terre du Brésil (Historia de un viaje al Brasil)*, al incluir cinco melodías de los tupinambás que vivían cerca de la región donde hoy se encuentra Río de Janeiro. También son importantes los frescos aztecas y mayas y la cerámica precolombina sudamericana que muestran a los músicos y sus instrumentos. Las crónicas coloniales tienen valor relativo si se tienen en cuenta los esfuerzos iniciales de los conquistadores para obliterar la música americana. La impresión de himnos y salmos[1] cristianos traducidos al náhuatl, como *Psalmodia Christiana* (México, 1583), no ayudó a retener este arte.

Los arqueólogos, antropólogos y musicólogos han formulado hipótesis después de examinar la poca evidencia disponible. Los instrumentos musicales más antiguos conocidos son de origen olmeca, procedentes de las regiones de Veracruz y Tabasco, centros olmecas entre los siglos XV y I antes de Cristo. Desde entonces hasta la llegada de los europeos, los instrumentos musicales fueron principalmente de percusión y de viento. Se desconoce si los precolombinos usaron instrumentos de cuerda[2] además del arco musical, cuya cuerda era golpeada con dos flechas para producir sonidos que resonaban en una gran calabaza. Se sabe, asimismo, que los aztecas emplearon tambores[3] de madera cuidadosamente tallados: unos, cilíndricos, con una terminal cubierta de piel de venado, jaguar o mono; otros, con doble terminación horizontal. En las danzas, los bailarines ejecutaban pasos complicados al son[4] de ritmos complejos y misteriosos que ayudaban a simular acontecimientos mitológicos. Los antiguos mexicanos también usaron flautas de caña, ocarinas, trompetas de concha marina y sonajeros de calabaza.[5]

La música maya, tan vinculada a su danza, era interpretada principalmente con instrumentos de percusión, acompañados de algunos instrumentos de viento. Vale la pena mencionar aquí la semejanza que hay entre los instrumentos usados por los amerindios y los de la China antigua, algunos de los cuales han existido únicamente en las tierras de Asia, Oceanía y América bañadas por el Pacífico.

Los huacos (cerámica) de las culturas mochica y nazca de la costa del Perú precolombino informan gráficamente sobre sus músicos e instrumentos. En la cerámica mochica aparecen dioses, hombres y esqueletos humanos tocando flautas pandeanas, flautas parecidas a la quena[6] y trompetas. Las excavaciones en las **huacas**[7] han desenterrado, sonajeros, campanas, tambores, tamborines, antaras, pitos[8] y trompetas de caña, arcilla, hueso, concha o madera.

Hasta hace poco se había generalizado la tesis que sostiene que la música precolombina se basaba en la escala pentatónica,[9] pero recientemente

---

[1] *salmos* psalms
[2] *cuerda* string
[3] *tambores* drums
[4] *son* sound
[5] *flautas de caña…calabaza* cane flutes, ocarinas (simple wind instrument), sea-shell trumpets and gourd rattles
[6] *flautas pandeanas…quena* pan pipes, notched-end flutes
[7] *huacas* burial sites
[8] *antaras, pitos* ceramic panpipes, whistles
[9] *pentatónica* de cinco notas musicales

Un grupo peruano toca música folklórica con instrumentos tradicionales.

algunos estudiosos la disputan con argumentos tendientes a probar el empleo de mayor número de tonos y semitonos.

19.2 LA MÚSICA EN HISPANOAMÉRICA COLONIAL

En el siglo XVI, en el terreno musical, España era también una de las naciones más desarrolladas de Europa. El instrumento peninsular predilecto era la guitarra y no el laúd,[10] como en el resto de Europa. Las cuatro cuerdas de la primera guitarra poco a poco fueron aumentando a cinco, seis y hasta siete. Por esa época los músicos españoles tuvieron destacada actuación en Italia, donde llegaron a ocupar importantes posiciones.

Los primeros músicos europeos que vinieron al Nuevo Mundo estuvieron incorporados a las expediciones militares españolas. Algunos de ellos fueron españoles y de otras nacionalidades, como sucedió en la expedición de Pedro de Mendoza a Buenos Aires (1536). Consigo trajeron trompetas, flautas, tambores y timbales.[11]

Las necesidades de los servicios católicos determinaron el temprano establecimiento de escuelas de música. En 1524, a los tres años de la ocupación de Tenochtitlán, fray Pedro de Gante fundó una en Texcoco para enseñar a los indígenas a copiar y cantar música polifónica religiosa, manufacturar y tocar instrumentos, y componer villancicos[12] y misas. Parece que en 1591 ya funcionaba en Caracas una escuela parecida.

En México se publicó en 1556 el primer libro en el Nuevo Mundo con anotaciones musicales: *Ordinarium* (ordinarios de misas). Se han llegado a

---

[10] *laúd*   lute
[11] *timbales*   timbals, kettledrums
[12] *villancicos*   Christmas carols

descubrir hasta siete libros parecidos, publicados en México antes de 1600. Su importancia es apreciada mejor si se tiene en cuenta que en Europa misma poquísimas eran las imprentas equipadas con tipos musicales y que sólo en 1698, en Nueva Inglaterra, se publicó el primer libro semejante: la novena edición del *Bay Psalm Book,* que desde 1640 venía apareciendo sin las anotaciones musicales. La música secular no quedó descuidada. En 1526 un compañero de Cortés estableció en la ciudad de México una escuela de baile. De la música secular se desarrollaría después la música latinoamericana.

Todas las manifestaciones artísticas importadas experimentaron en el Nuevo Mundo fuertes modificaciones. Durante el siglo XVII la música criolla ya tenía sus características definidas y era tan apreciada que llegó a influir en la Península. Así como la música barroca y renacentista religiosa se cultivaba en las iglesias, conventos, monasterios y misiones, la popular, como la seguidilla, el fandango, la jota y las sevillanas,[13] se extendía modificada por todas partes. En la región del Caribe, la música andaluza y la africana se mezclaron con rapidez. «El son de la Má Teodora»,[14] compuesto en honor de la africana libre Teodora Ginés, tan parecido a los ritmos afrocubanos de nuestro siglo, se popularizó en Santiago de Cuba hacia 1580.

En México, la música española se ve poco influida por los ritmos indígenas. El **corrido** mexicano proviene del romance[15] peninsular y del corrido andaluz; el **huapango** se basa también en la música andaluza, mientras que el **jarabe** se deriva de la seguidilla, el fandango, el zapateado[16] y la jota.

Rara vez se usaron las castañuelas[17] en el Nuevo Mundo, aunque en algunos bailes folklóricos, como en el pericón de la Argentina y la zamacueca del Perú, los bailarines levantan la mano que sostiene el pañuelo, como si fuera un gesto pantomímico del empleo de las castañuelas. Generalmente la versión criolla de la canción popular peninsular cambia de nombre. Pocas, como la malagueña mexicana y el bolero español, retuvieron su nombre peninsular.

Centros musicales importantes durante la época colonial fueron México, Lima y Caracas. Les seguían, Cuzco, Chuquisaca, Bogotá, Quito, La Habana y Buenos Aires. A este último lugar a veces llegaban orquestas de indígenas de las misiones a ofrecer conciertos públicos.

En los siglos XVI y XVII, y hasta durante el siglo XVIII, se representaron comedias españolas, a menudo acompañadas de música escrita en América, como sucedió con la compuesta en Lima por José Díaz para las obras de Calderón. Las famosas zarzuelas[18] contribuyeron desde el siglo

---

13 *seguidilla...sevillanas*   names of lively Spanish tunes, most of which are danceable
14 *"El son de la Má Teodora"*   "The folk song about Mom Theodora"
15 *El corrido...romance*   The Mexican ballad comes from the Spanish narrative poem in octosyllabic verse.
16 *zapateado*   tap dance
17 *castañuela*   castanets
18 *zarzuela*   Spanish musical comedy with alternating music and dialogue

XVIII a difundir ampliamente la música secular española, base inicial del tango argentino que después recibió la influencia de la versión cubana de la contradanza.[19] La primera representación operática en el Nuevo Mundo se llevó a cabo en Lima, en 1701: *La púrpura de la rosa* por Tomás de Torrejón y Velasco (1644–1728). En México se presentó la ópera por primera vez en 1730, cinco años antes que en Charleston, Carolina del Sur. En el siglo XVIII, las comedias y sainetes del peruano Pedro de Peralta se representaron en Lima acompañados de música.

Además de la guitarra, el instrumento musical más difundido en Sudamérica, especialmente entre los indígenas, ha sido el arpa. Los jesuitas la introdujeron en el Paraguay y desde entonces es el instrumento predilecto del país. Tiene allá tanta importancia como la marimba en Guatemala. En el siglo XVIII Venezuela se destacó por su interés en la música eclesiástica, clásica y popular. Aparecieron varios maestros de capilla y compositores de misas destacados. En 1750 se estableció en Caracas la Orquesta Sinfónica, la primera en las Américas. La guerra de independencia diezmó[20] a los músicos de este país. Como muchos de ellos estuvieron involucrados en las conspiraciones, el general español José Tomás Boves (1783–1814) fusiló a más de treinta músicos y obligó a otros a exiliarse o a esconderse. La vida musical de Caracas sólo logró normalizarse después de la batalla de Carabobo que aseguró la independencia del país.

Héitor Villa-Lobos (1887–1959) es arquetipo del compositor genial latinoamericano con éxito internacional. El sabor de sus mejores composiciones procede de la tradición vernácula brasileña temperada por la estética europea adaptada a las exigencias espirituales latinoamericanas.

19.3 La música en el Brasil

Los monjes franciscanos introdujeron la música sagrada al Brasil, mas desde 1550 los jesuitas fueron más influyentes en la enseñanza de música en Bahía, donde Caetano de Mello Jesús escribió en 1759 la primera composición del

---

[19] *contradanza*   contradance
[20] *diezmó*   decimated

período colonial del país, durante el cual el compositor más prominente fue José Maurício Nunes García (1767–1830), autor de numerosas misas y otras piezas religiosas.

La música laica de América lusitana se caracteriza por la fuerte influencia africana en los elementos portugueses e indígenas. Durante la época colonial, sobre todo en el período de la unión de España y Portugal (1580–1640), los españoles que llegaron al Brasil llevaron sus boleros, fandangos y seguidillas, los cuales desde entonces compitieron con la música triste del **fado**, aparentemente originaria del Brasil.

La fuerte influencia italiana llegó en el siglo XIX. Cuando la monarquía brasileña le dio gran impulso a las artes, se establecieron bandas y orquestas en diferentes ciudades del país. Francisco Manoel da Silva, autor del himno nacional brasileño, fundó el Conservatorio Nacional de Música, en 1841. Diecisiete años más tarde se establecieron la Academia Imperial de Música y la Ópera Nacional. La primera se propuso presentar obras italianas, francesas y españolas en traducción y por lo menos una vez al año una pieza compuesta por compositor brasileño. La primera ópera de compositor nacional fue *A Nôite de São João*, de Elías Alvarez Lobo (1834–1901), presentada en Río de Janeiro en 1860.

Carlos Gomes (1836–96) llegó a ser el compositor latinoamericano más importante del siglo XIX. Sus óperas se presentaron con rotundo éxito en Río de Janeiro y en Milán. Gracias al apoyo de Pedro II, había sido admitido al Conservatorio de Música y de ahí había egresado a conquistar laureles. Sus primeros trabajos tienen fuerte influencia italiana, pero en su ópera más conocida, *Il Guarany*, que con libreto italiano tuvo su estreno[21] en La Scala, en 1870, el nacionalismo musical es bastante marcado. Gomes retornó a Río de Janeiro después de recibir el elogio de Verdi y allá fue agasajado[22] como un héroe. Posteriormente alternó en sus óperas temas italianos y brasileños. Aunque se le ha acusado de haber dependido demasiado de los modelos italianos, su música influyó mucho en los compositores brasileños de las últimas décadas del siglo diecinueve y las primeras del siglo veinte.

Como en el resto del continente, en el Brasil a fines del siglo XIX el nacionalismo musical se sistematiza, gana adeptos y domina el mundo artístico. Uno de los primeros en seguir esta orientación fue Alberto Nepomuceno (1864–1920), autor de las primeras composiciones para orquesta basadas en temas brasileños, por las cuales se le consagró como «padre del nacionalismo musical» de su país. Otros distinguidos compositores siguieron su derrotero:[23] Francisco Mignone (1897–1986), autor de composiciones llenas de color y emoción; Oscar Lorenzo Fernández (1897–1948), autor de piezas delicadas y

---

[21] *estreno* premiere
[22] *agasajado* showered with attention
[23] *derrotero* camino

sutiles; Luciano Gallet (1893–1931), conocido por sus canciones populares; y sobre todo, Héitor Villa-Lobos (1887–1959).

Villa-Lobos, uno de los más destacados compositores del siglo XX, se esforzó por elevar el valor estético y comunicar universalidad a la música folklórica de su patria. Utilizó melodías indígenas publicadas por Jean Léry en *Historia de un viaje al Brasil* (1578) y escribió más de 700 composiciones musicales en casi todos los géneros (óperas, sinfonías, poemas sinfónicos, oratorios, conciertos, música de cámara, canciones, música coral y composiciones para piano y otros instrumentos). Se destacan entre todas estas composiciones sus *Bachianas brasileiras*, en las cuales mezcla la técnica del contrapunto de Bach con elementos populares y folklóricos brasileños y añade riqueza rítmica y mucha originalidad.

Como reacción al predominio musical de Villa-Lobos, se desarrolló en el Brasil una corriente antifolklorista deseosa de obtener universalidad sin explotar el folklore nacional. Sus seguidores, a su vez, encontraron fuerte resistencia de parte de los discípulos y admiradores de Villa-Lobos. Se han destacado como antifolkloristas, Hans J. Koellreutter (n. 1915), César Guerra Peixe (n. 1914) y Claudio Santoro (1919–89), conocido en especial por su *Octava sinfonía* (1964).

La vitalidad y la riqueza melódica de la música brasileña la han hecho famosa fuera del país. Al Carnaval de Río de Janeiro asisten decenas de millares de extranjeros a apreciar la loca algarabía que inspiran las orquestas con sus violines, mandolinas, guitarras y tambores africanos. El Carnaval de Río revela claramente la mezcla de los elementos cristianos y paganos de una civilización que ha dado categoría artística moderna a ritmos ancestrales.

En la música popular se nota aun más fuerte la influencia africana, especialmente en la música de las prácticas fetichistas, curiosa mezcla de rituales africanos, indígenas y católicos. Se les da el nombre de *samba* a varios bailes de diferentes regiones del país, sobre todo a uno de Río de Janeiro, el más conocido en el extranjero, aunque difiere muchísimo de la *samba* rural. Con posterioridad la ***bossa nova*** de los años cincuenta y sesenta, con su ritmo sensual, se popularizó mucho y se la exportó con éxito a los Estados Unidos y Europa, como ocurre con la lambada en la década de los años noventa.

19.4 LA MÚSICA AFROCUBANA

No se sabe a ciencia cierta[24] cuándo llegaron los primeros africanos a Cuba. Los documentos mencionan su presencia en la isla en 1513, y revelan que Hernán Cortés llevó a México algunos africanos de Cuba. El

---

[24] *a ciencia cierta* for sure

conocido sociólogo cubano Fernando Ortiz comprobó que en 1526 dos genoveses[25] llevaron a la isla un cargamento de 145 esclavos de Cabo Verde. Lo cierto es que en 1534 ya había en Cuba alrededor de mil africanos y en 1769, unos 22,740 negros libres.[26]

La influencia africana en la música española de la isla se debe en gran parte al hecho que desde el siglo XVI la mayoría de los músicos fueron de origen africano. La fuerte discriminación racista no se extendió a los reglamentos de ingreso al gremio de músicos debido a la gran escasez de maestros de este arte. Se sabe que en 1557 el único músico en La Habana era un flamenco que tocaba el tambor cuando se aproximaba un navío a la bahía. «El son de la Má Teodora» revela que desde los primeros años del coloniaje la música que se toca en la isla es producto de la amalgama de melodías africanas y españolas.[27] La iglesia católica, con su ritual y pompa, ejerció poderosa atracción en los negros que adoptaron el culto cristiano sin renegar de[28] sus propios dioses africanos (Ogún, Changó, Eleguá, Obatalá). Varias divinidades cristianas, por proceso sincrético,[29] enriquecieron el panteón africano, sustituyendo con sus imágenes las antiguas representaciones antropomorfas y zoomorfas. De esta manera, San Lázaro vino a hacerse uno con Babalú-ayé; la Virgen de Regla con Yemayá; Santa Bárbara con Changó; San Norberto con Ochosí. La música indudable-mente fue otro poderoso atractivo de la Iglesia, sobre todo en esa época en que los templos eran las únicas salas de concierto. Así como en las colonias angloamericanas el negro adoptó el himno protestante y en Santo Domingo se apoderó de las danzas y canciones francesas, en Cuba hizo suyas, en inter-pretaciones míticas, la música española, la contradanza y el minué.

En 1774 Cuba tenía una población de 96,430 blancos y 78,180 negros, de los cuales 44,360 eran esclavos. Es decir, algo menos de la mitad de la población era de sangre africana. Como hemos visto en el Capítulo 15, fue durante esta época cuando el carácter del habitante de la isla comenzó a mostrar características definidas. En estas circunstancias llegaron a Santiago de Cuba los refugiados de la isla de Santo Domingo, huyendo del baño de sangre causado por la Revolución francesa. La *contradance* francesa, derivada del *country dance* inglés, arraigada en Santo Domingo, fue tan modificada en Cuba que a la larga dio lugar a la contradanza cubana de la que se derivó una serie de tipos musicales. De la contradanza cubana de tiempo de 6/8 nacieron la **clave**, la **criolla** y la **guajira**; de la contradanza cubana de tiempo de 2/4 nacieron la **danza**, la **habanera** y el **danzón**.

La contradanza cubana se exportó como si fuera un producto oriundo de la isla. En el extranjero, sobre todo en México, se la reeditaba con el

---

[25] *genoveses*   Genoese
[26] A. Carpentier, *La música en Cuba*, pp. 31–33.
[27] Ibid, p. 41
[28] *sin renegar a*   without renouncing
[29] *sincrético*   syncretic (uniting conflicting beliefs)

nombre de danza habanera. En España se la presentaba como danza americana o simplemente como americana. En Puerto Rico llegó a ser la música predilecta, sobre todo gracias a la labor del compositor Juan Morel Campos (1857–96). En la Argentina, con cadencia más sensual aún y mezclada con las tonadas andaluzas acriolladas,[30] engendra la versión moderna del tango. El vasco Sebastián Iradier (n. 1865), de larga residencia en Cuba, la propagó en Europa con canciones como «La Paloma» y la melodía que sirvió de base a la «Habanera» de la ópera *Carmen* compuesta por Bizet. También se vieron atraídos por esta música otros compositores europeos como Saint-Saëns y Ravel. La habanera alcanza su más alta expresión con Eduardo Sánchez de Fuentes (1874–1944), autor de la mundialmente conocida «Tú». En París esta canción fue reeditada con el nombre de «tango-habanera». En Buenos Aires, por afinidad espiritual, «Tú» se popularizó con gran rapidez. El caso de Sánchez es sumamente curioso porque, no obstante los elementos africanos en su canción, irónicamente este compositor compartió el estado de ánimo antinegro de principios del siglo y rehusó con cierto desdén incorporar conscientemente ritmos afrocubanos en sus composiciones musicales.

Para 1913, cuando se propagó la falsa creencia de que la herencia africana era un impedimento en la «europeización» y «civilización» de Cuba, se prohibieron las **comparsas**[31] tradicionales y las fiestas religiosas de los negros. La política oficial era entonces utilizar al negro en las farsas electorales sin que «infectara» la «cultura occidental» de la isla. Cuando las comparsas otra vez fueron autorizadas unos años más tarde, ya no tenían la misma fuerza, aunque daban la impresión de ser más teatrales y utilizaban más instrumentos musicales. La prejuiciosa prohibición había matado su vitalidad y les había hecho perder su autenticidad.[32] Con el correr de los años la danza da lugar al danzón, cuya síncopa africana pronunciada le dio igual aceptación en el extranjero. Aaron Copland la trató de captar en su famoso «Danzón cubano». Cuando se universalizó el «jazz» estadounidense durante la primera guerra mundial, los músicos cubanos que hasta entonces habían usado principalmente las maracas, los bongós, las claves[33] y otros instrumentos de percusión, comenzaron a utilizar el saxofón y los tambores norteamericanos. Por esos años se popularizó el «son». Algunos de ellos, como «Siboney», «El manisero» y «Mamá Inés», consiguieron rápida difusión. Cuando en 1913 las comparsas y las congas callejeras[34] fueron prohibidas, hizo su aparición la **rumba**, la cual en su forma menos sensual vino a formar parte obligatoria del repertorio mundial de música bailable.

---

[30] *tonadas andaluzas acriolladas*   local adaptation of Andalusian tunes
[31] *comparsas*   carnival group-dancing in the streets
[32] A. Carpentier, *La música en Cuba*, pp. 241–242.
[33] *los bongós, las claves*   twin hand-drums, cylindrical sticks
[34] *callejeras*   street

Mientras se llevaba a cabo la transformación y universalización de la música popular cubana, los compositores de la isla, superando los prejuicios, incorporaron en sus composiciones cultas las formas populares. El español José Ardévol (n. 1911), establecido en Cuba en 1930, fundó el grupo de Renovación Musical, escribió sinfonías afroantillanas y preparó a una generación de artistas. Amadeo Roldán (1900–39), que llegó a ser director de la Orquesta Sinfónica de La Habana, le dio impulso al movimiento de música moderna con énfasis afrocubano. Su composición musical «La Rebambaramba» es una de sus piezas más conocidas. Alejandro García Caturla (1900–40) se hizo famoso con su «Bembé» y Ernesto Lecuona (1896–1963), autor de numerosas canciones populares, se hizo conocidísimo con «Siboney», «La Comparsa» y «Malagueña».

A partir de la Segunda Guerra Mundial, la música cubana ha dado nuevas adiciones al repertorio de música bailable del mundo: el chachachá, el mambo, el mambo jambo y otras composiciones. Desde 1959, y durante la década siguiente, apareció en los Estados Unidos y luego se difundió por toda Latinoamérica el llamado «Latin Jazz», que en realidad es una mezcla de «jazz» estadounidense y ritmos afrocubanos. En 1999 mantenían su alto prestigio en el pueblo cubano, David Calzado (n.1957), director de Charanga Habanera, la más importante y controvertida banda musical para bailar de Cuba, y Manolín González Hernández (n. 1965), conocido como Doctor de la salsa por haber abandonado su carrera médica para convertirse en una de las grandes estrellas del parlamento musical popular de la Isla. En la actualidad hay además otros 12,000 músicos que reciben modestos sueldos del Gobierno y tocan, ya no la nueva trova, sino alrededor de treinta variedades de música, desde la clásica al jazz, pasando por el son, la rumba, el rock, el rap y sus derivados. Desde la legalización del dólar en 1993 y la ley de 1995 que permite a los músicos negociar con los extranjeros fabricantes de discos y organizadores de giras musicales, buen número de músicos se encuentran entre los profesionales cubanos mejor remunerados en la Isla. No debería llamar la atención si en el futuro nuevas formas rítmicas, melodías, canciones y bailes basados en la música afrocubana se crean y se universalizan, como ha sucedido con la salsa puertorriqueña.

19.5 LA MÚSICA EN EL MÉXICO REPUBLICANO

En México, como en el resto de Hispanoamérica, en el siglo XIX, estando todavía fresco el sentimiento antiespañol, se propagó el gusto por la música italiana, francesa y alemana. La expresión favorita fue la ópera. Muchas compañías europeas tuvieron resonante éxito en la capital mexicana. La reacción anticlerical alejó al público de la música eclesiástica y lo entusiasmó más en la música secular. Los compositores nacionales imitaron la música romántica europea y se dedicaron a escribir valses y mazurcas.[35]

Fue durante el gobierno de Maximiliano cuando comenzaron a popularizarse, sobre todo en Jalisco, los mariachis, que tocaban en las celebraciones de las bodas.[36] Hoy día son popularísimos en todo el país. Generalmente integran esta orquesta típica dos violines, una guitarra, un guitarrón, un arpa y una trompeta.

La Revolución que comenzó en 1910 afectó mucho el arte musical. Algunos de los valses populares recibieron letra revolucionaria que competía en popularidad con las piezas musicales que sirvieron de himnos de guerra («Adelita», «La cucaracha»,[37] «Marieta»). Durante esta época, Manuel Ponce (1886–1948) abrazó y difundió el nacionalismo folklórico: compuso más de un centenar de canciones, incluyendo unas composiciones para la guitarra de Andrés Segovia. Dos de sus discípulos han tenido destacada actuación internacional: Silvestre Revueltas (1899–1940) y Carlos Chávez (1899–1978).

Silvestre Revueltas, subdirector de la Orquesta Sinfónica de México, de 1929 a 1936, no sólo usó ampliamente elementos folklóricos, románticos y pintorescos, sino también empleó la politonalidad y la disonancia. El poema sinfónico «Sensemayá», basado en los versos del poeta cubano Nicolás Guillén, es una de sus composiciones más apreciadas. Carlos Chávez fue después el compositor y conductor más importante de México. En 1928, el mismo año en que se le nombró director del Conservatorio Nacional de Música, fundó la Orquesta Sinfónica de México. En su período nacionalista Chávez escribió la famosa *Sinfonía india* (1935–36) y otras piezas indigenistas que requieren amplio uso de instrumentos indígenas. En su etapa internacional, el maestro mexicano dio importantes piezas como su *Concierto para violín y orquesta* (1948–50) y varias sinfonías. Reconociendo su prestigio universal, Harvard lo invitó a dictar el ciclo de conferencias Charles Eliot Norton en el año académico 1960–61. Después del gran maestro Chávez, entre los que más han destacado en el firmamento musical mexicano son Daniel Ayala Pérez (1908–75), José Moncayo (1912–58), Manuel Enríquez (1926–94), Héctor Quintanar (n. 1936), Mario Kuri Aldana (n. 1931) y Eduardo Mata (1942–95).

---

[35] *valses y mazurcas*   waltzes and mazurkas (mazurka is a Polish dance slower than the waltz)
[36] *bodas*   marriages
[37] Se cree que «La cucaracha» fue compuesta en Campeche, México, alrededor de 1860, derivada de una mazurca. Poco después se convirtió en una canción satírica popular entre los enemigos de los soldados federales de Juárez. Durante la Revolución Mexicana «La cucaracha» y los corridos fueron canciones de protesta social.

19.6 LA MÚSICA DE LOS HEREDEROS DEL INCANATO

La introducción de los instrumentos musicales de cuerda, la modulación, los medios tonos y la armonía europeos revolucionaron la música de los países andinos. Tuvieron especial valor el arpa, que con su escala diatónica es capaz de llegar a las cinco octavas, y la mandolina, que reducida en tamaño se convirtió en el *charango* de los quechuas y aimaras contemporáneos. La guitarra y el violín llegaron algo más tarde y su difusión se hizo más pronunciada entre los mestizos. Como hemos visto anteriormente, los esfuerzos españoles para extirpar la música precolombina lamentablemente tuvieron éxito y consecuentemente sus manifestaciones más puras no sobrevivieron el impacto de la Conquista. Lo que en la actualidad se conoce con el nombre de música indígena, en realidad es una mezcla de melodías y ritmos nativos con fuerte influencia española. Por su parte, la llamada música criolla de la región es mestiza; en ella predominan los elementos hispanos sobre los elementos indígenas. El **huayno**, el **yaraví** y el **sanjuanito** son «indios», mientras que la **marinera** y el vals criollo son mestizos.

Aunque en todo el Perú se oye la música del huayno, se la toca y se la baila principalmente en el centro y el sur del país. Su origen es desconocido. Sólo se sabe que en el siglo XVII ya era popular entre los indígenas aimaras de la región del Lago Titicaca. La mayoría de los estudiosos cree que es una adaptación colonial del antiguo baile quechua *kashwa* mencionado por los cronistas de la Conquista. El grado de influencia española varía de región en región. En muchas partes, el huayno es cantado con letra[38] en quechua, pero las versiones favoritas de los mestizos son más hispanizadas y tienen letra en castellano. El tiempo de la mayoría de los huaynos es 2/4. El huayno más antiguo, que todavía se conserva en el valle de Jauja, en el centro del país, lo bailan hombres y mujeres tomados de la mano, formando un círculo. La versión cuzqueña la bailan parejas que al final forman un corro[39] alrededor de los músicos. Durante el baile, los mestizos levantan y agitan el pañuelo en lo alto; los indígenas agitan una borla[40] de lana.

El yaraví es una canción amorosa melancólica, cuyo nombre probablemente se deriva de la palabra quechua *harawek* (melodía triste). Parece que llegó a adquirir su forma actual alrededor del siglo XVIII, durante la revolución de Túpac Amaru II. Por coincidencia histórica, fue el poeta Mariano Melgar (1791–1815), fusilado por los españoles, el autor de la letra de buen número de los yaravíes más populares. La mayoría de ellos, sin embargo, son anónimos. La ciudad peruana donde más se los aprecia es Arequipa, la tierra natal del patriota Melgar.

---

38 *letra*   lyrics
39 *corro*   círculo
40 *borla*   tassel

Una pareja baila el tango en un bar de Buenos Aires.

La música de la marinera es alegre y su letra picaresca y de doble sentido. Es esencialmente una creación mestiza de la costa. El vals criollo es probablemente la composición musical más popular del Perú de hoy. Apareció en el siglo pasado y hasta la época de la Segunda Guerra Mundial era principalmente una canción norteña. Hoy, con los nuevos medios de comunicación y transporte, se ha popularizado en todo el país. Son pocos los compositores e intérpretes de música peruanos que se han destacado fuera de su patria. Sobresalieron en el siglo pasado José Bernardo Alcedo (1788–1878) y Carlos Enrique Pasta (1855–98). El primero compuso el himno nacional peruano, varios villancicos y siete misas y escribió una *Filosofía elemental de la música* (1869). El segundo se destacó por su ópera *Atahualpa* (1877). En el presente siglo han sido importantes José María Valle-Riestra (1859–1925), autor de *Ollantay* (1901), la primera ópera compuesta por un peruano. Continuó su nacionalismo musical, Teodoro Valcárcel (1902–42), autor del ballet-ópera *Suray-Surita* y numerosas canciones indigenistas. Otros compositores nacionalistas han sido Carlos Valderrama (1888–1950) y Ernesto López Mindreau (1892–1972). Valderrama consiguió fama internacional con su ópera *Inti Raymi: La Fiesta del Sol* y por sus composiciones indohispánicas: *La pampa y la puna* y *Las vírgenes del Sol*. López Mindreau, animador del arte musical en Trujillo, dejó entre otras obras musicales la ópera *Cajamarca*.

Andrés Sas (1900–67) y Rudolf Holzmann (1910–92), importantes compositores y musicólogos europeos residentes en el Perú, instruyeron rigurosamente a una generación de músicos peruanos que enriquecieron el panorama musical del país, como lo han hecho también el grupo de sus compatriotas entrenados en Estados Unidos y Europa en técnicas musicales avanzadas y experimentales, entre los que se han distinguido: Enrique

Iturriaga (n. 1918), Enrique Pinilla (n. 1927), César Bolaños (n. 1931) y Edgar Valcárcel (n. 1932). Entre los más destacados compositores surgidos a partir de la última guerra mundial se encuentran Leopoldo la Rosa (n. 1931), Francisco Pulgar Vidal (n. 1929) y Armando Sánchez Málaga (n. 1929).

19.7 LA MÚSICA EN LA ARGENTINA

A la mayoría de los argentinos les es difícil reconocer el hecho de que parte de su herencia cultural es indígena. La influencia indígena se manifiesta fuertemente en la música mestiza del Noroeste, región que estuvo por mucho más tiempo bajo la influencia de las civilizaciones precolombinas que bajo la tutela española. La música del **carnavalito**, la **zamba**, el **gato** y otros bailes argentinos es esencialmente mestiza, aunque en ellos los elementos españoles predominan sobre los elementos nativos.

El gato es un baile alegre que se ha difundido por casi todo el país, en algunas de cuyas provincias se le da simplemente el nombre de **bailecito**. A principios del siglo pasado, sobre todo en la época del caudillo Rosas, el gato era una de las danzas preferidas de los paisanos. El gato cantado con acompañamiento de la guitarra se hizo sumamente popular, aunque la forma tradicional bailable es ejecutada con el acordeón o con el violín, acompañado del **bombo**.[41] Lo baila generalmente una pareja. Cuando lo bailan cuatro, esto es, dos parejas, recibe el nombre de *cielito*, especialmente en Córdoba. El gato también es conocido como *pajarito* y *pollito* en otras provincias del país.

La música argentina más conocida es probablemente la del **tango**, cuya base rítmica parece ser una adaptación criolla del tango de Cádiz que llegó con la zarzuela española, fuertemente influida después por la versión cubana de la contradanza. A partir de la segunda década de este siglo es uno de los bailes más difundidos del mundo occidental. El actor del cine mudo Rodolfo Valentino y el cantante argentino Carlos Gardel contribuyeron enormemente a su rápida aceptación en el período entre las dos guerras mundiales.

El compositor más destacado de la Argentina del siglo XX es Alberto Ginastera (1906–83), conocido en el exterior por sus óperas indolatinas y por su *Cantata para América Mágica* (1960), basada en una imaginativa reconstrucción de música precolombina. A partir de algunas comisiones recibidas del extranjero, Ginastera decidió abandonar parte de su entusiasmo por el folklorismo y escribió valiosas piezas para la Orquesta Filarmónica de Nueva York. Comisionado por la municipalidad de Buenos Aires, compuso la ópera *Don Rodrigo* (1964) cuya presentación en el Lincoln Center de Nueva York fue elogiada por los críticos. Después se destacó por sus óperas *Bomarzo* (1967) y *Beatrix Cenci* (1971), apreciadas por su atmósfera de alucinación, sensualismo y violencia. De mucho mérito fue su dirección del Centro Latinoamericano para Estudios Avanzados de

---

41 *bombo*   bass drum

Unos dominicanos bailan el merengue frente al Alcázar de Colón en Santo Domingo.

Música (Buenos Aires, 1962), del cual se han graduado distinguidos intérpretes de música moderna.

La corriente cosmopolita, que en la Argentina ha seguido una política antifolklorista, ha dado también distinguidos nombres: Juan José Castro (1895–1968) y Juan Carlos Paz (1897–1972). El primero se destacó en la dirección del famoso Teatro Colón de Buenos Aires, por su labor durante su exilio político en el extranjero y por su *Sinfonía argentina*. Su conocida composición *Corales criollos No. 3* ganó un premio de 10,000 dólares en el primer Festival Interamericano de Música de Caracas (1954). Juan Carlos Paz, por su parte, llegó a ser jefe del movimiento vanguardista musical de su país y sobresalió por el empleo consistente del método de composición de doce tonos. Entre los más aplaudidos de los compositores después de los anteriores han sido: Antonio Tauriello (n. 1931), Gerardo Garini (n. 1936), Juan Carlos Zorzi (1936) y Alicia Terzián (n. 1936).

19.8 LA MÚSICA EN LOS OTROS PAÍSES LATINOAMERICANOS

En los demás países latinoamericanos, la música es también esencialmente mestiza. En Haití la música más difundida es la del *meringue*, algo más acelerada que la del **merengue** dominicano y que, como ésta, probablemente se deriva de la contradanza influida por los ritmos africanos y del areito taíno. En Centroamérica gusta mucho la música hispanoindia (mexicana, colombiana) y la afrocubana, aunque también son populares la marcha, el merengue dominicano y las composiciones criollas locales. En Guatemala el instrumento más popular es la **marimba**. En toda Centroamérica como en el resto de Latinoamérica, la guitarra es uno de los instrumentos musicales más usados.

En la costa continental del Caribe, sobre todo en la de Venezuela y Colombia, la música tiene una fuerte influencia africana, como se nota en el baile la **cumbia** y en la canción «Barlovento». En las laderas y valles andinos de estos países son populares los **bambucos**; al otro lado de las sierras, en los llanos, gusta mucho el **joropo** interpretado con el uso del arpa en vez de la guitarra. La música del **vallenato**, música campestre con raíces hispánicas, se ha difundido en el norte de Colombia. Al sur, en cambio, han tenido buena acogida el pasillo y los tristes sanjuanitos ecuatorianos.

En Chile es popularísima la **cueca** alegre, composición musical mestiza parecida a la **zamacueca** peruana y a la zamba argentina, y como éstas, también bailable. Al pueblo paraguayo le encantan la polca y las canciones parecidas a las mexicanas interpretadas con la ayuda del arpa. La música del Uruguay está emparentada con las melodías porteñas (de Buenos Aires), aunque en el interior también se oye la música mestiza semejante a la del Noroeste argentino.

En las últimas décadas se ha difundido en Latinoamérica la música revolucionaria que expresa la convulsa realidad social. En ella el interés en la lucha popular predomina sobre lo estético: aún en la política y el arte con la premisa de que no hay arte sin ideología. Ha producido cantatas en favor de la paz, poemas sinfónicos al trabajador en la fábrica, himnos y marchas revolucionarios, canciones de lucha para los obreros en huelga, composiciones para celebrar la memoria de guerrilleros como el Che Guevara y Camilo Torres, y, sobre todo, canciones-protesta. Apristas, comunistas, tupamaros, montoneros, sandinistas y otros revolucionarios tienen sus compositores y cantantes. Como para ellos la música debe utilizar sus conquistas para corregir la alienación del hombre, convierten su guitarra, mandolina o cualquier instrumento musical popular en arma de batalla. En el Perú se popularizaron piezas como «La Marsellesa Aprista», «Marcha de los Búfalos», «Marcha Aprista», «Marcha a los Caídos»; en Chile, las canciones politizadas de Violeta Parra y Víctor Jara; en la Argentina, las interpretaciones de Atahualpa Yupanqui y Mercedes Sosa; y en el Brasil, la música rebelde de Geraldo Vandré, de Chico Buarque de Holanda. Finalmente debemos reconocer las contribuciones de la Nueva Trova Cubana y de Soledad Braco (venezolana nacida en España) a la Nueva Canción latinoamericana.

19.9 SUMARIO

I. **La música precolombina:**
  A. Fuentes: frescos aztecas y mayas; cerámica sudamericana
  B. Instrumentos: de percusión y de viento; ausencia de los de cuerda
II. **La música en Hispanoamérica colonial:**
  A. Inicial intento español de extirpación de la música precolombina
  B. Fundación en Texcoco de un centro musical para los indígenas (1524)
  C. En 1556 en México se imprime libro con música, el primero de América
  D. Música polifónica de iglesias, conventos, monasterios y misiones
  E. La música secular experimenta en Iberoamérica profundas modificaciones
  F. En el siglo XVII la música criolla tiene sus propias características

2. Politonalidad y disonancia en Silvestre Revueltas (1899–1940)
3. Carlos Chávez (1899–1978) y su *Sinfonía india* (1935–36)
VI. **La música de los herederos del Incanato:**
A. Música india (huaynos, yaravíes, sanjuanito) con influencia española
B. Música criolla (marinera, zamacueca, vals criollo) de influencia indígena
VII. **La música en la Argentina:**
A. Ritmos mestizos del Noroeste y de los bailes gauchescos
B. Difusión regional del gato y universal del tango
C. A. Ginastera (1906–83) y sus óperas indolatina (*Cantata para América Mágica* [1960] e internacionales (*Don Rodrigo* [1966] y *Bomarzo* [1967])
D. Antifolklorismo de J. J. Castro (1895–1968) y J. C. Paz (n. 1897)
VIII. **La música en otros países latinoamericanos:**
A. Predominio de la música mestiza: afroantillana o hispanoindia
B. Joropo venezolano, bambuco colombiano y pasillos ecuatorianos
C. Cueca chilena, polca y arpa paraguayas y marimba guatemalteca
D. Supremacía de la guitarra en toda Latinoamérica.

19.10 CUESTIONARIO, PREGUNTAS Y VIDEOS

Cuestionario
1. ¿Por qué al principio los conquistadores destruyeron la música indígena?
2. ¿Qué significado histórico tiene «El son de la Má Teodora»?
3. ¿Cuáles fueron los principales centros musicales durante la Colonia?
4. ¿Qué importancia tuvo la música en Venezuela durante el siglo XVIII?
5. ¿Qué características fundamentales tiene la música brasileña?
6. ¿Por qué fue Villa-Lobos un destacado compositor del siglo XX?
7. ¿Cómo se explica la importancia del elemento africano en la música cubana?
8. ¿Por qué se difundió la ópera en la Latinoamérica del siglo XIX?
9. ¿Quiénes son los grandes compositores hispanoamericanos de este siglo?
10. ¿A qué se le llama música indígena en el Perú de hoy?

Preguntas y temas de expansión
1. En su opinión, ¿qué característica de la música precolombina es la más sobresaliente y por qué?
2. De los artistas mencionados, ¿quién fue el mejor en su opinión y por qué?
3. ¿Ud. cree que la contradanza es importante en el desarollo de la música latinoamericana?
4. ¿Es posible decir que los sones y ritmos de la música latinoamericana han influido a la música que Ud. escucha? ¿Cómo?
5. Seleccione un tipo de música y describa cómo es importante históricamente.
6. Explique cómo se desarrolló la música en Latinoamérica colonial.
7. Escoja dos grandes músicos cubanos y explique por qué los prefiere.
8. Compare la música peruana con la mexicana.
9. Contraste la música de la Revolución Mexicana con la música de hoy.
10. Evalúe la contribución musical de Héitor Villa-Lobos?

Videos
Vea nuestras sugerencias en la página 410.

19.11 RECOMENDACIÓN BIBLIOGRÁFICA

Appleby, David P. *The Music of Brazil.* Austin: University of Texas Press, 1983.

Bébague, Gerard H. ed. *Music and Black Ethnicity: The Caribbean and South America.* Coral Gables: University of Miami Press, 1994.

Bethell, Leslie. *A Cultural History of Latin America. Literature, Music and the Visual Arts in the 19th and 20th Centuries.* Cambridge: Cambridge University Press, 1998.

Bolaños, César, et al. *La música en el Perú.* Lima: Patronato Popular y Porvenir Pro-Música Clásica, 1985.

Carpentier, Alejo. *La música en Cuba.* La Habana: Editorial Letras Cubanas, 1988.

Castellanos, Pablo. *Horizontes de la música precortesiana en México.* México: Fondo de Cultura Económica, 1970.

Chase, Gilbert. *A Guide to the Music of Latin America.* 2d rev. and enlarged ed. Washington, D.C.: Pan American Union and the Library of Congress, 1962.

Chávez, Carlos. *Folk Songs and Dances of the Americas.* 2 vols. Washington, D.C.: Pan American Union, 1963.

Delgado, Celeste Fraser, and J. E. Muñoz. *Everynight Life: Culture and Dance in Latin America.* Durham, NC: Duke University Press, 1997.

Díaz, Alirio. *Música en la vida y lucha del pueblo venezolano: ensayos.* Caracas: Presidencia de la República, 1980.

Dower, Catherine. *Puerto Rican Music Following the Spanish American War, 1898.* Lanham, MD: University Press of America, 1983.

_____. *Ensayos de música latinoamericana: selección del Boletín de Música de la Casa de las Américas.* La Habana: Casa de las Américas, 1982.

Estrada, Jesús. *Música y músicos de la época virreinal.* México: Secretaría de Educación Pública, 1973.

Perdomo Escobar, José Ignacio. *Historia de la música en Colombia.* 3ra ed. Bogotá: Editorial ABC, 1963.

Perrone, Charles. *Masters of Contemporary Brazilian Song,* Austin: University of Texas Press, 1989.

Ruiz, Raúl R. *Alicia: la maravilla de la danza.* La Habana: Editorial Gente Nueva, 1988.

Sas, Andrés. *La música en la catedral de Lima durante el virreinato.* 3 vols. Lima: Universidad Nacional Mayor de San Marcos, 1973.

Stevenson, Robert M. *Renaissance and Baroque Musical Sources in the Americas.* Washington, D.C.: Organization of American States, 1970.

_____. *Music in Aztec and Inca Territory.* Berkeley: University of California Press, 1968.

Valdés Sicardó, Carmen. *5 músicos latinoamericanos.* La Habana: Editorial Gente Nueva, 1988.

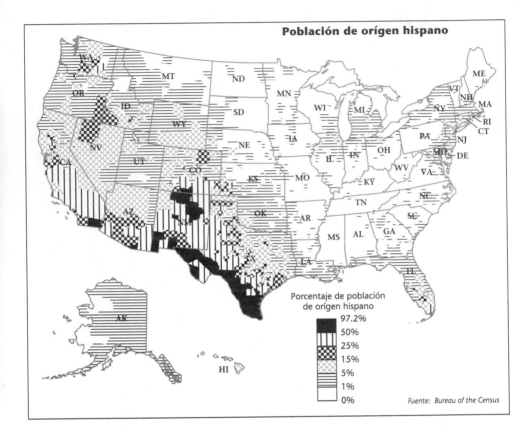

Población de orígen hispano

Porcentaje de población
de orígen hispano

97.2%
50%
25%
15%
5%
1%
0%

Fuente: Bureau of the Census

Estados Unidos

- Población: 272,300,000
- Población de latinos en Estados Unidos: 27,230,000 (10%)
  - 64.2% de origen mexicano
  - 14.5% de América Central o Sudamérica
  - 10.5% de Puerto Rico
  - 4.8% de Cuba
  - 6.0% del resto del mundo latino

El pluriculturalismo y el feminismo en Latinoamérica y los hispanos (latinos) en Estados Unidos

http://latinoamerica.heinle.com

Vocabulario autóctono y nuevo

- cabildo
- jitanjáfora
- chicano

- indoafrolatinoamericana
- panlatinoamericanismo

20.1 INTERPRETACIONES Y CRÍTICAS RECIENTES

En los capítulos anteriores hemos visto que conforme se aflojan los eslabones de la dependencia, aflora más la originalidad cultural latinoamericana. En otros capítulos se ha mostrado cómo la cultura de los dominadores ha sido por mucho tiempo hegemónica y cómo paulatinamente ella es reemplazada por una nueva cultura latinoamericana, cuyas manifestaciones indigenistas, africanas y occidentales adaptadas se evidencian en las artes y en la literatura. En otras partes de este libro se ha visto que en los países tradicionalmente más dependientes se ha desarrollado con el tiempo un panorama multicultural. En ellos se señorea la cultura occidental. Como dijimos en nuestro Prefacio, la cultura latinoamericana es un

arco iris de los siete colores de las etnias[1] coexistentes en esta nación continental **indoafrolatinoamericana**: española, lusitana, indígena,
indoibérica, afroamericana y mestiza integral. Este libro ha tratado de
explicar cómo hay relativa unidad en esta multiplicidad y cómo las relaciones de dominación y conflicto interraciales han creado la interdependencia. Claro, en ninguna sociedad multicultural existen aisladamente sus
diversos elementos. La dinámica histórica y social los vincula y obliga a
influirse mutuamente hasta confluir e integrarse en distintos grados según
lo permitan las barreras económicas y políticas. Las relaciones estructurales
se jerarquizan[2] en proporción directa a los niveles de dominación. En
América Latina el orden estructural no ha emergido de modo sistemático.
La estructura se condiciona por los desafíos históricos y ambientales.

Es evidente que en algunos rincones aislados de Latinoamérica las condiciones semifeudales mantuvieron por mucho tiempo la yuxtaposición
étnica. Pero aun en esos lugares, con el correr del tiempo, las tendencias
ancestrales y las condiciones especiales favorecieron la mutua modificación
cultural y engendraron cierta homogeneidad en la heterogeneidad de los
núcleos subordinados y a la vez competidores y convergentes.

20.2 DESAFÍOS A LA NUEVA CULTURA LATINOAMERICANA

El latinoamericano, como otros pueblos, ha experimentado experiencias
históricas únicas que han afectado sus rasgos culturales acumulados.
Frente al desafío histórico y ecológico, América Latina respondió creando
una cultura que ya no es ni occidental, ni indígena, ni africana sino una
mezcla original de ellas en diversos estados de sincretismo según las
regiones y conforme a los estadios de desarrollo. Tuvo razón Bolívar al
afirmar en su discurso al Congreso de Angostura que los iberoamericanos
son una raza nueva, una raza compuesta de blancos, mestizos, indios y
negros, diferentes de sus antepasados precolombinos por ser hombres y
mujeres nuevos con personalidad, pensar, sentir y reaccionar propios. No
desmiente este hecho el que todavía haya criollos inadaptados a su circunstancia, divorciados de su realidad, cuyo conflicto cultural no les permite sentirse latinoamericanos ni occidentales, y como se ha señalado
frecuentemente, se sienten superiores a aquéllos e inferiores a éstos.
Latinoamérica les parece poco y Europa les significa demasiado; desprecian lo americano y resienten lo euronorteamericano. Estos seres frustrados sufren un gran vacío: cuando están en Latinoamérica sueñan con
Europa o con Norteamérica, y cuando se encuentran en estas dos áreas del
mundo occidental, anhelan retornar al terruño que los martiriza. Los

---

[1] *etnias*   racial and cultural groups
[2] *se jerarquizan*   are arranged in order of importance

amerindios y afroamericanos, por su parte, han desarrollado claramente modos propios, menos dependientes de la cultura de los dominadores. Con todo, aparte de estas excepciones, la vasta mayoría de latinoamericanos, sobre todo los de las grandes urbes, han hecho suya y sienten la cultura latinoamericana. Defienden sus variados matices, por encima de las distinciones raciales.

Conviene aclarar que lo occidental dominante no ha desintegrado completamente las culturas amerindias al intentar destruir la estructura sociopolítica precolombina. Resultante de este fenómeno ha sido la emergencia de desafíos culturales con su secuela de competencia en algunas áreas rurales pero de integración en los centros urbanos. En estos últimos se han arraigado mejor el nacionalismo, el sincretismo y el deseo de revitalizar su propia etnia.

En este contexto, el nacionalismo emerge en América Latina como rebelión contra la dependencia; como en otras áreas del tercer mundo, es una actitud defensiva del patrimonio ecológico y cultural. Los pueblos coloniales y semicoloniales aspiran al reconocimiento de su personalidad y de sus derechos a la autonomía. Pero en la fragmentada Latinoamérica contemporánea, el nacionalismo estrecho, de patria chica, a veces se contrapone al nacionalismo continental y dificulta el establecimiento de los Estados Unidos de Latinoamérica soñados por Bolívar, San Martín, Martí y otros grandes prohombres. Los intentos de integración centroamericana, gran colombiana y peruano-boliviana, los esfuerzos por establecer mercados comunes en el Caribe, Centro y Suramérica, así como la fundación de la Corte Interamericana de Derechos Humanos y el Parlamento Latinoamericano, son manifestaciones del deseo latente de unificación continental.

En la presente encrucijada[3] histórica, cuando el proceso de integración cultural se acelera por doquier,[4] surge un nuevo desafío. La dependencia económica y política está obligando al latinoamericano a enfrentarse con la cultura euronorteamericana difundida insistentemente mediante nuevas tecnologías de comunicación masiva. Quizás de este choque cultural, repetido paralelamente en otras áreas del tercer mundo, surja, a la larga, la cultura universal, mundial, ideal, soñada por los nuevos buscadores del paraíso futuro.

20.3 LOS NUEVOS AMERINDIOS

La actual cultura indígena de la mayor parte de México, Guatemala y la región andina es una amalgama[5] de elementos precolombinos modificados por lo hispánico durante los cinco siglos de contacto mutuo. Ello significa

---

[3] *encrucijada*   juncture
[4] *por doquier*   everywhere
[5] *amalgama*   mixture, blending

que así como la cultura latinoamericana es mestiza con tronco españo-
llusitano, la que actualmente se conoce como cultura indígena es también,
hasta cierto punto, mestiza con tronco precolombino. Al estudiar la
música, vimos claramente un ejemplo de los cambios: lo que hoy se llama
música india no es sino música mestiza con fuerte base indígena.

Quienes ven conflicto intercultural en Indoamérica no se percatan[6] de
que en ese choque no se contraponen lo occidental a lo indígena o a lo
africano sino a sus productos mutuamente modificados en contacto secular. Actualmente en los países amerindios se está llevando a cabo un proceso de mestizaje cultural acelerado mediante el cual ciertas capas de la
población aborigen campesina trocan elementos indígenas tradicionales
por elementos del mestizaje urbano, elaborando una subcultura de transición diferente de las dos culturas en contacto. El nuevo estado cultural les
permite cambiar significativamente de ocupación, vestimenta, lenguaje y
educación. Así, mientras que en su antigua condición, su ocupación básica
era la agrícola, ahora el nuevo amestizado cultural asume una variedad de
ocupaciones laborales, artesanales y comerciales que no practicaba antes.
Su vestimenta también cambia: abandona las prendas consideradas típicamente nativas—en realidad españolas de los siglos XVI y XVII—para
adoptar, a su manera, la ropa occidental adaptada a las urbes latinoamericanas. Su lenguaje se modifica: emplea en la calle un castellano influido por
la lengua vernácula, mientras que en casa o durante sus intensos estados
emocionales recurre a la lengua amerindia. Su escolaridad—especialmente
la de sus hijos—aumenta: deja de ser analfabeta para convertirse en semi-
analfabeta y a veces adquirir algunos años de educación básica.

En la actualidad se calcula que la población indígena de América Latina
varía entre 20 y 40 millones, dependiendo de quiénes se declaren indios
y, sobre todo, de quiénes los cuenten. De todas maneras, cualesquiera que
sean las formas de conteo empleadas, los cálculos reconocen como indígena entre el 5 y 10 por ciento de la actual población latinoamericana,
concentrada principalmente en México, Guatemala, Ecuador, Perú y
Bolivia, pero existente en menor proporción en la mayoría de los demás
países. La población indígena está disminuyendo proporcionalmente aun
en los llamados países indios. En ellos, antes constituían mayoría, pero
hoy, con el incremento de la mestización, el porcentaje de los amerindios
puros ya es minoritario. En otras repúblicas la disminución de este porcentaje es aún más acelerada. En el caso de Argentina, por ejemplo, que,
como hemos visto, es preponderantemente de origen europeo, en vísperas
de su independencia, en 1810, los indígenas representaban el 20 por ciento
de la población total de las provincias rebeldes del Río de la Plata, es decir
100,000 del medio millón de habitantes de entonces. El fenómeno de la

---

[6] *se percatan* realize

aculturación o transculturación tanto como el de la mezcla de razas tienen que ver mucho con este decrecimiento. Se usa el anglicismo aculturación para nombrar al proceso de adaptación a una cultura o de recepción o absorción de los módulos culturales de una sociedad más desarrollada. La mezcla de razas puede ser voluntaria o impuesta: expresión libre o instrumento para el exterminio de una etnia.

20.4 La deculturación africana y los aportes afroamericanos

El historiador cubano Manuel Moreno Fraginals llama deculturación al proceso consciente

Nicolás Guillén (1902–89), escritor cubano, uno de los mejores autores de poesía negra. Sus poemas están cargados de fuerte contenido social.

mediante el cual, con fines de explotación económica, se efectúa el desarraigo de la cultura de un grupo humano utilizado como mano de obra barata, no calificada. Este proceso, inherente a las formas de explotación colonial y neocolonial, es aplicado como herramienta de hegemonía para facilitar la extracción de las riquezas naturales. Así, en las plantaciones de América, sobre todo del Caribe y del Brasil, la deculturación fue la etapa previa a la transculturación y a la transmisión y difusión de los aportes africanos a la cultura general de la sociedad latinoamericana.

Solamente teniendo en cuenta las referencias documentales existentes, entre los años 1518 y 1873 llegaron al Nuevo Mundo 9 millones y medio de negros africanos. Aproximadamente el 90 por ciento de ellos arribaron al Brasil, al Caribe y al sur de los actuales Estados Unidos de Norteamérica, poco después de que muchos de sus hermanos perecieran en la forzada travesía. La literatura sobre la esclavitud negra demuestra la crueldad de los amos y establece distinciones entre el comportamiento de los patrones españoles, portugueses, criollos, ingleses, franceses y mestizos. En realidad, el tratamiento recibido por el esclavo fue una resultante económica. El amo sólo se interesaba en la productividad de la mercancía humana y la cotización del producto de su trabajo.

Después de desembarcados en el Nuevo Mundo, la mayoría de los africanos fueron conducidos a zonas deshabitadas, donde se los puso a trabajar inmediatamente en la agricultura o en la minería. En las plantaciones, los amos impidieron que aflorara entre los esclavos el sentido gregario, la cohesión social y la actitud solidaria. Se usó el proceso de deculturación como recurso maquiavélico para impedir la cohesión y la identidad. Se concentró a los esclavos mezclándolos con otros de diferente origen tribal, de diversas regiones de África y de diferentes idiomas, dialectos, religiones, pero con mutuos sentimientos de hostilidad. Estos odios interétnicos[7] fueron estimulados para obstaculizar la formación de una conciencia de clase. En cambio, en ciertas zonas urbanas, como las cubanas, por ejemplo, el gobierno colonial auspició y legalizó la constitución de «**cabildos**», donde se agrupaban esclavos de una misma tribu o nación africana. Se tuvo en cuenta siempre que ningún «cabildo» fuese suficientemente fuerte o numeroso que opacase a los demás.

En las plantaciones y minas la diversidad de subculturas africanas desencadenó conflictos y acercamientos interétnicos que desembocaron en la transculturación interafricana y en el lento e inconciente proceso de aculturación. Ayudó al proceso de tránsito cultural la edad de los esclavos traídos a América. Hasta 1830 se importaban jóvenes de 15 a 20 años, pero a partir de ese año se trajeron esclavos de 9 a 12 años. La juventud aseguraba estadísticamente la vida del esclavo durante el tiempo necesario para adiestrarlo a incrementar la productividad. Desde 1830, frente a la posible paralización del tráfico de esclavos por la amenaza de Inglaterra que ya no los necesitaba, las plantaciones y minas iniciaron la masiva importación de niños y mujeres como últimos recursos para la supervivencia del sistema esclavista amenazado por la industrialización británica.

La poca edad de los africanos importados facilitó los procesos de deculturación y aculturación. Al cumplir la edad de 38 años, el esclavo había vivido más tiempo en Latinoamérica que en África. La norma importadora hasta principios del siglo XIX fue traer un bajísimo porcentaje de mujeres. En el criterio de los patrones, ellas eran de poca productividad y tenían bajísima fecundidad a consecuencia del régimen de trabajo. Además, la mortalidad infantil entre los esclavos de las plantaciones era altísima. Sólo el 10 por ciento de ellos llegaba a la edad madura.

La pronunciada desproporción de hombres y mujeres originó una tensión que se expresó en una multiplicidad de formas: bailes, cantos, juegos, relatos. Tras su participación masiva en las guerras de la independencia y sobre todo después de su emancipación en el siglo XIX, el negro libre continuó contribuyendo elementos al arco iris cultural latinoamericano.

Aunque el interés en los aportes africanos comienza desde los albores del siglo XX, como el del cubano Fernando Ortiz (1881–1969), sólo a partir de la década de 1920 se desarrollan una literatura negra y otra vertiente negrista estimuladas por las corrientes vanguardistas cuando la

---

[7] *interétnicos* between or among cultural groups

curiosidad francesa por lo exótico puso en boga lo negro. El movimiento abarcó a los países caribeños, Ecuador, Perú y Uruguay. Cuando en las décadas de los años 1930 y 1940 la poesía afroantillana consiguió resonantes triunfos, entonces con más claridad se distinguieron esas dos vertientes. La poesía negrista es objetiva, retrata al afroamericano con interés satírico y humorístico, como una cámara fotográfica, sin penetrar en su drama. Los mejores cultivadores del género fueron el puertorriqueño Luis Palés Matos y los cubanos Emilio Ballagas, José Zacarías Tallet y Ramón Guirao. La poesía negra, en cambio, es subjetiva. Expresa el sentir y el pensar del afroamericano. Percibe su angustia, su dolor, su condición social disminuida: la tragedia afroamericana derivada de su posición económica inferior. La distinción está, en realidad, en el fondo porque ambas corrientes utilizan la misma temática. Emplean el mismo pasado histórico, examinan los anhelos, usan los cantos guerreros ancestrales, las leyendas cosmogónicas, el folklore afroamericano. Sus recursos literarios son la **jitanjáfora**,[8] los sonidos onomatopéyicos, las alusiones a las diferentes partes de la anatomía humana. La verdadera distinción tal vez esté en el deseo implícito en la poesía negra: interpretar la protesta de la raza secularmente oprimida y expresar su deseo de redención porque siente como propia la tragedia colectiva. Los mejores cultivadores de esta vena fueron el cubano Nicolás Guillén y el dominicano Manuel del Cabral.

En la actualidad el negro, como grupo étnico, se encuentra más integrado a la civilización latinoamericana que el indígena. El negro y el mulato en sus diversos grados de mezcla son hoy mestizos culturales que han contribuido mucho a la literatura, la música, la danza y las artes plásticas de Brasil, Cuba, República Dominicana, Puerto Rico, Venezuela y Panamá. Como culturalmente hablando, en cierto sentido ya no hay población negra sino mulata, todavía en muchas partes de Latinoamérica se exagera la verdad, como cuando se repite la observación de 1708, que Brasil es un infierno para los negros, purgatorio para los blancos y paraíso para los mulatos.

20.5 La presencia asiática en Latinoamérica

La inmigración asiática a América Latina ha procedido principalmente de China y Japón. Las relaciones sino-latinoamericanas comenzaron en 1564. Desde ese año hasta el siglo XVIII, los sangleyes (chinos filipinos; de *shan lu*, comerciante viajero) sirvieron de tripulantes en los galeones de Manila y se establecieron en las colonias españolas. El censo limeño de 1613 revela que en ese año residían 38 de ellos. El mexicano Carlos de Sigüenza y

---

[8] *jitanjáfora*   meaningless poetic word created by the writer to add musical cadence to Negro poetry

El arte culinario y el comercio del Barrio Oriental de São Paulo, Brasil, compiten en dinamismo con el barrio chino de Lima, pero no con los barrios chinos de San Francisco, Nueva York y Los Ángeles.

Góngora (1645–1700) incluye a dos sangleyes entre los personajes de los *Infortunios de Alonso Ramírez*. A fines del siglo XVII, Humboldt vio a varios de ellos en México y Cuba. Probablemente durante este período el vocablo chino *cha* (dialecto pekinés) y *te* (dialecto de Amoy) pasaron al portugués y al castellano como *cha* y «té» respectivamente. También se difundieron las palabras «chino», «china» (con diversos significados), «chinela» (zapatilla), «tifón», y «china poblana» como nombre del vestido típico de México.

Por el interés en el fomento del cultivo del té, Brasil fue el primer país latinoamericano en organizar el traslado de un número limitado de trabajadores chinos a principios del siglo XIX. Desde entonces hasta hace unas décadas la emigración china a ese país fue numéricamente inferior a la destinada a Cuba, Perú y México.

En 1847, dos años después de la supresión del tráfico de esclavos, los agricultores de Cuba importaron un cargamento de chinos engañados. El método furtivo en el contrato laboral, la altísima mortalidad en la travesía y las penosas condiciones se repitieron en el tráfico de coolíes de China al Perú. Así comenzó el triste capítulo de ese negocio que violentó tanto al hombre como a la verdad histórica. Se calcula que entre 1847 y 1874, año de la supresión del tráfico, alrededor de medio millón de trabajadores chinos fueron embarcados engañosamente hacia Latinoamérica; de ellos solamente el 80 por ciento llegó a su destino. El resto quedó regado en el fondo del mar. El tráfico de trabajadores de la India, en donde parece que se originó el término coolí o culí, continuó hacia las Antillas y las Guayanas hasta mucho después. Cuando comenzó la guerra por la independencia de Cuba en 1868 ya habían llegado a ese país más de 50,000 braceros [9] chinos. Su sufrimiento en las plantaciones de caña de azúcar contribuyó a que miles de ellos se unieran a los ejércitos revolucionarios. En La Habana todavía existe un monumento erigido en gratitud a esa participación; en él hay una mención alusiva a su heroicidad y al hecho de que en esas guerras hubo traidores de todas las razas pero no de la «china». De 1868 a 1873 la respuesta de los amos de las plantaciones fue importar más coolíes: trajeron, según las estadísticas, 33,081 más. Cuando al fin se cumplieron las provisiones de la abolición de la trata[10] de trabajadores en 1874, Cuba había recibido 126,000 coolíes.

Los primeros chinos en el Perú fueron sangleyes establecidos desde el siglo XVI. Su llegada se prolongó a lo largo de todo el período colonial y continuó a través de la ruta Manila-Acapulco-Panamá-Guayaquil-Paita-Callao. Entre los años 1849–1879, los gamonales concesionarios del guano[11] realizaron el traslado de cerca de 100,000 coolíes. Trabajaron en las haciendas azucareras, algodoneras y arroceras, en la extracción del guano y en la construcción de ferrocarriles. El inhumano tratamiento que recibieron causó numerosas rebeliones sofocadas con crueldad sádica. Durante la Guerra del Pacífico se asesinó a centenares de chinos en Lima en venganza por la ayuda prestada por los coolíes de Ica al ejército invasor chileno que perseguía a los crueles propietarios de las haciendas donde trabajaban. El pésimo tratamiento de la población china contribuyó a su disminución. Como en otras partes de Latinoamérica, la emigración al Perú ha tenido sus altibajos debido a las leyes discriminatorias adoptadas periódicamente por algunos de los gobiernos con diversos pretextos, incluyendo el de obtener soborno para permitir su ingreso, como lo hizo el dictador Manuel Odría de 1948 a 1956. Según datos publicados por *China Construye* (febrero de 1987), en 1982 había más de 230,000 chinos en Latinoamérica y desde entonces el número había crecido hasta llegar a 100,000 en Brasil, mientras que los «chinos con nacionalidad peruana», se acercaban a los 40,000, el doble que los nacionalizados en Panamá y el cuádruple que los de Ecuador, Argentina o Venezuela. Era evidente que esas cifras no incluían a los mestizos con antecesores chinos, cuyo número es mucho más alto.

La inmigración china en México comenzó después del convenio firmado con China en 1899. De 1900 a 1930 los censos de población indicaron un aumento de 2,660 a 18,965. La mitad de ellos se dedicaron al comercio y las mayores concentraciones se encontraban en el norte del

---

[9] *braceros* laborers, farm hands
[10] *trata* trade
[11] *guano* sea-bird excrement used to prepare fertilizer

país. La rivalidad comercial y la corrupción política en México causaron una ola de abusos que obligaron a 10,000 chinos a abandonar el país de 1931 a 1934.

En la actualidad la población de origen chino en la América Latina se concentra principalmente en Perú, Brasil, Cuba y Panamá, y en menos proporción en México, Argentina, Ecuador, Chile, República Dominicana, Uruguay, Paraguay y en algunos países de Centroamérica. Laboran en casi todas las actividades y su contribución a la cultura ha sido importante. Se han destacado en la pintura Wifredo Lam (1902–82), uno de los mejores pintores de Cuba; en la poesía, el cubano Regino Pedroso (1896–1983) y el panameño Carlos Francisco Chang Marín (n. 1922); en filosofía, los peruanos Pedro S. Zulen (1889–1925) y Víctor Li Carrillo (1929–89), ex decano de humanidades de la Universidad Bolívar de Caracas; en antropología, los peruanos Emilio Choy (1915–76) y Rosa Fung Pineda, ex directora del Museo de Arqueología y Etnología de la Universidad de San Marcos; en física, el astronauta costarricense Franklin R. Chang-Díaz (n. 1950).

Asimismo, descendientes de chinos han ocupado importantes posiciones en el gobierno, las fuerzas armadas, los deportes, la dirigencia gremial y hasta en las guerrillas. En el Perú, Víctor Joy Way, ha sido Primer Ministro (1999), Presidente de Congreso (1996–97, 1998–99) y ministro de industria; Wilfredo Chau se ha desempeñado como ministro de trabajo; Luis Chang Reyes, como viceministro de energía y minas, y Luis Chu Rubio, como congresista. En Panamá el coronel Guillermo Wong dirigió el servicio de inteligencia del ejército. Otros fueron elegidos al Senado de Cuba y a la Asamblea Constituyente, la Cámara de Diputados, el Senado y el Congreso del Perú. En el deporte peruano debe mencionarse a Edwin Vásquez, campeón mundial de tiro al blanco en los Juegos Olímpicos de 1947, a Edith Wong, subcampeona sudamericana de tenis en la década de 1960, y a Mónica Liyau, representante de su patria en competencias internacionales de ping pong. Entre los líderes laborales, destacaron Adalberto Fonkén, maestro de Víctor Raúl Haya de la Torre, y Chang Lofock, por largo tiempo dirigente del gremio de transportes en Lima. Dos jóvenes murieron peleando por sus creencias: el peruano Juan Chang Navarro, compañero del Che Guevara, y el guatemalteco Marco Antonio Yon Sosa. Otro revolucionario es el peruano Víctor Polay, jefe máximo del Movimiento Revolucionario Tupac Amaru, acusado de acciones guerrilleras contra el gobierno y contra Sendero Luminoso. Ultimamente en el Perú han sobresalido Eduardo Chullén, en arquitectura, y Mónica Chang en la televisión.

La migración japonesa a Latinoamérica es más tardía pero más numerosa. Comenzó con braceros contratados para las haciendas costeras del Perú en 1899 y del Brasil en 1908. Alrededor de 18,000 braceros llegaron al Perú entre 1899 y 1923. De 1924 a 1936 arribaron a las ciudades peruanas un número mayor. A México comenzaron a llegar en números significativos a partir de 1909. En 1910 ya había 2,205 y en 1934, los inmigrantes japoneses sumaban 5,360, el 90 por ciento de los cuales eran hombres. En Sudamérica, en cambio, el número de japoneses aumentó de 16,000 en 1913 a 201,000 en 1938, la mayoría de los cuales residía en el Brasil (170,165), en el Perú (21,503) y Argentina (6,267), dedicados principalmente a la agricultura y al comercio. La población japonesa en el Brasil ha crecido significativamente del cuarto de millón en 1945, a 615,000 en 1968 y a un millón dos cientos mil en 1990 de los cuales 40 por ciento vive de la agricultura y domina el 94 por ciento de la producción de té. El 71 por ciento de ellos vive en Sâo Paulo, el 12 por ciento en el vecino Estado de Paraná, y los demás en otras partes del país, especialmente en la zona franca de Manaos, dedicados a la industria. En el Brasil dos brasileños de origen japonés llegaron a ser Ministros de Estado y el pintor Manabu Mabe ha tenido éxito internacional.

Durante la Segunda Guerra Mundial el Brasil no envió a ninguno de sus japoneses a los campos de concentración de Estados Unidos. El Perú, en cambio, remitió 1,771, muchos de los cuales tenían hijos peruanos. En el período de posguerra, de 1951 a 1970, emigraron al Perú 765 japoneses, número inferior a los que llegaron al Brasil (56,341), al Paraguay (7,754) a la Argentina (2,141) a Bolivia (1,971) y a la República Dominicana (1,330). En 1956 se calculaba que en el Perú había 38,000 japoneses. Cuando Alberto Fujimori fue juramentado Presidente del Perú en 1990, en el país residían unos 70,000 peruanos descendientes de japoneses y ciudadanos del país del sol naciente.

La población japonesa, como la china, también se ha diversificado en sus ocupaciones y mayor número de ellos recibe educación universitaria. Su contribución al desarrollo industrial, cultural y deportivo de los países en donde viven ha sido significativa. En el Perú, por ejemplo, han destacado en diversas actividades. El arqueólogo Yoshitaro Amano al morir en 1982, cuarenta y dos años después de haber arribado al país, dejó la Fundación Museo Amano. La antropóloga Amelia Morimoto es autora de varios libros y de una estudio de la inmigración japonesa en el Perú. En la TV destacan Suzie Sato, Gonzalo Iwasaki y Julio Higashi. En la pintura han sobresalido Tilsa Tsuchiya (1936–84) y Vencio Shinki (n. 1932); en poesía, José Watanabe; Eduardo Tokeshi y Venancio Shinki; y en política, Alberto Fujimori, elegido Presidente de la República en 1990 y 1995; Daniel Hokama, ministro de energía y minas en 1998, sucesor en esa cartera de Jaime Yoshiyama, ex hombre de confianza del Presidente Fujimori que ocupó en tres oportunidades la presidencia interina del país después del golpe de estado del 5 de abril de 1992, opuesto por los dos vicepresidentes de la República, Máximo San Román y Carlos García;

Eduardo Yashimura, ex senador (1980–85) y ex viceministro de agricultura; Augusto Yamada Fukusaki, vice ministro de promoción social; y Samuel Matsuda, presidente de La Comisión de Descentralización del Congreso en 1998. También han destacado Joaquín Muruy, Manuel Kawashita y el ingeniero Alberto Kitasono, ex Secretario Nacional de Organización del Partido Aprista y ahora colaborador en el gobierno de Fujimori. En el Perú, al presidente Fujimori se le identifica como chino por la costumbre andina de llamar con ese nombre a cualquiera que aparezca asiático (chino, japonés o coreano). Históricamente el número de peruanos de origen chino ha sido más alto que el de los de origen nipón. En 1998 el primer secretario y cónsul de la Embajada de la República Popular China, Wan Youzhi, declaró que en el Perú existen más de 20,000 ciudadanos chinos y cerca de 80,000 chinos nacionalizados peruanos, además de un millón 200,000 descendientes que pertenecen a siete generaciones chinas. De confirmarse esta cifra, ella representaría un total del 5 por ciento de toda la población peruana. Estas declaraciones las vertió en la Plaza Mayor de Trujillo, luego de participar, conjuntamente con el prefecto regional, Alejandro Chang Sotero, en la ceremonia cívico-militar de izamiento del emblema patrio.

20.6 LA LIBERACIÓN FEMENINA EN LATINOAMÉRICA

Como en las colonias inglesas del Continente, en Latinoamérica colonial la mujer compartió con el hombre la dura vida de la época y contribuyó su cuota de sacrificio. La india, la negra y la mestiza tuvieron un papel más duro que la blanca porque además del prejuicio tradicional al sexo femenino, experimentaron la discriminación racial. La participación de la mujer en las guerras por la emancipación política no mejoró su suerte durante el primer siglo de vida de la primera independencia de los nuevos países. En ellos la mujer siguió recibiendo parecido trato al de su hermana en el resto del mundo, sometida al concepto machista de la sociedad. Flora Tristán (1803–44), hija de un peruano y una francesa, y abuela del pintor Paul Gauguin, dejó en *Peregrinaciones de una paria* (1838) un retrato de la sociedad peruana. Esta pionera del socialismo en Francia, en sus escritos posteriores, resumió la posición de la mujer de su época al llamarla manceba al servicio del hombre, proletaria del proletariado mismo, y como tal, explotada por la burguesía. Su simpatía se extendió a las mujeres de todo el mundo, excluidas de los análisis marxistas de entonces. Siguiendo su ejemplo, Marx y Engels entonces vieron en el *status* de la mujer la medida del progreso de la sociedad pero no explicaron cómo debía realizarse esa evaluación.

Desde fines del siglo pasado, el lento avance de la industrialización conmovió la sociedad tradicional y minó gradualmente las bases de la discriminación sexual. Desde entonces los censos indican la progresiva participación femenina en las fuerzas laborales mejor remuneradas y la disminución de su porcentaje en el servicio doméstico.

El movimiento feminista desarrollado en Europa y Norteamérica se extendió a los países del sur con un poco de retraso y con menos intensidad. En 1930, por ejemplo, se reunió en La Habana la Primera Conferencia de la Comisión Interamericana de Mujeres (CIM) para discutir la falta de derechos civiles y políticos de las latinoamericanas. Sólo en el Ecuador la mujer votaba en las elecciones nacionales desde 1929, nueve años más tarde que en los Estados Unidos. La CIM obtuvo poco porque únicamente en la República Dominicana y por concesión táctica del presidente Rafael Leonidas Trujillo se le concedió el voto a la dominicana en 1942. Las chilenas lo consiguieron en 1949; las peruanas, en 1955; las colombianas, en 1957; las paraguayas, en 1961.

El desarrollo del movimiento agresivo de liberación femenina está dando buenos dividendos desde hace cuatro décadas. En Latinoamérica, más que en Europa y Norteamérica, por demasiado tiempo era una realidad la observación de Goethe: «La casa del hombre es el mundo, el mundo de la mujer es la casa». Prevalecía la interpretación masculina de la historia y del papel de los sexos. Más que en otras partes se aceptaba pasivamente la idea aristotélica de que «La mujer es hembra en virtud de cierta falta de cualidades». En el mundo tradicional masculino muchos concordaban con Schopenhauer en que «La mujer es un animal de cabellos largos y de ideas cortas». Estos prejuicios dieron por resultado una tasa más alta de analfabetismo entre las mujeres. Su falta de educación formal sirve de pretexto para la discriminación, como cuando recibe menor remuneración por el mismo trabajo realizado por el hombre. Como en el caso de los otros marginados en la sociedad, la baja educación no es la causa sino el efecto de la discriminación. Afortunadamente, poco a poco en Latinoamérica se comienza a abandonar el viejo concepto de aceptar al hombre como la medida del cambio y a tener una visión asexual del universo. Las últimas conquistas socioeconómicas ya comienzan a extenderse a la mujer.

En 1975 se reunió en la ciudad de México la Conferencia del Año Internacional de la Mujer para redactar un Plan de Acción Mundial para la Década de la Mujer de las NN.UU., 1976–1985, durante la cual debatieron sus ideas la estadounidense Betty Friedan y Domitila Barrios de Chungara, representante de las esposas de los mineros bolivianos. Durante los siguientes diez años en diferentes regiones latinoamericanas circularon un buen número de publicaciones feministas, tales como *Fem* en México, *La Cacerola* en Uruguay, *Mujer y Sociedad* en Perú y *Enfoques de Mujer* en Paraguay. Desde 1985 se han instituido programas de estudios feministas, como el Programa Interdisciplinario Estudios de la Mujer (PIEM) en el Colegio de México y en la Universidad Autónoma de Costa

Victoria Ocampo (1891–1979), conocida escritora argentina, pertenecía a
una rica familia porteña. En su casa se
hospedaron el Príncipe de Gales y
muchos grandes escritores de diferentes partes del mundo. Ella representaba a la mujer moderna que con su
posición social, dinero e inteligencia se
hizo respetar y aplaudir en el mundo
hispanoamericano machista.

Rica. En febrero de 1993 el Programa
Interdisciplinario de Estudios de
Género (PRIEG) de la Universidad de
Costa Rica organizó el V Congreso
Interdisciplinario Internacional de
Mujeres al cual asistieron 2,000 representantes de organizaciones feministas
del mundo. En sus sesiones se
debatieron los temas vigentes del feminismo latinoamericano actual,
incluyendo los de la mujer, el medio
ambiente, la cuestión del género, el
SIDA (AIDS) y los derechos humanos.
Con posterioridad se han reunido
encuentros feministas en Brasil (1985),
México (1987) y Argentina (1990),
todos ellos muy concurridos.

20.7 EL CAMBIANTE PAPEL DE LA IGLESIA EN AMÉRICA LATINA

El papel sociológico de la Iglesia
Católica en Latinoamérica comienza
con la Conquista. Aunque el factor
económico predominó en la colonización ibérica del Nuevo Mundo, la
propagación del cristianismo le dio una justificación religiosa como si
fuera una nueva cruzada. Desde entonces la Iglesia asumió un papel
descollante en la sociedad virreinal. Durante las primeras épocas del
período republicano comenzó a debilitarse su poder. Las luchas entre liberales y conservadores minaron su posición privilegiada entre las élites
gobernantes. En México la lucha anticlerical adquirió especial efervescen-
cia, sobre todo, durante la Reforma, a mediados del siglo diecinueve, y
durante las etapas bélica y radical de la Revolución mexicana (1910–39).
Como en otros países, al perder su poder económico, la influencia de la
Iglesia disminuyó considerablemente en México hasta hace poco.

Después de la Segunda Guerra Mundial, la radicalización del bajo clero
y de algunos altos prelados le dieron a la Iglesia una imagen reformista y
hasta revolucionaria, especialmente por la formulación de la llamada
teología de la liberación. Centenares de sacerdotes y religiosas se entregaron al servicio de las reivindicaciones populares. Las conferencias arzo-
bispales latinoamericanas (CELAM) reunidas en Medellín (1968) y en
Puebla, México (1979), con sus debates sobre el papel de la Iglesia en la

transformación social, revelaron la magnitud de los cambios experimentados. Muchas manifestaciones de esa inquietud y virulencia del cambio pueden citarse: la prédica del Arzobispo de Recife, Brasil; la reforma agraria instituida en sus haciendas por el obispo de Talca; el apoyo al movimiento laboral cristiano, especialmente en Chile y en Argentina, y los fuertes vínculos con partidos reformistas como los demócratas cristianos establecidos después de la segunda guerra mundial sobre la base de las encíclicas papales; la labor guerrillera del sacerdote colombiano Camilo Torres; y la participación del sacerdote-poeta Ernesto Cardenal y del Padre Miguel D'Escoto (Maryknoll) en el gobierno sandinista de Nicaragua. El papel progresista de sacerdotes y religiosas continuó pese a las limitaciones impuestas por el Papa Juan Pablo II. En 1984 el Vaticano inició el «proyecto de restauración» y comenzó a reestructurar la Iglesia en Latinoamérica, particularmente en el Brasil, con el nombramiento de arzobispos y obispos conservadores, opuestos a la teología de la liberación.

Para algunos estudiosos, el fervor cristiano en Latinoamérica es más aparente que real. Los indígenas mesoamericanos y andinos y los afroamericanos del Caribe y Brasil creen en una fusión sincrética de catolicismo y cultos heredados de sus antepasados, y practican un ritual bastante diferente al los blancos y mestizos de las clases medias. A esta cultura religiosa floreciente entre millones de latinoamericanos se le ha dado el nombre de «religiosidad popular» y «catolicismo popular». Los antropólogos la describen como expresión de fe de los sectores socioeconómicamente marginados que constituyen en casi todos los países la mayoría de la población. Este catolicismo popular coexiste con la religión oficial de la élite gobernante difundida por los sacerdotes tradicionales, protectores de las normas y prácticas ortodoxas. A veces las creencias y prácticas de la religiosidad popular nacen del esfuerzo del pueblo por interpretar a su manera las ideas abstractas del catolicismo oficial en términos y símbolos más familiares. Sus manifestaciones externas más visibles son las fiestas en honor de los santos patrones, los cultos en torno a los lugares donde se cree que la Virgen o un santo ha aparecido, los ritos funerales, las imágenes sagradas, el uso de símbolos religiosos (medallas, reliquias, hábitos, velas), la fundación de instituciones sociales como las hermandades y la aceptación de cargos especiales en las fiestas del pueblo. Por las condiciones inhumanas de explotación y el peso abrumador del diario sufrimiento en la lucha por el pan de cada día para sí y los suyos, las clases populares en Latinoamérica se han identificado más con Cristo crucificado y con la Virgen dolorosa que con Cristo resucitado. La nueva Iglesia Católica en general es muy comprensiva de la expresión de fe popular.

20.8 LOS LATINOS (HISPANOS) EN LOS ESTADOS UNIDOS

A los mismos latinoamericanos de fuera de los Estados Unidos les sorprende enterarse de que en este país hay una comunidad de origen latinoamericano de 30 millones, constituyendo un conglomerado humano que ocupa el quinto lugar en el mundo hispanoparlante, después de México, España, Argentina y Colombia. Su crecimiento cuantitativo es tan importante como su larga historia. Sus antepasados, como hemos visto en el capítulo 4, fueron los primeros europeos en llegar al territorio actual del país con la expedición de Ponce de León a la Florida (1513), donde medio siglo después otro español fundó San Agustín (1565), la ciudad más antigua de los Estados Unidos conocida hoy como Saint Augustine. Por décadas identificados como «hispanos», últimamente, especialmente los más jóvenes, prefieren llamarse «latinos» de los Estados Unidos.

Para 1804 la población de Tucson y sus alrededores tenía más de 1,000 habitantes mestizos, indígenas y españoles, dedicados al cultivo de maíz, trigo, frijoles, verduras y a criar más de 7,300 cabezas de ganado vacuno, caballar y lanar. El área siguió prosperando después de la independencia de México (1821) hasta la llegada de los angloamericanos, particularmente después de la llamada Compra de Gadsden de la región de Tucson (1854) para ser añadido al Territorio de Nuevo México cedido a Estados Unidos en 1848. En 1864 Arizona se convirtió en Territorio de los Estados Unidos, pero la ciudad de Tucson, el centro comercial más importante de la región no fue declarada capital del Territorio porque la mayoría de sus habitantes eran de origen mexicano. Con el tiempo, las relaciones entre mexicanos y descendientes de españoles mejoró y generó algunos matrimonios mixtos, especialmente durante los años de las décadas de 1860 y 1870. Mas, como los mexicano-estadounidenses retienen el dominio del comercio con la república mexicana, las cordiales relaciones con los anglos deterioraron a partir de 1880 cuando se extendió hasta Tucson el ferrocarril estadounidense. Entonces llegaron los inversionistas angloamericanos y se produjo un significativo cambio económico, demográfico y social. Desde esa época los nuevos empresarios del norte dominaron la minería, el comercio la agricultura y la ganadería, cuyos abastecimientos importaban de otros Estados de la Unión y no de México. A consecuencia de esto, aumentaron los matrimonios entre estadounidenses y mexicanas. A partir de esos años, los mexicanos fueron excluidos de las reuniones sociales de las familias anglonorteamericanas. La población mexicana fue empujada a residir al sur del distrito comercial de Tucson y disminuyó considerablemente la presencia mexicana en los puestos gubernamentales al nivel distrital, regional y territorial. Para defenderse del prejuicio, los mexicano-estadounidenses organizaron la Alianza Hispano-Americana, el Club Mexicano, el Club Republicano, el Club Democrático y sociedades de ayuda mutua. Establecieron, asimismo, sus propios teatros y cines, y organizaron sus fiestas y actividades religiosas por separado.

Al terminar la Segunda Guerra Mundial en 1945, la población de origen hispánico en Estados Unidos ascendía a unos 10 millones de habitantes que residían principalmente en Texas, California, Nuevo México y otros Estados del Oeste, donde vivían los descendientes de mexicanos, muchos de los cuales, por el fuerte prejuicio racial, sólo reconocían a sus antepasados españoles. Ellos constituían el conglomerado hispanohablante más numeroso, seguidos de unos 100,000 puertorriqueños que también disfrutaban de la ciudadanía estadounidense, concedida durante la primera guerra mundial para reclutarlos en las fuerzas armadas.

En los años de posguerra siguientes, comenzó el fuerte arribo de puertorriqueños a Estados Unidos, quienes, sumados a los venidos antes y a los nacidos en este país, llegan en 1999 a un total de unos 2 millones y medio, concentrados principalmente en el área metropolitana de Nueva York, la ciudad puertorriqueña más grande del mundo. En las últimas décadas los portorriqueños se han dispersado a otros estados, especialmente a Nueva Jersey, Connecticut e Illinois. Le siguen numéricamente alrededor de 1 millón y medio de cubanos, concentrados principalmente en Miami, aunque también se han desplazado hacia otras ciudades de Florida, Nueva Jersey (West New York, Union City, Elizabeth), Georgia (Atlanta) y Pennsylvania (Philadelphia). Vienen después, los dominicanos, cuya diáspora de cerca de 1 millón los ha colocado en cuarto lugar. A ellos se suman centenares de miles de cada uno de los siguientes países: Colombia, El Salvador, Ecuador, Nicaragua, Perú y de otras naciones centro y sudamericanas.

Se ha afirmado que antes de los años sesenta emigrar a Estados Unidos desde algunos países de Sudamérica era casi un privilegio de la clase media. Con posterioridad, la ola migratoria se incrementó, principalmente por la explosión demográfica, el deterioro económico, la inseguridad socioeconómica, acentuada en algunos países por el terrorismo y el rápido aumento de la delincuencia. Olas migratorias sucesivas, desde mediados del siglo pasado, pero especialmente después de las dos grandes guerras mundiales, han aumentado su número hasta la llegada de los indocumentados, que siguen la tradición de los peregrinos del Mayflower establecidos aquí sin permiso de los nativos.

La mayoría de los 10 millones de **chicanos** (mexicano-estadounidenses) vive principalmente en la parte de los Estados Unidos que pertenecía a México antes de 1848: California, Texas, Nuevo México, Arizona y Colorado. De los aproximadamente 2 millones y medio de puertorriqueños (o portorriqueños), la mitad de ellos se han establecido en el área metropolitana de Nueva York, especialmente en El Barrio, donde han nacido más de 100,000 neorriqueños. Los demás viven, como sus hermanos del mosaico hispánico, a lo ancho y largo de la Unión, especialmente en las grandes ciudades. Del millón de cubanos, la mitad reside en Miami y la cuarta parte en Nueva York y Nueva Jersey. Del millón de dominicanos, la mayoría vive también en Nueva York, formando parte de los 2 millones de hispanos de la gran ciudad.

Pero el significado de la presencia iberoamericana en los Estados Unidos no es únicamente numérico. Aunque la fuerza de la aculturación es poderosa, los hispanos defienden su patrimonio cultural e identidad. Son enemigos poderosos la deculturación, la cultura de la pobreza y la cultura del temor en que viven los indocumentados. De los millones establecidos legalmente en el país y con nacionalidad estadounidense, la mayoría defiende su manera de ser, apoya la enseñanza bilingüe y poco a poco va conquistando los derechos económicos y políticos. Veintenas de miles ejercen profesiones liberales, sobre todo en medicina y en pedagogía. Han fundado revistas, periódicos, emisoras de radio, estaciones de televisión, casas editoriales y agencias de publicidad. En 1973 se creó la Academia Norteamericana de la Lengua Española (ANLE), correspondiente de la Real Academia Española y miembro de la Asociación de Academias de la Lengua Española.

Como lo hemos explicado en el *Boletín* de la ANLE, el español hablado por la comunidad hispánica en los Estados Unidos varía bastante de región en región, según su procedencia original. Se distinguen cuatro zonas: Sudoeste, Florida, Nordeste y Medioeste, cuyos rasgos diversos no son extraños al castellano general. En esas zonas hay tres niveles lingüísticos: el segmento minoritario que se expresa con la normal tradicional, el segmento mayoritario que se expresa con léxico y morfosintaxis algo interferidos por el inglés, y el segmento de población cada vez más creciente, cuyos léxico y sintaxis sufren fuerte interferencia del inglés. El primer nivel se mantiene gracias en parte a la tradición cultural establecida desde el siglo pasado por escritores distinguidos, autores de importantes libros pertenecientes al acervo[12] del castellano culto universal. En 1826 se publicó en Filadelfia anónimamente *Jicoténcal*, la primera novela histórica escrita en castellano. Después escribieron y publicaron en Estados Unidos grandes escritores ahora pertenecientes a la historia universal de sus países de origen aunque su obra muestra la impronta[13] del medio estadounidense. Esa rica producción artística forma casi una literatura aparte, como la paraguaya, la ecuatoriana y la de los demás países indoamericanos. Son sus autores José Martí, Eugenio María de Hostos, Pedro Henríquez Ureña, José Vasconcelos, Federico García Lorca, Pedro Salinas, Andrés Iduarte, Germán Arciniegas, Eugenio Florit, Enrique Anderson Imbert, sólo para mencionar unos cuantos. A ellos se sumaron con su producción erudita Federico de Onís, Américo Castro, Tomás Navarro Tomás y tantos otros de larga residencia en la Unión (Ver 16.10).

---

12 *acervo* conjunto de bienes culturales
13 *impronta* mark

Es justo reconocer que las dos cadenas de televisión en castellano (Univisión y Telemundo), vistas por aproximadamente el 74 por ciento de la población hispanoparlante de la Unión, han contribuido ha aumentar el sentimiento de identificación panhispánica, esforzándose en borrar las diferencias entre los hispanos procedentes de diferentes países al recalcar la cultura «latina» común. En parte gracias a ellas, hoy los nuevos inmigrantes saben más de Hispanoamérica que antes de arribar a los Estados Unidos. El **panlatinoamericanismo** no se opone a su voluntad de integrarse a la vida estadounidense para poder disfrutar de lo mejor de los dos mundos.

20.9 Nuevos datos sobre la presencia hispánica en los Estados Unidos

Los últimos análisis de los datos recogidos por los últimos censos de los Estados Unidos aclaran hechos ampliamente difundidos sobre sus 30 millones de hispanos: (1) la población de origen hispánico ha sobrepasado el 10 por ciento de la población total del país; (2) las cifras de los hispanos reconocidas por los censos oficiales es inferior a la cifra real; (3) en la última década los latinos han aumentado numéricamente siete veces más rápido que el resto de la población que vive en Estados Unidos; (4) los ingresos anuales de los latinos en Estados Unidos sobrepasa los 35,000 millones de dólares. Fuentes no oficiales que complementan los datos incompletos proporcionados por los censos oficiales registran lo siguiente: (1) el 90 por ciento de la población hispánica está concentrada geográficamente en 10 estados de la Unión, en ocho de los cuales sobrepasa ampliamente el 10 por ciento de la población total (38 por ciento en Nuevo México, 26 por ciento en California, 26 por ciento en Texas; (2) la población latina en los diez estados donde están concentrados constituye más del 75 por ciento de los votos necesarios para decidir una elección presidencial del país.

El 12 de octubre de 1996 se llevó a cabo una manifestación de hispanos en Washington para utilizar la conmemoración de la llegada de Colón a las Américas con el fin de esgrimir la historia como arma contra la xenofobia escondida detrás de las leyes antimigratorias, inconstitucionales y violadoras de los derechos humanos auspiciadas por algunos políticos anglo norteamericanos. Las decenas de miles de participantes recordaron a los enviados por España a explorar las costas de los actuales Estados Unidos: (1) al veneciano Juan Caboto (progenitor de los Cabot de Boston), que en 1497, al servicio de Inglaterra, navegó por Labrador y Terranova; (2) a Juan Ponce de León, y (3) a Hernando de Soto. La Marcha a Washington obligó a muchos observadores de esta magno acontecimiento cívico a reconocer que el castellano es el primer idioma europeo hablado ininterrumpidamente en los Estados Unidos desde 1513, año en que Ponce de León exploró la Florida. Rememoraron que durante los siglos XVI, XVII y XVII los españoles y sus descendientes latinoamericanos exploraron la mayor parte de los territorios que hoy forman los Estados Unidos, donde el español todavía es la lengua más hablada y estudiada después del inglés.

Los dirigentes de las organizaciones que desfilaron en Washington tuvieron en cuenta de que varias décadas antes de que los peregrinos ingleses llegaran a Norteamérica en el *Mayflower* en 1620, Pedro Menéndez de Avilés fundó, en 1565, San Agustín, la primera ciudad europea en la actual Angloamérica, donde en los dos siglos siguientes se establecieron más de 1,500 ciudades y misiones que todavía retienen sus nombres españoles. Estaban conscientes que desde 1849, año de la incorporación de casi la mitad del territorio de México a los Estados Unidos, han llegado a esta gran nación inmigrantes de Latinoamérica y España, impulsados por razones espirituales, a cultivar el intelecto, a respirar el aire de libertad y, claro, en busca de mejores oportunidades para ganarse honradamente el pan de cada día, como lo han hecho tradicionalmente los inmigrantes de otras latitudes del mundo, antecesores de aquellos legisladores promotores de una xenofobia contradictoria. La creciente población hispanohablante de los actuales Estados Unidos llega a los 30 millones y constituye la segunda minoría del país, en camino a convertirse en pocos quinquenios en la primera.

Hace poco la Asociación Nacional de Publicaciones Hispánicas informó que se editan en los Estados Unidos más de 350 periódicos y revistas en castellano. En el Estado de California se han fundado 45 semanarios en los últimos años, incluyendo *Estadio,* que se publica en Los Angeles y tiene una circulación de 40,000 ejemplares. El diario en castellano de mayor circulación (más de 110,000) es *La Opinión* de Los Angeles. Le siguen en circulación *El Nuevo Herald* de Miami, *El Diario-La Prensa* de Nueva York y el *Diario las Américas,* también de Miami. Todos estos diarios continúan aumentando su tiraje, gracias en parte a la nueva percepción que del mercado hispanoparlante de los Estados Unidos tienen las grandes corporaciones estadounidenses, las cuales anualmente aumentan su avisaje comercial en estas publicaciones. El avisaje dirigido al mercado hispanohablante sobrepasa los 600 millones de dólares anuales, invertidos principalmente en la televisión, prensa escrita y radial en español y en publicaciones periódicas bilingües (castellano- inglés). Hace unos años se fundó en Estados Unidos HispaniMedia L.P., la primera red nacional de publicaciones en español y bilingües.

20.10 SUMARIO

I. Interpretaciones y críticas recientes:
A. Teorías que vinculan cultura con luchas de clases y dependencia
B. Hipótesis sobre la socialización de la producción cultural
C. Arco iris indoafrolatinoamericano forja el mestizaje cultural

B. Catolicismo popular y teología de la liberación entre los
  marginados
C. Reacción conservadora del Vaticano y reestructuración del
  alto clero
D. Mayor identificación con Cristo crucificado que con Cristo
  resucitado
VIII. **Los 30 millones de hispanos en Estados Unidos:**
A. Quinto lugar después de México, España, Argentina y Colombia
B. Olas migratorias desde el siglo XVI
C. Distribución en millones: chicanos, 12; puertorriqueños, 3;
  cubanos, 2 (seguidos de centenares de miles de dominicanos y
  de otros países)
D. Imitando a los del Mayflower, millones llegan indocumentados
E. Defensa de la identidad cultural, el castellano y el bilingüismo
F. La Academia de la Lengua y la prensa escrita, radial y televisiva
G. Rica producción artística y literaria desde el siglo XIX

20.11 CUESTIONARIO, PREGUNTAS Y VIDEOS

Cuestionario
1. ¿Cuáles son algunas interpretaciones recientes de la cultura?
2. ¿Por qué se compara la cultura latinoamericana con el arco iris?
3. ¿Por qué dijo Bolívar que los iberoamericanos son una raza nueva?
4. ¿Cuáles son las causas fundamentales del nacionalismo latinoamericano?
5. ¿Cuáles son las características sobresalientes de la cultura indígena actual?
6. ¿Cuáles son los aportes afroamericanos a la cultura en Latinoamérica?
7. ¿Qué latinoamericanos de origen oriental se han destacado?
8. ¿Cómo ha cambiado el estado de la mujer en la sociedad latinoamericana?
9. ¿Qué prejuicios antifemeninos impiden la liberación de la mujer?
10. ¿Cómo ha cambiado el papel de la Iglesia Católica en Latinoamérica?

Preguntas y temas de expansión
1. ¿Cómo se ha llevado a cabo la integración cultural latinoamericana?
2. ¿ Cómo se compara la liberación femenina en Latinoamérica con la del resto del mundo?
3. ¿Qué choques culturales en Latinoamérica conoce Ud.? Explique sus raíces históricas.
4. ¿Qué se sabe sobre la población indígena actual en Indoamérica?
5. ¿Cómo se realizó la deculturación africana en las plantaciones?
6. Explique cómo la integración cultural latinoamericana se diferencia de región en región.
7. Compare la deculturación africana en las plantaciones del Brasil con la aculturación en las plantaciones en los EE.UU.
8. Comente sobre Flora Tristán y el estado de la mujer en la sociedad de su época.
9. Contraste el trato a los esclavos en Latinoamérica con el recibido por los esclavos en EE.UU.
10. Discuta la importancia del bilingüismo para los latinos estadounidenses.

Videos

Vea nuestras sugerencias en la página 410.

20.12 RECOMENDACIÓN BIBLIOGRÁFICA

Arias, David. *Spanish Roots of America.* Huntington: O.S.V., 1992.

Arteaga, Alfred. *Chicano Poetics. Heterotexts and Hybridities.* Cambridge and New York: Cambridge University Press, 1997.

Bean, Frank D., and Marta Tienda. *The Hispanic Population of the United States.* New York: Russel Safe Foundation, 1990.

Bose, Christine E., and E. Acosta-Belén, eds. *Women in the Latin American Process.* Philadelphia, PA: Temple University Press, 1995.

Chang-Rodríguez, Eugenio, ed., *Spanish in the Western Hemisphere in Contact with English, Portuguese, and the Amerindian Languages. Word,* vol. 33, Nos. 1–2. New York: International Linguistic Association, 1982.

Darder, Antonia, R. D. Torres, and H. Gutiérrez, eds. *Latinos and Education: A Critical Reader.* New York: Routledge, 1997.

Davis, Darién J., ed. *The African Dimension in Latin American Culture.* Wilmington, DE: Scholarly Resources, 1994.

Guttmann, Mathew C. *The Meaning of Macho.* La Jolla, CA: University of California, San Diego-Center for U.S.-Mexican Studies, 1998.

Jacquette, Jane S., ed. *The Women's Movement in Latin America.* Boulder, CO: Westview Press: 1994.

Leander Birgitta, ed. *Europa, Asia y Africa en América Latina y el Caribe.* México: Siglo XXI, 1989.

Moreno Fraginals, Manuel, ed. *Africa en América Latina.* México: Siglo XXI, 1977.

Padilla, Félix M. *The Struggle of Latino/Latina University Students.* New York: Routledge, 1997.

Pérez Firmat, Gustavo. *Life in the Hyphen. The Cuban-American Way.* Austin: University of Texas Press, 1994.

Romero, Mary, P. Hondagneu-Sotelo, and V. Ortiz, eds. *Challenging Fronteras: Structuring Latina and Latino Lives in the U.S.* New York: Routledge, 1997.

Stevephen, Lynn. *Women and Social Movements in Latin America. Power from Below.* Austin: University of Texas Press, 1997.

Stromquist, Nelly P., ed. *Women and Education in Latin America: Knowledge, Power and Change.* Boulder, CO: Lynne Rienner Press, 1998.

Suárez-Orozco, Marcelo B., ed. *Crossings: Mexican Immigration in Interdisciplinary Perspectives.* La Jolla, CA: University of California, San Diego-Center for U.S.-Mexican Studies, 1998.

Urrea, Luis Alberto. *Life and Hard Times on the Mexican Border.* New York: Anchor, 1993.

Weber, David J. *The Spanish Frontier in North America.* New Haven: Yale University Press, 1992.

Films, Videos & Other Audiovisual Materials

The author would like to recommend the use of films, videotapes, filmstrips, Websites, and other audiovisual materials to supplement the adoption of this textbook. Instructors who have adopted this text have used effectively in class audiovisual materials from different sources. The following abbreviations are used before the name of the film or video to indicate the source:

CG = The Cinema Guild, Inc.: 1697 Broadway, Suite 506, New York, NY 10019-5904, Phone (800) 723-5522, Fax (212) 246-5525, e-mail: The CinemaG@aol.com; website: http://www.cinemaguil.com/cinemaguild

FA = Film Arobics, Inc.: 9 Birmingham Place, Vernon Hills, IL 60061, Phone (800) 832-2448, Fax (847) 367-5669.

FH = Films for the Humanities & Sciences: P. O. Box 2053, Princeton, NJ 08543, Phone (800) 257–5126; website: http://www.films.com.

FR = First Run/Icarus Films: 153 Waverly Place, New York, NY 10014, Phone (212) 727-1711 & (800) 876-1710, Fax (212) 989-7649, e-mail: info@frif.com.

FV = Facets Video: 1517 W. Fullerton Ave., Chicago, IL 60614, Phone (800) 331-6197, Fax (773) 929-5437.

GV = Global Video, Inc.: P. O. Box FLD-4455, Scottsdale, AZ 85261, Phone (800) 862-8837, Fax (602) 860-8650.

SD = Media Technology Services, San Diego State University: San Diego, CA 92182–0440.

V = Video: Box 30469, Knoxville, TN 37930–0469, Phone: (615) 694–9292.

Chapter 1: FH: "Hispanic Americans: One or Many Cultures?"; FR: "La esperanza incierta"; FV & GV: "The Buried Mirror," Program I (Eng. or Span.). College librarians are helpful in providing the necessary audiovisual materials, especially maps and audiocassettes.

Chapter 2: FR: "Icemen of the Chimborazo"; FV: "Amazonia: Voices from the Rainforest" (Eng., 70 min.); FV & GV: "The Buried Mirror," Program II (Eng. or Span.). GB: "Como agua para chocolate" (Span., 105 min). Use maps from your school, college, and local libraries.

Chapter 3: FH: "The Civilizations of Mexico" (Eng., 13 min.); "The Incas" (Eng., 13 min.); "In the Shadow of the Incas" (43 min.); "Los Olmecas" (Span., 56 min.); "Tenochtitlán" (Span., 56 min.); GV: "Mystery of Machu Picchu" (Eng., 60 min.); "Lost Kingdoms of the Maya" (Eng., 60 min.); V: "Mexican Prehispanic Cultures" (Eng. or Span., 25 min.).

Chapter 4: AC & FV: "Cabeza de Vaca" (video, 109 min.); FH: "Colón señaló el camino" (Span., 52 min.); "The Discovery of America" (Eng., 13 min.); "Conquest of Mexico and Peru" (Eng., 13 min); "A New World Is Born" (Eng., 13 min.); "The Conquest of Mexico" (Eng., 35 min.); GV: "Ponce de León"; IM: "La Conquista" (Eng. & Span., 55 min.); Films: John Glen's "Christopher Columbus, the Discovery" (1992); Roland Joffe's "The Mission," and Werner Herzog's "Aguirre Wrath of God" (1972).

Chapter 5: FH: "El Camino Real" (20 min.); FV & GV: "The Buried Mirror," Program III (Eng. or Span.).

Chapter 6: FH: "Sacerdotisas, sambistas y mulatas de Brasil" (Span. or Eng., 58 min.).

Chapter 7: An extraordinary source of slides is found in *Literatura hispanoamericana en imágenes,* dirección G. Reyes y O. Rodríguez, 22 vols., available from Editorial La Muralla, Constancia 33, Madrid 2, Spain. FV & GV: "The Buried Mirror," Program IV (Eng. or Span.).

Chapter 8: FH: "Simón Bolívar: The Great Liberator" (Eng., 58 min.); "Fray Servando Teresa de Mier"; FV & GV: "The Buried Mirror," Program IV (Eng. or Span.).

Chapter 9: FR: "The Comrade: The Life of Luis Carlos Prestes"; "South: This Is Not Your Life"; GV: "Burning Season" (Eng., 123 min.); "Brazil" (Eng., 50 min.); "Brazil Tour" (Eng., 55 min.); SD: "Brazil: The Vanishing Negro."

Chapter 10: CG: "Paraguay: The Forgotten Dictatorship" (Eng., 27 min.); FV: "Allá lejos y hace tiempo" (Span. & Eng., 91 min.); GV: "Argentina Tour" (Eng., 51 min); "Evita Perón" (Eng., 135 min.).

Chapter 11: CG: "The Music of the Devil" (Eng., 52 min.); FR: "The Battle of Chile"; "The New Battle of Chile: Keeping the Memory Alive"; "Chile, Obstinate Memory"; "Chile's Roots"; "My House is on Fire;" "Bolivia: The Coca Leaf, Food of the Poor" (Eng. or Span.); GV: "Explore Bolivia" (Eng., 52 min.); "Peru" (Eng., 60 min.).

Chapter 12: CG: "Secuestro" (Span., 92 min.); FH: "Venezuela: Petroleum-Powered Economy" (30 min.); "El Espectador, The Press and the Drug Lords" (58 min.); "Ecuador: The Indigenous Woman" (Eng. or Span.).

Chapter 13: FA: "Like Water for Chocolate"; FH: "Chiapas: The Inside Story" (Span. & Eng., 40 min.); "Tradiciones navideñas" (Span., 56 min.); GV: "Mexico" (Eng., 50 min.); "Pancho Villa Biography";

FR: "Ya Basta: The Battle Cry of the Faceless" (video, 50 min); SD: "Lucía," "México: The Frozen Revolution."

Chapter 14: CG: "Sacred Earth" (Eng., 58 min.); FH: "Rigoberta Menchú: Broken Silence" (25 min.); FR: "Five Centuries Later"; "Winds of Memory;" FV & GV: "Romero" (Eng. or dubbed into Span., 105 min.); FR: "Remembering Romero"; GV: "Panama: Exploring the Panama Canal" (Eng., 55 min.); "Costa Rica" (Eng., 60 min.).

Chapter 15: CG: "Puerto Rico: Art and Identity" (Eng., 56 min.); FH: "The JFK Tapes: Inside the Cuban Missile Crisis" (20 min.); "The Cubans" (Eng., 52 min.); FV: "Dominican Republic, Cradle of the Americas" (Eng. or Span., 25 min.); GV: "Puerto Rico" (Eng., 30 min.).

Chapter 16: FH: "Hernández: Martín Fierro" (Span., 60 min.); "Yo soy Pablo Neruda" (Eng., 28 min.); "The Inner World of Jorge Luis Borges" (Eng., 28 min.); "Octavio Paz: An Uncommon Poet" (Eng., 28 min.); "Gabriel García Márquez: La magia de lo real" (Eng. or Span., 60 min.); "Roberto Fernández Retamar" (Span., 30 min.); "Augusto Roa Bastos" (Span., 30 min.); "Isabel Allende" (56 min.); GV: "Carlos Fuentes" (Eng., 60 min.); "Mario Vargas Llosa" (Span., 53 min.); FV: "Jorge Luis Borges: Borges and I" (Eng., 76 min.).

Chapter 17: FH: "The Walls of Mexico: Art and Architecture" (56 min.); FV & GV: "The Buried Mirror", Program IV (Eng. or Span.); "Art and Recreation" (Eng. and Span., 45 min.).

Chapter 18: GV: "Frida Kahlo" (Eng., 60 min.); FH: "Frida Kahlo: Portrait of a Woman" (Eng., 20 min.); "Siqueiros" (Span., 56 min.); "Art and Revolution in Mexico" (Eng., 60 min.); V: "The Frescoes of Diego Rivera" (Eng., 1986, 35 min.).

Chapter 19: FH: "Corridos de la Revolución Mexicana" (Span., 56 min.); "New Audiences for Mexican Music" (30 min.); "Songs of the Gauchos" (60 min.); "Songs of the Argentine Provinces" (60 min.); "Songs of the Poor" (60 min.); "Brasil: Priestesses, Samba Dancers, and Mulattos of Brazil" (Eng. or Span.); FR: "South of the Border" (video or film); FV "Barroco" (Span. & Eng., 102 min.); GV: "Music of Latin America" (Eng., 20 min.); "Canciones de México."

Chapter 20: CG: "A Quiet Revolution"; FA: "Con ganas de triunfar"; "El Norte." FH: "Biculturalism and Acculturation Among Latinos" (Eng., 28 min.); "Bilingualism: A True Advantage" (Eng., 28 min.); "Los españoles, hoy, en los EE.UU" (Span., 52 min.); "The Latino Family" (Eng., 28 min.); "Immigration: Promise and Hope for Generations" (29 min.); "Rigoberta Menchú: día sereno" (Span. & Eng., 30 min.); "The Changing Role of Hispanic Women" (Eng., 44 min.); FR: "Maya Voices: American Lives."

Vocabulario

This vocabulary omits, with a few exceptions:

1. The first 1,000 most frequent words of the *Frequency Dictionary of Spanish Words,* by A. Juilland and E. Chang-Rodríguez (1964)
2. Easily recognizable cognates of English words
3. Terms from the **Vocabulario autóctono y nuevo** section whose definition is given in the body of the text
4. Adverbs ending in *-mente* when the corresponding adjective is included, unless there is a difference in meaning
5. Easily recognizable diminutives and superlatives without special meaning
6. Names of months and days of the week, cardinal and ordinal numbers
7. Verbal forms other than the infinitive, except when used as adjectives
8. Subject, demonstrative and possessive pronouns and adjectives, except in cases of special use and meaning
9. Personal pronouns.

Gender of nouns has not been indicated in the following cases: masculine nouns ending in *o,* feminine nouns ending in *-a, -ión, -d, -ie, -umbre,* nouns indicating feminine or masculine beings. Adjectives, including those ending in *-ón* and *-dor* are given in the masculine singular only.

The following abbreviations are used:

adj.	adjective	*math.*	mathematics
adv.	adverb	*mil.*	military term
Am.	Spanish-American	*mus.*	music
arch.	architecture	*n.*	masculine noun
aug.	augmentative		whose feminine
bot.	botanical		ending is formed
coll.	colloquial		regularly
com.	commercial	*naut.*	nautical
conj.	conjunction	*p.*	person
e.g.	for example	*p.p.*	past participle
f.	feminine noun	*pl.*	plural
fig.	figurative	*prep.*	preposition
ger.	gerund	*pres.*	present
ind.	indicative mood	*pret.*	preterit indicative
indef. pron.	indefinite pronoun	*sing.*	singular
inf.	infinitive	*subj.*	subjunctive mood
int.	interjection	*tr.*	translate
irr.	irregular	*v.*	verb
lit.	literally	*var.*	variation
m.	masculine noun		
m. & f.	masculine and feminine		

abanderado (*adj.*) standard-bearing; (*n.*) standard-bearer

abarcar to embrace; to cover

abastecer to supply

abatir to knock down; to shoot down; to discourage

abigarrado motley, variegated

abigeato cattle-stealing

abogacía law, legal profession

abogar por to advocate

abolir to revoke; to repeal; to abolish

abono fertilizer

abordar to approach; to accost; (*naut.*) to board; to dock

aborrecer to abhor; to detest

abrigar to shelter; to foster (*hopes and plans*)

abrumador crushing

abundar to abound

acaecer to happen, to occur

acalorado heated

acallar to silence; to quiet

acaparar to monopolize; to hoard

acariciar to caress; to cherish

acarrear to cause; to entail

acaso perhaps; **por si —** in case

acatamiento reverence; respect

acatar to hold in awe; to accept; to respect

acaudalado rich, wealthy; (*n.*) rich man

acaudillar to command

accidentado stormy; full of incidents

acechar to lie in ambush, to lurk; to spy on

acentuar to emphasize: **—se** to become marked

acerbo sour, bitter, harsh

acercamiento approach; drawing together

acero steel

acérrimo very bitter

acertar to hit the mark; to guess right; to succeed; **— a +** *inf.* to succeed in + *ger.*

acierto ability; success

aclamar to acclaim

acogedor inviting, welcoming

acoger to welcome

acometer to attack; to overcome suddenly

acometida attack, assault

acomodar to accommodate; to arrange; **—se** to comply, to adapt oneself

acontecimiento event, happening, incident

acordar to decide, to agree upon; to agree; **—se (de)** to remember

acorralar to corner

acosar to beset, to harass

acostumbrar to accustom; to be used to; **—se** to get accustomed

acre (*adj.*) acrid; severe; mordant; (*m.*) acre

acrecentar to increase

acribillar to riddle; to riddle with wounds; **— a balazos** to riddle with bullets

acriollarse to take on Spanish American ways

acta minutes; certificate

acuarela watercolor

acudir to resort; to be present; to attend

acuerdo accord; agreement; **de —in** accord; **de — con** in accord with, according to

acuñar to coin; to mint

adelantado *official leader of an expedition during the conquest of the New World*

adelanto advance, progress

ademán (*m.*) attitude; gesture, look, manner

adentrarse to get into; to comprehend

adepto (*m. & f.*) follower

adiestramiento training

adiestrar to train, to instruct

adivinar to guess; to prophesy

adjudicar to adjudge (*to award*);**—se** to appropriate

adoctrinar to indoctrinate

adolecer to suffer

adormecido dormant

aduana customhouse

aducir to adduce, to bring forward

adueñarse to take possession; to become owner (*of something*)

adulón (*adj.*) fawning; (*n.*) gross flatterer, bootlicker

advenedizo (*adj.*) foreign, upstart; (*n.*) foreigner, newcomer

advenir to come, to arrive

advertir to notice; to point out; to warn

adyacente adjacent

afán (*m.*) eagerness, zeal; anxiety

aferrar to seize; **—se a** to stick to

afianzamiento security; support

afianzar to guarantee; to grasp; —**se** to steady oneself; to hold fast

afición fondness, liking

aficionado (*adj.*) fond; amateur; (*n.*) fan, amateur

afilar to grind, to sharpen

afín near, similar; akin

afinar to refine, to polish; (*mus.*) to tune

afincado resident

aflojar to loosen

aflorar to flower, to bloom

afluente (*m.*) tributary

afrancesado Frenchified; Francophile

afrancesamiento Gallicization, conformance to French standards

afrentar to affront; to insult

afrontar to confront; to defy

agarrar to grasp, to seize; (*coll.*) to get

agasajar to entertain

agasajo party, treat

agazapado hidden

agobiar to weigh down; to oppress; to bow

agotado exhausted; sold out

agotador exhausting

agotar to wear out, to use up; —**se** to become exhausted

agradar to please, to be pleasing to

agradecer to thank, to show gratitude

agravar to aggravate; —**se** to become aggravated, to get worse

agregar to add

agro land, countryside

agropecuario (*adj.*) farm, farming (*pertaining to cattle and crop-raising*)

agrupación grouping, group, cluster

aguardar to wait; to expect, to wait for

aguardiente (*m.*) spirituous liquor, brandy

agudo high-pitched; sharp, acute

aguerrido inured to war, inured, hardened

aguzar to sharpen, to whet; to incite

ahijado godchild, protégé

ahínco ardor, eagerness

ahogar to drown; to suffocate; —**se** to choke; to drown

ahorcar to hang

ahorro economy; saving

ahuyentar to scare away, to drive away; —**se** to flee

aimara (*m. & f.*) Aymara (*Indian group living near Lake Titicaca*)

aislamiento isolation

aislar to isolate

ajeno another's; foreign, alien

ají (*m.*) chili, hot pepper

alabar to praise, to commend

alambre (*m.*) wire; — **de púas** barbed wire

alarde (*m.*) show, ostentation, display; **hacer** — to boast

alargar to lengthen

albañil mason, bricklayer

albergar to shelter, to harbor; to lodge; —**se** to take shelter; to lodge

alborotado hasty, rush

alborozo joy, merriment

alcalde mayor

alcance (*m.*) reach; scope, range; talent, capacity; **al** — **de** within reach of

alcanzar to overtake; to reach, to attain, to obtain; — **a** + *inf.* to manage to, to succeed in + *ger.*

alcázar fortress, castle, royal palace

aldea village, hamlet

aleccionador (*adj.*) teaching, instructing

aledaño (*adj.*) bordering, attached; (*m.*) border, boundary

alegrar to cheer; to be glad, to rejoice

alejado (*p.p. of* **alejar**) distant, remote

alejar to move away; to keep at a distance

alentador encouraging

alentar to encourage, to inspire

alfarero potter, pottery maker

algarabía clamor, uproar, confusion

aliado ally

aliarse to ally oneself

alimentar to feed; to foster —**se de** *or* **con** to feed on *or* upon

alimento food, sustenance

alinear to align; to line up

alistar to enroll; to list; to enlist; to prepare; —**se** to enroll

alivio relief

alma soul, spirit; (*fig.*) inhabitant

almagrista (*m. & f.*) follower of Almagro

alocución address

alojarse to lodge, to take lodging

alpaca wool-bearing Peruvian mammal similar to the llama and the vicuña

altanero haughty, arrogant

altiplanicie (*f.*) upland; high plateau

altisonancia high-flown language

altivez (*f.*) pride

alucinado deluded

alumbrar to light

alumnado student body

aluvión (*m.*) alluvion; (*fig.*) flood

alza rise

alzar to raise, to lift, to elevate; —**se** to rise (up); to revolt

allegado (*adj.*) related; (*n.*) relative

allende beyond; — **los mares** overseas

amancebamiento concubinage

amanecer to dawn; to awake at dawn

amargo bitter

amargura bitterness

amarrar to tie up

amasar to knead; to mold

ámbito limit, scope; place

amedrentar to intimidate

amén (*m.*) amen; — **de** aside from, except for

amenaza threat, menace

ametralladora machine gun

ametrallar to machine gun

amo boss; master

amontonar to pile, to pile up; to gather

amparar to protect, to shelter; to seek shelter; —**se a** to have recourse to

amparo protection, shelter

amulatarse to acquire mulatto characteristics

amurallar to wall, to wall in

anacrónico anachronistic, anachronous

analfabeto illiterate

ancla (*naut.*) anchor; **echar** —**s** to cast anchor

angustia anguish; affliction, pang

anhelar to desire eagerly, to crave

anhelo yearning, longing

animator (*n.*) inspirer

animar to enliven; to encourage

ánimo soul, spirit; will, intention

aniquilar to annihilate

anochecer to grow dark; to go to sleep; (*m.*) dusk

ansia anxiety, longing

ansiar to be anxious

ansiedad anxiety

antaño long ago, of yore

ante before, in the presence of; —**todo** first of all

antecesor (*adj.*) preceding; (*n.*) ancestor, predecessor

antepasado (*adj.*) before last; (*n.*) ancestor, predecessor

anticastrista (*adj.*) against Castro

antigalo anti-French

antigüedad antiquity, seniority

antillano Antillean

antojarse to take a sudden fancy to *or* for; to imagine; **antojársele** a uno + *inf.* to have a notion to + *inf.*

antojo whim, caprice

antropófago cannibal

antropomorfo resembling human form

anunciador (*adj.*) announcing

añadir to add

añoranza nostalgia, longing; — **al terruño** homesickness

apacible peaceful

apaciguar to pacify

apagar to extinguish

aparentar to feign, to pretend

apartado distant

apedrear to stone

apegado attached

apego attachment, fondness

apelar to appeal; to have recourse

apelativo name

apellido last name

apenas scarcely, hardly, no sooner than, only

apéndice appendix, appendage

apetencia hunger, appetite, craving

ápice (*m.*) apex; summit, top

aplastar to smash, to crush

apoderar to empower; —**se de** to take hold of, to seize

apogeo apogee, pinnacle

aportar to contribute, to provide

aporte (*m.*) (*Am.*) contribution

apostar to post; to bet

apoteósico epoch-making

apoyar to lean; to support, to back; —**se** (**en**) to lean on, to rely on

apoyo support, backing

aprecio appreciation, esteem

apremiante pressing, urgent

aprendiz appprentice

apresar to seize, to capture

aprestarse to get ready

apresurar to hasten, to hurry; —**se a** to hasten to

apretado tight; dangerous

aprisionar to imprison, to capture

aprista (*adj.*) of the APRA; (*m. & f.*) member of APRA (Alianza Popular Revolucionaria Americana)

aprobación approval

aprobar to approve

apropiar to give possession of; —**se** to appropriate

aprovechamiento use

aprovechar to profit by, to take advantage of; —**se de** to avail oneself of

apuntar to aim

apuñalar to stab

apurar(se) to worry; (*Am.*) to hurry

arado plow

arancel (*m.*) tariff

arar to plow

arbitraje (*m.*) arbitration

arbitrariedad arbitrary act

arbitrio free will; —**s** excise taxes

arbusto shrub

arca chest, coffer, ark

arcilla clay

arcoiris (*m.*) rainbow

arder to burn; (*Am.*) to itch; to blaze

ardid (*m.*) stratagem, trick

arengar to harangue

argamasa mortar

arielismo *literary movement based on the idea of a unified, idealistic Latin American contintent-country*

aristocratizante favoring aristocracy

arma weapon; — **blanca** sword; **pasar por las —s** to shoot, to execute

armado armed; reinforced (*e.g. concrete*)

armario wardrobe

arrabal (*m.*) suburb; —**es** outskirts

arraigar to take root; to establish;—**se** to get settled

arrancar to root out, to pull out; to snatch away

arranque (*m.*) impulse, fit

arrasar to raze, to wreck

arrastrar to drag, to drag along; to crawl; —**se** to creep, crawl

arrastre (*m.*) drag; — **popular** influence with the masses

arrebatar to snatch, to grab; — **a** to snatch away from

arreglo adjustment, arrangement, settlement; **con — a** according to

arremeter to attack

arrendamiento lease, rent

arrendar to rent, to be rented; to lease

arrepentirse to repent, to regret

arriero muleteer

arriesgado dangerous, risky; bold

arriesgar to risk

arrimar to move up, to bring closer; —**se a** to come close to

arrodillarse to kneel

arrogar to adopt; to usurp; —**se** to arrogate to oneself

arrojar to throw, to hurl; to emit, to shed; —**se** to throw oneself; to rush

arrojo fearlessness

arrollador devastating

arropar to wrap, to wrap up; —**se** to wrap oneself up, to bundle up

arteria artery; — **fluvial** river

artesanía handicraft

artimaña trap, trick

asaltar to assault, to storm; to overtake

ascendencia ancestry, line

ascenso promotion; ascent

asediar to besiege

asegurar to secure; to assure; to fasten; to guarantee, to insure; —**se** to verify

asentamiento establishment; settlement, settling

asentar to seat; to place; to be suitable or becoming

asesorar to advise

asilar to give refuge; —**se** to seek sanctuary, to take asylum

asimismo likewise, also

asir to grasp, to seize

asolar to destroy, to raze; to burn

asomar(se) to show; to stick out; to lean out

asombrar to amaze, to frighten; —**se de** *or* **con** to be amazed at

asombro astonishment

aspereza rudeness, coarseness, asperity

áspero rough, harsh; hard

asqueroso disgusting, filthy

asunceño *from Asunción, capital of Paraguay*

asunto matter, subject, theme, business, affair

asustar to scare; **—se de, con,** *or* **por** to be frightened at

atañer to concern

atar to tie, to fasten

atareado busy

ataviar to dress up

atemorizar to terrify; to frighten

atenerse to depend on, to rely on

atentado attempt; attack; crime

atentar to attempt

atento attentive; polite

aterrar to terrify

atestiguar to give evidence of

atisbo sign, token

atónito astonished, amazed

atrapar to catch

atrasado slowed down; late; backward

atrasar to go slow

atraso slowness, delay; backwardness

atravesar to go across; to pierce

atreverse to dare

atrevido (*adj.*) bold, daring

atrevimiento boldness, daring

atrincherar to entrench

atrio paved terrace or platform (in front of a church or other buildings)

atropellar to trample

atroz atrocious

aturdir to confuse; to stun

audaz audacious, bold

audiencia *governmental group of eight formed to oversee political authorities in the absence of the viceroy*

auditorio audience

auge (*m.*) acme, apogee; boom; vogue

augurio augury, omen

aunar to join, to unite; to combine

auquénido camel-like species of animals of the Andes

auspiciar (*Am.*) to support, to back; to foster

auto edict, decree; miracle play

autóctono native, indigenous

autodeterminación self-determination

autoexamen (*m.*) self-examination

autosuficiencia self-sufficiency

autotitularse to call oneself

auxiliar to help, to attend; (*m.*) aid, assistant

ave (*f.*) fowl, bird

avena oats

aventajar to advance; to win an advantage; to excel

avergonzar to shame, to put to shame, to embarrass; **—se** to feel shame

averiguar to find out, to ascertain

avidez (*f.*) avidity, greediness

aviso warning, advertisement

avistar to catch sight of

avivar to revive, to brighten

ayuntamiento municipal government

azar (*m.*) chance, hazard, misfortune, fate; **al —** at random

azaroso risky, hazardous

azogue (*m.*) quicksilver, mercury

azotar to whip, to scourge

azote (*m.*) whip, lash, scourge

azulejo glazed tile

azuzar to incite, to stir up

bachiller (*n.*) holder of a bachelor's degree

bahía bay, harbor

bajar to lower, to bring down; to descend, to go down

bajeza lowliness; lowness, meanness

bajorrelieve (*m.*) bas-relief

bala bullet, shot

balance (*m.*) balance sheet

baldaquino canopy-like structure

balde (*m.*) bucket; **en —** in vain

baldón (*m.*) insult, affront, disgrace

baluarte (*m.*) bulwark

banano banana tree

bancarrota bankruptcy

banderín (*m.*) little flag; pennant

bando edict, proclamation; faction, party

bandola mandolin

baraja deck (*of cards*)

baranda railing

barbarie barbarism, barbarity

barniz (*m.*) varnish, glaze, polish

barrer to sweep, to sweep away

barrera barrier, barricade

barro mud, clay

barroco baroque

basamento (*arch.*) base and pedestal (*of a column*)

basar to base; to support; —**se en** to base one's judgment on, rely on

bastar to suffice, to be enough; to have enough

bastón (*m.*) cane, stick

batalla battle; — **campal** pitched battle; **librar** — to engage in battle

batallador (*adj.*) battling, (*n.*) fighter

batallar to battle, to fight, to struggle

batir to beat; to clap; —**se** to fight

bautizo baptism

bebedor (*adj.*) drinking; (*n.*) drinker

becado holder of a scholarship or fellowship

bélico pertaining to war

bendecir to bless

bendición blessing

beneplácito approval

betarraga beet

bienestar (*m.*) well-being, welfare, comfort

bienhechor (*adj.*) beneficient; (*n.*) benefactor

bienvenida welcome; **dar la** — to welcome

biznieto (*n.*) great-grandchild

blanquear to whitewash; to turn white

blasón (*m.*) heraldry; honor, glory

boato pomp; pageantry

bocado mouthful, bite

bochornoso embarrassing, shameful

boda(s) wedding, marriage

bodega hold (*of ship*); cellar; store

boga vogue

bolivarista follower of Bolívar

bolsa purse, pocketbook; stock exchange

bombardeo bombardment

bonachón good-natured

bondad kindness, goodness, gentleness

bondadoso kind, good

bono bond

Borbón Bourbon

borde (*m.*) edge, border

boreal (*adj.*) northern

borla tassel

borrego lamb

botar to throw away; to launch (*a boat*); (*Am.*) to squander; to kick out

botín (*m.*) booty, spoils

bóveda dome, vault

bracero day laborer

brasa live coal

bravura ferocity, bravado

brillar to shine

brillo luster, brightness

brindar to offer; to invite; to drink a toast

brío spirit, determination; elegance

brioso spirited, determined

brocha brush

broma joke, jest

bromear to joke, jest

brotar to sprout, to bud; to spring forth

bruja witch

brujo sorcerer, magician

brújula compass

bruma, fog, mist

brusco brusque; rough

búho horned owl

buitre (*m.*) vulture

bullicioso (*adj.*) bustling, rumbling; (*n.*) rioter

buque (*m.*) ship, vessel; — **de carga** freighter

burdo coarse; ordinary

burgués bourgeois

burlar to ridicule; to trick; —**se de** to make fun of

buscador searcher

búsqueda search, hunt

cabal exact, perfect, complete

caballería cavalry, knights, chivalry

caballete (*m.*) easel

cabaña cabin

cabellera hair, head of hair

caber to fit; to be possible

cabida space, room, capacity; **dar** — **a** to make room for; **tener** — **en** to have a place in

cabildo municipal council; meeting of the council

cabo end; cape; corporal; **al** — finally, after all; **Cabo de Hornos** Cape Horn

cacarear to cackle; to crow

cacería hunt, hunting party

cacique (*m.*) Indian chief; political boss

cadalso scaffold; gallows

cadena chain

caducar to become extinct *or* obsolete

cafetal (*m.*) coffee field *or* plantation

caída fall

cal (*f.*) lime

calabaza pumpkin, squash, gourd

calaña character, caliber

calar to fix (*a bayonet*); to perforate, (*fig.*) to go deeply into

calavera skull

calco copy; imitation

cálculo calculation, estimate

calibre (*m.*) caliber; quality

calidad quality; **en — de** as

cálido warm, hot

calificar to qualify; to characterize

callado silent

callejero pertaining to the street

calumniador (*n.*) slanderer

caluroso warm, hot; enthusiastic

calzón, calzones (*m.*) pants, breeches; trousers

cámara chamber, room

camarada (*m. & f.*) comrade

camarón (*m.*) shrimp

cambio change, exchange; money exchange; shift

camote (*m.*) sweet potato

campamento camp (*mil.*); encampment

campana bell

campaña campaign; country (*as opposed to city*)

campesinado peasantry

campestre (*adj.*) country

campiña field

canalizar to canalize; to channel

canasto basket; wastebasket

canela cinnamon

canónigo canon (*clergyman*)

cansancio tiredness

caña reed, bamboo, cane

cáñamo hemp (*plant and fiber*)

cañaveral (*m.*) field *or* plantation of canes *or* reeds

cañón (*m.*) cannon, gun; gorge, canyon

caoba mahogany

capa coat, cape, mantle

capaz capable, competent

capilla chapel

capitanear to head, to have the command

capricho whim, caprice

cara case; **de —** facing, opposite

carbón (*m.*) coal, charcoal; **— encendido** burning charcoal

carcajada outburst of laughter

cárcel (*f.*) jail, prison

carecer (de) to lack

carente lacking, devoid; **— de** lacking, devoid of

carga load, burden, ship's cargo

cargador (*n.*) loader, porter

cargar to load, to fill up; to carry

cargo position, charge; **a — de** in charge of (a person); **hacerse — de** to take charge of

caricia caress

caridad charity, benevolence; alms

cariño affection, love

carioca from Río de Janeiro

cariz (*m.*) aspect

carnero sheep, mutton

carrera race; career

carretera highway

carro cart

cartucho cartridge

casamiento marriage, wedding

cáscara rind, peel, crust

casco hoof

castaña chestnut; **— de Marañón** Brazil nut

castañuela castanet

castellano Castilian; Spanish language

castigar to punish, to afflict

castigo punishment

casto chaste, pure

castrense military

castrista (*m. & f.*) follower of Fidel Castro; (*adj.*) Castrist

casual accidental, chance, casual

casualidad chance, accident

casucha miserable hut

catalán Catalonian

catecismo catechism

cátedra professorship, subject

catedrático (*m.*) university professor

catequización religious instruction

cauce (*m.*) river bed; channel

caucho rubber, rubber plant

caudal (*m.*) volume (*of water*); abundance, wealth

caudaloso abundant

caudillaje (*m.*) leadership, bossism

caudillo leader, caudillo, political boss

cautela caution; cunning

cauteloso careful, cautious

cautivar to captivate

cautiverio captivity

cautivo (*adj. & n.*) captive
cavar to dig
cazador hunter
cebada barley
ceder to yield; to give up
cedro cedar (*wood*)
cédula degree
cegar to blind; to cut off
ceguera blindness
ceja eyebrow
celebrar to celebrate; to praise; to hold (a meeting); —se to take place
célebre famous
celibato celibacy
celo zeal; distrust; —s jealousy
célula cell
cenáculo cénacle, literary group
cenit (*m.*) zenith
ceniza(s) ashes
censo census
censura censure; censorship
censurable reprehensible
centenar hundred
centinela sentry, sentinel
ceñido tight, close-fitting
cercanía(s) vicinity, proximity
cercano near, close by
cercar to wall in; to encircle, to surround; to lay siege to
cercenar to trim; to curtail
cerciorarse to inform; to assure; — de to find out about
cerco fence, wall, enclosure; alzar el — to raise the siege; poner — a to lay siege to
cerebro brain, brains
ceremonial (*m.*) code of manners
cerner to sift; (*Am.*) to strain; to threaten
cerro hill
certamen (*m.*) literary content
certero sure, certain, accurate
certeza certainty
certidumbre certainty
cervantino pertaining to Cervantes
chicha corn liquor
chinesco (*adj.*) Chinese
chispa spark
chivo goat; — expiatorio scapegoat
chocar to shock; to collide
cholo mestizo, half-breed
choque (*m.*) shock, impact, collision, clash
choza hut

cicatriz (*f.*) scar
ciclópea cyclopean, huge
ciego (*adj.*) blind; (*m.*) blind man; a ciegas blindly
cielito (*coll.*) dearest, darling; *Argentine tune and dance*
cielo heaven, sky; —rraso flat ceiling
ciervo deer
cifra figure, number
cima summit, top
cimarrón wild; fugitive (*slave*)
cimentar to found; to lay the foundation for
cimiento foundation, groundwork, basis
cincel (*m.*) chisel
cincelar to chisel; to carve
cinismo cynicism
cinta ribbon; band; strip
cinturón (*m.*) belt
circundar to surround
cisne (*m.*) swan
cisplatina cisplatine (*on the left bank of the River Plate*)
cita engagement; quotation; lugar de — meeting place
citar to quote; to summon
ciudadanía citizenship
ciudadano citizen
ciudadela citadel, fortress commanding a city
civilista antimilitarist
clamar to cry out for; to utter loud cries
clamor (*m.*) cry, noise
claro (*adj.*) light, clear; (*int.*) of course
claudicar to limp; to back down
claustro cloister; campus
cláusula clause
clausurar to close up, to adjourn
clavel (*m.*) carnation, pink
clérigo cleric, clergyman
clero clergy
coacción coercion, compulsion; co-action
cobarde (*adj.*) cowardly; (*m. & f.*) coward
cobre (*m.*) copper
códice (*m.*) manuscript
codicia covetousness, cupidity, greed
codiciar to covet
coetáneo contemporary
cofradía union, association; guild, brotherhood

cohete (*m.*) rocket
cohibir to inhibit; to restrain
cojo lame; (*n.*) lame person, cripple
cola tail, end, queue; **hacer —** to stand in line
colegir to infer, to conclude
cólera rage
colérico angry
colgar to hang; to hang up
colibrí (*m.*) hummingbird
colina hill
colindante adjacent, contiguous
colmo height; limit
colocación position, employment; place
colocar to place, put; **—se** to get placed, find a job
coloniaje (*m.*) colonial system
colonizador (*adj.*) colonizing; (*n.*) colonizer, colonist
colono colonist, settler; farmer, tenant farmer
columnata colonnade
comadre (*f.*) midwife; co-godmother, friend
comarca region, territory
combatiente combatant
comediógrafo playwright
comentar to comment; to make comments; to discuss
comestible (*m.*) food, foodstuff; (*adj.*) edible, eatable
cometer to commit
comicio primary election; (*pl.*) voting, elections, primary
como like, as, as if; **— de** of about; **— que** since
comodidad comfort, convenience
cómodo comfortable
compadecer to pity, to feel sorry for; **—se (de)** to feel sorry (for)
compadre godfather; (*coll.*) pal
compañero companion, friend
comparecer to appear (*before a judge, tribunal or police*)
compartir to divide; to share
compás (*m.*) (*mus.*) time; measure
competencia competence, competency; dispute; competition; domain
complacer to please; **—se** to be pleased (with *or* to); to take pleasure in
complejidad complexity

complejo (*adj.*) complex; (*m.*) complexity; complex (*psychological*)
componenda deal, compromise
comportamiento behavior
comportar (*Am.*) to entail; **—se** to behave
comprensible comprehensible, understandable
comprensivo (*adj.*) understanding, comprehensive
comprobar to verify, to confirm
comprometer to involve; to endanger, **—se** to commit oneself
compromiso compromise; engagement
comulgar to take communion; to communicate; to mix
comunero commoners; joint holders of a tenure of lands
conato attempt, effort
concejo town council; council meeting
concesionario concessionaire, dealer
conciliar to conciliate, to reconcile
concilio council
concitar to stir up
conciudadano fellow citizen
concordia concord, harmony, agreement
concretar to make concrete; to explain; to boil down (*a statement*); **—se** to limit oneself, to confine oneself
concurso contest
conducción act of leading, conducting
conducir to lead, to conduct
conductor (*adj.*) conducting, leading, guiding; (*m.*) conductor, leader, driver
conferir to confer, to bestow, to award
confianza confidence, trust; familiarity; informality
confiar to entrust, to confide
confundir to confuse, to mix; to fuse; **—se** to become lost or mingled; to go astray
congelar to freeze
conjuntamente jointly
conjunto whole, entirety; (*mus.*) ensemble; **en —** as a whole, in all
conmovedor touching, moving
conmover to stir, to stir up, to upset; to move; **—se** to be moved, to be touched, or upset
conseguir to get, to obtain; to bring about; **— + inf.** to succeed in + *ger.*

consejo advice, counsel

consigna watchword; order

consiguiente consequent; **por —** or **por el —** consequently, therefore

consternar to dismay; to terrify

constituyente (*adj. & n.*) constituent, component

consuetudinario customary

contendor contestant; challenger

contienda contest, fight

contradecir to contradict

contraer to contract

contrapeso counterbalance, counterweight

contraproducente unproductive, self-defeating; counterproductive

contrario opposite; (*n.*) opponent; contrary; **al — de** unlike; **por el** *or* **lo —** on the contrary

contratiempo misfortune, disappointment; (*mus.*) contretemps

contumaz contumacious, defiant, unruly, rebellious

convenio covenant, pact

convenir to be suitable, to be becoming; to be necessary; to convene; to agree

conversador conversationalist

convivencia (*act of*) living together, life together

convivir to live together

copa goblet, wineglass, cup; crown (*of a hat*); treetop

copla couplet, ballad

corográfico mapping, charting

corona crown; wreath, garland

corregidor corregidor (*Spanish magistrate*)

correligionario coreligionist; member of the same party

corriente (*adj.*) running; current; common; **estar al — (de)** to be aware (of)

corro circle of people

corte (*m.*) cut; cutting; (*f.*) court, yard; (*Am.*) court of justice; **Cortes** Parliament

cosecha harvest; crop; harvest time; **de su —** of one's own invention, out of one's own head

cosechar to harvest, to reap; to grow (*e.g., corn*)

costado side

costal (*m.*) bag, sack

costanero (*adj.*) coastal

costear to defray the cost of; **—se** to pay for itself or oneself

costeño (*adj.*) coastal

costumbrista (*adj.*) depicting regional customs, manners, scenes

cotidiano daily, everyday

cotización quotation, price

coyuntura occasion; juncture

creciente increasing, rising, growing

crecimiento growth

cría raising, breeding, rearing

criar to raise, to bring up; to breed, to grow

criminalidad crime rate

criollización Spanish-Americanization

crisol (*m.*) crucible, melting pot

cromo chromium

cronista (*m.*) chronicler

cruento bloody

cruzamiento crossing, miscegenation, interbreeding

cruzar to cross

cuadra square, block

cuadrilla group, troupe, gang, band; quadrille

cuajar to take shape; to be formed

cuantioso numerous

cuartel (*m.*) barracks; quarter; (*mil.*) general headquarters

cuartelazo military coup d'état (*uprising*)

cuarterón (*n.*) quadroon

cuatrero horse thief; cattle thief

cuenca basin (*of a river*); valley

cuento story, tale, gossip

culpa blame, guilt, fault; **echar la — a uno de una cosa** to put the blame on someone for something; **tener la — de** to be to blame for

cumbre (*f.*) summit; (*fig.*) acme, pinnacle; (*adj.*) top, greatest

cumplir to execute, to perform; to fulfill, to keep (*a promise*)

cuna cradle

cundir to spread

cúpula dome

cura (*m.*) priest

curandero quack, healer

curtido tanning

cúspide (*f.*) apex, peak

custodiar to guard, to watch over

cuzqueño (*adj.*) pertaining to Cuzco; (*m.*) native of Cuzco

dado (*p.p. of dar*); **— que** provided that; as long as
dañar to hurt, to damage, to spoil
dañino harmful
daño hurt, damage, harm
dato datum, basis, fact
debelar to subdue; to conquer
debido due, proper
débil weak
debilidad weakness
decaer to weaken; to fade; to languish; to decay
decaimiento decline; decay; weakness
decantar to exaggerate; to exalt
decenio decade
décimonónico nineteenth (*century*)
dechado model, example
deidad deity
dejo accent (*of a region*)
deleitar to delight; **—se con** to take delight in
deleite (*m.*) delight, pleasure
delgado slim, thin
delinear to outline; to delineate
delito crime, transgression
demás other(s), rest; **por lo —** besides; **por —** in vain
demoler to demolish
demorar to delay
denominación name
denominar to name, denominate
deparar to provide, to furnish
deponer to set aside; to remove from office; to depose
depravación depravity
derogar to repeal, to revoke
derramamiento spilling; spreading
derramar to pour out, to spill
derretir to melt; to thaw
derribar to demolish, to destroy, to tear down; to overthrow
derrocamiento overthrow; ousting
derrocar to overthrow
derrochador squandering; (*n.*) squanderer
derrochar to waste, to squander
derroche (*m.*) waste, squandering; profusion

derrotar to rout; to defeat
derrotero route; course
derrumbamiento collapse, wrecking
derrumbar to plunge headlong; to collapse
desacato disrespect, contempt; profanation
desacuerdo disagreement; discord
desafiar to defy; to challenge
desafío defiance; challenge; duel
desagravio redress
desaguar to drain; to empty; to flow
desalentar to discourage
desaliento discouragement
desalojar to dislodge, to evict, to eject, to oust
desalojo eviction, dislodgement
desamparar to abandon
desamparo abandonment, lack of protection
desaparecido (*n.*) a person who has "disappeared"
desarme (*m.*) disarmament
desarreglo disorder
desatar to untie; to unleash; **—se** to break out
desatender to take no notice of, to disregard
desatino folly; blunder, foolishness
desbandar to flee in disorder; to disband
desbaratar to ruin, to destroy
descalzo barefoot
descarado insolent, impudent; shameless
descartar to discard, to do away with
descendencia offspring
descollante outstanding
descollar to stand out, to excel
descomposición decay, corruption; disorder
desconcertar to disconcert, to baffle
desconcierto disorder
desconfianza distrust
desconfiar to have no confidence
desconocer to be ignorant of; to fail to recognize; to overlook, to disregard
desconsolar to distress, to grieve
descorazonar to discourage
descuartizar to quarter, to dismember
descuidar to neglect, to overlook; **—se** to be distracted
descuido carelessness, neglect
desdén (*m.*) disdain, scorn, contempt

desdeñable despicable, contemptible

desdicha misfortune

desechar to cast aside, to throw out

desembocadura outlet, mouth (*e.g., of a river*)

desembocar to flow, to empty, to end; — **en** to flow into, to empty into

desembolso disbursement, payment

desempeñar to redeem; to fulfill, to carry out; to fill (*a function*); to play (*a role*)

desencadenarse to break out; to be loose

desencantar to disenchant, to disillusion

desencanto disenchantment

desenfrenado unbridled

desengañar to undeceive, to disillusion

desengaño disappointment, disillusionment

desenlace (*m.*) outcome; dénouement (*of a play*)

desenlazar to untie; to solve

desenvolvimiento unfolding, development

desesperante despairing; exasperating

desesperanzado hopeless

desfilar to file by; to march in review; to parade

desgarbado graceless

desgobierno misgovernment, maladministration, mismanagement

desgraciado unfortunate

desheredado disinherited, underprivileged

deshonroso dishonorable, ignominious

desigual unequal

desigualdad inequality, unevenness

deslealtad disloyalty

deslizarse to slip

deslumbrante dazzling, bewildering, baffling

deslumbrar to dazzle

desmán (*m.*) excess; misbehavior

desmedido excessive

desmentida denial

desmentir to belie; —**se** to make an about face; to contradict oneself

desmesurado disproportionate; excessive

desmoralizar to demoralize; —**se** to become demoralized

desmoronamiento crumbling

desmoronar to decay

desnudo (*adj.*) nude, naked, bare; (*n.*) nude

desocupar to evacuate; to empty

desoír to disregard; to be deaf to

despedir to dismiss; to get rid of; to throw off; —**se** to say good-bye

despejado clear

despejar to clear out; to clear up

desperdiciar to waste, to squander; to fail to take advantage of

desperdicio waste, squandering; leftover, residue; —**s** waste products, by-products

despiadado merciless, cruel

despilfarrar to squander

despilfarro squandering, waste

desplazamiento move; movement; shift

desplazar to take the place of; to move; to shift

desplegar to spread, to display, to unfurl

despliegue (*m.*) unfolding, display, deployment

despojar to strip; to despoil, to dispossess

despojo dispossession; spoils

desposeer to divest, to dispossess

desposeído dispossessed

despreciar to despise, scorn

desprecio scorn, contempt

desprender to loosen; to detach; —**se** to loosen

desprestigiar to run down, disparage; —**se** to lose one's reputation or standing

desquiciamiento unhinging, upsetting, unsettling

destacado outstanding

destacar to emphasize; to make stand out (*in a painting*); —**se** to stand out

desterrado (*adj.*) exiled, banished; (*m.*) exile, outcast

desterrar to exile, to banish; —**se** to go into exile

destituir to deprive; to dismiss

destreza skill, dexterity

destrozar to break to pieces, to destroy

desvalido impoverished

desvanecer to vanish; to fade; —**se** to vanish

desvarío ecstasy, delirium; raving

desventaja disadvantage

desventura misfortune

desviar to deviate; to dissuade

desvincular to break the ties uniting two or more persons or things

desvirtuar to lessen the value; to weaken, to spoil

detenido lengthy; careful; slow; (*n.*) prisoner

detentar to deforce (*to keep by force from the rightful owner*); to usurp

detentor (*m.*) usurper; illegal possessor

deuda debt

devenir to happen; to become

dictadura dictatorship

dictamen (*m.*) judgment, opinion

dictar to dictate; to promulgate (*a law*); (*Am.*) to deliver (*a lecture*)

dicharachero (*adj.*) witty; (*n.*) witty person; sparkling conversationalist

dicho saying; (*p.p. of* **decir**) aforesaid; **mejor** — rather

dichoso fortunate, lucky; happy

diezmar to decimate

difundir to disseminate; to spread

difunto deceased

dignamente in a suitable fashion

digno worthy

dilación delay

dilucidar to elucidate, to render intelligible

diluvio deluge

dimitir to resign

diputado delegate, representative, deputy

dique (*m.*) dike

dirigencia leadership

dirigente (*m. & f.*) leader, head, director

dirigir to direct, to manage; to address; —**se** to address; to apply to; to go to

disculpar to forgive; to cover up; to vindicate

discurso speech; discourse

discutir to discuss, to argue about *or* over; to contradict, to oppose

disfraz (*m.*) disguise

disfrazar to disguise

disfrutar to enjoy; to have the benefit of

disfrute (*m.*) enjoyment, use

disgustar to displease; —**se** to be displeased

disímil dissimilar

disimuladamente furtively, underhandedly

disimular to disguise; to hide; to pretend; to excuse

disminuir to diminish, to decrease

dispar unlike, different; odd (*that does not match*)

disponer to dispose; to arrange, to prepare; to decree; — **de** to make use of, to have at one's disposal; —**se** to get ready, to prepare oneself

disponible available

dispuesto disposed, ready

distraer to distract; to amuse; —**se** to amuse oneself

ditirámbico dithyrambic (*exceedingly eulogistic*)

divagar to ramble; to wander; to digress

diversión amusement

divertido amusing

divertir to amuse, to entertain; —**se** to enjoy oneself

divisa emblem, motto; goal; foreign exchange

divisar to perceive; to make out; —**se** to make out; to be seen

divisor (*m.*) divider

divisorio dividing; divider

doblar to double; to fold

doblegar to bend

docencia teaching

docente educational, instructional, teaching; **cuerpo** — faculty

docto learned

dolencia ailment

dolicocéfalo dolichocephalic, long-headed

doloroso painful, pitiful

domar to tame, to master

dominador dominator, ruler

dominante prevailing

dominio dominion, domination, domain; — **público** public *or* general knowledge; (*law*) eminent domain

don (*m.*) gift, innate ability

donatário (*Portuguese*) recipient of a grant

donativo gift

doncella maiden, virgin

dondequiera (*adv.*) anywhere, wherever

dorado gilt, gilded; golden

dotar to dower, to endow; to equip; to man

dote (*m. & f.*) dowry (*f.*) endowment, talent, gift

ducado ducat

duco car paint

dúctil easy to handle, manageable
ducho expert
dueño owner, landlord, master
dulzura sweetness
duradero lasting
dureza harshness

ecuestre equestrian
edificar to build, to construct
efectuar to effect, to carry out; —**se** to be carried out; to take place
égida protection; force
egregio eminent
egresados (*Am.*) alumni
egresar (*Am.*) to leave; to go away; to graduate
eje (*m.*) axis, axle, shaft
ejemplar exemplary; (*m.*) model, sample, example, copy (*of a publication*)
ejercer to exercise; to exert; to practice
ejército army; — **permanente** standing army
elogiar to praise
elogio eulogy, praise
embate attack
embaucar to deceive, to trick
embelesado spellbound
embestida assault, attack
embestir to attack
emboscada ambush
embrutecer to stupefy; to brutalize
emotivo emotional
empañar to dim, to blur
emparentado related by marriage; related
empecinamiento (*Am.*) stubbornness, persistence
empedernido hardened, confirmed
empeñar to pawn; to pledge; —**se** to endeavor; to insist; —**se en** to persist in, to insist on
empeño pledge; eagerness, determination
empeorar to make worse, to impair
empequeñecer to belittle; to diminish
emperador emperor
empero but, yet, however
empobrecer to impoverish
emporio emporium, center of culture
emprender to undertake
empresario manager, impresario
empréstito loan
empujar to push

empuñar to clutch, to grasp
enajenación alienation; illegal appropriation
enajenado alienated
enaltecer to praise
enarbolar to hoist, to hang out (*e.g., a flag*), to raise (*a flag*)
enardecer to inflame, to excite
encabezar to head, to lead
encajar to fit in; to be appropriate
encaje (*m.*) lace
encaminar to set on the way; —**se** to set out, to be on one's way
encapricharse con *or* **en** to whimsically set one's mind upon
encaramarse to climb; to get on top
encarar to face (*a problem*); —**se a** *or* **con** to confront; to stand up to
encarcelar to imprison
encarecer to raise the price; to enhance
encargar to entrust; —**se de** to take charge of
encarnado (*p.p. of* **encarnar**); (*adj.*) incarnate; flesh-colored
encarnar to incarnate, to embody
encauzar to channel; to guide, to direct
encendido bright, inflamed
encerrar to lock in, to shut in; to include
encierro confinement; imprisonment
encomendar to entrust, to commend, to commit
encomendero holder of an **encomienda**
encomiar to praise
encomio praise
enconado bitter, unfriendly
encono ill will, rancor
encubierto concealed, covered, cloaked
encubrir to hide, to conceal
encuentro meeting, encounter, clash
encumbrar to elevate
ende: por — therefore, consequently
endeble feeble, frail
enderezar to straighten, to set right
endógamo inbred
endurecido hardened
enemistar to estrange, to make enemies of; —**se** to become enemies
enfadar to anger; —**se** to get angry; to be annoyed
enfrentar to confront, to face
engalanar to adorn

engaño deceit, fraud
engañoso deceiving
engendrar to beget
engorroso troublesome
engranaje (*m.*) gearing
engrandecimiento aggrandizement, enlargement
enlace (*m.*) link, connection, relationship; marriage
enlazar to embrace; to unite
enmendar to reform; to correct
enmarañado entangled
enmascarar to mask; to disguise
enmienda amendment; correction
enojar to anger; —**se** to become angry
enojoso annoying
enraizado rooted
enredar to envelope; to make trouble; —**se** to become involved
enredo entanglement
enriquecer to enrich
enriquecimiento enrichment
ensanchar to widen, to extend, to enlarge
ensangrentado bloody; bloodstained
ensangrentar to stain with blood; to bathe in blood
ensayar to try, to rehearse
ensayista (*m. & f.*) essayist, essay writer
ensayo test; essay, rehearsal
ensuciar to dirty, to stain, to soil
ensueño dream; daydream
entallador carver; engraver
ente (*m.*) being, entity
enterar to inform; —**se** to find out; —**se de** to learn about
enterrar to bury
entorpecer to stupefy; to obstruct; to delay
entrada entrance
entraña entrail, heart
entrañable close; intimate; deep-felt
entrañar to contain; to involve
entrega delivery, surrender
entregar to deliver; to surrender, to hand over
entrelazar to interlace, to interweave
entremetido meddlesome
entremezclar to intermingle
entrenamiento training
entretanto in the meanwhile; — **que** while
entretener to entertain

entrever to glimpse; to guess; to suspect
entrevista conference, interview
enturbiar to confuse, to muddle
entusiasmar to enthuse; —**se** to be enthusiastic
envasado packing, canning
envasar to pack; to package; to can
envejecer to age, to grow old
envidia envy
envilecer to vilify, to debase; —**se** to be debased; to degrade oneself
epónimo eponymous
epopeya epic poem, epic
equidad fairness
equilibrar to balance
equipo equipment; outfit; set, unit; (*sports*) team
equivaler to be equivalent to
equivocar to mistake; —**se** to make a mistake
equívoco (*m.*) (*Am.*) mistake, error
erario state treasury
erigir to erect, to build; to establish
erizado bristling with
errado mistaken
esbelto graceful, well-built; slim
esbozar to outline, to sketch
escala ladder, scale; (*naut.*) **hacer — en** to call at
escalar to scale, to reach, to get to
escalinata stone step; front step
escalón (*m.*) step (*of staircase*); echelon, grade
escalonar to place at intervals; to place stairways outside
escamotear to make disappear; to cause to vanish
escarapela badge
escarmentar to learn by experience
escarmiento punishment
escasear to be scarce; to become scarce
escasez (*f.*) scarcity, need
escindir to split
escisión splitting, schism
esclarecedor enlightening
esclarecer to explain, to enlighten; to dawn
esclarecido illustrious
esclavista (*adj.*) pro-slavery; (*m. & f.*) pro-slavery advocate
esclavitud slavery

esclavo enslaved; (*n.*) slave
escoba broom
escoger to choose
escuadra (*mil.*) squad; (*naut.*) squadron
escudar to protect; to shield
escueto plain; unadorned
esculpir to sculpture; to carve; to engrave
escultura sculpture
esforzar to strengthen, encourage; —se
   to exert oneself
esfuerzo effort
esgrimir to wield; to brandish; to swing
   (*e.g., a new argument*)
esmalte (*m.*) enamel
esmerado careful
esmero care
espada sword
Española Hispaniola
espantoso frightful, awful, fearful,
   astounding
esparcir to scatter, to spread
especia spice
espectro specter, phantom, ghost; spectrum
esperanza hope
espinazo backbone
espino (*bot.*) hawthorn
espinoso thorny; arduous
esquema (*m.*) scheme, diagram, schema
esquematizar to sketch, to outline, to
   diagram
esquivo aloof, scornful
estadista (*m.*) statesman; pro-statehood
   (*in Puerto Rico*)
estado state, condition, estate, status;
   government, country, nation; — de
   ánimo state of mind; — de cosas state
   of affairs; — parachoque buffer state
estafa swindle
estallar to explode, to break out
estallido outburst; explosion; outbreak
estancado stagnant
estancamiento stagnation
estancia (*Am.*) cattle ranch; large farm
estandarte (*m.*) banner
estaño tin
estatuir to establish
estela wake (*of a ship*); trail
estipendio fee
estirpe (*f.*) stock, race, family
estorbar to disturb; to be in one's way;
   to prevent

estrago havoc
estrechez (*f.*) want, poverty; narrowness
estrecho narrow; (*m.*) strait
estreno debut, première
estudiantado student body
estupendo wonderful, marvelous
etapa stage
etiqueta formality
etnia racial and cultural group
europeizante (*adj.*) pro-European
evolucionar to evolve
ex former; — alumnos alumni
exacerbado irritated
exceptuar to except
excomulgar to excommunicate
exigente exacting, demanding
exigir to exact, to require, to demand
exiguo exiguous, small, scanty
eximio most excellent, distinguished
éxito success
expedir to send, to ship; to issue
expoliador spoliating; (*m. & f.*) spoliator
exponer to expose
exteriorizar to reveal; to make manifest
extraño foreign, strange; (*n.*) foreigner,
   stranger
extraviarse to go astray; to get lost
extravío misconduct, wrong

fábrica factory, plant, mill
fabricación manufacture
fábula fable
facción faction; feature; —es features (*face*)
faccioso rebellious; (*n.*) rebel
factible feasible
facultad faculty, power; school (*of a
   university*)
fachada façade
faena task, job, work
falacia deceit; fallacy
falangismo Spanish fascism
falaz treacherous, deceitful
falda skirt; lap; foothill; lower slope (*of a
   mountain*)
falta lack; mistake, misdeed; a — de for
   lack of; hacer — to be necessary
faltar to offend; to be missing, to be lacking
falto short, lacking, wanting
falla fault, defect, failure
fallar to render a verdict; to fail
fallecer to expire

fallido unsuccessful; disappointed
fallo verdict
fanatismo bigotry, fanaticism
fandango Spanish dance
fanegada *a measure of land, equal to 1.59 acres*
fango mud
fantasma (*m.*) ghost; phantom
fantoche (*m.*) puppet
faraón Pharaoh
farol (*m.*) lantern, street lamp
fastidiar to annoy; —**se** to become displeased
fatigoso fatiguing; (*coll.*) annoying, trying
fauces (*f. pl.*) gullet
fe (*f.*) faith; **auto de** — *public declaration of judgments of the Spanish Inquisition, followed by execution of sentences, including burning of heretics at the stake*
febrerista *member of a left-of-center political party of Paraguay*
febril feverish
fecundo fertile, abundant
fechar to date
federacha *derogatory name for the federal army of Juárez*
fehaciente reliable
felón treacherous
fementido treacherous, false
feria fair; holiday
feriado: día — holiday
feroz ferocious
ferrocarril (*m.*) railroad, railway
fervoroso ardent
fetiche (*m.*) fetish
feudatario vassal; feudal tenant
feudo fief
fiar to confide; to trust; —**se** to trust; —**se de** to trust in; to rely on
ficticiamente imaginarily
fiebre (*f.*) fever
fiel faithful, honest, sincere, trustworthy; **los** —**es** the faithful
fiera wild animal
fiero fierce
figurar to figure, to appear conspicuously; —**se** to figure; to imagine
fijar to fix, to fasten; to set (*a date*); to establish (*residence*); —**se** to become fixed, settled; to notice; —**se en** to notice, to pay attention to

fijo fixed, firm; **a punto** — exactly
filibustero freebooter, buccaneer
filigrana filigree
filo edge; cutting edge; **al** — **de** at, about (*e.g., sunrise, two o'clock*)
finalidad end, purpose
financiación financing
financiamiento (*Am.*) financing
finca estate
fincar (*Am.*) to reside, to rest, to be found
fingido false, fake; affected
finiquitar to finish; to wind up
finisecular *pertaining to the end of the 19th century*
firmar to sign
firmeza firmness; determination
fisco national treasury
fisiocrática physiocratic (*pertaining to the economic doctrine which considers nature as the only source of wealth*)
fisonomía face, contenance; physiognomy
flamante resplendent
flamenco Flemish; Andalusian gypsy (*dance, song, etc.*)
Flandes Flanders
flanquear to flank
flauta flute; — **pandeana** pan pipe
flojo loose, limp; weak
floresta woods, forest
florido full of flowers
fluir to flow
fluvial pertaining to a river
foco focus, center
fogón (*m.*) fireside, firebox, cooking stove
fogoso fiery, spirited
foja sheet, leaf
folletín (*m.*) small pamphlet; serial story
fondo bottom, rear; background; fund; **a** — thoroughly
foráneo strange, foreign; (*n.*) stranger, outsider
forastero stranger
forjadura forging
fortalecimiento fortification, strengthening
fortaleza fortitude, strength, vigor; fortress
fortificar to fortify
fortuito accidental; unexpected
forzoso compulsory

fracasar to fail
fray (*m.*) Fra; brother
fréjol (*m.*) kidney bean
freno bridle, brake
frentista (*adj.*) of the Frente Popular; (*m. & f.*) member of the Frente Popular
frigorífico (*Am.*) packing house, cold-storage
frijol (*m.*) bean
frondoso leafy, luxuriant
frontispicio frontispiece, front; the fore part of a building
fructífero fruitful
fuente (*f.*) fountain; source
fuero privilege; exemption; law, statute
fuga flight; (*mus.*) fugue; **ponerse en —** to take flight
fugaz brief, fleeting
fulano so-and-so; **— de tal** John Doe
fulgor (*m.*) brilliancy
funcionamiento functioning, performance, running
funcionario public official
fundamentar to lay the foundations of *or* for; to establish
fundamento foundation, basis; grounds
fundir to found (*a metal*); to smelt
fundo country property, farm, large estage
fúnebre gloomy; funereal
funesto dismal, sad; regrettable; mournful
fusilar to shoot (*with a firing squad*); to execute

gachupín (*Am.*) Spaniard (*derogatory*)
gala festive array; gala, splendor; **de —** full-dress, finery
galantear to pay court
galo Gallic
gallego Galician
gama gamut, full range, scale
gamonal (*m.*) (*Am.*) powerful and abusive landlord
gana desire
ganadero cattle-raising
ganado cattle, livestock; **— caballar** horses; **— lanar, — ovejuno** sheep; **— porcino** swine; **— vacuno** bovine cattle
ganancia gain, profit
garantía guarantee; **—s constitucionales** constitutional rights

garbanzo chickpea
garza crane
gasa chiffon
gastar to spend; to waste; to wear, to wear out, to use up
gasto cost, expense
gauchesco (*adj.*) Gaucho
gemelo twin
género kind, gender, genre; cloth; **— humano** mankind
gentío crowd
germen (*m.*) germ, bud, seed; (*fig.*) beginning, origin
gesta gest (*a narrative of a person's exploits*); feat; **— emancipadora** epic struggle for independence
gesto gesture, face, grimace
girar to draw; to turn; to rotate
giro turn; course
gobernante ruling; (*m. & f.*) ruler
goce (*m.*) enjoyment, pleasure
golpe (*m.*) blow, hit; coup
goyesco in the style of Goya
gozar to enjoy; to possess; **—se** to delight (in)
gozo pleasure
grabar to engrave, to record
grada step; **—s** stone steps
grado grade, degree, rank; **de buen —** willingly
grama (*bot.*) grass
granero granary
granjear to earn, to gain
grasa fat, grease
grato pleasant; pleasantly
gravamen (*m.*) tax, burden; obligation
gravitar to gravitate, to rest
gremial pertaining to a guild or trade union
gremio guild, trade union
grieta crack, crevice
grosero gross, coarse, rough
grosor (*m.*) thickness, bulk
grueso thick, bulky, big; (*m.*) thickness; bulk
guacamayo macaw
guaraní Guaraní (*Indian belonging to an ethnic group living in Paraguay; also his language*)
guardacostas (*m. pl.*) coast guard
guardar to guard, to keep

guarecer to take refuge; to take shelter
guarnición garrison
guaso (*Am.*) peasant
gubernativo governmental
guerrero pertaining to war; warlike; (*n.*) warrior, fighter
guerrillero guerrilla
gustoso tasty; pleasant; ready, glad

haba bean; — **de soja** soya bean
hábil skillful; capable
habilidad ability; skill, talent; shrewdness
hablador talkative
hacendado owner of a large farm, plantation or ranch
haces (*m. pl.*) beams (*of light*)
hacienda landed property, fortune, possession; extensive farm, plantation *or* ranch
hada fairy
halagar to flatter
halagüeño flattering
hallar to find; —**se** to be
hallazgo find, discovery
haragán lazy; (*n.*) idler
harapiento ragged
harén (*m.*) harem
harina flour; — **de pescado** fishmeal
harto (*adv.*) quite; very; exceedingly; enough; too (*much*); (*adj.*) full; satiated
hastío boredom; loathing; surfeit
haz (*m.*) beam (*of rays*)
hazaña deed, feat, exploit
hechicera sorcerer, witch
hechicero (*adj.*) bewitching; (*m.*) magician, sorcerer
hecho fact, deed, act, event; **de** — in fact, de facto; — **de armas** feat of arms
helar to freeze
hembra female
henchir to fill, to stuff; —**se** to be filled; to stuff oneself
heredero heir
hereje (*m. & f.*) heretic
herencia inheritance, heritage, heredity
herida wound, injury, insult
herido hurt, wounded; (*n.*) injured or wounded person
herir to hurt, to injure, to wound
hermanar to unite
hermandad brotherhood, sisterhood

herramienta tool
hervir to boil
hiato hiatus; a gap, a lacuna
hidalgo nobleman
hidalguía nobility
hielo ice
hierba grass; herb
hierro iron
higo fig
hilar to spin
hilo thread, wire
hincapié (*m.*) firm footing; **hacer** — **en** to emphasize, to dwell upon
hinchar to swell, to exaggerate; —**se** to swell up (*with pride*)
hipoteca mortgage
hogar (*m.*) home
hoguera bonfire
hoja leaf; blade; —**s volantes** handbills
hojalata tin, tin plate
hojear to look over, to leaf through
hombro shoulder
hondo (*adj.*) deep; (*n.*) depth
honestidad chastity, virtue, decency
honra honor
honroso honorable
horca gallows
hormiga ant
hormiguero anthill
horroroso frightful, hideous; terrible
hosco dark, gloomy; proud
hospicio hospice; orphan asylum, poorhouse
hostigar to scourge
hueco hollow, resounding; affected
huelga strike (*of workers*)
huérfano orphan
huerto orchard
hueso bone
huésped guest
humilde humble
humillar to humiliate; to humble
hundimiento sinking, collapse, cave-in, crash
hundir to sink; to ruin; —**se** to cave in, to collapse
hurto thieving; theft

ibérico Iberian
ibero Iberian
ida departure

idear to think up; to plan, to devise
idilio idyll
idolatrar to idolize
idóneo suitable
ignorar not to know, to be ignorant of
ignoto unknown
igualar to equalize; to equate; to be equal
iletrado uncultured, illiterate
iluso misguided, deluded
ilustración illustration; learning; enlightenment
ilustrado informed, learned, enlightened; illustrated
ilustrar to enlighten; to elucidate
ilustre illustrious
imaginero painter or sculptor of religious images
imborrable indelible; ineradicable, inerasable
imperante ruling, prevailing
imperar to rule, to reign, to hold sway; to prevail
imperecedero imperishable
imperioso imperious; imperative
imponente imposing; awe-inspiring
imponer to impose; to dominate;—**se a** to dominate, to command respect from
importar to import; to be worth; to involve, to imply; to be important; to matter
impostergable compelling; urgent
imprenta printing; press
imprescindible essential, indispensable
imprimir to print; to stamp; to imprint
improperio insult
impudicia immodesty
impuesto (*p.p. of* **imponer**); (*m.*) tax
impulsar to impel
impunemente with impunity
inagotable inexhaustible
inaplazable indeferable
inaudito unheard of
incansable tireless
incapaz incapable, unable, incompetent
incario Inca period; empire of the Incas
incauto unwary, unwise
incendio fire
incertidumbre (*f.*) uncertainty
incitante exciting
incluso enclosed; (*adv.*) besides, including, even

incógnito unknown (*m. & f.*) incognito (*person*)
incomodar to disturb, to annoy; —**se** to become disturbed
incomodidad inconvenience, uncomfortableness
incomunicado isolated
inconcebible inconceivable
inconciliable irreconcilable
inconcluso unfinished
inconscientemente unconsciously
incontrovertible indisputable
incrustado inlaid
inculto unrefined
incumbencia duty, obligation; **ser de la — de** to be within the province of
incumplimiento nonfulfillment, unfulfillment, breach
indecible indescribable
indiada (*Am.*) gang *or* mass of Indians
indiano *Spaniard who returns rich from Spanish America*
indicio sign, token, indication; —**s** (*law*) evidence
indigesto undigested; confused
indignar to anger; —**se** to get indignant
indigno unworthy, contemptible
indiscutible indisputable, unquestionable
indoblegable unbending, unyielding
índole (*f.*) temper, disposition; class, kind
indomable unconquerable; indomitable
indómito untamable, indomitable, unruly
inducir to persuade, to influence
indudable certain, indubitable
indulto pardon
indumentaria apparel; clothing
inefable indescribable
ineficaz ineffective, ineffectual
ineluctable inevitable
inepcia ineptitude
inerme unarmed
inexpugnable impregnable; unconquerable
infamatorio defamatory, libelous
infame infamous; (*m.*) scoundrel
infantería infantry; — **de marina** marines; marine corps
infarto infarct
infiel (*adj.*) faithless; unfaithful; disloyal; (*m.*) infidel

infierno hell
influjo influence
infortunado unfortunate
infortunio misfortune
infringir to violate
infructuoso fruitless, unfruitful
ínfulas conceit, airs
infundir to inspire (*with*); to infuse; to imbue
ingeniar to think up; to contrive;—**se para** to manage
ingenio talent, skill; talented person; sugar mill
ingénito innate
ingente huge
ingrato thankless; ungrateful; disagreeable; harsh, hard; (*m.*) ingrate
ingresar to enter
ingreso entrance; ingress; —**s** income
inhábil unable, unqualified; unskilled, unskillful
inhabilitación disqualification, incapacitation
inhóspito inhospitable
inigualado unequaled, uneven
injertar to engraft; to ingraft; to graft
inmarcesible unfading
inmediación proximity; **inmediaciones** environs, neighborhood
inmiscuir to mix; —**se** to interfere
inmóvil motionless
inmueble: propiedad real estate
inmundo dirty, filthy
inquietante disquieting, disturbing
inquietar to worry; to move
inquieto anxious, worried; restless; (*n.*) restless person
inquietud (*f.*) uneasiness, restlessness, concern
inquilino tenant; (*Am.*) tenant farmer
inquina aversion, hatred, dislike
inquisidor inquirer, inquisitor
inscribir to inscribe; to enroll, to register
insensible imperceptible; insensitive
insigne noted, renowned
insinuar to suggest, to hint
insólito unusual, unaccustomed
insondable unfathomable, inscrutable
insoportable unbearable; intolerable
insostenible untenable
insuficiencia inadequacy

instar to urge
insustituible irreplaceable
intachable irreproachable
integrar to integrate; to form
intentar to attempt
intercalar to interpolate
intercambio interchange
interés (*m.*) interest; **intereses creados** vested interests
interesado interested party
interinamente temporarily
internado internship; boarding school
interrogante questioning; interrogative
intestino intestine, internal, domestic
intimidad intimacy, privacy
intitular to entitle
intocable untouchable
intranquilo uneasy
inundar to flood; to fill
inusitado unusual; out of use
inútil useless
inutilizar to render useless
inverosímil improbable, unlikely
inversión inversion, investment
inversionista investor
invertir to invest, to invert; to reverse
involucrado contained
ira anger
irredenta unredeemed
irremediable irremediable, incurable
isleño pertaining to an island; (*n.*) islander
izar to hoist

jactancia boasting, bragging, boastfulness
jalisciense pertaining to Jalisco (Mexico)
jaque (*m.*) check
jebe (*m.*) (*Am.*) rubber
jefe (*n.*) chief, leader, boss
jerarca chieftain
jerarquía hierarchy
jerga jargon
jinete (*m. & f.*) horseman, rider
jornada act; military expedition; trip, journey; event
jornalero day laborer
joya jewel
joyería jewelry
juerga carousal, spree
juez (*m.*) judge
juguete (*m.*) toy, plaything

juicio judgment; trial; **perder el —** to lose one's mind
junta council, meeting, conference
juntamente at the same time
juntar to join, to unite; to gather
junto (*adj.*) joined, united; **—s** together; **todo —** at the same time, all at once
jurado jury
juramento oath; **prestar —** to take oath
jurar to swear in, to take an oath
justicialismo justicialism (*Perón's political philosophy*)
justipreciar to appraise
juzgar to judge; to think; **— mal a** to think ill of

kafkiano nightmarish (*in Kafka-like style*)

laberinto labyrinth, maze
labrado adorned, decorated; carved; (*m.*) carving
labranza farming; work
labrar to till; to carve
laca lacquer
lacayo lackey
lacio straight (*hair*)
ladera slope
ladino (*Am.*) mestizo (*mixed Spanish and Indian*)
lado side, direction, room; **al — de** by the side of; **dejar a un —** to skip, to leave aside
ladrillo brick
laico (*adj.*) lay, secular
lance (*m.*) incident, event; dispute
languidecer to languish
lanza lance
lanzamiento launch, hurl, throw, launching
lanzar to throw, to hurl; to launch
larga long; **a la —** in the long run
largamente at length
lastimero pitiful
lata can
latido beat, throb
latifundista large landowner
latigazo lashing, lash
latir to beat, to palpitate
laúd (*m.*) lute
lazarillo blind man's guide
lazo clasp, knot, tie, bond

leal loyal
lealtad loyalty; steadfastness
lector (*m.*) reader
lecho bed
legado legacy
legua league (*from 2.4 to 4.6 miles*)
legumbre (*f.*) vegetable
lejanía distance, distant place
lejano distant
lema (*m.*) motto, saying, slogan
lentitud slowness; **con —** slowly
leña firewood
lesión injury
lesionar to hurt, to injure
letargo lethargy
letra letter (*of alphabet*); handwriting; lyrics
letrero sign, label
levantamiento uprising
leve light, of little weight; trifling
ley (*f.*) law, norm, standard; **— del embudo** (*coll.*) one-sided law
léxico lexical; (*m.*) lexicon
libertador (*adj.*) liberating; (*m.*) liberator
libertar to free; to liberate
libertinaje (*m.*) libertinism
liberto freed, emancipated; (*n.*) freedman
librar to free; to save; to spare
licenciar to license; (*mil.*) to discharge
licencioso dissolute
liceo lyceum
lid (*f.*) contest, fight
liderazgo (*m.*) leadership
lienzo linen; canvas
ligar to tie, to bind
limar to file, to polish, to smooth
limeño pertaining to Lima (*Peru*); (*n.*) native of Lima
limitar to limit, to border; **— con** to border on
limosna alms, charity
linaje (*m.*) lineage, class
lindero boundary, edge
lino linen (*bot.*) flax
lisonja flattery
listo bright, alert; ready
literato writer; literary person
litigio litigation, dispute
litoral littoral, coastal; (*m.*) littoral, coast, shore
llaga ulcer, sore

llama flame, llama
llamada call; sign, signal
llamado call
llamamiento call
llamarada flare-up, flush
llamativo showy, flashing, gaudy
llanto weeping; tears
llanura evenness; plain
llovizna drizzle
locura madness, insanity
logia lodge
logrado successful
lograr to get, to obtain; to attain;
— + *inf.* to succeed in + *ger.*
logro attainment, success, gain, profit
loma hill
lomo back (*of an animal, of a book*)
losa slab, stone
lote (*m.*) lot
loza china
lozano vigorous, gallant
luciente bright, shining, lucent
lucir to display; to shine; —**se** to show off
lucrar to get, to obtain; —**se** to profit
luego soon, at once, then; **desde** — of
course; (*conj.*) therefore
lugarteniente deputy; lieutenant
lúgubre mournful; gloomy
lujo luxury
lujoso luxurious
lujurioso lustful, lecherous; (*n.*) lecher
lusitano Lusitanian; Portuguese
lustro period of five years
Lutero Luther
luto mourning

ma (*Am.*) wench; low class girl; mother
macizo solid; massive; (*n.*) mountain mass
macho he-man
madera wood, piece of wood; lumber,
timber
madero beam, log
madrugada dawn; break of day
madurez (*f.*) maturity, wisdom
maduro ripe, mature
maestría mastery
maestro (*adj.*) trained, expert; (*n.*)
teacher; master; **obra maestra**
masterpiece
magisterio teaching; teachers; teaching
profession

magistrado magistrate, judge
mago magician, sorcerer
mahometano Mohammedan
maldad wickedness, evil
maldición curse, malediction
maldito cursed, damned
maléfico horrifying
maleza weeds, thicket
malhechor (*m.*) malefactor, criminal
malicia maliciousness, shrewdness
malogrado ill-fated
malograr to spoil, to waste
malsano unhealthy
maltratar to mistreat; to abuse
malvado (*adj.*) wicked, evil; (*n.*) evildoer
malla mesh; netted fabric
mampara screen
manada flock, herd, pack
mancebía brothel; licentious living
mancha blemish, stain
manchar to speckel; to stain; to pollute
mandatario mandatary; (*Am.*) chief
executive (*of a country*)
mandato mandate; (*Am.*) term (*of office*)
mandioca manioc
mando command, control
manejar to manage; to handle; (*Am.*) to
drive
manejo handling, management; (*Am.*)
driving
maní (*m.*) peanut
maniatar to tie the hands of
manifestación demonstration
manifestar to tell, to declare, to state; to
show
maniobra movement
maniobrar to maneuver
mansedumbre (*f.*) mildness
manso gentle, meek
mantener to support; to maintain; to
keep up
mantenimiento maintenance, support
manto cloak, mantle
mantón (*m.*) large cloak; — **de Manila**
Spanish shawl
manufacturero manufacturing
manumisión manumission,
emancipation
maña craftiness, skill
maquillaje (*m.*) make-up
maquinal mechanical

maquinar to scheme, to plot
maraña tangle
maravilla marvel, wonder
marca mark, stamp
marcado outstanding
marco frame
marchitar to fade; to wither
marfil (*m.*) ivory
margarita daisy
margen (*m.*) margin, edge; (*f.*) bank (*of a river*)
marimba popular instrument much like a xylophone
marina navy; **infantería de** — marines; marine corps
marinero sailor
marino marine; (*m.*) seaman
mariposa butterfly
mármol (*m.*) marble
martillo hammer
mas but
masa mass; — **obrera** working class
matadero slaughter house
matanza killing, slaughter, massacre
mate *Paraguayan plant and tea-like drink*; (*adj.*) brownish color
materia matter; subject; — **prima** raw material
matiz (*m.*) shade, nuance
mayor greater, greatest; larger, largest; older, elder, oldest, eldest; senior; of age; main; high (*speaking of altar or mass*); major; **Estado** — General Staff; **ser** — **de edad** to be of age; (*m.*) superior; chief, head; major; **por** — (by) wholesale; — **de edad** person of legal age; — **es** elders, ancestors, forefathers
mayoría superiority, majority
mayoritario pertaining to the majority
mazorca ear (*of corn*)
mediano medium; average, fair, median
mediante by means of, through
mediar to mediate; to intervene; to take place
medicamento medicine
medida measure; moderation; **a** — **de** in proportion to, according to; **a** — **que** as, in proportion to; while
medievo Middle Ages

medio (*adj.*) half, middle, medium, average; **a medias** half and half; (*adv.*) half; (*m.*) half; midst, middle; medium; environment; means; —**s** means
medir to measure
mediterraneidad lack of seacoast
mediterráneo landlocked
medrar to thrive, to prosper
mejoramiento betterment, improvement
mendigo beggar
menester (*m.*) want, lack, need; job; **haber** — to need; **ser** — to be necessary
mengua diminution; **en** — **de** to the discredit of
menoscabar to impair, to damage
menospreciar to underrate, to undervalue
mensual monthly
ménsula corbel
mentar to mention
mentira lie, error; **parece** — it hardly seems possible
mentís (*m.*) flat denial
menudo small, little, minute; **a** — often
mercader (*m.*) merchant, dealer
mercadería commodity; —**s** goods, merchandise
mercado market; — **de valores** stock market
mercancía merchandise
merced favor, grace, mercy; — **a** thanks to
merecedor deserving
merecer to deserve, to merit; — **la pena** to be worthwhile
meridional meridional, southern
mermar to decrease, to diminish
mero mere
mescolanza (*coll.*) mixture; hodgepodge
meseta plateau
mestizaje (*m.*) crossbreeding; mixture (*e.g.,* — **cultural** cultural mixture)
meta goal
meter to put, to place
metralla shrapnel
mexicanismo Mexican word or expression
mezcla mixture
mezclar to mix, to blend, to mingle; to intermarry

mezcolanza mixture, interbreeding
mezquino wretched, poor, mean
mezquita mosque
miel (*f.*) honey
miembro limb, member
milagro miracle, wonder; **por**
— miraculously
millar thousand
mimar to spoil, to pamper
minar to mine; to undermine
minero mining; (*m.*) miner, mine operator
minifundio division of land into small
holdings
minoría minority
minuciosidad thoroughness,
meticulousness
minucioso minute, meticulous
mira sight, target, objective
mirada glance, look
misa mass
misericordia mercy
misionero missionary
mismo (*adj. & indef. pron.*) same, own,
similar, like, self
mitayo *Indian serving term of compulsory
labor*
mítico mythic
mito myth
mochica *Indian ethnic group of the coast
of northern Peru*
moda fashion, mode, style; **a la** — fash-
ionable; **a la** — **de** in style of; **de** — in
fashion
modal (*adj.*) modal; —**es** (*m. & f.*)
manners
modalidad modality, form, method
modo mode, manner, way, method; **de**
— **que** so that; **de ningún** — by no
means; **de otro** — otherwise; **de todos**
—**s** at any rate
mofarse de to mock; to make fun of
mojado wet
molicie (*f.*) fondness for luxury; sensual
pleasures
moneda coil, money; — **corriente** cur-
rency; — **sonante** metal money; —
suelta change; **casa de** — mint
monja nun
monje monk
monocultivo monoculture (*agriculture
based on a single crop*)

montar to mount; to ride; to assemble
montaraz wild, untamed
monte (*m.*) woods; hills; mountain;
— **bajo** scrub forest
monto amount, sum, total
montón (*m.*) pile, heap; **a montones**
(*coll.*) in abundance
montonera (*Am.*) mounted guerilla
group
morado purple
morador resident
moral (*f.*) ethics; conduct; (*adj.*) moral
mordida bite; (*coll.*) bribe (*in Mexico*)
moreno (*adj.*) dark-complexioned; (*coll.*)
colored; (*n.*) brunette; colored person
morera (*bot.*) white mulberry
morisco Moorish
mortalidad mortality, death rate
mortandad mortality, massacre
mortífero deadly
mostrar to show, to pretend, —**se** to appear
mote (*m.*) motto, nickname
motejar to call names; — **de** to brand as
motín (*m.*) mutiny, uprising
moza girl
mozo (*adj.*) young, youthful; (*m.*) youth,
lad, servant, waiter
muchedumbre (*f.*) crowd, multitude
mudanza change
mudo mute
muelle (*adj.*) soft; luxurious; (*m.*) spring,
pier, wharf, dock
muerte (*f.*) death, murder
mulato *Brazilian term for a person of
mixed Portuguese and African heritage*
multa fine
multisecular centuries old
mundial world-wide, world
mundonovismo *a modernist literary
movement with a national and continental emphasis*
municipio municipality; town council
muralla wall, rampart
muro wall
musulmán Moslem

nácar (*m.*) mother of pearl
naciente rising
nacimiento birth
nacista Nazi
natalidad birth rate

naturaleza nature
naufragio shipwreck
náufrago castaway
nave (*f.*) ship, vessel; (*arch.*) nave
navegar to sail
navío ship
necio stubborn; (*n.*) fool, bullheaded person
nefasto ominous; ill-fated
negar to deny, to refuse
negociado business; affair
negocio business, work
negrero (*adj. & m.*) Negro slave trader
negruzco blackish, dark
nervadura (*arch.*) rib
nevado snow-capped peak
nevera ice-box, refrigerator
nido nest
niebla mist
nieto grandson, grandchild
nítida bright, clear, sharp
nocivo noxious, harmful
nogal (*m.*) walnut
nordomanía *slavish inclination to imitate the U.S.A.*
noreste northeast
noroeste (*m.*) northwest
norteño northern
notar to observe, to notice
noticia news, notice; **una** — a news item
notificar to notify
novedad newness, novelty, news
novelado in the form of a novel, novelized
novelar to write novels, to tell stories, to novelize
nube (*f.*) cloud
nudo knot
nueva news; fresh news
nuevamente newly; again
nulo null, void
nutrir to nourish, to feed

obedecer to obey; — a to yield to; to be due to
obispo bishop
obra work; **mano de** — labor;—**maestra** masterpiece
obrar to work
obrero pertaining to labor; (*m.*) workman, laborer

obsequiar to present; to entertain
obsequio gift, attention
obstaculizar to prevent; to obstruct, to hinder; (*coll.*) to be in the way
obstante: no — notwithstanding; nevertheless
obstinarse to persist
ocio leisure
ociosidad idleness
ocultar to hide; —**se** to set (*said of the sun*)
oculto hidden; mysterious
odiar to hate
oficio trade; function; **Santo** — Holy Office (*Inquisition*)
oidor (*m.*) judge (*in Colonial days*)
ojalá God grant; may . . .
ojeada glance; **echar una** — to cast a glance
ojiva ogive, a pointed arch
óleo oil; oil painting
olivo olive (*tree*)
olor (*m.*) odor, smell; scent, fragrance
olvidadizo forgetful; **hacerse el** — to pretend to be forgetful
ombligo umbilical cord, navel
ombú (*m.*) *Argentine tree typical of the pampa*
omnímodo all-embracing, all-inclusive
onda wave (*of light, sound, etc.*)
operario worker, laborer
oponer to oppose; —**se a** to resist; to oppose
opositor opponent, competitor; (*adj.*)(*Am.*) rival
oprimir to weigh down; to oppress; to hold down
optar to choose; — **por** to decide in favor of
opuesto (*p.p. of oponer*); (*adj.*) opposite
opulencia wealth
oración prayer
oráculo oracle
orfandad orphanage; orphanhood; abandonment, neglect
orfebrería gold or silver work
orgullo pride
orgulloso proud
orientador leading; (*m.*) leader
originario originating, native, original
orilla shore, bank; edge
oriundo native, coming from

ornar to adorn
osar to dare
ostentar to show, to display, to make a show of; —**se** to show off
ostentoso ostentatious
otorgar to agree to; to grant, to confer
otrora formerly, of yore
oyente (*m. & f.*) listener, auditor, hearer

pa *abbreviation of* **para**
pactar to agree to *or* upon
padecer to suffer, to endure; — **de** *or* **con** to suffer from
padecimiento suffering
padrastro stepfather
padrino godfather; sponsor
padrón (*m.*) poll, census; pattern, model
paga wage, salary
pago payment
paisaje (*m.*) landscape
paisajista landscape painter
paja straw, piece of straw
paladín (*m.*) champion
paliza beating
palmario clear, evident
palo stick, pole; blow with a stick
paloma dove, pigeon
palpable apparent
palpar to feel, to touch
palpitante palpitating, throbbing
paludismo malaria
pana corduroy
pandeana pertaining to the Greek god Pan; **flauta** — pan pipe
panegirista panegyrist; defender
pantalla lamp shade; screen
pantano swamp
panzudo big-bellied; paunchy
paño cloth
Papa Pope
papagayo parrot
papel (*m.*) paper; role, part; **desempeñar** *or* **hacer el** — **de** to play the role of; **hacer buen** — to make a good showing
par pair, couple; **a la** — jointly; **de** — **en** — wide open; **sin** — incomparable; —**es** peers
parachoques bumper; **estado** — buffer state
parado standing
parafrasear to paraphrase

páramo high barren region
parasitario parasitic
parcela plot, piece of ground; particle
pardo brown; dark; of mixed heritage (*in Brazil*)
parecido like, similar; —**s** alike; **bien** — good looking; —**a** like; (*m.*) similarity, resemblance, likeness
pared wall
pareja pair, couple; dancing partner
parejo equal, like; even, smooth
parentela relations, kin
parentesco relationship, bond
pariente relative; — **político** in-law
parisiense Parisian
parlante talking; **hispano**— Spanish-speaking person
parra (*bot.*) grapevine
párroco parish priest
parroquia parish
parroquiano customer, buyer
particular special, private, individual
particularidad detail
partida departure, item in an account
partidario (*adj.*) partisan; (*m. & f.*) partisan, supporter
partido party, part, game, match
partir to divide, to distribute; to split; to start, to depart, to leave; **a** — **de** beginning with
pasillo small step; corridor, passage
pasmar to amaze; **pasmado** astonished
pastor shepherd
pastoreo pasturing
pasturaje (*m.*) pasture land
patente clear, evident
patíbulo scaffold (*for executions*)
patria native country, fatherland
patrocinar to sponsor
patrocinio sponsorship, patronage
patrón (*m.*) landlord, owner; master, boss; pattern, standard; — **de oro** gold standard
patronato patronage
patrono employer, patron; landlord
paulatino slow, gradual
paulista pertaining to São Paulo
pauta standard, norm; model
pavor (*m.*) fear, terror
pavoroso frightful, terrible
pecado sin

pecuario pertaining to cattle

peculado embezzlement, graft

pedregal (*m.*) stony ground

pelea fight, battle

pelear to fight, to quarrel; to struggle

peliagudo (*coll.*) tricky; arduous

peligro danger

peligroso dangerous

pelota ball

pena grief, punishment; penalty; **a —s** hardly; **a duras —s** with great difficulty; **valer la —** to be worthwhile

pendiente pending, expecting; (*f.*) slope

peninsular (*m. & f.*) people from mainland Spain; (*adj.*) peninsular

penoso difficult; painful

pensador thinking; (*n.*) thinker

penuria penury, poverty; deprivation

pentatónico pentatonic

peonaje (*m.*) gang of laborers

percance (*m.*) misfortune, mischance

percatarse to become aware of; to guard against

pérdida loss; waste, damage

perdonar to pardon, to forgive

perdurar to last a long time, to survive

perecedero mortal, fleeting, perishable

perecer to perish

peregrinación pilgrimage; wandering

pereza laziness, slowness

perfil (*m.*) profile, side view; cross section

perfilar to profile; to outline; **—se** to show one's profile; to begin to appear

periódico (*adj.*) periodic; (*m.*) newspaper

periodista (*m. & f.*) journalist

peripecia vicissitude

perito expert

perjudicar to harm, to damage

perjudicial harmful

permanecer to remain, to stay

peronismo Peronism (*doctrine of Perón*)

peronista pertaining to **peronismo**; (*m. & f.*) follower of **peronismo**

perseguir to pursue; to persecute

personaje character; person of importance

personalismo favoritism

personero representative, solicitor

perspicaz discerning; shrewd

pertenecer to belong

pertinaz persistent

perturbar to disturb

pesadilla nightmare

pesado heavy, clumsy, tiresome

pesar (*m.*) sorrow, regret; **a — de** in spite of

pesca (*f.*) fishing

pese a in spite of

peso weight, burden; heaviness

pesquera (*adj.*) fishing

pico beak; peak

pieza room

pilastra square pillar

pingüe abundant; profitable

pintor painter

pintura painting

pirotecnia pyrotechnics

pito whistle

placentero pleasurable

placer to please; (*m.*) pleasure

plagiar to plagiarize

plagio plagiarism

planear to plan; to outline

planicie plain; level ground

planificador planning

planificar to plan

plano (*adj.*) plane, flat, level, even; (*m.*) plan, map, level

planteamiento planning; execution; statement

plantear to plan, to outline; to state (*a problem*); to expound

plata silver

plateado silvery

platino platinum

plazo term, time, extension; **a —** on credit

plegar to fold; **—se** to yield, to give in

pleito dispute

pleno full, complete; joint (*session*); **en — día** in broad daylight, openly; **en plena primavera** at the height of spring

pliego sheet (*of paper*); document

plomo lead

pluma feather; pen

pluvial (*adj.*) pluvial, rain

población population; village, town, city

poblador founding, settling; (*n.*) founder, settler

poblar to people, to populate; to colonize

pobreza poverty; poorness

poder to be possible; to be able; (*m.*) power

poderío power, might; wealth
poderoso powerful, mighty; wealthy
podredumbre (*f.*) rottenness
polemizar to argue; to start a polemic
policentrista pertaining to many centers
política politics; policy; manners
polo pole
polvo powder; dust; —**s de arroz** rice powder
pólvora powder; gunpowder
ponderar to ponder; to praise highly
porcino pertaining to pigs; porcine
porfía persistence, stubbornness, obstinacy
porfiado persistent, stubborn, obstinate, opinionated
porfiar to persist; to argue stubbornly
pormenor (*m.*) detail
portaaviones aircraft carrier
portal (*m.*) vestibule; porch
portarse to behave; to act
porvenir (*m.*) future, promise
posbélico, postbélico postwar
poscolombino, postcolombino post-Columbian (*after 1492*)
posguerra, postguerra postwar period
postergación delaying; leaving behind; delay, postponement
posterior (*m.*) posterior, back, rear; (*adj.*) later, subsequent; — **a** later than
postor (*m.*) bidder
postre last, final; **a la** — at last, finally
postrero last, ultimate
postrimerías end
potencia potency; power; faculty; powerful country
potro colt, stallion
pozo well
pradera prairie; meadow
preciosismo preciosity
precipitado precipitant
preclaro illustrious; famous
precolombino pre-Columbian (*before 1492*)
preconizar to preconize, to commend publicly; to proclaim
predecir to predict, to foretell, to prophesy
prédica sermon; harangue
predicación preaching
predicador (*n.*) preacher
predicar to preach
predominio prodominance, superiority
pregonar to announce; to shout

prejuicio prejudice
premioso urgent
premura haste, urgency
prenda garment
prensa press, printing press
presa prey, booty
presagiar to presage, to forebode, to foretell
presagio presage, omen
prescribir to prescribe; to become invalid by default
presidio imprisonment; penitentiary
presidir to preside; to govern
preso imprisoned; (*n.*) prisoner; **poner** — **a** to arrest
préstamo lending, borrowing, loan
prestar to lend; — **atención** to pay attention; — **juramento** to take an oath
presunto presumed
presupuesto budget
pretender to pretend to; to claim; to try to do; to try for
pretérito past, bygone; preterit
prevalecer to prevail
prevenidamente in advance, beforehand
prevenido prepared, ready; foresighted
prevenir to prevent; to ancitipate; to warn
prever to foresee
previamente previously
previo previous, preceding
previsible foreseeable
primo (*adj.*) first; prime; (*n.*) cousin
primoroso exquisite
príncipe prince
prisa hurry, haste; urgency; **a** — *or* **de** — quickly, hurriedly; **dar** — **a** to rush
privar to deprive; to prohibit
probar to prove, to test
problemática series of problems
procedencia origen, source
procedente coming, originating
proceder to proceed; to behave; to be proper; — **de** to come from; (*m.*) conduct, behavior
procedimiento procedure, proceeding, process
proclama proclamation, ban
procurar to strive for, to endeavor; to get
productor producing; (*n.*) producer
proferir to utter

profesorado professorship; faculty
profundidad depth, profundity
profundizar to deepen, to make deeper;
to fathom
prohombre leader
prole (*f.*) offspring, progeny
promedio average
prometer to promise
promover to promote, to advance
promulgación promulgation, publication
pronóstico prediction
pronunciamiento insurrection, uprising;
decree
pronunciar to pronounce; to make (*a
speech*); —**se** to rebel; to declare oneself
propensión inclination
propiamente properly
propiedad property, ownership; propri-
etorship; — **literaria** copyright
propietario proprietor, owner
propio proper, suitable, characteristic; own
proponer to propose; to name; —**se** to
plan
propósito purpose
propuesta proposal, proposition
propuesto (*adj.*) proposed
propugnar to defend, to protect
propulsar to repulse; to push forward
proscribir to outlaw
proseguir to follow, to continue
prosista (*m. & f.*) prose writer
proteger to protect
provecho advantage, benefit, profit, gain
provechoso advantageous, beneficial,
profitable, useful
proveedor (*n.*) supplier, provider
proveer to provide, to furnish
proveniente coming, originating
provenir to come (from), to originate (in)
próvido provident, favorable
próximo next; neighboring, nearby
proyección projection
proyectar to project; to plan; to design
proyectil (*m.*) projectile; missile
proyecto project; — **de ley** bill
prurito itch; urge
púa point, sharp point; thorn
pudiente wealthy, rich, powerful
pudor (*m.*) modesty, reticence
puente (*m.*) bridge, deck; — **colgante**
suspension bridge

pueril childish
pues then, well, because, for, why; —
bien now then, well
puesto placed, put, set; (*m.*) place,
booth, stand; post, position
pugna struggle; contest
pugnar to fight, to struggle, to strive
pujante powerful
pulido polished
pulimentar to polish
pulir to polish; to finish
pulquería (*Am.*) pulque tavern
puna Andean tableland
punta end, tip; apex
punzón (*m.*) graver, burin (*instrument
for engraving*)
puñado handful; a few
puñal (*m.*) dagger
puño fist

quechua or **quichua** Quechuan;
(*m. & f.*) Quechua
quehacer (*m.*) work, task
queja complaint, lament
quejarse to complain; to lament; —**se de**
to complain about *or* of
quemar to burn; to scald; to scorch
querella quarrel
querida mistress
querido dear; (*m.*) lover
querubín cherub
quiebra bankruptcy
quijotesco quixotic
quimera chimera; vain fancy; illusion
química chemistry
quina Peruvian bark
quinto fifth; — **real** (*crown's share of the
profits extracted from the Indies*)
quinua, quinoa (*South American pigweed*)
quirúrgico surgical
quitar to remove; to take away (off *or*
from); —**se** to take off
quiteño pertaining to Quito (Ecuador);
(*n.*) native of Quito
quizá(s) perhaps

rabioso rabid, mad
racionamiento rationing
radical radical; (*pertaining to the*) Radical
party of Argentina; (*m. & f.*) member of
the Radical party

radicarse to settle
radiografía X-ray picture
raigambre (*f.*) deep-rootedness
raíz (*f.*) root; **a — de** right after; **cortar de —** to nip in the bud
rajadura cleft, crack
rajar to split; to crack
rama branch
rango rank
Rapa Nui Easter Island
rapaz rapacious, thievish
raptar to abduct; to kidnap
rascacielos skyscraper
rasgados (*adj.*) almond-shaped [eyes]
rasgo trait, characteristics; **—s** features; **a grandes —s** in bold strokes
raso smooth; flat; plain
ratificar to ratify
raya strip; line
rayuela hopscotch
razonamiento reasoning
reacio obstinate, stubborn
real real; royal
realización fulfillment
realizar to fulfill, to accomplish, to carry out; **—se** to be carried out
realzar to make prominent, to enhance
reanudar to renew, to resume
rebaja lowering; diminution
rebajar to reduce; to diminish
rebaño herd, flock
rebasar to pass, to go beyond
rebatir to refute
rebeldía rebelliousness, defiance
rebuscado affected, unnatural
rebuscar to search into
recalcar to emphasize
recargado overdone
recelo suspicion, fear
recién recently; **— nacido** newborn
recio strong; thick
reclamar to claim; to demand; to reclaim
reclamo reclamation
recluir to seclude; to shut in
reclutamiento recruiting, recruitment, year's recruit
reclutar to recruit
recobrar to recover, to regain
recoger to pick up, to gather, to collect; to harvest
recompensa recompense, reward

reconocer to recognize; to admit
reconocimiento recognition
recordar to remember; to remind
recordador reminder
recorrer to cross; to run over; to travel over
recorrido trip, run, path, route
recrear to amuse
recto straight, right (*angle*); honest; right, just
recuerdo memory; recollection; souvenir
recurrir to resort
recurso recourse; resource; resort
rechazar to reject
rechazo rejection
red (*f.*) network
redacción editing, wording; drafting
redactar to write up; to work; to draft
redención redemption
redentor (*m.*) redeemer
redescubrir to rediscover
redimir to redeem
redondez (*f.*) roundness
reducción settlement
reducido reduced; small
reducir to reduce; **—se** to confine oneself; **—se a** to come to, to amount to
reemplazar to replace
reencuentro clash, collision; meeting again
referir to refer; to tell, narrate, report; **—se** to refer
reflejar to reflect; to show, reveal
reflejo reflex, reflection, glare
reflexionar to reflect, to think
reformador (*n.*) reformer
refriega fray
refuerzo reinforcement
refugiado refugee
refugiar to shelter; **—se** to take refuge
regar to water, to irrigate
régimen (*m.*) regime; **— alimenticio** diet
regir to rule, to govern, to control; to manage; to prevail, to be in force
registrar to record; to search
regla rule; **en —** in order
reglamentación regulation
reglamento regulation
regocijado glad, happy, rejoicing
regocijo enjoyment, satisfaction
reguero trickle

rehacer to do over, to remake; —**se** to recover

rehusar to refuse; to turn down

reina queen

reinado reign

reinante reigning; prevailing

reincidir to backslide; to repeat an offense

reiniciar to begin again; to initiate again

reino kingdom

reintegrar to reintegrate; to restore; to pay back

reinvindicar to replevy; to claim *or* demand (*e.g., one's rights*)

reja iron grating, bars (*of a window*)

relámpago lightning; quick person *or* action

relato narrative

relevar to relieve; to release

relieve (*m.*) relief

relucir to shine

remate (*m.*) sale

remedar to imitate

remedo imitation, copy; mockery, mimicking

remesa remittance; shipment

remontarse to go back

remunerador (*adj.*) remunerating; (*n.*) remunerator

renacentista of *or* pertaining to the Renaissance

renacer to be reborn, to be born again; to bloom again

renaciente renascent

renacimiento Renaissance, rebirth

rendimiento weariness, faintness; submission; yield, income

rendir to yield; —**se** to surrender

renegar to deny; to abhor

renglón (*m.*) line; item

renovador renewing, reviving; (*n.*) renovator

renovar to renew; to renovate

renta income

renuncia renunciation, resignation

reñir to quarrel

repartimiento distribution; assessment; dealing

repartir to distribute; to deal (*cards*); to divide

reparto distribution, delivery

repentino sudden unexpected

repercutir to reverberate

repleto full, loaded

reponer to replace; to put back; to restore; to reply, to retort; —**se** to recover; to calm down

reprender to scold

represa dam; damming; check, repression

reprimir to check, to curb; to repress

repudio repudiation

repugnar to repel; to disgust

requerir to require; to need

res (*f.*) head of cattle

resabio unpleasant aftertaste; vice

resaltar to stand out

rescatar to redeem, to rescue, to recover

rescate (*m.*) ransom

reseñar to review; to outline briefly, to give a short account of

resguardar to protect; to guard

resorte (*m.*) spring; means

respaldar to back, to endorse

respaldo (*m.*) endorsement; support

resplandeciente brilliant; radiant

restituir to return, to restore

resuelto resolute, determined; quick

resumen (*m.*) summary, résumé; **en —** in a word, to sum up

resurgir to resurge, to revive

retablo altarpiece

retaguardia rear

retahíla string, line

retar to challenge

retirada retreat

retocar to retouch, to touch up; to finish

retraso delay; lag

retratar to portray; to photograph

retrato portrait, photograph

retroceder to go back

retroceso retrocession

reunir to join, to unite; to assemble, to gather together, to bring together; to reunite; —**se** to meet, to assemble

revalidar to confirm; to revalidate

revaloración revaluation

revancha revenge

revelador revealing

revelar to reveal

revuelta revolt

rezago residue, remainder

rezar to pray

ribera shore, bank

rienda rein; **dar — suelta a** to give free rein to

riesgo risk, danger

rincón (*m.*) corner

riña fight

riqueza wealth, riches, richness

risa laugh, laughter

risible laughable

risueño smiling

rivalidad rivalry

roble (*m.*) oak

robustecer to make strong, to strengthen

roce (*m.*) rubbing, contact; frequent contact

rodear to surround; to go around

roto broken, shattered, torn; (*n.*) poor Chilean

rótulo label, title, poster, showbill

rozar to graze, to rub

rubio blond

rudo coarse, rough, rude; severe

ruin (*adj.*) mean, base, vile; (*m.*) wicked, mean, *or* vile man

ruiseñor (*m.*) nightingale

rumbo course, direction

rumor (*m.*) sound, noise; murmur

sabana savannah (*large treeless plain*)

saber (*m.*) knowledge, learning

sabiduría wisdom

sabio wise, learned; (*m.*) wise man, scholar

sabotear to sabotage

sacar to extract, to draw out; to take (or bring) out; to get

sacerdocio priesthood

sacerdote (*m.*) priest

saciar to satiate; **—se** to become satiated

sacristía sacristy

sacudir to shake, to jolt, to throw off

sagaz sagacious, wise

sagrado sacred

sagrario sanctuary, shrine; ciborium

sainete (*m.*) one-act farce

saldo balance; remnant

salida start, leaving, departure, exit

salitre (*m.*) nitrate

salitrera nitrate bed

salmantino pertaining to Salamanca; (*m.*) native of Salamanca

salomónica (*arch.*) twisted (*column*)

salpicado sprinkled

saltar to jump, to jump over, to leap, to skip; **— a la vista** to be obvious

saltatrás (*m. & f.*) throwback

salteador (*n.*) bandit, holdup man

salto jump, leap; waterfall

salubridad health

salvaje wild, savage; (*m. & f.*) savage

salvajismo savagery, savageness

salvar to save; to salvage

salvedad reservation; qualification

salvo safe; omitted; **a —** out of danger

sancionar to sanction; to authorize; to ratify

sandinista *Nicaraguan political party named after Augusto C. Sandino*

sangrar to bleed; to drain

sangriento bleeding, bloody, cruel

Santa Sede Holy See

saña rage, fury

sapiencia wisdom

saquear to sack, to plunder

saqueo booty, plunder, sacking

sastrería tailoring, tailor shop

satisfacer to satisfy

satisfecho satisfied, content, contented

savia sap

sebo tallow; grease, fat

secesión secession, separation

secesionista separatist

sectarismo sectarianism

secuaz (*m.*) supporter, follower

secuestrar to kidnap

secuestro kidnapping

seda silk

sede (*f.*) headquarters; see

sedicioso (*adj.*) seditious; rebellious; (*n.*) rebel

sedimentar to sediment, to settle

seguidillas *Spanish dance and song*

segundón (*m.*) second son, younger son

sello seal, stamp; **— de correo** postage stamp

semblanza portrait; biographical sketch

sembrar to sow, to plant, to scatter, to spread

semejante (*adj.*) like, such, similar; **—s** alike; **— a** like; (*m.*) fellow, fellow man

semejanza similarity, resemblance, likeness

semilla seed

senda path, way

sendero path

seno bosom, breast; womb

sensato sensible

sentido felt; experienced; sensitive; (*n.*) sense; direction, course; meaning

sentimiento sentiment, feeling; sorrow, regret

seña sign, mark; password, watchword

señal (*f.*) sign, mark; landmark; bookmark; trace, signal; **en — de** in proof of; **ni —** not a trace of

señalar to mark; to show

señorear to dominate, to rule; to master

señorón (*m.*) big shot, bigwig

septentrional northern

sepultar to bury

sequedad dryness, barrenness

sequía drought

serrano (*adj.*) highland; (*n.*) highlander

servidor servant

servidumbre (*f.*) servitude; servants

sideral sidereal, astral

siderurgia siderurgy, iron and steel industry

siderúrgico (*pertaining to*) iron and steel

sien (*f.*) temple

siervo slave, serf; humble servant

siglo century

silvestre wild

similitud similitude

simplista simplistic, oversimplifying; (*m. & f.*) simplistic person

simulacro semblance, pretense; sham battle

sincrético syncretic (*uniting conflicting beliefs*)

sindical syndical (*pertaining to labor unions*)

sindicato union, labor union, trade union

sinecura sinecure; easy position

sino (*conj.*) but, except; **— que** but; (*m.*) fate, destiny

sinsabor (*m.*) trouble

sinvergüenza shameless

siquiera (*adv.*) at least; even; (*conj.*) although, even though

sitiar to besiege, lay siege to

sitio place; site; siege

soberanía sovereignty

soberano sovereign

soberbia pride; presumption

soberbio proud, arrogant; superb; fiery

sobornar to bribe

soborno bribery, subornation

sobra surplus, excess

sobrecoger to surprise; **—se** to be surprised

sobrellevar to endure

sobrepasar to surpass, to excell; **—se** to go too far

sobreponer to superpose, to put on top, to superimpose; **—se** to control oneself; to triumph over adversity

sobresaliente outstanding

sobresalir to be prominent; to excel

sobrevenir to happen, to take place

sobreviviente surviving; (*m. & f.*) survivor

sobrevivir to survive

socavón (*m.*) cavern, gallery, shaft, tunnel

socio partner

sofisma (*m.*) sophism (*a fallacy which may be designed to deceive*)

sofístico sophistic (*with fallacious reasoning*)

sofocar to suffocate; to smash

soga rope

sojuzgar to subjugate, to subdue

soldadura soldering, welding

soledad solitude

solidario (*adj.*) solitary

soler + *inf.* to be accustomed to + *inf.*

soltero (*adj.*) single, unmarried; (*m.*) bachelor

solterón inveterate bachelor

sombrío gloomy, sombre

someter to subject; to submit; to subdue; **—se** to humble oneself; to submit, to surrender; **—se a** to submit to

sometimiento subjection, submission

sonar to sound; to ring

soplar to blow

sordo deaf

sorna cunning; **con —** furtively

sorprender to surprise

sosiego quiet, tranquillity

sospecha suspicion

sospechar to suspect

sostén (*m.*) support

sostenedor (*n.*) supporter, sustainer; (*adj.*) supporting, sustaining

sostener to support, to hold up, to sustain; to maintain

súbito subject

subir to rise, to go up; to raise, to hoist

súbito sudden; **de —** suddenly

sublevación uprising, revolt

sublevar to incite to rebellion; **—se** to revolt

subproducto by-product

subrayar to underline; to emphasize

subsistir to last, to survive

substrato substratum, foundation, base

subsuelo subsoil

suceso event, happening

sucesor succeeding; (*n.*) successor

sucinto concise

sudor (*m.*) swear, perspiration

suegro father-in-law

suelo ground, soil, land; floor

sufragar to defray; to pay; to help; (*Am.*) to vote

sufragio suffrage, vote

sufrimiento suffering

sugerencia suggestion

sugerente suggestive

sugerir to suggest

sui generis of its own peculiar kind

suizo Swiss

sujetar to subject; to subdue

sujeto subject; liable; fastened

suma sum; **en —** in short

sumar to add; to amount; **—se a** to adhere to; to become attached to

sumido sank

suministrar to provide, to supply

sumirse to sink

sumiso submissive

sumo high, great, extreme, supreme; **a lo —** at most, at the most

superación surpassing, excelling, winning, overcoming

superar to surpass, to excel; to improve; to overcome

supercarretera superhighway

superficie surface

superponer to superpose

suponer to suppose, to assume; to presuppose

suprimir to suppress; to eliminate

supuesto supposed, assumed, hypothetical; **por —** of course

sureño southern

surgir to spring up; to arise; to appear

suscitador stirring; (*f.*) stirrer; originator, promoter

suscitar to stir up, to provoke

suspender to suspend, to hand; to postpone; to flank, to fail

suspicacia distrust

sustentar to sustain, to support, to feed; to maintain

sustraer *or* **substraer** to remove; to deduct

sutil subtle

tabla board, plank; **—s** stage

tablado boards, stage

tabú (*m.*) taboo

tácito implied

tachar to cross out; to censure

tajada slice

tal such, so, as; **— como** just as; **—vez** perhaps; **con — que** provided that

talla stature

talladura carving, cutting, engraving

tallar to carve; to engrave

taller (*m.*) workshop, studio

tallo stem, stalk

tamaño size

tambaleante tottering, staggering

tambor (*m.*) drum

tapiz (*m.*) tapestry

tardar (en) to take long; to delay

tardío late, tardy

tarea task, job, work

tasa appraisal; measure, standard, rate; ceiling price

técnica technique, technology

técnico technical; (*m.*) technician; expert

techado roof

techo ceiling; roof

techumbre (*f.*) roof; ceiling

teja roof tile

tejado tile roof

tejer to weave

tejido textile; weave

tela cloth, fabric, textile

telón de fondo (*m.*) background

telúrico telluric (*pertaining to earth*)

tema (*m.*) theme

temática subject matter

temblar to shake, to tremble

temblor (*m.*) tremor

temer to fear

temerario rash, reckless, hasty

temeroso fearful, dreadful

temible dreadful, fearful

temor (*m.*) fear

templado temperate, lukewarm

templo temple, church

temporada season; period; time of year

tempranamente early, soon

tenaz tenacious

tendencioso biased

tender to tend

tenentismo (*Portuguese*) *Movement against corruption in the 1920s carried out by young Brazilian lieutenants* (**tenentes**)

teniente lieutenant

teñido dyeing; staining

teñir to dye

teocalli, teocali (God's house) *ancient Mexican temple*

teórico theoretic; (*n.*) theoretician

teorizar to theorize, to theorize on, to deal theoretically with

terapéutico therapeutic; (*f.*) therapeutics

terciopelo velvet

terco stubborn

tergiversar to twist (*statements, facts, etc.*)

término end, limit, boundary, term; **primer —** foreground; **último —** background; **— medio** average

ternura tenderness

terquedad stubbornness

terraplén (*m.*) rampart

terrateniente (*m. & f.*) landholder, landowner, landlord

terremoto earthquake

terruño soil; country, native soil

tertulia party

tesoro treasure, treasury

testigo (*m. & f.*) witness

tibio tepid, lukewarm

tierra earth, ground, dirt; land

tildar to write an accent; to accuse; to stigmatize, to brand

timbal (*m.*) kettledrum

tinaja large earthen jar

tiniebla(s) darkness

tintóreo dyeing

tirano (*adj.*) tyrannous; (*n.*) tyrant

tirar to throw; to pull; to print; to knock down

títere (*m.*) puppet

titular (*adj.*) titular; (*m.*) headline; (*v.*) to title, entitle; **—se** to receive a title; to be called, to call oneself

título title, degree; **—s** qualifications, credentials

tonada melody, song, tune

tono tone, pitch; **a — con** in tune with, in harmony with

torbellino whirlwind

torcer to twist; to bend; to turn

tornar to return; **—se** to become; to turn

torno turn; **en —** around, about; **en — de, en — a** around, about

torpe awkward; stupid

torreón (*m.*) fortified tower; turret

tosco crude, coarse, rough

totora reed

traba obstacle

trabajoso hard, arduous, laborious; unpleasant, annoying

traición treachery, treason; **a —** *or* **a la —** treacherously

traicionar to betray

traidor (*adj.*) treacherous; (*n.*) traitor, betrayer

traje (*m.*) costume, dress, suit

trama texture; plot, scheme

trampear to trick, to swindle, to cheat

trampolín (*m.*) springboard

tramposo tricky; deceitful; (*n.*) cheat

trance (*m.*) critical moment; **a todo —** at any risk

transcurrir to pass, to elapse

transcurso course; lapse (*of time*)

transigir to settle; to compromise; **— con** to compromise on

tras after, behind; in search of; besides

trasero (*adj.*) back, rear; (*m.*) buttock

trasladar to transfer; to translate; to postpone; **—se** to move

trastornar to upset, to overturn; to disturb

trastorno upset, upheaval; disturbance

trata trade

tratado treaty; treatise

tratar to handle, to deal with; to treat; **— a uno de** to address someone as; **—se de** to be a question of

trato treatment; dealings

través (*m.*) reverse; **a** *or* **al — de** through, across

travesía crossing

trayectoria trajectory
traza appearance, aspect
trazo trace; stroke
tregua truce
trepar to climb
tríade (*f.*) triad
trigo wheat
trillado trite; hackneyed
trinchera trench
tristeza sorrow, grief, sadness
triturar to triturate; (*fig.*) to tear to pieces
trocar to exchange; —**se** to change
trocha trail, road; (*Am.*) gauge (*of track*)
tronco trunk; leg; stock; origin
trono throne
tropel (*m.*) jumble, confusion; crowd
tropezar to hit, to strike; to stumble; —**con** to meet
tropiezo stumble; stumbling block, obstacle; fault
trovar to write verse (*particularly by a troubador or for him*)
trozo piece, fragment; part; passage
trueno thunder
trueque (*m.*) barter; trade-in; **a — de** in exchange for
trujillano (*pertaining to*) Trujillo (Peru); (*m.*) native of Trujillo
trunco truncated
tugurio small room; poor hut
tullido crippled
tumbar to knock down; to tumble
tupido thick, dense
turbar to disturb, to trouble, to stir up
turbio turbid, muddy, confused, obscure
turno turn, shift; **por —** in turn; **por —s** by turns; **de —** taking turn
tutela tutelage; protection
tuteo *addressing a person in the Spanish second person singular*

ubicación location, situation
ubicar (*Am.*) to place; —**se** to be located *or* situated
ufanarse to boast
ultrajar to outrage, to abuse
ultramar: en — overseas
ultraterreno life beyond
umbral (*m.*) threshold
unificador unifying

uña nail, fingernail, toenail
urbe (*f.*) big city
urgir to be urgent
usufructo enjoyment, profit
usufructuar to enjoy
útil useful; —**es** (*m. pl.*) tools, equipment
utilidad utility, usefulness; profit; earning
utilitarismo utilitarianism

vaciar to drain, to empty
vacío vacant, vacuous, empty
vacuno bovine
vacuo empty; vacant; (*m.*) hollow, vacuum
vagar to wander, to roam
vago (*adj.*) wandering, vagabond; idle, lazy; vague; (*m.*) vagabond
vaivén (*m.*) swing, backward and forward motion; wavering
valentía (*f.*) courage; boldness
valer to be worth; to cost; —**se** to help oneself; —**se de** to make use of
valor (*m.*) value; courage
vals (*m.*) waltz
valle (*m.*) valley
vanadio vanadium
vanagloriarse to boast
vanidoso vain
varita little wand, staff
vasco Basque
vaticinio prediction, prophecy
vecindad neighborhood, vicinity
vecino neighboring, near; (*n.*) neighbor, native
vedar to forbid, to prohibit
vejez (*f.*) old age
velar to guard, to watch; to veil; — **por** to watch over
veleidoso capricious
vencedor conquering; (*n.*) victor, conqueror, winner
vencer to conquer, to vanquish, to overcome
vendaval (*m.*) strong wind
veneno poison
vengar to revenge; —**se** to take revenge
vengativo vengeful, vindictive
ventaja advantage
ventajoso advantageous, profitable
ventura happiness; chance
veraniego (*pertaining to*) summer

verdugo executioner

vergüenza shame; disgrace; shyness; **tener —** to be ashamed

verificar to verify, to check, to inspect; **—se** to be verified; to take place

vértice (*m.*) vertex

vertiente (*f.*) slope

vestimenta clothes

vía road, route, way; track (*rail*); gauge (*of a track*) passage; **— férrea** railway; **— pública** thoroughfare; **— de comunicación** communications

viciar to vitiate; to falsify; to adulterate

vicio vice, viciousness

vicuña Andean mammal similar to the llama and the alpaca

vid (*f.*) (*bot.*) grapevine

vidrio glass

vientre (*m.*) belly; bowels; womb

viga beam

vigencia force, operation; use; vogue; **en — ** in force, in effect

vigente effective, in force, of today

vilipendiar to vilify, to scorn

villa village

villancico Christmas carol

villista pertaining to Pancho Villa; (*m. & f.*) follower of Villa

vinculación binding; connection

vincular to tie; to bind; to unite; to found (*e.g., hopes*)

vínculo bond, tie

vindicar to vindicate, to avenge

viña vineyard

violentar to do violence to; to break into; **—se** to force oneself

viraje (*m.*) turn, change of direction

virar to turn, to veer

virreinato viceroyalty, viceroyship

virrey viceroy

virtud virtue

viruela smallpox

vislumbrar to glimpse; to suspect, to surmise; **—se** to glimmer; to loom, to appear indistinctly

víspera eve, day before

vistazo glance; **dar un —** to look over

visto obvious; in view of; **bien —** looked on with approval; **por lo —** evidently; **— bueno** approved, O.K.

vistoso gay, bright, showy

vitalicio (*adj.*) lifetime; life, lasting for life

¡viva! long live . . . !

vivaz vivacious; keen

víveres (*m. pl.*) food, supplies

vivienda dwelling; housing

vocablo word, term

vocero spokesman, mouthpiece

vocinglero loudmouthed; chattering

volar to fly; to run swiftly

voluntad will; love; **de buena —** willingly; **ganarse la —** to win the favor

vórtice (*m.*) vortex; center of a cyclone

voto vow, vote; **hacer —s** to wish, to hope

vuelco upset, overturning

vuelta turn, rotation, revolution; walk; **a la —** on returning; on the other side of the page; **a la — de** at the end of, after, around; **dar —s** to turn

vulgar (*adj.*) vulgar, common; popular

ya already, now, then, soon; **— que** inasmuch as

yacer to lie

yacimiento mine, deposit

yerba grass; herb

yodo iodine

yuca casava

yugo yoke

yuxtaposición placed side by side

zafra grinding season in the sugar industry; sugar crop; sugar harvest

zaga: a la — behind; at the end

zambo (*Am.*) person of Indian and Negro parents

zanjar to surmount, to overcome

zarpar (*naut.*) to set sail

zozobra anguish

Índice

Photo Acknowledgments

Courtesy of the author: 346, 353 / *Acquavella Gallery:* p. 358 / *AP/Wide World:* pp. 296, 299 / *Archivo Guillén, Instituto Nacional de Cultura, Perú:* pp. 34, 39, 61, 72, 74, 77, 106, 108, 123, 124, 126, 315, 316, 325, 326 / *Brazilian Tourist Authority, Embratur:* pp.139, 318, 328 / *Coca-Cola Export Corporation:* p. 312 / *Cortesía de la Comisión del Canal de Panamá:* p. 246 / *Corporación de Turismo de Venezuela, Centro Audiovisual:* p. 17 / *Departamento de Turismo, México:* pp. 36, 220, 222, 322 / *Dominican Tourist Information Center, New York:* pp. 270, 271, 324, 379 / *Galería Arvil:* p. 353 / *Dieter F. Grabitzky/Monkmeyer:* p. 143 / *Granger:* pp. 42, 48 / *Courtesy of The Hispanic Society of America, New York:* pp. 48, 52, 58, 63, 301 / *Museo de Oro de Colombia:* pp. 44, 203 / *The Museum of Modern Art, New York: Agrarian Leader Zapata,* Diego Rivera, 1931. Fresco, 7'9 3/4" x 6'2" (238.1 x 188 cm). Abby Aldrich Rockefeller Fund: p. 217 ; *Echo of a Scream,* David Alfaro Siquieros, 1937. Enamel on wood, 48" x 36" (121.9 x 91.4 cm). Gift of Edward M. Warburg: p. 351; Kahlo, Frida. *Fulang-Chang and I.* 1937. Two-part ensemble (assembled after 1939). Part 1: 1937, oil on composition board, 15 3/4 x 11" (39.9 x 27.9 cm); painted mirror frame (added after 1939), 22 1/4 x 17 3/8 x 1 3/4" (56.6 x 44.1 x 4.5 cm). Part two: (after 1939), mirror with painted mirror frame, 25 1/4 x 19 1/8 x 1 3/4" (64.12 x 48.5 x 4.4 cm), including frame. Composition board: 15 3/4 x 11" (39.9 x 27.9 cm); Mirror frame: 22 1/4 x 17 3/8 x 1 3/4" (56.6 x 44.1 x 4.5 cm); Mirror with mirror frame: 25 1/4 x 19 1/8 x 1 3/4" (64.12 x 48.5 x 4.4 cm). Collection, the Museum of Modern Art, New York. Mary Sklar Bequest: p. 355 / *Courtesy of the National Museum of the American Indian Smithsonian Institution:* pp. 338, 364 / *Courtesy of New Directions Publishing:* p. 304 / *Organización de los Estados Americanos:* pp. 88, 98, 100, 116, 121, 143, 260, 291, 310, 320, 369, 389 / *San Francisco Museum of Modern Art:* Diego Rivera. *The Flower Carrier* (formerly *The Flower Vendor*), 1935. Oil and tempera on Masonite. 48 x 47 34" (121.9 x 121.3 cm). Albert M. Bender Collection. Gift of Albert M. Bender in memory of Caroline Walter: p. 349 / *St. Augustine Chamber of Commerce:* p. 55 / *United Nations:* p. 183